KB253023

아주대학교 인문과학연구소 연구총서 2

중국 조선족 문학의 탈식민주의 연구 Ⅱ

송현호·최병우·정수자
한명환·윤의섭·김형규·김은영
최은수·차희정·박지혜·조명숙

국학자료원

* 이 저서는 2005년도 정부의 재원으로 한국학술진흥재단의 지원을 받아 수행된 연구임.(KRF-2005-079-AM0035)

제1장
민족의식과 탈식민주의적 응전

김학철의 「20세기의 신화」 연구

송 현 호

목 차

1. 문제의 제기

「20세기의 신화」는 김학철이 우파인사로 몰려 수난을 당하던 시기에 창작되어 중국에서 출판되지 못하고 한국에서 출판된 작품이다. 이 소설은 반우파투쟁의 과정에서 우파분자로 낙인찍힌 사람들이 강제노동 수용소에서 어떻게 인간적 존엄을 지키면서 살아가고 있으며, 1960년대 인민공사운동, 대약진운동, 중소분쟁의 와중에서 중국 사회가 어떻게 동요되고 있는가를 잘 형상화하고 있다. 그 과정에서 당대 사회의 모순을 적나라하게 폭로하고 있다. 따라서 작가가 조선족이고 소위 '우파 인사'였던 점에 비추어보면 이 작품이 중국에서 출간될 수 없었던 저간의 사정이 무엇이지 분명해진다.

김학철은 항전기에 팽덕회와 모택동에게 혁명의 동지로 유대감을 가졌다. 그들은 레닌의 민족정책을 준수하여 다수 민족의 화해와 단결에 앞장을 서고 소수민족의 보호를 주창한 사람들이다. 그런데 중국이 혁명에 성공한 후 모택동은 1인 독재를 공고히 하기 위하여 대한족주의를 내세워 소수민족을 철저하게 탄압한다. 스탈린 시대 친소정책으로 일관했으나 흐루시초프 시대 반소정책을 견지하던 그들이 스탈린 시대의 유물을 가져다가 인민을 우롱한 셈이다.

스탈린은 1937년 일제의 앞잡이라는 누명을 씌어 연해주의 조선인 20만 명을 중앙아시아에 강제 이주시킨 바 있고, 김일성은 1950년대에 미제 스파이라는 명목으로 남로당을 숙청한 데 이어 연안파와 소련파까지도 무차별 처벌한 바 있다. 모두 일인 독재를 공고히 하기 위한 술책이었다.[1] 모택동은 그들을 흉내 내어 지식인과 소수민족을 탄압한 것이다. 평등을 기반으로 하는 세계주의가 불평등을 기반으로 하는 대한족주의와 맞닿을 때 소수민족들이 가지는 배신감은 그 어떤 것으로도

---

1) 전 북한문화선전부 부상을 역임한 바 있는 중앙아시아 고려인 문인 정상진의 회고(2007년 6월 15일 홍익대학교에서 한국현대문학회와 국제한인문학회가 공동개최한 '고려인 강제 이주 70주년 기념학술대회' 기조강연 후 토론)에 의하면 자신이 북한에 있을 당시 한설야가 김일성을 우상화하는 글을 두 편이나 쓴 바 있고, 그것이 계기가 되어 한설야가 조선문학예술총동맹 중앙위원회 위원장, 북조선노동당 중앙위원, 최고인민회의 대의원, 문학예술총동맹 위원장, 교육문화상, 당중앙위원 등의 고위직을 역임했다고 했다. 정상진이 1957년 소련파를 숙청할 때 소련으로 망명한 것으로 보아 김일성의 우상화 작업은 그 이전에 이루어진 것으로 보인다.

설명이 불가능하다.

최근 만주족들의 역사 재평가 작업도 대한족주의에 대한 반발로 볼수 있다. 만주족은 소수민족인 만주족을 중화민족의 하나라고 하면서 여진족과 싸운 남송의 악비를 민족적 영웅으로 서술하고 있는 것은 명백히 역사를 왜곡한 것이고, 300년 동안 중국을 통치한 청나라를 인정하지 않고 멸만홍한의 구호를 내걸고 수많은 만주족을 살해한 태평천국의 난을 중국 혁명의 선구로 높이 평가하는 것은 동북공정의 역사관과 맞닿아 있다는 것이다.[2]

역사의식이 투철하고 불의에 타협할 줄 모르던 김학철로서는 그에 대해 어떻게든 문제를 제기할 수밖에 없었을 것이다.[3] 당시 중국 국적을 취득하고 조선족자치주에서 정착한[4] 조선족들은 소수 이주 민족이지만[5] 다수민족국가에서는 민족간의 친선과 단결이 우선적이라는 레닌의 소수민족정책을 공산주의 국가의 이상으로 생각하고 있었다.

자신의 이상과 신념이 허물어져가고 조선족이 소수민족으로 핍박받던 시기에 양심적 지식인 김학철이 어떻게 행동하고 어떻게 생각하면서 살았던가가 잘 드러나 있는 「20세기 신화」를 대상으로 중국조선족의 디아스포라와 반독재투쟁 그리고 영원한 고향 찾기 등에 대하여 살펴보려고 한다.

---

2) 『조선일보』, 2007.5.19, B11 참조.
3) 송현호, 「김학철의 「격정시대」에 나타난 탈식민주의 연구」, 『한중인문학연구』18, 한중인문학회 참조.
4) 조일남, 「김학철의 사실주의의 창작실천을 론함-장편소설 「해란강아 말하라」를 두고」, 『조선의용군 최후의 분대장 김학철2』, 연변인민출판사, 2005, p.477.
5) 이해영, 「「해란강아 말하라」의 형상화원리」, 『조선의용군 최후의 분대장 김학철2』, 연변인민출판사, 2005, p.555.

2. 반우파투쟁과 지식인의 탄압

모택동은 혁명에 성공하자 당의 집단 영도와 민주주의 집중제의 원칙을 거부하고 일인 독재를 구사하기 시작한다. 이에 수많은 지식인, 혁명가, 민주인사들이 직언을 서슴치 않고 당과 모 주석을 비판한다. 특히 소련공산당 20차 대회에서의 흐루시초프의 비밀 연설과 1956년 6월에 발생한 폴란드 사건과 10월 22일에 발생한 헝가리 사건은 개인숭배를 반대하고 인간성과 인간의 권리를 옹호하는 데 초점이 맞추어진다.[6]

모택동은 혁명 후 발생한 수많은 분규들을 인민내부의 모순으로 보았으나 1957년 5월 초에 시작된 당내의 정풍운동을 발전시켜 반우파운동을 전개한다. 이 운동을 계기로 모택동은 수많은 당원들을 우파분자로 몰아 인간 이하의 대우를 하고 수모를 주어 그들과 그들의 가족들에게 지울 수 없는 상처를 주었다. 이 시기에 우파로 낙인찍힌 사람은 552,877명이었다.[7]

김학철은 55만 우파분자들 중에 가장 혹독한 박해를 받은 사람이다. 우파분자로 낙인찍힌 사람들 가운데 대부분은 1980년 '반우파운동의 확대화'를 시정하면서 복권되었다. 김학철의 지적처럼 반우파투쟁은 '99. 999%가 잘못된 정치운동'[8]이었다. 사실 반우파운동은 모택동이 자신의 권력을 확고히 하려고 기획된 친위 혁명이었다. 연변 자치주의 경우도 예외는 아니었다.

57년에 중국 전역을 휩쓴 ─ 따라서 이 자치주를 휩쓴 ─ 반우파투

---

6) 김관웅, 「50-60년대 국제공산주의운동과 「20세기의 신화」의 관련양상」, 『한중인문학연구』20, 한중인문학회, 2007, p.57.
7) 김학철, 『20세기의 신화』, 창작과비평사, 1996. p.359.
8) 김학철, 『사또님 말씀이야 늘 옳습지』, 료녕민족출판사, 2002, p.264.

쟁이라는 지식계층 소탕전에서 그 화력이 작가들에게 가장 맹렬히 집중되었던 곡절을 심은 그 보내지 못한 편지에서 요약하기를

— 작가들의 회관인 페퇴피 구락부에서 헝가리 폭동의 첫불길이 터진 것을 보시고 모교의 교조이신 위대한 모택동 태양께서는 그 천재적인 두뇌로 심각한 연구와 투철한 분석을 거치신 끝에 마침내 세계공산주의운동사 상에 길이 빛날 논단을 내리셨습니다.

"개울에 가서 돌을 뒤져보면 영락없이 가재가 엎드려 있느니라. 작가협회에 가서 뒤를 파보면 영락없이 반동분자가 엎드려 있느니라."

이 논단에 근거하여 우리의 영명하신 교조님께서는 다시 다음과 같이 중국이 나아갈 방향을 밝혀 지시하셨습니다.

"남의 궂은 일이 내 좋은 일로 될 수도 있느니라. 타산지석이란 바로 이를 두고 하는 말이니라. 불나기 전에 물 끼얹어 낭패될 것 없느니라. 그러므로 중국을 구하려면 선발제인으로 잡가협회부터 소탕해치워야 하느니라."[9]

모택동을 위시한 당 중앙에서는 수단과 방법을 가리지 않고 지식분자들을 우파로 몰아 강제노동수용소로 보냈다. 지식분자 소탕전[10]인 셈이다. 어느 지역이나 마찬가지겠지만 자치주에서의 반사회주의자나 우파분자란 모택동과 당에 고분고분하지 않은 사람들이었다.[11]

「20세기의 신화」의 주인공인 임일평이 우파로 몰린 것도 그와 마찬가지이다. 그는 투고된 원고를 편집하다가 '모택동시대'라는 말만 되풀이하고 예술성은 전혀 없는 시를 보고 "우리의 시가 단지 모택동 시대니 가슴 벅찬 새 시대니 하는 따위의 소리만을 외쳐 가지구 과연 읽는 사람들의 심금을 울릴 수 있을까요?"라고[12] 문제를 제기했다가 우파분자요

---

9) 김학철, 『20세기의 신화』, 창작과비평사, 1996. pp.19-20.
10) 위의 책, p.19.
11) 위의 책, pp.32-33.
12) 위의 책, p.25.

반사회분자로 몰리게 된다.[13)]

소설의 서두는 임일평이 구유에서 콩깻묵을 훔쳐 먹고 바이올리니스트 채가 두엄을 치는 척하면서 망을 보는 장면으로 시작한다. 그들은 억울한 누명을 쓰고 강제노동수용소에 들어온 사람들이지만 인간의 존엄과 권리마저도 짓밟히며 살아가고 있다. 인간이 누려야 할 최소한의 자유와 권리까지도 허용되지 않은 강제노동수용소에서 노동력을 착취당하고 굶주림에 떨어야 했다. 당시 수용소의 현실을 작가는 다음과 같이 서술하고 있다.

> 눈에 보이지 않는 법률의 철조망으로 포위된 재소자들은 일종의 지자체를 실시하고 호상 감독하고 호상 적발하고 또 호상 비평하는 방법으로 질서를 유지하였다. 그러나 실상 수용소의 기구는 공인된 밀고제도, 즉 장려 받는 밀고제도 위에 건립되어 계속 정상적으로 톱니바퀴를 맞물고 돌아갔다. 이런 수용소들은 모택동의 이른바 "적대적 모순이지만 인민의 내부의 모순으로 처리한다"는 이념의 산물이었다.[14)]

정부에서는 '로동을 통한 교육'을 슬로건으로 내걸고 강제노동수용소를 운영했다. 그런데 우파인사들은 비인간적인 대접을 받아야만 했다. 상호견제와 감시는 말할 것도 없고[15)], 우파지식분자의 결혼은 험난한 길이고[16)], 우파 지식인과는 이혼할[17)] 수밖에 없었다. 이 모든 것은 우상 숭배로 연결되고[18)] 있다.

---

13) 위의 책, p.36.
14) 위의 책, pp.41-42.
15) 위의 책, p.59.
16) 위의 책, p.75.
17) 위의 책, p.76.
18) 위의 책, p.64.

따라서 수용소의 현실에 눈뜬 임일평은 정부의 의도와는 달리 일인 독재를 거부하는 반체제인물이 된다. 강제노동수용소에 수감된 초기에는 당 중앙의 지시를 지방 당에서 잘못 집행한 것으로 생각하고 모 주석에게 편지를 써서 자신의 억울함과 공산주의사업에 대한 자신의 충정을 알린다. 그러나 그것이 자신의 착각임을 알고 모 주석에 대한 반감이 커간다.

일제가 패망하고 국민당과의 싸움에서 승리한 후 중국공산당은 1949년부터 중국대륙의 유일한 정당으로 권력을 독점하게 되었다. '인민민주주의 독재'라는 정치체제의 수립은 결과적으로 중국공산당 수령인 모택동의 일인 독재체제를 만들어냈다. 이로 말미암아 조국과 주석에 대해 애정이 깊어가고 해방 후 새로운 사회주의 국가에서 교육을 받은 사람들은 대부분 자연스럽게 개인숭배의식이 형성되었다.

> 이 수용소에 수용된 대부분의 사람들이 인민의 적이라는 죄명을 자신에 들씌운 것은 주당의 간부들이라고 생각하고 있습니다. 모택동이가 들씌웠다고는 절대로 생각하지 않습니다. 그런 까닭에 그들은 아직도 모택동이를 하늘같이 우러릅니다. 누가 조금도 모택동이를 나삐 말할라치면 모두들 기가 나서 반박을 가합니다. 개인숭배란 이 지경 사람들을 맹목의 동물로 만들어놓습니다. 우상을 숭배하는 습관의 힘이란 이같이 뿌리가 깊은 것입니다.[19]

임일평 역시 마찬가지였다. 그는 강제노동수용소에 수감되어서도 부농이나 지주의 자식들과 자신은 근본이 다르다고 생각했다. 그들과 접촉을 꺼리고 그들과 같은 대우를 받게 된 것을 수치로까지 생각한다. 그러나 당 중앙에 보낸 편지의 답신 대신 수용소 감독으로부터 질책을 받

---

19) 위의 책, p.40.

으면서 현실을 인식하기 시작하고 심조광과의 만남을 통해 일인독재의
폐해를 깨닫게 된다. 특히 심조광의 편지를 보고 그는 자신의 권력을 유
지하기 위하여 민중을 기만하고 민중에게 고통을 주고 있는 모택동의
모습을 발견하게 된다.

> 객관적 사실이란 아무짝 소용없는 것입니다. 모택동 교주님의 논
> 단만 있으면 그만입니다. 사람의 발이란 원래 문제도 되잖는 것입니
> 다. 오직 구두만이 표준으로 될 수 있는 겁니다. 구두가 발에 끼면 발
> 을 깎아서 구두에 맞춰야 합니다. 이것이 만고의 진리입니다. 중국화
> 한 맑스-레닌주의라는 백전백승의 모택동사상이 가르치는 유일정확
> 한 진리입니다.[20]

지금까지 절대적인 존재로 여겨지던 모택동이 "너저분한 삼거웃이
드러난 흙부처가 되어 그의 발밑에 나둥그러졌"다. 임일평의 모택동에
대한 실망과 비판은 김학철을 포함한 당대의 비판적 지식인들의 모 주
석에 대한 분노를 대변한다.

> 정치적 아편인 개인숭배의 체제가 인민을 우롱해 코뚜레를 잡고
> 마구 끌고 다니기에는 아주 십상이었다. 6억 창생이 혁명을 위하여
> 자신들의 두뇌의 사용권을 전부 위대하신 키잡이 모택동 폐하께 위
> 탁한 까닭에 그리고 자신들은 팔다리만 부지런히 놀리기로 계약을
> 체결한 까닭에 모택동 시대의 중국은 흡사 대가리는 하나뿐인데 발
> 이 수십 억 개나 달린 무슨 거대한 그리마 같은 괴물로 되어버렸다.[21]

5년 동안 강제노동수용소에서 심조광과 교유하면서 의식의 변화를
겪고 사회에 나온 임일평은 신문사 접수원으로 일한다. 예전만 못한 직

---

20) 위의 책, p.21.
21) 위의 책, p.261.

장도 문제였지만 자신을 끊임없이 감시하는 눈과 전과자라는 꼬리표가 그의 영혼을 좀먹어 간다. 때문에 그는 '공산주의 농장은 해체 된 게 아니라 960만 평방 키로 메터의 폭원으로 범위가 확장되었을뿐'이라고 생각한다. 중국공산당의 좌경노선으로 가치가 전도된 당대의 사회 현실에 강한 저항의식을 드러내며 모 주석의 독재를 종식시키기 위해 투쟁을 결심한다.

3. 대약진운동과 신화 창조

중국정부는 1949년 건국으로부터 7년간의 사회주의혁명과정에서 자신감을 가지게 되었고, 1958년부터 전국적으로 '대약진운동'을 시작하였다. 그런데 이 운동은 국민경제를 파탄으로 몰아갔다. 당내에서는 모택동을 비난하는 여론이 일기 시작했다. 1959년 여름 여산회의에서 팽덕회는 모택동에게 만언서(萬言書)를 보냈다. 만언서의 내용을 간추리면 다음과 같다.

대약진 운동이 어느 정도 성과를 거두었고 사회주의 건설을 위해 제시된 규범은 초과 달성되었지만 투자가 너무 경솔한 경우도 있고 불가결한 프로젝트가 연기된 것들도 있다. 이는 과오다. 아울러 전 인민에 의한 제련과정에서 자원을 낭비하는 많은 소규모 용광로가 건설되어 손실이 컸다. 그리고 과장하는 습관이 보편화되어 모든 부문의 성과를 지나치게 과대평가하는 현상들이 나타나고 있다. 그에 따르면 마치 공산주의 시대에 모든 것이 성취될 수 있을 것처럼 보였고, 가난함에도 불구하고 부유하다고 여기게 되었다. 그로 말미암아 오랫동안 현실에 대한 올바른 판단을 하기 어려웠다. 대중노선과 사실에서 진리를 찾지 않고, 전체와 부분을 혼동했다. 스스로를 중국의 마르크스나 레닌으로 여기고 그들의 흉내를 내고, 자신을 영도자로 지지하고 복종해달라고 요구했다. 그는 자신의 명령을 가부장적인 방식으로 당에 시달하고 자신이 당을 가르친다는 생각에 빠져 있다. 그리고 사람들을 꾸짖고 모욕한다. 공산주의 도래를 위해 참되게 투쟁하지 않고 당내에 기회주의적인 요소를 조성한다. 그것은 공산주의 운동내의 송충이다.[22]

이러한 지적은 당시 문제가 되고 있던 현안들을 바로잡기 위해 적절한 것들이었다. 모택동은 자신의 잘못을 잘 알고 있었지만 팽덕회의 충언이 귀에 거슬렸다. 그는 팽덕회의 글이 '우경적 성질'을 띠고 있다면서 국방부장에서 해임했다. 모택동을 주석으로 추천한 주은래는 대약진운동이 실패로 돌아가면서 1인 독재를 강화하기 시작한 당시를 회상하면서 그를 주석으로 추천한 것은 자신의 과오라고 술회할 정도였다.[23]

작가는 심조광의 입을 빌어 모택동의 대약진운동을 신랄하게 비판하고 있다. 모택동이 '단걸음에 공산주의 천국으로 뛰어올라서 전 세계를 깜짝' 놀라게 할 심산으로 '대약진을 고안해내고 또 인민공사를 만들어낸 결과 중국에서는 유사 이래의 대기근'이 들어[24] '고양이를 눈에 띄는 족족 잡아먹어서 고양이가 씨가 지는 시기'요 '시래기를 훔치다가 들켜서 파출소놀음이 나던 시기'가 도래했다. 물가는 하늘을 찌를 듯 높아만 가고[25] 살기 위해 도둑질을[26] 할 수 밖에 없지만, 당국자들은 내핍만을

---

22) Wie man ein guter Kommunist Wird, *Citations du p.resident Liou Chao-chi*, Editions p.ierre Belfond, p.aris, 1969 재인용.
23) 『동아일보』, 2007.2.3.
24) 김학철, 『20세기의 신화』, 창작과비평사, 1996. p.12.
25) 위의 책, pp.51-52.
26) 위의 책, p.47.

강조하여[27] 기아의 세상이[28] 도래한다.

인민의 원성이 높아만 가자 자신의 안위에 위기감을 느낀 모택동은 자신이 처한 상황을 타개하고 자신의 입지를 굳건히 하기 위하여 우상화를 추진한다. 아울러 감시[29], 밀고제[30], 고자질[31] 등이 난무한 세상을 만든다. 그 배경이나 과정이 스탈린이나 김일성의 경우와 너무나 유사하다.

심조광의 통해 드러난 북한은 김일성이 일당독재를 공고히 하기 위하여 남로당의 숙청에서 시작하여 연안파와 소련파를 차례로 처형했고, 그 과정에서 자연스럽게 김일성의 우상화가 이루어지고 있었다. 그는 공산주의의 기본에 충실한 사람으로 북한에서 항일투쟁사를 왜곡하고 있는데 대해 심한 거부감을 보인다.

> ……이렇게 김일성의 항일무장 투쟁사란 건 100페이지두 넘습니다. 그런데 국내 인민들의 반일투쟁사는 보다시피 요렇게 단 3페이지 반밖에 안 됩니다. 4페이지두 채 못 된단 말입니다. 그나마두 김일성이네 혁명군의 전투성과에 고무돼서 비로소 일떠선 걸루 돼 있습니다. 그리구 보다 더 한심한 것은 조선의용군에 관한 것입니다. 조선의용군의 투쟁사는 1페이지두 못되구 반 페이지두 못 되구…… 요것 보십시오. 요렇게 단 한 줄 반입니다. 그나마…… 내 읽을게 한번 좀 들어보십시오, 뭐라구 했나.[32]

심조광은 북한에서 자기 마음에 들지 않은 사람들은 대부분 종파분

---

27) 위의 책, pp.70-71.
28) 위의 책, p.155.
29) 위의 책, p.49.
30) 위의 책, p.118.
31) 위의 책, p.145.
32) 위의 책, pp.263-264.

자나 현대수정주의자로 몰아 강제노동소로 보내고 그 가족들까지 박해하는 현실을 보고 견딜 수 없어서 중국으로 망명했다. 김일성에 대한 비판도 우상숭배에 대한 거부감의 표출로 볼 수 있다.

아울러 소련에 망명한 친구에게 보낼 편지에서 모택동을 안데르센의 동화에 나오는 벌거벗은 임금님으로 묘사하고 있다.[33] 공산당의 좌경 노선과 모택동의 우상화정책은 인민을 위하여 일하겠다는 당초의 취지를 망각한 것으로 오직 자신의 권력을 위해 광분하는 일에 다름 아니다.[34] 김일성은 '돼지 한 마리를 온새미로 삼키려고' 하고 모택동은 '황소 한 마리를 통으로 삼키려고' 안간 힘을 쓰고 있으며, 하나는 '왕이 되고 싶어 밥맛을 모르고 하나는 황제가 되고 싶어 밤잠을 못자는 것'이라고 비판한다.

작가는 모택동의 비판에 머물지 않고 한 걸음 더 나아가 올바른 정책이 무엇인지를 보여주어 인민의 각성을 촉구한다. 그는 마르크스 레닌주의를 사회주의의 전범으로 생각하고 그에 입각하여 정치가 행해져야 하지만 그렇지 못하고 자신의 위상과 정략에 따라 소련에 대한 정책을 수립하고 있는 위정자들에 대해 철저히 비판을 가한다.

> 스딸린 집정시기 소련에 대내외적으루 결함들이 있을 땐 꿀꺽 소리두 못 하구 '친소, 친소'하더니만 이제 와서 소련이 그 모든 오류를 다 시정하니까 되레 '반소, 반소'를 외친단 말입니다. 그래 무슨 놈의 대소 정책이 이 모양입니까. 굴종이 아니면 배은망덕![35]

심조광은 마르크스와 레닌의 이념을 모택동이 제대로 실천하지 못하

---

33) 위의 책, pp.18-19.
34) 위의 책, p.82.
35) 위의 책, pp.316-317.

였기에 경제정책이 실패하고 수많은 인민들을 빈곤의 구렁텅이로 몰아 넣은 것으로 판단한다. 그럼에도 모택동은 국민경제를 파탄의 구렁텅이에 밀어 넣은 책임을 소련에 전가하여 자신들이 범한 잘못을 은폐하고[36] 국민들의 관심을 다른 곳으로 돌리고 있다고 비판하고 있다. 그는 임일평을 동지로 삼아 강제노동수용소에서 나온 후 보일러공으로 있으면서 투쟁을 시작한다. 그는 진정한 마르크스주의자이며 원칙적인 사회주의자의 입장에서 일인독재를 반대하고 사회를 혼란에 빠뜨린 공산당에 대해 분노하고 있다.

이는 흐루시초프의 「개인숭배 및 그 후과에 관하여」라는[37] 비밀보고에 영향받은 바 크다. 그는 스탈린에 대한 개인숭배의 여독을 숙청할 것을 호소하였고, 대회 후 당의 각급 간부, 당원, 노동자, 농민, 지식인들에게 이 비밀보고를 전달하였다. 1956년 6월 미국의 매체들에서는 이 비밀보고의 내용을 폭로하였다. 그리하여 '비밀보고'는 더 이상 비밀이 아니었다. 스탈린 문제를 '당내에서만 다루고 언론에까지 비화하지 않겠다'던 말은 공론이 되고 말았다.

흐루시초프의 비밀연설은 전 세계에서 커다란 파문을 일으켰다. 그 대회에 직접 참가했던 사회주의 여러 나라, 특히 폴란드와 헝가리 등 동유럽의 사회주의 나라와 중국, 조선 등 동방의 사회주의나라에 미친 파장은 아주 컸다. 한편으로는 서방의 세력들이 '비밀보고'를 이용하여 반소, 반공, 반사회주의의 물결을 일으켜 소련과 기타 사회주의 국가들을 곤경에 빠뜨렸으며 국제공산주의운동 내부에 혼란과 위기를 가져왔다. 다른 한편으로는 장기간 국제공산주의운동 내부에 지도자에게만 의존

---

36) 위의 책, p.260.
37) 니키다 흐루시초프, 「1956년 2월25일 제20차 당대회연설」, c.w. 밀즈, 『마르크스주의자들』, 한길사, 1982.

하고 서책에만 의존하던 국면을 타파하고 마르크스주의 사상해방운동을 일으켰다.[38]

모택동도 처음에는 스탈린에 대한 개인숭배를 반대하는 흐루시초프의 입장을 지지했다.[39] 중공 8차 전국대회에서 개인숭배를 비판하고 흐루시초프가 이끄는 소련공산당처럼 집단지도체제를 실시하기로 했다.[40] 외형적으로는 소련의 변화를 수용하는 것이었지만 대약진운동의 실패로 불가피한 선택이었다.

중국은 소련을 모범적인 사회주의국가의 전형으로 평가했다. 그러나 흐루시초프가 등장하여 영향력의 확대를 도모하자 모택동은 자신의 입지를 강화하기 위하여 소련에 도전한다. 자신의 입지가 크게 제약을 받자 일종의 도박을 한 셈이다. 1961년 중소분쟁은 대내적인 비난을 잠재우기 위한 불가피한 선택이었다. 이에 따라 중국은 마르크스, 레닌주의를 중국의 현실에 맞게 적용한다는 원칙을 세우고 모택동 사상을 지도원칙으로 삼게 되었다. 그리하여 반수정주의 학습을[41] 시행하고 반소 히스테리[42] 증세마저 보여준다. 아울러 모택동의 우상화작업과 신화만들기 작업에 들어간다.

4. 영원한 고향 찾기

김학철은 불합리한 현실을 명징하게 인식하고 새로운 고향을 찾기

---

38) 劉友于 等, 『中國20世紀全史』 제8권, 중국청년출판사, 1990, pp.8-9.
39) 위의 책, p.12.
40) 위의 책, p.47.
41) 김학철, 『20세기의 신화』, 창작과비평사, 1996. p.115.
42) 위의 책, p.174.

위해 부단히 노력한 작가이다. 그는 식민지 현실을 신이 떠나버린 시대, 부의식이 상실된 시대로 파악했다. 그는 조선인과 일본인의 불평등한 관계를 아주 분명하게 인식하고 상해로 가서 황포군관학교에 입학하여 우리 강토에서 일본 제국주의자들 몰아내는 일에 착수한다. 조선의용대가 건립되자 거기에 가입하여 철저한 공산주의자로 성장하여 새로운 세상에 대한 염원을 드러낸다. 태항산은 그가 꿈꾸는 유토피아일 수 있다. 일본제국주의에 항쟁하는 투사들이 모여든 곳이고, 권력과 부패에 맞서 싸우는 농민과 노동자들이 서로 화합하면 살아가는 곳이다. 태항산에 모인 사람들이 궁극적으로 지향하고 있는 세상은 탈제국주의와 탈봉건주의이다. 다른 말로 여기에서 고향의 의미는 부정적인 당대의 현실이 만들어낸 이상화된 공간이다.[43]

김학철은 공산주의가 화석화되는 것을 거부했다. 김일성과 모택동 그리고 스탈린에 대한 비판에서 그의 이상주의적 면모를 볼 수 있다. 세상이 이성을 잃고 광분하고 있을 때, 그 혼돈된 세상을 향해 이성의 목소리를 낼 수 있는 것은 아무나 할 수 있는 일이 아니다. 최원식은 그의 사상의 뿌리 즉 혁명적 낙관주의의 뿌리를 무정부주의에서 찾고[44] 있지만 꼭 그런 것은 아니다.

그는 공산주의에 대한 확고부동한 믿음을 지니고 있었다. 1940년 입당 이후 온갖 고난에도 불구하고 그는 '마르크스주의에 대한 나의 신앙은 조금도 변함이 없다'고 자신의 공산주의적 의식세계를 확인시켜준다.[45] '베토벤의 작품이 후대의 서투른 지휘나 연주자의 잘못으로 불협화음이 빚어졌다고 해 그 작품을 만든 베토벤의 위대함이 의심받아서

---

43) 송현호, 앞의 논문, pp.14-22.
44) 최원식, 「광복군과 조선의용대」, 『문학과사회』4, 1995, p.1940.
45) 김학철, 『최후의 분대장』, 문학과지성사, 1995, p.51.

는 안 된다'46)고 주장하고 있다.

작가의 모습은 심조광을 통해 구현되고 있다. 심조광은 33년도에 중국으로 들어와 황포군관학교를 나오고 항일 전쟁초기에 양자강 남북과 황하 남북의 전장을 전전하다가 태항산으로 들어가 항일투쟁에 참여했다. 일제가 패망하고 조국이 해방되자 그는 진정한 고향을 찾기47) 위해 북한으로 돌아갔다. 그런데 공산주의 정권이 들어선 북한은 자신이 생각하는 이상적인 곳이 아니었다. 우상 숭배로 인민은 착취당하고 공산주의의 본질은 왜곡되고 있었다.

그는 북한을 탈출하여 중국으로 망명한다. 북한에서 이룰 수 없었던 것들을 중국에서 성취하기 위해 애쓴다. 초기 중국 공산당 정부의 여러 정책들은 그의 이상은 충족시켜주는 듯 했다. 그러나 반우파투쟁기에 작가들에게 진실을 쓰라고 호소하였다가 반당, 반사회주의자로 지목되어 강제노동수용소에 수용된다. 그는 정치적 박해를 받았고, 그의 가족 역시 엄청난 고통을 겪는다. 모범생이던 아들은 하루 사이에 반장에서 해임되고 따돌림을 받는다. 시골로 쫓겨 간 그의 가족들은 토질병으로 고생을 하며, 딸은 돈이 없어 주사 한대 맞아보지 못하고 죽었다.48) 남에서도 북에서도 발견하지 못한 자신의 이상향을 바로 중국에서 찾고자 했지만 중국 역시 자신이 꿈꾸던 이상적인 곳은 아니었던 것이다.

임일평 역시 심조광의 영향을 받아 마르크시즘에 대한 신념과 우상 숭배에 대한 거부감이 투철한 인물이다. 그는 '공산주의농장은 해체된 게 아니라 960만 평방킬로미터의 폭원(幅圓)으로 범위가 확장되었을 뿐이'라고 말하면서 '부르조아루 몰릴까봐 겁'을 먹고 사는 인민과 부녀

---

46) 위의 책, p.212.
47) 김학철, 『20세기의 신화』, 창작과비평사, 1996, pp.128-130.
48) 김학철, 『20세기의 신화』, 창작과비평사, 1996, p.81.

자들을 측은하게 생각한다. 아울러 심조광과 같은 '진짜 볼셰비끼들은 리어카로 쓰레기나 처내고 또 배 학장 같은 훌륭한 학자들은 돋보기를 쓰고 도서관 구석에 처박혀 도서대장이나 뒤지고' 있는 당대의 현실에 비애를 느낀다.

그는 이 모든 것이 모택동의 우상숭배에 연유하는 것으로 생각한다. 모택동 측근들은 '모택동 만세' 하나밖에 부를 줄 모르는 인간쓰레기요 인간망나니들이지만 그들이 이 나라의 주인 노릇을 하고 있다고 개탄한다.[49] 그는 개인숭배와 일인독재의 관계, 중국과 소련의 역학 관계 등을 명징하게 인식하고 있다.

심조광과 임일평은 인테리의 정의감과 정직성을 지닌 인물이다. 그들은 당대의 현실을 냉철히 직시하고 냉철한 이성으로 행동한다. 그들은 강제노동수용소에서 진정한 공산주의자들과 우애의 꽃을 피워보기도 한다. 그들은 미래에 대한 낙관적 태도를 견지하고 있다. 원족에서 실의에 빠져 돌아온 아들의 머리 위에 손을 얹고 심조광은 '괜찮다. 회오리바람두 온종일 부는 법은 없다.'라고 말한다. 아들에게 한 말이기보다는 '자신의 결의를 다진' 미래지향적인 선문답일 수 있다. 임일평은 왕이 '내가 이제 더 바랄게 뭐가 있어' 하고 이판사판으로 나올 때, '어째 더 바랄게 없단 말이요? 우리는 이제부터가 시작이요'라고 말한다.

그들이 이상향으로 삼고 있는 영원한 고향은 마르크스주의를 원칙으로 삼고 진정한 의미의 인민의 세상을 만들려고 했던 레닌 시대의 소련이다. 그들은 볼셰비키의 나라인 소련을 이상적인 모델로 생각한다. 심조광이 소련 망명을 생각한 것은 그에 연유한다.

---

49) 위의 책, pp.50-64.

나는 북경 소련대사관을 찾아가 망명을 신청하기로 마음을 굳혔
다. 이때까지도 우리기족은 조선국적을 그대로 보유하고 있었으므
로 하자도 없어 완전히 가능한 일이였다. 하지만 나는 유감스럽게도
북경대사관 정문앞에서 중국 경찰에게 물리적으로 저지를 당했다.
저지를 당하고 분개해 1대 2로 용감하게 몸싸움을 벌였으나 필경은
중과부적으로 꼼짝없이 피랍이 돼 연길로 압송을 당했다. 소리를 못
지르게 입을 틀어막았던 까닭에 아무리 악을 써도 소용이 없었다. 일
장의 보기 드문 활극이였다. 1각(脚)이 4각(脚)을 이겨낸다는 재간이
없었던 것이다. 나는 드디어 우상숭배의 미몽에서 깨여나기 시작했
다. 개인숭배와 결별을 하게 된 것이다. 모택동의 일인독재의 해악을
낱낱이 폭로해 만천하에 경종을 울리기로 마음을 먹었다. 마음은 먹
었어도 깜냥 없는 속이 자꾸 후들후들 떨리기만 하니 이를 어쩌랴.
(언감생심 모주석을 반대하다니. 내가 이거 미치잖았나?) 총살당하는
광경이 눈에 선했다. 이 때 모택동은 6억 5천만 중국인민에게 있어서
신(神)이자 태양이었다. 거룩하고 자애로운 '구원의 별(救星)'이었다.
나는 몇 번인가 결심을 반복했으나 끝내는 붓을 들어버렸다. 양심이
공포를 이겨낸 것이다.[50]

그런데 정작 소련 망명은 실현되지 못한다. 겉으로는 저지를 당했기
때문이지만 그보다는 소련으로 망명하는 것이 최선의 방법이 아니라고
생각한 때문이다. 그보다는 중국에서 이상적인 인민의 세상을 만드는
것이 모두를 위해 좋겠다는 생각을 한다. '모가의 개인숭배체제만 무너
지면 이 중국에두 그날부터 레닌의 질서가 회복될' 것이라고 생각한다.
그래서 그들은 모종의 투쟁을 시작한다.

---

50) 김학철, 『항일독립군 최후의 분대장 김학철』, 문학과 지성사, 1995, pp.376-377.

5. 결론

　필자는 한민족공동체문학사 서술을 위한 일환으로 김학철의 「20세기의 신화」에 나타난 중국조선족의 디아스포라와 반독재투쟁 그리고 영원한 고향 찾기 등에 대하여 살펴보았다. 작가는 이성이 사라지고 광란만 계속되던 시기에 개인숭배와 우상숭배에 반기를 들고 마르크스와 레닌과 같은 공산주의 원리에 충실한 사람들을 내세워 자신의 신념에 충실하려고 했다. 그로 인하여 그는 당과 지인들로부터 숱한 박해를 받았다.

　레닌과 모택동의 민족주의 정책의 충돌은 세계주의의 인식의 차이에 기인하며, 스탈린과 모택동의 우상화정책은 소수민족의 탄압에 기반을 두고 있다. 중국에서 민족주의 논의는 1959년에 진행된 지방민족주의를 반대하는 정치운동의 영향으로[51] 내면화되어 거의 모습을 드러내지 않고 있다. 이 운동은 이념적 차원에서 실시된 반우파투쟁과는 달리 다분히 민족적인 차원의 운동이었다. 그러나 한족을 제외한 소수민족 사이에 공공연하게 존재하고 있던 민족주의가 척결되는 결과를 가져왔다. 따라서 조선족 사이에서 민족주의 논의는 금기 사항이 되었다.

　그런데 우파로 낙인 찍혀 창작의 기회를 박탈당한 상태에서도 김학철은 또 다시 「20세기의 신화」를 집필하게 된다. 이 작품은 '강렬하고도 선명한 정치성을 띤 소설로서 당시, 당지의 부정적인 사회적 현실을 정면으로 대담하게 비판하고 또 사정없이 날카롭게 편달하는 것'으로 양식 있는 '한 맑스주의자의 비통한 부르짖음'이요, '오로지 우국충정에서 터져나오는 부르짖음이'었다.[52]

---

51) 리광일, 「잠재창작과 김학철의 장편소설 「20세기의 신화」」, 『조선의용군 최후의 분대장 김학철』2, 연변인민출판사, 2005, p.432.
52) 김학철, 유작 「20세기의 신화」, 『조선의용군 최후의 분대장 김학철』2, 연변인민

　　따라서 이 작품은 역사적 기록물의 성격이 강하다. 때문에 이 작품을 소설로 볼 수 있는가 하는 문제가 제기되기도 한다.[53] 그러나 소설은 부단히 자기 혁신을 도모하는 서사양식이어서 바흐찐의 말대로 형성 중인 장르이다. 소설의 본질적 속성으로 규정되던 허구성이 약화되고, 사실이 현재의 사실이 아니라 과거의 사실일 때 개인의 기억이라는 형태를 띤 자전소설이 등장하여 작가와 서술자의 경계가 모호해지기도 한다.[54] 설령 이 작품을 소설로 볼 수 없다고 하더라도 역사적 기록물을 소설 장르의 자장 속에 끌어들여 논의함으로써 소설 양식의 지평을 넓히는 데 기여한 것으로 볼 수 있다.

출판사, 2005, p.90.

53) 2007년 7월 7일 중국 호남대학에서 개최된 한중인문학회 특별기획 학술대회에서 토론자인 최병우 교수의 제기한 문제로 충분히 논의할만한 사항이어서 결론에 사족을 달았다.

54) 우한용, 「소설의 경계와 연구의 한계」, 『현대소설연구』34, 현대소설학회, 2007, p.3.

참고문헌

게오르그 루카치, 『소설의 이론』, 반성완 역, 심설당, 1989.

김관웅, 「50-60년대 국제공산주의운동과 「20세기의 신화」의 관련양상」, 『한중인문학연구』20, 한중인문학회, 2007.

김학철, 『20세기의 신화』, 창작과비평사, 1996.

김학철, 『사또님 말씀이야 늘 옳습지』, 료녕민족출판사, 2002.

김학철, 『항일독립군 최후의 분대장 김학철』, 문학과 지성사, 1995.

김호웅, 「우리 문학의 산맥 – 김학철옹」, 『조선의용군 최후의 분대장 김학철』, 연변인민출판사, 2002.

리광일, 「잠재창작과 김학철의 장편소설 「20세기의 신화」」, 『조선의용군 최후의 분대장 김학철』2, 연변인민출판사, 2005.

리명숙, 「남북한 합작이 류배시킨 격정의 망명문학」, 『조선의용군 최후의 분대장 김학철』2, 연변인민출판사, 2005.

모택동, 『모택동선집』 3, 민족출판사, 1992.

송현호, 「김학철의 「격정시대」에 나타난 탈식민주의 연구」, 『한중인문학연구』18, 한중인문학회, 2006.

연변문학예술연구소 편, 『김학철론』, 흑룡강조선민족출판사, 1990.

이해영, 「「해란강아 말하라」의 형상화원리」, 『조선의용군 최후의 분대장 김학철』2, 연변인민출판사, 2005.

이해영, 「중국 조선족 소설 교육 내용 연구」, 서울대 박사논문, 2005.

임헌영, 「세계화 속의 동포문학」, 『한국 문학평론』, 국학자료원, 2003.

정진농, 「오리엔탈리즘의 두 얼굴」, 『동서비교문학저널』, 1999, 창간호.

조일남, 「김학철의 사실주의의 창작실천을 론함 – 장편소설 「해란강아 말하라」를 두고」, 『조선의용군 최후의 분대장 김학철』2, 연변인민출판사, 2005.

최삼룡, 「김학철에 대한 기성연구검토와 몇 가지 생각」, 『조선의용군 최후의 분대장 김학철』2, 연변인민출판사, 2005.

최원식, 「민족문학과 디아스포라」, 『창작과 비평』, 2003 봄.

한민족 농촌소설의 탈식민주의적 위상 고찰
- 70년대 한국 농촌소설과 개혁개방기 중국 조선족 농촌소설을 중심으로 -

한 명 환

목 차

---

1. 머리말

한국 농촌소설에 대한 연구는 1980년대 이후 한국소설 연구에서 중요하게 다루어져 적잖은 논문들이 축적되어 왔다. 1980년 신춘호, 오양호 「한국농민소설 연구」 외에 60여 편의 학위논문이 제출된 바 있었다. 그러나 최근의 농촌소설은 연구대상에서 분명히 밀려나고 있음을 보여준다. 80년대 이후 농촌 및 농민소설 학위논문 60여 편 가운데 2001년 이후 7편이 전부이고 그중 박사학위논문은 3편[1]에 그치고 있기 때문이다.

소설 연구 방법은 과거에 비해 훨씬 다양해졌지만 농촌이나 농민을 주제로 한 소설연구가 이처럼 이어지지 못하고 있는 것은 도시소설이나 모더니즘 소설 연구처럼 연구방법론에 의해 새롭게 발전하지 못했기 때문이다. 장르간의 이동에 대한 상호 텍스트성 연구. 문체와 구조이론, 정신분석학적 연구 등, 새로운 문화 사회 철학적 이론들과 맞물려 방법적으로 다양하게 이루어지고 있는 차에, 소설이 근대화와 도시 현상과 관련되어 방법적으로 복잡다단하게 논의되는 것은 당연해 보인다. 도시현상이 현대 문화와 관련된 데다, 그것이 한국사회에 수용되는 굴절과정이 중요하다고 인식하고 있는 것도 같다. 반면, 과거 농촌소설의 경우, 연구방법론적 접근이 그다지 다양하지 못하다. 유형론이나 인물론, 소재론, 작가론에 머물거나 역사주의나 형식주의적 연구에 그친다는 느낌을 받는다. 연구대상 역시 농촌의 삶을 꾸준히 그려낸 작가층이 드문 때문인지 1930년대에서 1970년대 작가군으로 건너뛰고 있는 양상을 보인다. 농촌의 삶은 한국의 역사와 전통문화와 관련된다. 앞으로 농촌소설 연구는 연구대상을 확대시키고 연구방법을 심화시켜나감으로써 그 농촌소설에 대한 연구사적 계보를 이어가지 않는다면 자칫 한국농촌문학 연구는 단절되고 말 것이다.

따라서 본고는 1970년대 한민족 농촌소설을 탈식민주의 시대의 몰주체적 근대화에 대한 저항의 관점에서 이해하고자 한다. 이차대전 후 많은 약소국들이 그렇듯, 우리도 해방은 되었지만 여전히 회복될 수 없는

---

1) 선은주, 「1970년대 한국농촌소설연구」, 경원대 박사논문, 2006.
　　이주범, 「분단시대 농민소설 연구」, 성균관대 박사논문, 2002.
　　이주미, 「북한의 농민소설 연구」, 동덕여대 박사논문, 2001.

식민성을 지니고 있었다. 서구의 민주주의는 봉건제도를 거쳐온 구체성을 갖고 실현된 것이지만 한국의 민주주의란 실체가 없는 이념이나 다름이 없었다. 왕권중심의 수직적 인간관계에 수백년 머물러있다가 식민지 지배를 통해서야 근대화의 충격을 경험하였으니, 한국의 근대화는 말 그대로 서구적 근대성을 모방한 형태일 수밖에 없었다. 그 어떤 방법으로도 해방이후 한국사회는 서구와 동등한 자유 민주주의를 실현할 수 없었다. 그것은 처음부터 불가능한 일이었다.

도시와 달리 한국의 농촌사회는 전통적 삶의 뿌리에 닿은 생활이 구체적으로 살아있는 곳이기에, 농촌소설에 녹아있는 삶의 정서를 통해 우리는 탈식민주의 시대의 현실을 주체적으로 바라볼 수 있는 시각을 얻을 수 있다. 그러므로 탈식민주의적 시각으로 한국의 70년대 농촌현실을 바라볼 때, 한민족 소설의 위상은 더 잘 드러날 것이다.

한국의 70년대 농촌소설을 탈식민주의 관점에서 바라보아야하는 또 다른 이유는, 최근들어 정보소통와 교통의 편리함으로 인해 해외 이주 한국인들의 해방 이후의 삶의 궤적이 소상히 드러나고 있기 때문이다. 국가간 교류의 빈번함으로 인해, 해외 이주민들에 대한 시각도 교정되어, 재일 조총련계 교포라든가, 러시아 한인, 중국 조선족에 대한 관심도 새로워지고 있다. 이들 해외 연구는 북한문학과의 대립성으로 인한 한민족적 공감의 어려움을 희석시켜주는 역할을 하였다. 그러나 학문의 발전이란, 연구 대상의 확장만으로 가능한 것이 아니다. 무엇보다도 자유로운 사고와 비판을 할 수 있는 정신적 공간의 여유로움이 보장되어야 한다. 다양한 이론적 접근에 의해서만이 '한민족 농촌소설'이라는 텍스트 위상이 제대로 파악될 수 있다. 특히 분단된 한국, '디아스포라'적 역사로부터 자유롭지 못한 한국의 농촌소설의 경우, 더욱 그렇다. 70년대 한국농촌을 절대적 '완결형'으로 보지 않고 디아스포라적 현상의 일부로서 볼 수 있는 상대적 '과정형'으로 바라볼 때, 우리는 보다 자신의 실상을 객관적으로 파악할 수 있다.

중국조선족의 농촌소설은 한국 농촌소설의 위상을 탈식민주의 관점에서 이해하기 위한 적절한 상호텍스트성2)을 갖는다. 두 지역의 70년대 농촌 소설이 한민족적 농촌 소설로서 대위적 위상을 보여줄 수 있다는 근거는 첫째, 한민족 언어의 기록이라는 점. 둘째, 한민족 농촌문화를 이어가려고 하고 있다는 점. 셋째, 전근대적 생산체계를 견지하려 한다는 점, 넷째, 7-80년대 외부적 요인으로부터의 갈등과정을 제휴(affiliation)와 계통(filiation)3)의 양가성으로 드러내 보여준다는 점, 다섯째, 일제식민지 체험을 공유하고 있다는 점들 때문이다.

우리는 한국 문학을 제대로 이해하기 위해서는 한민족 문학에 대한 기본적 조건 아래 그 조건을 충족할 수 있는 텍스트를 범박하게 상정해야만 한다. 탈식민주의 이론은 식민지 시대와 해방기를 전후한 한국문학적 텍스트를 포괄하기에 적절한 방법으로 원용된다. 한민족 문학의 텍스트는 탈식민주의 이론의 틀 안에서 그 정당성을 갖는다.

본고는 이상과 같은 시각으로 70년대 한국 농촌소설과 개혁개방기

---

2) 여기서 말하는 '상호텍스트성'이란 'intertextuality'라기 보다는 'transtextuality'에 근접한 의미로 쓰인다. 가장 넓은 의미에서의 상호텍스트성은 주어진 텍스트가 속해있는 문화의 맥락에서 이해될 수 있는데, 본고에서 대상이 되고 있는 70년대 농촌소설과 개혁개방기 조선족 농촌소설은 다같이 외부로부터의 개혁적 충격을 통해 후기 식민지적 상황과 관련시켜 논의될 수 있는 한민족적 문화의 위치를 자리매김하게 하는 상호관련성을 갖고 있다.(호미바바, 나병철 역, 『문화의 위치(탈식민주의 문화이론)』, 소명출판, 2002. pp.27-59 참조)

3) 파생관계가 자연적인 유대들과 자연적인 권위 형태들 (복종, 두려움, 사랑, 존경, 그리고 본능적인 갈등을 포함하는) 에 의해 결합되었다면, 새로운 제휴관계는 이러한 유대들을 초개인적인 형태들이라고 보이는 것 (길드의식, 합의, 대학동료, 직업적 존경, 계급, 그리고 지배문화의 헤게모니 같은)으로 변화시킨다.파생적 구도는 자연의 '삶'의 영역에 속하고, 제휴는 문화와 사회에만 속한다.(Edward W. Said, *The World, The Text, and The Critic*, Cambridge; Harvard Univ. Press, 1983. p.20)

중국조선족의 농촌소설을 탈식민주의적 시각에서 대위법적으로 논의하고자 한다. 연구대상은 송기숙 소설과 이문구소설 그리고 중국조선족 김용식과 류원무의 소설들이다. 이들 소설들은 다같이 당대의 대표작이면서 탈식민적 농촌현실을 보여준다. 그러나 본고에서 비교나 대조를 피하고 대위적으로 텍스트를 논하고자 하는 것은 그들 농촌소설들이 보여준 각자 배경이 달라, 수평적으로 비교논의할 수 없는 다른 상황에 놓여있기 때문이다. 최소한 비교 연구가 되기위해서는, 논의될 대상이 서로 같은 조건에 놓여있지 않으면 안 된다. 그러므로 이들 텍스트 위상에 대한 탈식민주의적 접근은 관념적 도식에 빠지지 않기 위해서는 보다 조심성이 요구된다.

한민족 농촌소설의 위상에 대한 탈식민주의적 고찰은 70년대 한국 농촌문학적 이해의 폭을 탈식민주의적 입장에서 타진해보고자 하는 한국 농촌소설 연구방향의 '새로운 닻'을 던져놓겠다는 시도적 의미를 갖는다. 그러나 이러한 연구결과가 '해방' 이후 '문화충격'적 상황에 대응해가는 농촌소설의 민족적 위상을 통합적으로 복원, 기술할 수 있는 초석이 될 것을 희망한다.

2. 1970년대 한국 농촌소설의 비판의식의 탈식민성

한국의 1970년대는 일인 독재에 의한 경제개발 시기에 해당된다. 조국근대화라는 국가주의는 경제개발이라는 목표 아래 서구화를 거의 조건없이 받아들이도록 하였다. 이는 자연스레 농어촌 전통 풍습이나 문화를 위축시켜 '농촌 정체성'에 위협을 가해왔다. 송기숙 농촌소설들은 이러한 위협에 대해 저항하는 농촌 공동체 회복을 지향하였다. 송기숙 소설들에 드러난 농민의 조국근대화에 대한 저항과 피해의식 속에는 식민지 잔재를 청산하지 못한 억압된 욕망들이 감추어져 있다. 그 결과 송기숙 소설의 서술자는 강박할 정도로 대립적인 현실인식을 구조화한다. 한편 이문구 농촌소설들은 이야기꾼의 전통을 이어받아 하층 농민의 입을 빌어 70년대 살풍경한 농촌현실을 농민의 말로 반영하여 주었다. 「우리 동네」 연작은 독점자본의 지배 밑에 있는 농민사회의 실상을 보여줄 뿐만 아니라 그 지배에 도전하는 농민상을 보여줌으로써 부정과 저항의 담론을 구성하고 있다[4]. 곧, 「우리 동네」는 조국 근대화와 상관없이 삶의 주체로서 최소한도의 인격적 자존심을 짓밟히지 않기 위해 마지막 저항을 하고 있는 농촌 남자들을 이야기한다. 유신체제에서의 개발독재는 근대화라는 미명하에 농촌생활의 전통적 미덕을 사실상 분열시켜 농촌공동체를 와해시켜놓은 결과를 낳고 말았기 때문이다. 위 두 소설들은 당시 농촌정책이 관과 민을 이간시키고, 빈부차별, 인간차별 등 도농간 내부적 갈등 요인을 뿌리내리게 만든 명령하달에 의한 관 중심의 농촌 정책이었음을 비판한다. 농민이 주체가 되지 못한 전후 농촌개발정책은 어디서나 도농간의 현격한 차별화를 가져와 이후, '환원될 수 없는 인지적 실패'[5]로 기억될 수 있다. 한국 농촌사회 역시 포스트 식민시대의 전형적인 후진국 농촌정책에서 벗어나지 못하였다. 전후 원조경제에 이어 쿠데타에 의존한 몰주체적인 개발독재정책은 이후 전통적 농촌공동체의 원형 복원이 불가능하게 되고마는 농촌해체과정을 강요한다. 송기숙과 이문구 농촌소설은 그러한 점에서 포스트 시대의 차별과 외압에 대한 한민족 농민의 대응양상을 보여주는 탈식민적

---

4) 박재범, 「1970년대 농민문학론과 농민소설의 소통 양상 연구」, 『현대소설연구』 31호, 현대소설학회 2006.9, p.229.
5) 가야트리 스피박, 태혜숙 옮김, 『다른 세상에서(문화정치학 에세이)』, 여이연, 2003. p.402.

교과서로서 읽힐 수 있다.

1) 한국 농촌 근대화 세력의 몰주체성 비판 - 송기숙 「재수없는 금의환향」 외

　70년대 한국 농민은 조국근대화 과정에서 사회적으로 소외될 수밖에 없었다. 관제 농촌운동은 군대식 명령하달로 전개되어 이로 인해 전통 미풍양속은 사라지고 지배와 피지배의 구도로 대립되는 정도가 심화되어가고 있었다. 과거 농촌공동체가 대대로 이어온 전통적 인간관계에 기초한 신뢰감을 바탕으로 질서를 이룬 것이었다면, 무리한 관주도의 새마을 운동은 도시화 산업화를 위한 경제적 이전 부담의 역할, 그로 인한 인간관계의 해체 등 돌이킬 수 없는 부작용을 낳았다. 송기숙 농촌소설에서 인간군은 같은 농촌에 살면서도 면장 군수 등 관 주변의 유지들 세력과 각종 세금과 관의 간섭에 시달리는 소농 계층으로 뚜렷이 대립되어 가는 양상을 보여준다. 송기숙의 농촌 소설들은 그러한 대립점을 포착해 농촌공동체의 상부상조의 전통성을 복원하고자 한다. 「재수없는 금의환향」(1974)은 농촌사람들의 입장에서 70년대 경제정책을 정면으로 비판한다. "이쁘잖은 며느리 달밤에 삿갓쓰고 나온다더니 허허 잔 내비 딴스하는 걸 보제. 눈꼴시려 못 봐주겠네 "라고 쏘아붙이는 농민들의 언어 속에는 졸속으로 부자가 된 김복만 사장에 대한 혐오감정이 배어있다. 김복만의 '금의환향'을 '재수없다'고 생각하게 되는 대립감정은 명령하달식 개발독재, 관 주도에 의한 민심 이반에 따른 결과라 할 수 있다.6)

---

6) 근대화로 인한 도농간 격차는 신흥 부자에 대한 곱지않은 감정을 갖게 하였다. 동해피혁회사 김복만 사장의 금의환향은 농촌사람들에게 한마디로 '재수없는' 것일 수밖에 없었다. 또한 이소설에는 '새마을운동'이나 '이순신장군 동상세우기'

송기숙은 「七日夜話」, 「개는 왜 짖는가」 등에서 통치 수단으로 내세우는 민족주의, 관주도의 전통문화 정책을 비판한다. 관료들이 농촌개발을 구실삼아 결국 사리사욕을 채우고 마는 현실에 대한 반대의견을 분명하게 보여준다. 이는 아무리 목적이 좋다하더라도 과정이 좋지않으면 돌이킬 수 없는 상황에서 빠져나올 수 없다는 시대 인식에 접근한 것이다. 가야트리 스피박은 포스트 식민사회의 '신사혁명가들'이 내세우는 그럴듯한 명분 속의 비토착성, 탈영토성에 대해 비판한다.[7] 그녀는 그렇듯 포스트 시대의 개발도상국의 정치지도자들에 의해 저질러진 개혁적 틀이 삶에 대한 '환원할 수 없는 인지적 실패의 틀'이 되고 있음을 분석, 경고한 바 있다. 송기숙 소설은 그러한 예기치 않은 '실패'를 예감함으로써 농촌공동체 정신의 복원을 위한 경종을 울리고자 한다.

스피박이 말하는 '신사혁명가'는 개혁을 주도하지만, 서구적인 근대화를 실현하기 위해 이념적 잣대를 사용한다. '신사혁명가'들은 개혁을 외치면서 토착농민들의 삶을 변형시켜놓는 결과를 가져오고 마는데, 이때 민족주의는 그들이 자주 이용하는 쿠데타 세력의 이념이었으며, 그것은 파시즘과 같은 거짓 민족주의였다.

> "요새 라디오에서 걸핏하면 나라사랑이 어떻고 아갈대 쌓는디 --중략-- 맨날 이순신 장군이나 나불대고 있는디, 내 사견적인 견지로 봐서는 저 아래 화약골 의병덜이 정신적인 견지로는 오히려 이순신 장군보다 더 훌륭하게 생각되더라 이겁다"

등 관주도 계몽에 '화약고 의병비 세우기'로 맞서는 농민들의 저항심리가 잘 드러나 있다.

7) 가야트리 스피박은 혁명세력이 누구든, 그들은 서구중심적 지식과 권력구조와 관련되어, 타자를 침묵시켜 피지배층 하위주체를 몰주체화한다고 주장한다. 구체적으로 마하스웨타 데비 소설 「드라우파디」를 분석하면서, 반정부군 수뇌인 세나나약과 같은 개혁파 역시 '신사혁명가'로서 보수체제와 다를 바 없음을 지적한다.

－「재수없는 금의환향」[8]

임진난 때 동원된 민간인 목수나 인부 등 職人들의 탁월한 능력이 아
니었다면, 이순신 장군의 해전에서의 승리가 불가능했을 것이라는 연
구결과가 있다.[9] 이는 이순신 장군의 지휘능력을 폄하하는 것이 아니
라, 당시 관리들보다 민중들의 항일정신과 능력이 더 긴요하였음을 지
적한 것이다. 그러나 70년대 유신정권은 국민 통제의 수단으로 이순신
을 이용했다. 초등학교마다 이순신 동상을 세우고 현충사를 장관급 장
군이 관리하게 했다. 이로인해 이순신 효과는 일본장교출신들로 이루
어진 군부의 일본 친한파 세력과의 결탁과 굴욕적 대일외교 등 친일적
행위를 상쇄시키는 효과를 가져왔던 것이다.

송기숙 소설에서 민중 공동체 복원의 정신은 농촌사회의 민중언어와
두레 등 공동체적 삶에 대한 관심으로 재현되고 있다. 이렇듯 송기숙의
농촌에 대한 관심사는 나중에 대작 「녹두장군」의 완성에 이르게 된다.
1970년대 한국 농촌사회에 대한 역사적 통찰과 자각은 포스트 시대의
송기숙 소설의 문학적 토양이자 출발점이 되고 있었던 것이다. 결국 송
기숙은 70년대 농촌개혁의 허구성을 비판함으로써 공동체 회복에 대한
욕망을 드러내고자 한 것이다.[10)

---

8) 송기숙, 「재수없는 금의환향」,『자랏골 비가 외-한국소설문학대계 56』, 동아출판
　　사, 1995, p.419.
9) 北島万次, 김문자 역, 「난중일기로 본 임진왜란」(충무공 탄신 455주년 이순신 연
　　구소 제 2회 한일국제학술회의) 2000.4.28 순천향대학 향설도서관 세미나실 발표.
10) 송기숙 「은내골 기행」 역시 농촌을 배경으로 농촌근대화의 허구성을 비판한 탈
　　식민주의적 장편소설이다. 「은내골 기행」은 1987년 창작과 비평에 연재되었다가
　　98년에 단행본 출간된 소설이긴 하나, 1970년대 중반 은내골을 배경으로 한 일
　　제시대, 분단으로 이어지는 마을의 비극을 동시대 민청학련사건, 언론탄압 등과
　　연결지어 형상화한다. 특히 당시 관주도의 민족주의와 새마을 운동의 허구성을
　　통해 극렬히 비판한다. 일제시대 청산되지 못한 친일부역자들이 70년대 이르러

2) 70년대 농촌현실에 대한 보고서 – 이문구 「우리 동네」

1977년에서 1981년 사이 발표된 이문구 「우리 동네」 연작[11]은 산업화, 도시화의 변화 속에서 농촌의 전통적 미풍양속이 사라지고 도시 사람들에게 농촌이 지배당하는 징후를 비판적으로 반영한다. 작가 이문구가 발견한 징후들은 송기숙 소설에 비해 더욱 농민의 실생활로부터 유추된 것들이다. 이문구 「우리 동네」에는 농민들의 세부적인 삶과 태도, 농민들의 최저생활상, 사회적 형성과 상호관계의 메카니즘이 선명히 부각되고 비판되고 있다. 때문에 그를 '급속한 근대화를 따라 농어촌 공동체의 해체화 과정과 황폐화된 현실을 가장 넓고 깊게 묘파한 작가'[12]혹은 '농촌 사회의 구조적 모순과 농민들의 삶의 고통을 가장 폭넓게 다루고 있는 작가'[13]라 평하기도 하였다.

이문구의 「우리 동네」의 중심 의도는 농촌사회 혹은 농민들에게 가해진 경제적, 물질적 삶의 고통을 '재현'하고자 하는데 있다. 특히 70년대 농촌 정책은 산업화, 도시화의 일방적 기준에 따라 명령하달식으로 강제화함으로써 돌이킬 수 없는 '인지적 실패'를 강화하는 결과를 낳았

개발독재 체재의 주인공이 되어 반공주의를 내세우면서 벌어지는 진실 은폐의 음모를 고발한다. 한몰댁과 들몰댁을 위시한 한내골 주민들은 장인철, 양명식, 지우스님, 박명호 등 양심 지식인 등과 함께 쿠데타 개혁세력의 피해자들이다. 이들은 차출만을 위시한 공안당국, 면사무소 직원들, 친일반공세력인 마을 유지들과 대립되어 있다. 작가는 조국근대화를 기획하고 그것에 동조한 쿠테타 세력이 결코 한민족적 주체가 아님을 분명히 보여준다. 마을유지와 관료들이 모이는 등대식당의 이미지나 그 벽에 '진충보국, 충국애국' 등 걸려있는 '충'의 실상이 사리사욕에 병든 비리하고 추악한 것임을 이야기한다.

11) 1977년 『한국문학』에 「우리 동네 김씨」를 발표함으로 시작하여 1981년 12월 세계문학에 「우리 동네 조씨」를 마지막으로 한 여덟 편, 그리고 「으악새 우는 사연」(1977, 『문예중앙』)을 「우리 동네 황씨」로 게제한 것까지 모두 아홉 편으로 되어 있다.

12) 김윤식·정호웅, 『한국소설사』, 예하, 1993, p.384.

13) 권영민, 『한국현대문학사』, 민음사, 2002, p.305.

다. 소설 「우리 동네」는 식민지 억압 체험이 친일을 낳고 친일이 독재를
낳아 독재가 한민족적 문화 기반을 흔드는 탈식민지시대 상황을 묘사
한다. 조국근대화라는 추진력이 독재권력의 수호로 전용되어가는 상황
을 적나라하게 보여준다. 따라서 이를 두고 "문화변동기의 과도적 상태
를 꼬집는 것"이라는 평[14]은 적절한 것이 아니다. '과도적 상태'라는 표
현은 한국의 농촌사회가 어떤 이상적 형태로 발전해 나아가는 도중에
있음을 의미한다. 그러나 이천년대인 지금에 와서도 여전히 한국의 농
촌이 소외당하고 있는 현실을 돌아볼 때, 과연 70년대 농촌현실이 '과도
기적' 특성을 보여주는 것이라고 믿기 어렵다. 세계화의 개방 상황이란
알고 보면 탈식민주의 시대의 또다른 증상에 다름아니기 때문이다. 「우
리 동네」에서 보여준 농촌 실정 문제는 이천대인 지금도 여전히 반복되
고 있는 농정 실패와 근본적으로 관련되어 있다. 즉 70년대 농촌정책은
이미 도농간 돌이킬 수 없는 거리를 강요하고 있었으며, 그것은 도농간
의 현격한 차별화를 유도하는 결과를 낳아 그러한 인식이 지금까지 영
향을 미쳐 심각한 빈부 양극화현상으로 이어지고 있다. 그것은 다름아
닌 해방과 분단이라는 탈식민지 시대의 농촌의 주변화, 농민의 타자화
가 심화되고 확장된 것이다.

　　즉, 이문구의 「우리 동네」는 도시 개발정책, 산업화 바람과 정부와 관
청 등 외지인, 과학기술이 유입되면서 오히려 해가 되고 있는 근원적 삶
의 질의 문제를 제기한다. 예를 들어, 관의 개입이 어떻게 미묘한 형태
로 공동체적 관계에 침투, 농촌을 타락시키는가. 농촌의 인간관계를 얼
크러지게 만들어내는가 하는 것이다.[15]

---

14) 홍경표, 「이문구의 「우리 동네」 연작품 연구」, 『현대소설연구』20호, 현대소설학
　　회, 2003.12, pp.31-53.
15) 김우창, 「근대화 속의 농촌」, 『우리 동네』(작품 해설), 민음사, 1981, p.417.

「우리 동네」는 다양한 인물의 시점에서 관찰한 70년대 농촌실태를 재현시킨다. 우선, 이문구의 소설의 주인공들은 고유한 토착 언어를 구사한다. 토착언어는 토착 농민의 상황을 정확하게 전달하는 효과를 낳는다. 토착언어는 표준어에 익숙한 '국민국가'의 국민들에게 소통되기 어렵다. 그 어려움을 농민들의 상황을 타자화하는 효과를 낳는다. 아울러 토착언어 는 일사불란한 조국근대화로부터 회화화되어지는 결과를 가져온다. 방언(토착언어)을 해독하는 능력을 가진 독자는 공감적 상황에 놓이지만, 방언에 서툰 독자는 읽는데 어려움을 느껴 해학적인 부분과 사실적인 부분을 오해하여 읽을 수 있다. 인도에서 벵골어로 쓰인 소설(마하스웨타 데비), 아프리카 케냐에서 '기쿠유'어로 쓰인 소설(응구기와씨옹오)들이 근대화된 국가로부터 배척받는 것과 비슷한 상황이다[16]. 국민국가, 국가주의의 표준어 강요는 방언(토착언어)를 권장하기는커녕 우스꽝스럽게 생각하도록 강요한다. 일제시대 일본어를 국어라 하고 한국어를 조선어로 차별한 것과 같은 이치이다.

이효석 소설이 표준어로 소설을 쓰는 것과 김유정 소설이 토착어를 사용하는 데에서도 식민지 피지배자들의 문화의 자리가 어떻게 차별적으로 재현되고 있는가 엿볼 수 있다. 김유정의 해학은 식민지 한국농촌의 실상을 있는 그대로 재현시킴으로써 일제 언어와 문화정책에 순응할 수 없는 저항적 재현의 의미로 받아들여야 한다. 「우리 동네」 또한 김유정 소설처럼 별다른 비극적 사건이 일어나지 않아 소설적 자아의 세계와의 조화로움을 지향하는 것처럼 보인다. 예를 들어, '우리 동네 장씨'는 근대화의 무리한 강제와 수직적 명령 구조에 따른 근본적 모순점을 지적하면서도 남자들보다 여성들의 급변화를 비판적으로 바라보

---

16) 응구기와씨옹오, 이석호 옮김, 『탈식민주의와 아프리카 문학』, 인간사랑, 1999 참조.

는 보수성을 보여주기도 한다. 바쁜 모내기철에 관광을 하려다 다시 돌아온 슬기엄마에게 장은 '그러구보니 많이 근대화 되셨네유'라는 비꼬는 것이다. 작가는 실패한 농촌 정책을 구체적으로 묘사해놓고도 대체로 현실과 적당히 조화하는 결말로 처리한다. 그러나 유행따라 모내기철에 관광가는 이웃집 여편네에 대한 냉소는 사실 '근대화'를 비꼬는 재현의 의미를 갖고 있다. 농사를 짓느니 차라리 거간꾼으로 나서는 게 훨씬 나은 현실 속에서 농촌이야기를 마냥 다리가 부러지거나 자살하거나 하는 식의 비극적 결말로 처리할 수 없는 상황에 작가는 처한다. 이 때문에 작품 결말의 의미가 다소 모호해지고 있는 것이다.

또하나 탈식민주의적 특징은 이문구 소설의 인물의 설정과 토착어 활용이 이른바, '흉내내기'효과에 닿아있다는 사실이다. 흉내내기는 탈식민시대의 억압적 상황을 양가적으로 전달하는 효과를 낳는다. 이문구의 흉내내기는 송기숙 농촌소설과 달리, 유신체제하에서의 '검열'을 피하고자 하는 결과적 현상이지만 , 이로인해 제3의 자기 의미화가 생성된다. 이문구는 근대화 농촌현실과 객관적으로 거리를 두고 기술할 수밖에 없다. 진실이 말해지기 어려운 상황에서 심미적 거리두기는 그대로 '재현'의 양가적 의미를 제공하게 된다. 현지 토착 방언과 애매한 상황, 당대 신문에 오르내리는 수치들이 냉정하리만큼 정확하게 전달된다. 수치란 당대 신문에 오르내리는 것들로 어떤 의미로 볼 땐 계몽을 위한 것일 수도 있다. 따라서 그것들에 의존한다는 것은 제도권의 인식적 틀 안에 갇힘을 뜻한다. 그러나 저자는 당대적 정책과정의 사실을 통해, 농촌현실을 전달하고자 한다. 관의 개입에 의해 농촌공동체가 이분삼분되고, 적대와 시기, 배타성으로 각박해진 농촌 인심을 그대로 전달한다.

이문구 농촌소설의 주제가 농촌공동체의 건강한 복원에 있다면, 그 공간은 김씨, 리씨, 류씨, 장씨, 강씨, 황씨 등 가난하든 벼락부자가 되었든 동네 모든 사람이 주인공이 되어 어울릴 수 있는 기대지평이 떠올라야 할 것이다. 그러나 작가는 그러한 비전을 제시하지 않는다. 오히려 당대의 농촌 사람들을 일일이 호명하면서 이야기하는 드라이한 방식을 선택한다. 이와같은 완벽한 거리두기 방식이야말로 탈식민주의적 글쓰기, 즉 '흉내내기'를 통한 '재현'이라고 할 수 있다. 이문구의 소설이 갖는 문체적 효과와 나열식 연작 방식이야말로 바바가 말하는 탈식민 시대에 대한 흉내내기이고, 한국의 농촌현실의 제3의 간극성을 스스로 드러내는 효과를 가져오는 것이라고 볼 수 있다.

3. 개혁개방기 조선족 농촌소설의 탈식민적 재현과 양가성

중국 조선족 소설은 1949년 중국인민공화국 건국 이후 중국이라는 국가 체제 속에서 중국작가협회 연변분회 안에서 시작되었다. 따라서 조선족 문학은 중국내 많은 민족적 차이를 사회주의적이고 국가적으로 통합해가는 가운데 1952년 이후에야 인정받게 된다. 그러나 조선족 작가군은 문화대혁명 기간 동안 혹독한 시련을 겪고 산산이 흩어졌다가 새로운 역사시기(개혁개방기를 지칭함)에 들어와서 다시 묶어지고 확충되기 시작[17]한 과정을 겪는다. 1956년 '百家爭鳴, 百花齊放'의 기치 아래 소수민족문화의 꽃을 피우려다 1957년 반우파투쟁이후 타격을 입은 조선족 문학은 1976년 이후, 개혁개방기를 맞아 새롭게 소생하였다. 그러나 개혁개방기 농촌소설들은 그러한 아픔을 내면화할 수밖에 없었는데, 1976년 등소평의 개혁개방정책 이후 조선족 작가들에게 문학혁

---

17) 오상순, 『개혁개방과 중국조선족 소설문학』, 월인, 2001, p.112.

명기 이후 혹독하게 겪어 쌓아온 디아스포라 민족의 울분을 일부 드러
낼 수 있는 계기로 삼을 수 있었다. 1980년대 출간된 개혁개방기 농촌소
설에는 그러한 갈등과 고민이 잘 드러난다.

1) 농촌 계몽담에 내재된 한민족 관습의 서사 – 김용식 「산골 녀성들」

「산골녀성들」은 김용식이 1981년 봄에 초고로 썼다가 1981년 10월
'修改'하여 발표한 개혁개방기 최초의 농촌계몽소설에 속한다. 「산골녀
성들」은 개혁개방기의 국책을 그대로 반영하면서도 연변농촌의 생활
감각을 리얼하게 묘사하고 있다. 즉 김용식의 현장적 소설언어에는
1939년에 만주로 이주해온 한국인들의 생활감각과 그 생활 속의 방언
이 뒤섞이는 연변의 독창적인 의식주 생활이 반영되어 있다. 소설의 줄
거리는 대체로 '생산책임제'라는 개혁개방기의 새로운 농촌정책을 한
부녀대 여성들이 주도하여 성공한다는 계몽담으로 진행된다. 샘골이라
는 작은 마을에서 장림8대의 부녀대가 소조단위로 분리 신설되어 남성
들의 힐난과 방해에도 불구하고 상금이를 중심으로 일치단결하여 결국
생산목표량을 초과달성하게 된다. 이 소설은 내용과 형식의 두 측면으
로 이해해 볼 수 있다. 내용, 즉 주제 측면에서 볼 때 소설의 의도는 개혁
개방기의 농촌개혁, 즉 토지에 대한 소유제는 불변하면서도 작업 연산
생산제(도급제)를 실시하여 생산성을 높이자는 데 핵심이 있다. 장림8
대는 소규모 부녀대로 편성되었지만, 고지식한 '반란파'(문혁기 홍위병
)출신과의 갈등, 가부장적 남자들의 방해를 물리쳐야 하는 어려움을 겪
는다. 그러나 일치 단결한 부녀대는 결국 생산대 책임량을 훨씬 초과함
으로써 연변조선족 자치주로부터 38붉은기 집체로 선정된다. 이 소설

의 주제는 인민공사를 해체하고 소조중심 생산대를 편성하여 생산량을 최대한 늘이자는 개혁개방정책을 최대한 수용하고자 하는 데에 있다.

그러나 「산골녀성들」의 주제적 구성과 직접 연결되고 있지 않다 해도 줄거리에 삽입되고 보완되고 확장된 부분을 살펴보면, 또다른 이면의 주제를 발견해 낼 수 있다. 여성부녀대가 기존의 반란파들과 대립 갈등하는 사이사이, 조선족의 민담 민요 등 민속적 담론에는 묘자리를 따지는 풍수지리, 다산선호, 농본주의, 민간신앙적 요소들이 이야기되고 있기 때문이다. 이 조선족의 풍습 소개와 생활상은 생생한 방언과 속담으로 줄거리에 탄력을 준다. 이로부터 우리는 이 소설에서 만주와 연변에 전해오는 특유의 조선족 토착어와 속담을 통해 한민족 공동체적 삶이 재현되고 있음을 알 수 있다. 언어수행적 측면에서 한민족적 언어가 새롭게 재현되고 있다고 볼 수 있기 때문이다. 이러한 탈식민주의적 특성을 바바는 정부차원의 계몽담론과 차별하여 수행적(p.erformative) 담론이라고 한다.

「산골녀성들」에서 수행적 서술은 때때로 교의적 내용과 충돌한다. 소설의 21장에서, 분이어머니는 계급성분이 다른 사위에게 시집보내는 일이 불안하여, '액막이 굿'를 하려고 한다. 분이어머니는 봉림동의 정도이사를 찾아가는 장면이 등장한다. 사회주의의 오랜 세월 속에서도 조선족 농촌에는 여전히 굿을 해주는 사람이 있음을 알 수 있다. 게다가 다음과 같은 사회주의식 혼례식에 대한 비판도 드러나고 있다.

> 로파의 머리에는 자기가 시집올 때의 정경이 력력히 떠오른다- 신랑은 관복 입고 사모 쓰고 갓신 신고, 신부는 첫날옷에 연지 찍고 분 바르고 칠보족두리 쓰고 백수라삼으로 얼굴을 가리고 들러리서는 여자의 부축을 받아 초례청으로 들어간다.
> '서동부서'라는 홀기소리에 따라 신랑은 동쪽에 서고 신부는 서쪽

에 선다. 한복판에 놓인 교배상에는 푸른 소나무가지와 참대가지를 꺾어다 꽂은 사기병이 놓여있고 나무로 만든 기러기 한쌍이 마주 앉아있는데 청실홍실이 늘여졌다. 다시 '행전안례'라는 홀기소리가 나면 신부 사배, 신랑 지배로 맞절을 한다. 그리고 들러리서는 사람이 대신해서 신랑과 신부가 교배잔을 서로 나누어 마시는 시늉을 한다. 이것이 끝나면 집사가 솔잎에 물을 적시어 훌훌 뿌리면서 신랑신부의 백년해로를 축원하는 덕담을 한다…… 회상에 잠겼던 분희 어머니는 여럿이 웃는 소리에 깜짝놀라 눈을 번쩍 떴다. 로파는 무엇이 그리도 못마땅한지 또 채머리를 흔들면서 혼자 중얼거린다.

　"혼례식은 그래도 구식법이 좋은데 지금은 왜 없애버렸는지……례식 같잖게 쯔쯔즈."18)

　표면상 소설은 계몽적이다. 그러나 독자들은 그 계몽의 담론을 반대로 읽을 수 있다. 반서술은 수행적 차원에서 민족적인 문화 재생산(여기서는 중국이 강요하는 소수민족의 신식혼례법)을 방해하며 새로운 민족담론을 성립 가능케 하기 위해 배제되었던 상이한 경험들과 그 역사와 재현을 노출시킨다. 따라서 풍습은 좀체 개혁되지 않는다. 壽富貴多男이니 男兒選好니 하는 악습은 오히려 국가 주도의 민족주의 정략을 비집고 들어서서 흠집을 낸다. 탈식민문학이 보여주는 이러한 측면 역시 '흉내내기'의 상황으로 애매모호하다. 그래서 양가적으로 보이기도 한다. 즉 흉내내기라는 탈식민적 재현은 교의적 담론에 무의식적으로 불복종하려는 수행적 서사방식이라 할 수 있다. 『산골녀성들』에서 이러한 수행적 서사방식은 중화인민공화국의 소수민족정책이라는 교의적 담론과 충돌하고 있음을 알 수 있다. 19)

---

18) 김용식, 『산골녀성들』, 흑룡강성 조선민족출판사. 1984. p.453.
19) 교의적 담론의 민족주의는 불변하는 민족기원을 주장하면서 현재 민족을 과거 세대와 연결해주는 지속적인 역사의식을 내세운다. 이때 국민들은 교의적 담론의 대상이 된다. 인간의 공동운명을 계보학적으로 설명하는 '부족이야기'나 국가의 역사서술이 그렇듯 교의적 서술 역시 연속적이다. 한편, 바바는 민족주의 담

그러므로 조선족 소설의 타자성은 「산골녀성들」에서처럼 주제를 이루는 구성(의존화소)과 삽입되고 보완된 담론(자유화소) 사이에서 노출된 부정합성 자체로서 드러난다고 할 수 있다. 개혁개방기 농촌에 대한 개혁에 대해 중국 조선족 농민들은 기대하고 있다. 그러면서도 한편 극좌파를 통한 조심스러운 태도가 장림8대부녀대원들과의 갈등으로 재현되고 있다. 작가 김용식의 입장에서 볼 때 「산골녀성들」은 지난세월 억눌러온 울분과 새로운 한민족 공동체에 대한 기대감이 촉발되고 승화된 것이라고 할 수 있다. 「산골녀성들」이 갖는 이런 착잡하고 복합적인 문화의 자리로부터 우리는 개혁개방기 초기 조선족 농촌소설로서의 탈식민주의적 특이점을 발견하게 된다.

2) 농촌 개혁 정책에 대한 조선족내의 갈등상 재현, 류원무 「봄 물」

류원무 「봄물」은 「산골녀성들」에 비해 개혁개방기 중기에 해당되는 조선족 농촌소설이다. 「봄물」은 「산골녀성들」보다 보다 구체적인 개체영농, 생산책임제에 대한 갈등하는 농민의 고통을 서사화하고 있다. 「산골녀성들」이 소조도급제를 계몽하는 소설이었다면, 「봄물」은 억석이라는 빈농을 내세워 개체영농의 필요성을 역설한다. 농촌개혁의 지도층은 두 갈래, 즉 극좌적인 과거 반란파(보수파)와 개혁적인 개방파(개혁파)로 나뉜다. 「봄물」은 이들의 갈등을 잘 보여줌으로써 억석이와

론이 동시에 '수행적'이라고 한다. ' 깊고 수평적인 동지의식'을 확고히 하기 위해 민족주의 상징과 대표적인 표시가 사람들에 의해 끊임없이 재연되어야 함을 의미한다. 한 국가의 문화는 끊임없이 수행되어야 하며, 통일성을 만들어내려는 인위적인 상징들은 국가적 중요성을 지닌 것으로 반복적으로 각인되어야 한다. (존 맥클라우드, 박종성 옮김, 『탈식민주의 길잡이』, 한울아카데미, 2003. p.129) 그러나 탈식민주의 텍스트들은 이러한 교의적 담론과 수행적 담론 사이에 균열을 일으킨다.

같은 인민이 나아갈 방향을 제시하고자 한다. 농촌에서의 개혁개방의 필요성을 당정책으로 『인민일보』에서는 주장하지만, 실제로 여전히 반란파가 주도권을 잡고 있는 상황에서 조선족 농촌 개혁은 쉽지 않다.

남재운, 강혁 등 과거 홍위병 출신이던 이들은 인민단위 농장을 폐쇄하고 소수 생산책임제를 실시하라는 당의 지침에 대해 의구심을 갖고 있다. 그런데 그러한 의구심에 대해 조선족 다수가 공감한다. 그 이유는 百家爭鳴 百花齊放이 대약진운동 때 철퇴를 맞고, 문화혁명으로 다시 수난받은 기억이 있기 때문이다. 중심부 권력투쟁의 과정에서 이 똑똑한 소수민족은 '고래등 싸움에 새우등 터지는' 경험을 했었기 때문이다. 「봄물」은 이러한 아픔을 조선족 농민의 입장에서 이야기한다. 억석이의 연인, 옥실이도 개혁개방기 농촌개혁에 의구심을 갖는다. 그녀는 조선말신문을 보고도 성이 차지 않아 공사에까지 가 『인민일보』를 찾아 읽고난 심경을 다음과 같이 토로한다.

> 어째서 두 신문의 말투가 좀 다른가 ? <인민일보>나 조선말 신문이나 농민들더러 재빨리 부유해지라는 말은 같으면서도 말하는 어투라든가 감정이 어딘지 모르게 좀 다른 것 같았다. 조선말신문의 말들은 판에 박은 것 같고 따분한데 <인민일보>는 농민들 가슴에 쑥쑥 들어가게 진정이 어린 말을 대담하게 하는 것 같았다.[20]

옥실의 고민과 갈등은 소수민족으로서 농업을 근간으로 살아온 조선족들이 겪는 보편적인 문제였다. 오히려 한국어의 사용이 중국내에서 족쇄가 될 수 있고, 자기 검열로 작용할 수 있다는 것을 위의 내용은 잘 보여준다. 한민족 문화가 열등한 것임을 스스로 체험하는 악순환을 부정할 수 없다. 소수민족정책에 따라 조선족은 자신의 문화를 누리고 있

---

20) 류원무, 『봄물』, 연변인민일보 출판사, 1987, p.253.

다고 생각하지만 안심할 수도 긍정할 수도 없는 현실상황을 이 소설은 재현한다. 옥실이는 중국의 '인민일보'가 더 농민을 위한 신문이고 '조선말 신문'이 뭔가 숨기는 듯한 이중성을 보여준다고 생각한다. 이는 언뜻보면, 중화적 입장에서 교의적이고 계몽적이다. 그러나 그러한 옥실이의 생각을 분석해보면, 거기엔 조선족 농민의 고통과 갈등이 내재되어 있다. 옥실이나 억석이와 같은 의지적인 청년들이 자신들의 언론을 믿을 수 없는 착잡한 상황이 전개되고 있기 때문이다. 호미바바는 인도 태생의 한 식민지 시인의 시를 분석하면서 그것이 겉으로는 지배자인 영국여왕과 영국식 우편제도의 위대함을 찬양하고 있으면서도 그 내면에 탈식민적 인도의 불복종을 이야기하는 측면을 분석해 내고 있다.[21) 조선족 농촌 소설에서도 이러한 분석이 어느 정도 가능할 수밖에 없는데, 개혁개방기 이후 소설에서 특히 그러하다.[22)

「봄물」은 옥실이와 억석이의 몸부림을 통해 중국내 소수민족으로서의 탈식민적 입장을 대변해주는 소설이다. 소설에서 억석이는 조선족의 땅에 대한 집착을 보여준다. 조선족의 땅에 대한 의식은 원래 중국인들과 달랐다. 조선족은 일찍이 일제강점기를 거쳐 중국에 흩어져 살고 있다. 소설에서 직접적으로 조선족의 땅에 대한 열망을 쓰고 있지 않다. 땅에 대한 소유가 금지되어있기 때문이다. 그러나 아버지의 병환 때문에 국가에 빚을 지고 갚지못한 이유로 감옥까지 갔다온 주인공 억석이 입장을 통해 작가는 개체영농, 개인의 소유에 대한 강한 집착을 보여준다. 「봄물」에서 억석이는 당정책대로 농촌이 부유해지기 위해서는 개인의 책임영농이 필요함을 주장하기 때문에 주변당 지도위원들과 끊임

---

21) 존, 맥클라우드, 박종성 외 역, 「식민주의 담론과 리드야드 키플링 「육상우편」읽기」, 『탈식민주의 길잡이』, 한울아카데미, 2003, pp.94-104.
22) 김학철 「21세기 신화」는 모택동에 대한 비판 내용 때문에 중국내에서 금서조치된 바 있었다.

없는 갈등을 빚는다. 이러한 억석이의 갈등은 사실 조선족의 농민의식에 뿌리를 두고 있는 것이다. 농자천하지대본의 전통, 한국 농민만이 갖는 땅에 대한 욕망이다. 박지경 영감 등 문화대혁명기에 고생한 많은 인물들은 그러한 조선족의 땅에 대한 소유 집착을 잘 보여준다. 실제로 개체영농을 통해서만이 농촌이 부유할 수 있음을 억석이는 몸소 보여준다. 억석이는 남재운과의 갈등 속에서 도둑으로 몰려 석달 감옥을 살고 나오지만, 기름개구리를 잡아 번 돈으로 종자돼지와 황소를 사들이여 개인 밭을 세 헥타르나 일구어 대풍작을 거둔다.

그러나 결국 억석이는 개체영농을 반대하고 시기하였던 남재운과 김혁과 같은 극좌파들의 음모에 걸려 폭력상해죄로 잡혀간다. 그렇다고 이것을 비극적 결말이라고 단정할 순 없다. 그에겐 이미 추종자들이 생겨났기 때문이다. "억석아, 이렇게 될 줄은 정말 몰랐구나. 벼가을은 우리가 하마, 집 근심일랑 말어 !"라고 외치는 광출의 말에서 이 소설이 비극이 아님을 알 수 있다. 다만, 「봄물」은 「산골녀성들」에 비해 한 발 물러나 조선족 농촌현실의 어두운 부분을 보여준다. 작가는 주변부, 타자로 머물 수밖에 없는 조선족 농촌현실을 꿰뚫어보고자 한다. 지난 수십년동안의 고난과 고통의 경험이, 자기 검열의 압박과 긴장23)을 불러일

---

23) 조선족 작가에 대한 자기검열은 「봄물」에 대한 많은 평에서도 드러나고 있다. 「봄물」의 억석이에 대해 '집단본위주의로 개인이익을 무정하게 압살하는 낡은 전통관념에 도전한 반역자이며 폐쇄적이고 보수적이며 봉건의식이 농후한 수리봉 마을에 상품의식과 더불어 자아의식의 각성을 불러일으킨 선각자'로 평한다거나 (김월성, 「민족의 탈근성에 대한 자각적인 반성」, 『문학과 예술』, 1998. 제2기. p.13) 소설 갈등의 내재적 원인에 대해 '전통적인 봉건의식과 극좌노선의 교묘한 결합'이라고 본다거나 ' 수리봉 사람들의 머리 속에 뿌리 박힌 폐쇄적이고 보수적인 소농경제의식이 심리적인 근원'(오상순, 『개혁개방과 중국조선족 소설문학』, 월인, 2001, p.196)이라는 식의 비평을 하고 있는 데서도 알 수 있다. 이러한 데에는 중국내 조선족 농촌의 당면현실을 개혁정책의 시행착오라는 큰 틀에서 바라보지 않고 과거 식민지시대 반봉, 반제 논리로 적당히 미봉하는 의식이 여전히 머물고 있기 때문이라 할 수 있는데 이는 외부로부터의 변화를 주체적으로 수행

으킴으로해서 농촌의 번영보다 갈등만이 증폭되고 있는 조선족 농촌현실을 직시하고 있는 것이다. 소설 「봄물」은 과거 '반란파'를 타도하고 극좌적 노선에서 벗어나 문제적 인물 억석이를 내세워 개혁개방의 진정한 방향과 의미를 한민족 입장에서 고민하고 갈등하고자 한다.

개혁개방기 농촌소설을 대표하는 두 편의 소설은 각각, 나름대로 주변부에 속하는 조선족 농촌의 현실을 반영하고자 하였다. 「산골녀성들」이 계몽과 관습의 부정합성을 통해 조선족 농민의 타자성을 노정하고 있다면, 「봄물」은 보다 강렬하게 조선족 농촌현실의 고민을 호소한 것이라고 볼 수 있다. 이 두 편의 소설들은 개혁에 대한 불안심리와 기대감에 대한 느낌을 재현한다. 그것은 조선족으로서의 '타자성'의 내면 풍경 외에 다름이 아니다. 이는 결국 중화민국 건국의 주인공으로 초대받았던 조선족임에도 지난 수십여년간의 세월이 디아스포라의 세월이었음을 스스로 증명한 것이라 할 수 있다.

4. 제3공간으로서의 농촌소설의 공동체적 위상

조국 근대화 시기, 70년대 한국 농촌소설중 송기숙과 이문구 소설에는 각각 저항적 탈식민주의 경향과 비극적 농촌 상황을 재현한 탈식민주의 경향이 나타난다. 송기숙 소설이 친일청산 부재가 반공 이데올로기로 접맥되어온 해방 이후 '탈식민주의'적 농촌실정을 비판적으로 보여준 소설이라면, 이문구 소설은 널부러진 농촌현실을 스스로 모순과 불합리를 드러내는 방식으로 '재현'한다. 이는 국민국가의 조국근대화라는 계몽주의적 담론에 도전, 이념적 책략을 뒤흔들어놓는 반서술로

하지 못하는 조선족의 자기검열에 따른 결과로 보인다.

읽힐 수 있다.

한편, 중국 조선족이 해방이후 걸어온 세월은 상황은 다를지언정 분단 한국이 걸어온 고난의 세월과 마찬가지로 한민족의 일제 식민지 체험에 닿아있다. 조선족 역시 전쟁으로 많은 가족을 잃어야했다. 한국 전쟁시 조선족은 소수민족 가운데 가장 많은 친인척을 항미원조전쟁이란 이름으로 희생시켰다. 흑룡강성 연수현의 한 마을에서만 전쟁으로 사망한 조선족 열사가 148명, 그중 한국전쟁 때 사망한 숫자가 50여명으로 확인된다.[24] 그러다가 한중간 수교 이후 조선족들은 한중 교류가 빈번해지면서 친한적으로 변모하였다. 빈한한 북조선보다 남조선 친척을 찾게 된 것이다. 조선족 농촌소설의 정체성을 '국적'이나 '이념'으로 단정짓기보다는 그들의 소설 속에 내재된 탈식민주의적 관점에서 그들의 문화의 위치로 살펴보는 것이 더 바람직할 것이다.

개혁개방기 조선족 농촌소설 「산골녀성들」(김용식)과 「봄물」(류원무)은 조선족 농민의 위상을 잘 보여준다. 두 소설은 농촌개혁정책으로 인한 변화를 예민하게 수용하고 있으면서도 이 때문에 겪어야했던 한민족의 고통과 갈등을 재현하였다. 아무리 중국인을 자처해도 소수민족으로서 겪는 조선족 농촌의 삶은 다를 수밖에 없다. 디아스포라 민족은 아무리 새로운 조국에 동화되려해도 결국 갈등과 저항의 경계에 위치한다.

그들은 외면상 농촌개혁적 이념을 표방하지만, 내면적으로는 문화대혁명기 충격으로부터 자유롭지 못한 불신과 의혹, 교착과 갈등 양상을 보여준다. 이는 한민족적 문화 풍습의 자연스러운 수행적 재현으로 드러난다. 조선족만의 계통관계는 중국과의 제휴관계와 얽혀 갈등과 모

---

24) 연수현민족종교사무국, 연수현조선족경제문화교류협회, 『연수현 조선족 100년사』, 민족출판사, 2004. pp.111-116.

순을 배태하면서 진행되는 창조적 공간을 형성한다. 국가의 교의적 (pedagogic) 내용은 수행적(performative) 서사와 교착된다.[25] 국가의 개혁은 개혁 세력에 의해 추진되지만, 이것들은 종국에 자가당착적 모순에 빠진다. 특히 탈식민주의 상황에서 오랫동안의 식민지적 경험은 '우리 안의 식민지'를 만들어내기 때문에 주체로부터 멀어지게 한다. 이러한 실패는 '환원할 수 없는 인지적 틀'을 만들어, 순환되고 반복될 수밖에 없다. 이러한 반민족적 개혁이 진행되어가는 가운데 드러나는 그 분열의 자리로부터 제3공간의 간극성이 형성된다. 이러한 공간성, 제 3 공간성은 크게 보아 70년대 한국사회나 개혁개방기 조선족사회를 하나로 이을 수 있는 범주를 갖는다. 조선족 농촌소설 역시 한국의 70년대 독재상황과 마찬가지로 소수 민족주의라는 국가주의의 개혁정책에 발맞추어 중화라는 교의적인 담론에 따르면서도 한족과 다른 경계에서 한민족 전통문화적 의미를 새롭게 재현하는 양상을 띠기 때문이다. 중화적인 교의적 담론이 소설 곳곳에서 완강하게 보여주는 인습적이고 관행적인 서사내용과 충돌하여 모순을 빚는 것도 이런 까닭에서이다. 관혼상제, 민간신앙, 의식주 생활과 풍습 등은 좀처럼 중화화될 여지를 보여주지 않는다.

중국 조선족 소설이 소수민족으로 전락하지 않고 한민족으로서의 순수성을 드러내는 이러한 문화적 양가성은 어쩌면 또다른 포스트 시대의 양상, 즉 탈식민주의의 아시아적 형태일 수 있다.

김용식과 류원무의 농촌소설이 소수민족주의 국가적 정책에 대항하는 수행적 서사담론이라면 70년대 송기숙과 이문구 농촌소설은 조국근

---

25) 서사물로서의 생산과정에는, 연속론적이고 누적적인 교의적 시간성과 반복적이고 회귀적인 수행의 전략 사이의 분열이 존재한다. 근대사회의 개념적 양가성이 국가를 글쓰기 하는 자리가 되는 것은 바로 그 분열의 과정을 통해서이다. (호미바바, 앞의 책. p.289)

대화라는 국가적 교육 방식에 저항한 수행적인 서사담론이었다. 개혁개방기 조선족 농촌소설과 70년대 한국 농촌소설은 상호 직접적 관련성은 없었다 하더라도 일제강점기 체험으로부터 파생된 포스트 시대의 상황을 이어 새롭게 재현함으로써 한민족적 주체를 세우려 하였다. 이들 소설들은 다같이 한민족 공동체 농촌의 현실을 받아 씀으로써 내부의 갈등을 통해 한민족적 위상을 재현시키고자 한 탈식민적인 소설들이었다. 결국 70년대 한국농촌소설과 개혁개방기 중국조선족의 농촌소설들은 농촌개혁을 국가주의 이념에 의해 강요받았던 시기에 식민지 기억으로부터 자유롭지 못한 공간성, 즉 제3의 간극성을 노정함으로써 탈식민주의적 시각으로 바라볼 수 있는 인식적 틀을 제공한 소설들이었다. 70년대 한국농촌소설이 쿠데타 세력에 의해 조국근대화라는 개혁을 추진하는 과정에서의 소외된 농촌의 현실과 반근대화 농심을 묘사하고 있다면, 80년대 조선족 농촌소설은 개혁개방 정책에 자연스럽게 순응하기 어려운 한민족적 갈등과 모순을 노정하였다. 이를 좀더 도표화하면 다음과 같다.

	한국 농촌소설 (송기숙과 이문구)	조선족 농촌소설 (김용식과 류원무)	비고 (공통점과 차이점)
시대 배경	70년대 조국근대화시기	80년대 개혁개방기	독재에 의한 국민국가적 배경/ 교의적 담론과 수행적 서사 사이의 갈등 개입
내용	친일적이고, 관료주의적 농촌 계몽에 대한 저항과 농촌공동체 해체상	국가주의 농촌개혁 전망에 대한 수용과 조선족 내부의 갈등 노정	개혁 계몽에 따른 농촌 負荷를 형상화, 한국소설이 저항적이라면, 조선족

	받아쓰기		소설은 현실 수긍적이나 중심과의 경계성 인식
소설 기법	민중주의적 농민상 중심으로 대립적, 비판적 리얼리즘과 심리적 거리두기,토착어 활용과 연작 방식	극좌파와의 대립 갈등을 통한 구성 중심 소설로 전형적인 사회주의 리얼리즘 형상화 방식을 따르고 있으나, 풍속과 언어 등 문화적 위치 기입	한국소설이 객관적이고 민중적인 리얼리즘 소설이라면, 조선족 소설은 계몽이라는 표피 속에 현실과의 갈등과 반성이 내재화된 리얼리즘 소설
탈식민적 상황인식	근대화 개혁 세력에 대한 주체적 반성과 토착어 사용을 통한 풍자, 농촌 차별의 근대화에 저항, 농촌 공동체 미덕에 대한 재인식, 받아쓰기와 흉내내기의 모호함으로 관주도 개혁 논리 비판	조선족 농촌 전통 풍습 인식과 농촌개혁에 따른 내부 갈등상 재현을 통한 주변부성 인식, 문화대혁명기 내적 후유증이 서사 속의 내재, 계몽과 관습의 양가성 노정.	농촌 빈궁을 대상으로 하되, 한국소설은 전통성 해체와 근대화로부터의 소외감이 갈등대상이라면, 조선족 소설은 중국내 한민족으로서의 전통 전승과 사상성 검증이 대상이 되고 있다. 이는 결국 탈식민적 상황하의 타자성과 관련된다.

　　궁극적으로 디아스포라 약소 민족과 그 구성원을 적절히 포착할 수 있는 단 하나의 통일된 서사담론은 결코 있을 수 없다. 탈식민시대의 소수 민족은 이질성과 차별성으로 이루어진 공간에 머물 수밖에 없다. 만약 한민족이 어떤 특정한 지역이나 계층을 상황과 유리시켜 주변부에 위치시키려한다면 이 또한 스스로 만들어낸 분열된 시간성으로 인해 해체되고 말 것이다.26) 한민족 공동체 농촌소설의 위상에 대해 탐색하고 연구하는 것은 결국, 디아스포라의 한민족 문학이 간접적 우회 경로를 거쳐 재구될 수밖에 없는 한민족 공동체 문학사 복원의 일부에 해당될 것이다.

---

26) 존 맥클라우드, 앞의 책, p.132

참고문헌

가야트리 스피박, 『다른 세상에서』, 태혜숙 역, 여이연, 2003.

권영민, 『한국현대문학사』, 민음사, 2002.

김상률·오길영, 『에드워드 사이드 다시읽기』, 책세상, 2006.

김용식, 『산골녀성들』, 흑룡강성조선민족출판사, 1984.

김윤식·정호웅, 『한국소설사』, 예하, 1993.

류원무, 『봄물』, 연변인민일보사, 1987.

박재범, 「1970년대 농민문학론과 농민소설의 소통양상 연구」, 『현대소설연구』31호, 현대소설학회, 2006.9.

선은주, 「1970년대 한국농촌소설연구-이문구, 오유권, 방영웅을 중심으로-」, 경원대 박사논문. 2006.

송기숙, 『은내골 기행』, 창작과 비평사, 1996.

송기숙, 『자랏골비가』, 동아출판사, 1995.

신춘호, 「한국농민소설 연구」, 고려대 박사논문, 1980.

에드워드 사이드, 『문화와 제국주의』, 박홍규 역, 문예출판사, 2004.

연수현민족종교사무국,연수현조선족경제문화교류협회, 『연수현 조선족 100년사』, 민족출판사, 2005.

오상순, 『개혁개방과 중국조선족 소설문학』, 월인, 2001

오양호, 「1930년대 농민소설연구」, 영남대 박사논문, 1981.

응구기와씨옹오, 『탈식민주의와 아프리카 문학』, 이석호 옮김, 인간사랑, 1999.

이문구, 『우리 동네』, 민음사, 1981.

이주미, 「북한의 농민소설 연구」, 동덕여대 박사논문, 2001.

이주범, 「분단시대 농민소설 연구」, 성균관대 박사논문, 2002.

존, 맥클라우드, 『탈식민주의 길잡이』, 박종성 외, 한울 아카데미, 2003.

호비바바, 『문화의 위치』, 나병철 역, 소명출판사, 2002.

홍경표, 「이문구의 「우리 동네」 연작품 연구」, 『현대소설연구』20호, 현대소설학회, 2003.12.

Said, Edward W. *The World, The Text, and The Critic*, Cambridge; Harvard Univ. Press, 1983.

김창걸 소설 연구

김 형 규

─────────── 목 차 ───────────

1. 머리말

김창걸은 일제말기인 1930년대 후반 만주지역에서 작품 활동을 시작해 해방과 중국 건국을 거쳐 문학 활동을 지속한 몇 안 되는 작가 중 한 명이다. 일제말기의 재만문학(在滿文學)과 현재 중국 조선족문학에 걸쳐 위치하고 있는 작가라는 점에서 중국 조선족 문단에서뿐만 아니라 재외한국문학이라는 차원에서도 관심의 대상이 될 만하다.

김창걸 소설의 변모과정과 의미는 만주지역을 중심으로 명맥을 이어가던 일제말 암흑기의 한국문학이 중국 조선족문학으로 변모·정착하는 과정을 집약하고 있을 가능성이 있다. 그의 문학적 생애는 재만문학에서 조선족문학으로, 한국문학에서 중국문학으로 변모하는 과정과 궤를 같이 하고 있기 때문이다. 작품을 중심으로 한 작가의식의 변모 과정, 소설사적 의의와 한계 등을 분명히 해 중국 조선족 문학의 민족적 특성과 의의를 객관적인 차원에서 접근, 이해해야 필요성이 여기에 있다. 그리고 이러한 과정은 중국 조선족 문학의 재외한국문학으로서의 가능성을 구체적으로 방증하는 과정과 다르지 않을 것이다.

중국 조선족 문단에서 김창걸은 만주지역의 향토문학 작가며 중국 조선족문학의 선구자라는 평가를 받고 있다.[1] 이는 해방 이후 모국으로 귀국한 안수길, 현경준, 강경애 등과 달리 만주지역에 남아 문학 활동을 지속함으로써 중국 조선족문단의 문학적 역량 확대에 기여하고, 조선족 문학이 지닌 민족적 성격의 연속성을 해방이전의 문학과 연결시키는 역할을 한 그의 문학적 생애에 주목한 평가이다. 이러한 평가는 상대적으로 사회주의 사상에 기반을 두고 일평생 민족주의적 활동에 매진하면서 중국 조선족 사회의 문학과 교육 분야의 발전에 기여한 그의 작가적 생애와 밀착된 평가이기도 하다.

김창걸 소설에 대한 국내의 연구 성과는 아직 소략한 편이다. 재만한국문학을 하나의 흐름으로 인식하기 위해 언급해야 할 작가로 김창걸에 주목한 채훈의 연구[2]에서부터 시작되어 중국 조선족 문단의 평가를 바탕으로 주로 작품의 소재적 측면에 주목해 작품을 소개하거나[3], 재만

---

1) 김호웅, 『재만조선인문학연구』, 국학자료원, 1998, p.192.
2) 채훈, 『일제강점기 재만한국문학연구』, 깊은샘, 1990, p.33.

문학의 차원에서 논의 가능성을 원론적으로 확인하는 경우4), 원본 텍스트의 확정이란 차원에서 문제제기를 한 성과5) 정도가 있다.

만주에서 시작해 만주에서 끝난, 만주라는 공간적 환경 속에서 생산된6) 김창걸의 소설은 만주 지역을 대상으로 한 삶의 기록이며 기억이다. 민족적 체험의 현장으로서 만주는 단순히 역사적인 장소에 머무는 것이 아니라 구체화되고 활성화된 기억7)이 됨으로써 과거와 현재를 연결하고 중개해 정체성의 특성과 내용을 만들고 규정하는 생산적인 공간이 된다. 만주 지역을 중심으로 이루어진 우리 민족의 체험과 기억을 살펴보는 것은 만주 지역을 터전으로 하여 생활하는 조선족의 민족적 정체성을 탐구하는 과정이면서 동시에 우리 민족의 역사적 현장으로서, 우리 문학의 중요한 역사적 배경으로서 만주의 공간적 지위를 회복하는 과정이 될 수도 있다. 이런 의미에서 김창걸의 소설을 통해 만주 공간에 대한 소설적 인식의 변모 양상과 의미를 살펴보는 것은 곧 만주 지역의 역사적이고 역동적인 의미를 구성하는 한 과정이라 할 수 있다.

---

3) 장병희, 「일제 암흑기의 재만문학연구-김창걸 단편소설을 중심으로」, 『어문학논총』11, 국민대어문학연구소, 1992.
   최경호, 「재만작가 김창걸론」, 『어문학』54, 한국어문학회, 1993.
4) 김종회, 「중국 조선족 문학과 김창걸의 소설」, 『한국문화연구』7, 경희대민속학연구소, 2003.
5) 표언복, 「중국 조선족작가 김창걸의 문학 일별」, 『목원어문학』16, 목원대국어교육과, 1998.
6) 김종회, 「중국 조선족 문학과 김창걸의 소설」, 『한국문화연구』7, 경희대민속학연구소, 2003, p.72.
7) Aleida Assman, 변학수 외 역, 『기억의 공간』, 경북대학교출판부, 2003, p.168.

2. 김창걸 소설의 전개

『20세기 중국조선족 문학사료전집 3 - 김창걸 문학편』(이하『전집』)
에는 김창걸의 소설 중 현재까지 확인된 총 29편의 작품이 '해방 전편'
과 '해방 후편'으로 구분되어 실려 있다.『전집』에 소개된 연보에 따르
면 단편소설「대지에 와서」,「배춘조」,「쪼각구름」,「점순이」와 중편소
설「건설보」(후에「학교를 세우고」로 개제)가『만선일보』에 발표된 것
으로 되어 있으나 확인할 수 없는 작품이며, 단편소설「산중기」(일명
「산중기록」),「맥전부」(일명「보리밭」),「환멸」(일명「그의 끝장」) 등의
작품은 발표조차 되지 않은 채 제목만 전하는 작품으로 표기되어 있다.
원본 작품의 발굴을 통해 이러한 기록이 좀 더 구체적으로 검증될 필요
가 있지만『전집』의 기록을 토대로 한다면 김창걸은 40여 편에 조금 못
미치는 작품을 창작한 것이 된다.

『전집』에서는 작품의 창작연도를 기준으로 해방 전과 후로 나누어
시대 순으로 배열하고 있다. 하지만 많은 작품들이 창작연도와 실제 발
표연도가 차이가 나고 있어 창작연도를 기준으로 한 텍스트의 시대적
배열은 논란이 있을 수 있다. '해방 전편'의 작품 중「暗夜」,「靑空」,「落
第」,「거울」,「天使와 妖術」,「소고기」,「마리아」를 제외한 14편은 창작
당시 발표되지 못한 작품이다. 이 중「피의 교재」는 1986년『천지』에,
나머지는 1982년『김창걸단편소설선집』(이하『선집』)에 수록되어 발표
된다. '일부는 너무 과격하게 썼거나 습작을 하노라고 썼기에'[8] 발표를
안했다는 작가의 말에서 일제말기라는 시대적인 특수성에 기인한 문단
내·외적 환경이 발표 지연에 영향을 미쳤음을 짐작할 수 있다. 그런데
문제는 1980년대에 발표되면서 작품의 말미에 기록된 창작연도의 원고

---

8) 김창걸,「작품집을 내면서」,『김창걸 단편소설선집』, 료녕인민출판사, 1982, p.1.

그대로가 발표된 것이 아니라는 데에 있다. 작가는 '문화대혁명'을 거치면서 원고를 모두 유실하여 '자서전적 제제의 것'을 '회상'하여 썼고, 그러다 보니 회상하여 쓸 때의 '현재의 것'이 영향을 미쳤다고 밝히고 있다.[9] 그렇기 때문에 작품 말미에 기록된 창작연도의 원고가 상당부분 재구되어 발표되었을 가능성이 있다. 특히, 일제말기 『만선일보』에 발표된 작품들이 여러 가지 상황으로 인한 자기 검열의 과정을 거친 작품이고 1980년대에 발표된 작품들은 상대적으로 이러한 자기 검열에서 자유로운 상태에서 재구되었음을 간과할 수 없다. 여기에 작가의 '기억'과 '회상'으로 원래의 '스토리'를 되살렸기 때문에 창작연도가 아닌 재구할 당시인 1980년대의 작가 의식이 직·간접적으로 영향을 미쳤을 것이라는 점에서 작품의 말미에 밝힌 창작연도를 기준으로 논의하는 것은 문제가 있다. 이 때문에 해방 전에 창작된 것으로 밝히고 있지만 1980년대에 재구된 작품들은 해방 전 조선인들의 삶의 양상을 참고하는 자료로서의 의의는 있지만 해방 전 재중조선인 소설이나 재만문학의 성과로 직접 간주하는 태도는 재고되어야 한다.

이러한 문제를 잘 보여주는 작품이 「落第」이다. 『선집』에 수록된 작품 중 원본이 밝혀진 작품은 「暗夜」와 「落第」 두 작품이다. 이 중 「暗夜」는 『선집』에 수록될 당시에 이미 『싹트는 대지』의 수록본이 존재하고 있었기 때문에 『선집』에서는 표기를 다듬고 제목을 「지새는 밤」으로 바꾸는 정도로 수정되어 수록되었다. 하지만 「落第」는 『선집』에 수록된 이후로 최초 발표 원본이 발굴되었기 때문에 『선집』에 수록되면서 원본 텍스트와 얼마나 다르게 재구되었는가를 살펴 볼 수 있다.

『만선일보』에 수록된 「落第」에 비해 『선집』에 수록된 「락제」는 동

---

9) 위의 글, p.2.

일 작품으로 간주하기 어려울 정도로 많은 부분이 바뀌어 있다. '뇌물관행'을 제재로 하여 전개되는 줄거리는 유사하지만 작중인물이 바뀌었고, 1인칭에서 3인칭으로 서술 시점이 바뀌었으며 무엇보다 단순한 부패상에 대한 고발에서 항일·민족의식이 부각되는 쪽으로 주제의식이 변화되었다.[10] 「락제」의 경우에 비추어 보면 『선집』에 수록된 작품들 중 1941년 발표작품이 확인된 「지새는 밤」(「暗夜」)을 제외한 12작품은 작품 말미에 기록된 창작연대를 토대로 작품을 이해하기 어려운 셈이다. 오히려 『선집』에 수록된 작품들은 일제말기라는 상황 속에서 불가피했던 작가 스스로의 '자기 검열'에서 상대적으로 자유로워지고, '기억'과 '회상'이라는 비판적 거리를 바탕으로 재구되었다는 점에서 발표연대가 확인된 『만선일보』 수록 작품과는 다르게 접근, 이해되어야 할 필요가 있다.

'해방 후편'에는 8편의 작품이 수록되어 있는데 이중 「새로운 마을」, 「마을의 사람들」, 「마을의 승리」, 「행복을 아는 사람들」은 1950년대 초에 창작되고 발표된 작품들이다. 그리고 「고향길에서」, 「정수와 나」, 「기다려지는 마음」 등은 작품의 창작연도와 발표연도가 차이가 나는 작품들이다. 「기다려지는 마음」은 1975년 창작으로 되어 있고 1984년 『아리랑 총서』에 실린 것으로 되어 있으니 시기적 차이가 그렇게 크다고 볼 수도 없고, 해방전 작품들처럼 작품이 유실되었을 가능성이 크지 않다고 볼 수 있다. 하지만 「고향길에서」와 「정수와 나」는 모두 1955년 작으로 표기되어 있고 발표연도는 1996년으로 되어 있다. 표기 사실이 맞다고 해도 해방 전 작품처럼 '문화대혁명'을 거치면서 유실되었을 시

---

10) 두 작품의 차이에 대해 다음 논문이 구체적으로 살펴보고 있다.
　　표언복, 「해방을 전후한 창작환경의 차이가 작품에 미친 영향」, 『목원어문학』16, 목원대국어교육과, 1998.12.

기의 작품들이라는 점에서『선집』수록 작품들과 같은 경우로 볼 수 있
다. 게다가「고향길에서」는 '문화대혁명기' 때 취조, 고문 휴유증으로
병을 앓다가 사망한 친구의 무덤을 찾아가는 이야기이므로 1955년 작
품으로는 볼 수가 없다. 작품의 내용이 자전적인 색채가 강하기 때문에
작품의 서두에 제시된 '두어달전에 퇴직휴양하게 된 나'11)라는 구절을
연보에 비추어 보면 1983년경으로 볼 수 있다. 비슷한 창작연대가 기록
되어 있는「정수와 나」라는 작품도 1955년 창작된 작품으로 보기 어렵
거나 최소한 1980년대 초반에 재구된 작품일 가능성이 크다고 할 수 있
다. 마지막으로 일제시대부터 문화대혁명 직후까지를 작품의 연대기적
시간으로 삼고 있는「일기의 운명」은 1982년『연변문예』에 발표된 작
품이다. 이상으로 보면『선집』에 수록되면서 재구된 작품들과 '해방 후
편'에 실린「고향길에서」,「정수와 나」,「기다려지는 마음」,「일기의 운
명」 등은 모두 1970년대 후반에서 1980년대 초반에 창작·재구된 작품들
로 볼 수 있다.

　　실제로 김창걸은 창작 생활을 하면서 두 번에 걸친 절필의 시기를 가
진다.「절필사」가 쓰여진 일제 말기인 1943년 경, 그리고 이른바 '민족
정풍'과 '문화대혁명'의 기간이다.12) 결국 김창걸의 창작 시기는 소설
을 발표하기 시작한 1930년대 후반부터 1940년대 초, 해방 이후부터 문
화대혁명기 직전, 그리고 문화대혁명기가 끝난 직후인 1970년대 말부
터 1980년대 초반 등으로 구분될 수 있다. 이를 토대로『전집』수록 작
품을 대별하면 해방 전의 발표 원전이 확인되는『만선일보』수록 작품,
1950년대 초반에 발표된 중국 건국 직후의 작품, 그리고 문화대혁명기

---

11) 김창걸,「고향길에서」,『20세기 중국조선족 문학사료전집 3-김창걸 문학편』, 중
　　국조선민족문화예술출판사, 2003, p.403.(이하 작품명과 인용면수만 표기하고 표
　　기는『전집』을 따른다)
12) 편집부,「작가소개」,『선집』, pp.260-261.

가 끝난 직후인 1970년대 후반 이후 창작·재구된 작품을 초기, 중기, 후기로 대별할 수 있을 것이다. 수록 작품을 구별·정리하면 다음과 같다.

초기(『만선일보』 발표 시기)-「暗夜」, 「靑空」, 「落第」, 「거울」, 「天使와 妖術」, 「소고기」, 「마리아」
중기(중국 건국 직후)-「새로운 마을」, 「마을의 사람들」, 「마을의 승리」, 「행복을 아는 사람들」
후기(문화대혁명 직후)-「무빈골 전설」, 「수난의 한토막」, 「두번째 고향」, 「스트라이크」, 「그들이 가는 길」, 「지새는 밤」, 「락제」, 「부흥회」, 「세정」, 「피의 교재」, 「범의 굴」, 「밀수」, 「강교장」, 「개아들」, 「고향길에서」, 「정수와 나」, 「기다려지는 마음」, 「일기의 운명」

3. 만주 공간에 대한 소설적 인식의 변모

1) 유사(類似)제국과 좌절의 공간

『만선일보』에 발표된 작품 중 원전이 확인되는 작품은 「暗夜」, 「靑空」, 「落第」, 「거울」, 「天使와 妖術」, 「소고기」, 「마리아」 등 7편이다. 이중 「天使와 妖術」, 「소고기」는 일부가 누락되어 전하고 있어 논의가 가능한 작품은 5편이 된다. 이 중 「暗夜」는 1939년에 『만선일보』에 연재되었고, 1941년 재만조선인작품집 『싹트는 대지』에도 수록되었다. 이 작품은 간도로 이주해 온 농부인 '나'가 가난 때문에 결혼도 못하는 상황을 그리고 있다. 애정문제, 혹은 결혼이라는 개인적인 문제를 이주 농민의 삶의 문제와 연결시켜 핍박과 가난에서 벗어나기 위해 고향을 떠나온 지 십여 년이 지났지만 경제적으로 별로 달라지지 않은 간도 이주민의 처지와 실상을 구체적으로 보여주고 있다.

『마도강이라 돈바람만 분다더니 쪽지쌔바람에 어깨만 붓네』

　　나는 일곱단을 지게에 배쳐지고 콧노래는 잘부른다마는 다리가
휘청휘청한다. 그도 그럴것이 뒷박노름세간사리라 요새는 주야평
(晝夜平)도 거진되건만 그래도 해가 짜르다고 점심은 못어더먹는판
이니 할수업다. 이리케살면서 얼마나 잘살게되겠는지 언제 터밧사
고 소사고할는지 생각하면 아득하다. 모하서 잘살려고 그런다면 마
음이나 든든하련만 사실은 업서서 이리고보니 가슴이 찌저지는것
갓다.[13]

　　조선인의 만주 지역으로의 이주는 근본적으로 봉건적 모순 구조와
식민지라는 모국의 역사적 환경에 기인한 바가 크고, 구체적으로는 생
계를 중심으로 한 경제적인 이유가 큰 부분을 차지한다. 이런 이유에서
이주민들에게 만주 지역은 일차적으로 구체적인 생계 문제를 극복하고
봉건적 모순 구조와 식민지적 굴레에서 벗어나길 기대하는 희망과 욕
망의 공간이었다. '마도강이라 돈바람만 분다'나 '산꼴만주는 눈이모자
라 쯔치보이지안는 넓은들이라'[14] 등의 풍문들은 모두 그러한 욕망을
반영하는 표현들이다. 하지만 실제 만주 지역은 위의 인용문에서 알 수
있듯이 이러한 기대를 충족시켜주는 공간이 되지 못했다. 가난 때문에
'고분'이는 빚 대신 팔려갈 처지에 놓여 있고, '고분'이를 사랑하는 '나'
역시 가난 때문에 어찌할 도리가 없다. '언제 터밧사고 소사고 할는지
생각하면 아득한' 이주민들에게 만주 지역은 여전히 가난이 상존하는
공간이며, 그 가난의 끝도 기약이 없는 '가난의설흠이북밧처 목노아 울
고'[15] 싶은 좌절의 공간인 것이다.
　　만주 지역이 이주민들의 기대와 욕망을 충족시켜줄 수 있는 공간이

---

13) 「暗夜」, 『전집』, p.111.
14) 「暗夜」, 『전집』, p.110.
15) 「거울」, 『전집』, p.203.

아닌 좌절의 공간이라는 인식은 이 시기 모든 작품에서 공통적으로 보이는 현실 인식이다. <暗夜>와 비슷한 농민의 삶을 제재로 하여 '만인계(萬人契)'에 대한 허황됨을 경계하고 있는 「거울」뿐만 아니라 당시 만주 지역의 아편 문제를 다루고 있는 「靑空」, 공장 내에서의 뇌물 관행을 비판하고 있는 「落第」, 카페 여급을 통해 도시 생활의 염증을 그리고 있는 「마리아」까지 모두 만주를 더 이상 욕망 충족의 공간으로 인식하고 있지 않다.

이렇게 만주 지역이 더 이상 이주민의 욕망을 충족시켜줄 수 있는 삶의 공간이 아니라는 인식, 즉 현실에 대한 부정적, 비판적인 인식은 간도 이주민들의 삶에 바탕을 둔 냉철한 현실인식이라 할 수 있다. 하지만 이 시기 김창걸의 소설은 이주민들에게 기대와 욕망의 공간이 어떻게 좌절의 공간이 되는지 그 과정에 대한 구체적인 탐색은 하지 않고 있다. 즉 작중인물들의 비판적인 현실 인식을 간도 이주민의 사회 역사적인 문제로까지 확장하여 인식하고 있지 않고, 그렇기 때문에 좌절의 공간이 될 수밖에 없는 현실적인 제 조건에 대한 탐색도 생략하고 있다. 이런 점에서 현실에 대한 비판 의식의 철저함과 깊이에 대해서는 다시 생각해 볼 수밖에 없다. 만주 지역으로의 이주가 구체적으로는 생계의 문제에서 출발했다고 해도 근본적인 문제인 이주의 사회정치적 조건, 그리고 식민지와 피식민이라는 민족적 문제를 외면하고는 그 이유가 설명되기 어렵기 때문이다. 「暗夜」에서 주인공인 '나'에 의해 가난의 문제가 단순히 개인의 문제가 아니라는 현실에 대한 부정적인 인식을 드러내고 있음에도 불구하고, 야반도주라는 도피성 문제해결로 귀결되는 것은 바로 이주민의 사회정치적 조건이나 조선인이 처한 민족적 문제 등에 대한 철저한 탐색이 생략된 상태에서 선택할 수밖에 없는 행동양식으로 볼 수 있다.

하나 이째까지어째가 붓도록 버러야 겨우 입에풀칠하는데 내마저
몇해걸릴는지 알수업는길을 써나면 우리집은 어찌 사러 갈것인가.
생각하면 가슴이 찌저지는듯 하나 일변으론 지금처럼 가슴이 울렁
거리고 즐거운채는 업다. 이제 몃시간만 지나면 나는 고분이를 마음
대로 볼수잇고 고분이는 영영 내안해가 되는것이아니냐 어듸가서
일년만 잇다가와도 어느놈이 고분이를 쌔아서 간다드냐. 어느놈이
고분이를 내안해가 아니라고 한다드냐.

산 사람이 입에 거미줄 치는 법이 업다고 한다. 나는 굶어죽으면
어쩌나 하는 근심은 조곰도 업다. 내주먹에는 피가 몃동이 잡혀잇지
안는가.

고분이와 가치 이길을 써나면 고분의 집에서는 죽을놈 살릴놈 하
고 욕하게겟지만 문제 업다. 세상 사람이 다 나를 욕해도 문제 업다.
내겨테 고분이만 잇스면 그쌘이다.16)

「暗夜」에서 '나'가 야반도주를 앞두고 가족의 생계와 앞날에 대한 막
연한 두려움을 드러내고 있는 부분이다. 그런데 지속되는 가난에 대한
고민과 불안은 '내겨테 고분이만 잇스면 그쌘이다'라는 인식으로 해결
되고 있음을 알 수 있다. 구체적이고 현실적인 가난의 문제가 낭만적인
사랑의 문제로 추상화되고 일반화되고 있는 것이다. 소설적 갈등의 근
본적인 원인인 가난에 대한 어떠한 해결 방식이나 의지도 보이지 않은
채 개인적인 차원의 추상적인 인식으로 갈등을 무마하고 있기 때문에
'나'의 언술에서 비쳐지는 비판의식은 한낱 피해자의 넋두리로 그칠 위
험이 있다. 이렇게 만주 지역에서의 삶에 대한 구체적이고 부정적인 현
실 비판의식이 결말에 가서 쉽게 추상화되고 일반화되는 양상은 다른
작품에서도 마찬가지이다. 「거울」에서는 '가난'의 문제가 '신수' 즉, 팔
자의 문제로 귀결되고, 「落第」에서는 일본인 공장에서 조선인 노동자

---

16) 「暗夜」, 『전집』, p.128.

라는 민족적 문제가 부각되지 못한 채 뇌물관행에 대한 일반적인 문제가 고발된다. 또 「靑空」에서는 이주민으로서의 고난보다는 아편문제의 심각성을 경계하는 것으로 마무리 되고 있다. 이렇게 쉽게 추상화되고 일반화되는 양상은 욕망의 공간이 좌절의 공간으로 인식되는 과정에서 이주의 사회정치적 조건이나 민족적 모순에 대한 천착이 생략됨으로써 이루어진 비약의 결과이다. 그리고 이러한 비약은 「暗夜」의 결말에서처럼 막연한 사랑만 남고 이주민의 고난에 찬 현실은 사라지게 되는, 현실적인 제 조건을 무화시켜 현실에 대한 비판의식까지도 약화시키는 결과를 초래할 수도 있다.

『만선일보』에 수록된 이 시기 김창걸의 작품들이 모두 작중인물의 시각을 통해 작품의 서술이 이루어지고 있는 점은 이주민의 사회정치적 조건이나 민족적인 문제를 생략하거나 형상화하지 못하는 구조적인 원인이 될 수 있다. 「마리아」를 제외한 4편의 작품이 모두 작중인물인 '나'의 시각에서 서술이 이루어지고 있으며, 「마리아」도 작중인물인 '마리아'와 밀착된 서술이 이루어지고 있다. 작중인물의 시각에서 이루어지는 서술은 서사적 체험에 대한 형상성 제고엔 도움을 줄 수 있지만 서사적 상황에 대한 총체적인 시야 확보가 제한될 수밖에 없다. 그에 따라 서술주체의 깊이 있는 해석행위가 제한된 채 작중인물의 시각을 통해서만 서사적 상황을 조망할 수밖에 없어 허구적인 세계에 제한된 현실 인식을 보이게 된다. 이로 인해 결국 거시적이고 역사적인 인식 자체가 불가능한 작중인물의 주관적인 인식과 대응이 작품 전체의 주제적 인식으로 제시되고 마는 것이다.[17)

---

17) 『선집』에 수록된 「락제」가 원본 「落第」와 달리 항일의식, 민족의식이 강조되는 쪽으로 변형되면서 3인칭의 서술로 시점이 바뀌어 재구된 것도 이런 차원에서 이해할 수 있다.

현실 인식의 비약을 통한 급격한 일반화, 추상화로의 귀결, 그리고 작중인물 중심의 제한된 현실인식은 작가의 사상이나 의식이기 보다는 작품 외적인 이유, 즉『만선일보』와 '만주국'이라는 당시 만주 공간의 성격에서 그 이유를 찾을 수 있다. 만주국은 소위 오족협화라는 이데올로기를 내세워 일본 중심의 위계질서를 확립[18]하고자 했던 일본 제국주의의 유사(類似)제국에 불과했다. 특히 '황민'이란 허울 아래 오족에도 들지 못했던[19] 조선인들의 삶은 일본 제국주의의 통치 범위 안에 놓여 있었다. 식민과 반봉건의 수탈에서 벗어나기 위해 만주 지역으로 이주했지만 조선인들에게 만주는 여전히 제국주의의 억압이 상존하는 공간일 수밖에 없다. 오히려 모국을 벗어나도 여전히 조국의 부재를 절감하는 공간이라는 점에서 욕망의 좌절감은 클 수밖에 없다. 이런 상황에서 만주국의 국책 홍보와 수행을 위한 관동군의 기관지였던『만선일보』를 발표 매체로 활용할 수밖에 없었기 때문에 민족적 차원의 좌절감을 그대로 표현하는 것은 불가능했을 것이다.「靑空」에서 확인되는 것처럼 만주국의 정책 기조 안에서 최소한의 부정적 현실 인식을 드러내거나 민족적 차원이 생략된 추상화된 인식을 형상화할 수밖에 없었을 것이다.

2) 사회주의적 전망과 낙관의 공간

중국 건국 직후인 1950년대 초반에 발표된 작품은「새로운 마을」,「마을의 사람들」,「마을의 승리」,「행복을 아는 사람들」등 네 편이다. 이 작품들은 모두 사회주의 중국 건국 이후에 변화된 삶의 양상과 인식

---

18) 김경일 외,『동아시아의 민족이산과 도시-20세기 전반 만주의 조선인』, 역사비평사, 2004, p.278.
19) 김성호,「후기」,『전집』, p.536.

을 그리고 있다. 수난과 굴곡의 삶을 겪은 이주 조선인들이 중화민족의 일원으로, 중국 공민으로 공식적으로 편입되고 사회주의 체제의 삶을 경험하게 되는 것은 역사적이고 민족적인 조선인으로서의 정체성에 변화를 요구한 전환기적 사건이다. 그렇기 때문에 중국 건국 직후 조선족의 초기 소설들은 조선족이 겪어 온 삶의 여정과 함께 이 시기가 가져다준 획기적인 변화의 양상들을 반영하고 있다.[20] 김창걸의 작품들도 이러한 변화의 양상들을 반영하며 사회주의 제도의 우월성과 새 생활에 대한 희열과 긍정 그리고 새 사회, 새 생활을 가꾸어 가는 근로 대중의 전형적 성격[21]을 보여주고 있다.

사회주의 중국의 건립으로 인한 변화는 식민지적 억압과 이주민으로서의 차별 속에 놓여 있던 조선인들에게 무엇보다도 경제적인 차원에서 새로운 가능성으로 인식되고 있음을 알 수 있다. 주로 소작인의 지위에 머물렀던 그들이 토지 개혁을 통해 '내 땅에서 내 힘으로', '내가 가꿔 내가 먹는'[22] 자작농으로 변화되는 경제적인 환경의 변화는 이주의 직접적인 계기로 작용한 생계 문제, 땅의 문제가 해결될 수 있는 긍정적인 가능성으로 인식되기에 충분하다. 「새로운 마을」은 이러한 경제적인 환경의 변화, 즉 사회주의적 집체 노동의 형태로 변화되어 가는 마을의 모습과 과정을 형상화하고 있다. 「마을의 사람들」은 전쟁에 나간 남편을 둔 가정의 일을 도와 협심하는 마을 사람들의 이야기를 통해 사회주의적 경제 체제와 공동 노동의 가능성을 제시하고 있다. 또한 일상생활에 침투하거나 잔재된 반혁명분자의 색출 이야기를 하고 있는 「마을의 승리」도 사회주의적 공동 노동이라는 새로운 형태의 경제 환경을 바

---

20) 졸고, 「탈식민 지향과 새로운 국가관-중국 조선족 초기소설의 의미에 대하여」, 『한중인문학연구』19, 한중인문학회, 2006.12, p.122.
21) 조성일·권철, 『중국 조선족 문학 통사』, 이회문화사, 1997, pp.294-295.
22) 「새로운 마을」, 『전집』, p.336.

탕으로 하고 있다.

사회주의 중국의 건립이 이주 조선인들에게 직접적이고도 구체적인 생계 문제와 직결되는 경제적인 환경의 변화로 인식된 것뿐 아니라 국민의 일원으로서, 국가적 소속감을 가질 수 있는 계기가 되었다는 점도 변화를 가능성으로 받아들이게 되는 이유가 될 수 있다. 식민지 조국에서 떠나오면서, 그리고 만주 지역에 정착하면서 이주 조선인들이 겪었던 수많은 고난과 차별은 많은 부분 조국 상실이라는 상황과 관련이 있다. 그렇기 때문에 그들에게는 조국에 대한 열망과 국민으로서의 욕망이 존재할 수밖에 없다. 한때 만주국의 영향 아래 있었지만 유사(類似) 제국인 만주국은 온전한 국가로서의 역할도 할 수 없었고, 그 속에서 온전한 국민으로 대우받는 것도 불가능했다. 사회주의 중국의 건립으로 인한 변화는 국가적 소속감과 국민적 동일성을 체감할 수 있는 계기를 제공해 주었기 때문에 국가적 혜택, 국민적 대우라는 측면에서 긍정적인 가능성으로 인식될 수 있다. 대학 졸업생들의 진로 배치와 관련한 갈등 상황과 해결을 그리고 있는 「행복을 아는 사람들」에는 이러한 국민적 동일성의 테두리 안에서 국민의 일원으로 생활하고 있음이 행복임을 다음과 같이 제시한다.

> 해방이 되였기에, 공산당이 령도했기에, 중국 혁명은 성공했고, 우리들은 신세를 고치였고, 따라서 과거에는 상상도 할 수 없던 민족 대학이 섰고, 우리 청년들은 당당한 인민장학금을 받아가면서 영광스럽게 대학을 졸업하게 되었고, 오늘날 당당한 국가의 일터를 배치받고 나가는데, 이러한 행복에서 무슨 불만이 있을 수 있겠는가고.[23]

중국 건립으로 인한 변화, 조선인에서 중국 조선족으로의 변화는 과

---

23) 「행복을 아는 사람들」, 『전집』, pp.394-395.

거의 좌절된 욕망을 채워 줄 가능성의 공간으로 만주 지역을 인식하게
해 주었다. 경제적인 차원에서, 그리고 국민적 동일성의 차원에서 과거
와의 차이가 된 이러한 가능성으로의 전환은 이주 조선인들의 삶의 터
전인 만주 지역이 중국 공산당의 영향력 안에 편제되어 사회주의적 체
제가 삶의 질서로 확립됨으로써 가능해졌다. 공동 소유와 공동 노동의
경제 형태, 계급주의에 기반한 민족적 연대 등이 바탕이 됨으로써 사회
주의는 만주 지역을 가능성의 공간으로, 정착할 삶의 터전으로서 인식
할 수 있게 만들어 준 것이다.

이처럼 이 시기 김창걸의 소설은 사회주의 중국을 계기로 만주 지역
에서의 삶이 새로운 가능성의 삶이 될 수 있음을 보여주고 있다. 그리고
이러한 가능성은 소설 속에서 예외 없이 미래에 대한 낙관적인 전망으
로 마무리 된다. 그러나 사회주의 문예 원칙에 충실한 것으로 볼 수 있
는, 사회주의 사상의 체화를 바탕으로 한 낙관적인 전망의 획득은 사회
주의적 사상과 인식에 대한 당위적인 서술을 통해 이루어질 뿐 풍부한
형상적 근거를 가지지 못한다. 미래에 대한 낙관적 전망의 획득, 즉 사
회주의적 인식과 전망의 획득 과정이 이주 조선인들의 구체적인 삶의
문제와 결부되어 진행되지 않고 이미 획득된 사회주의적 인식의 당위
성을 강조하는 형태로 진행된다. 「새로운 마을」에서 마을의 분위기와
환경을 새로운 체제로 변화시키고 정착시키는 결정적인 역할을 하는
것은 이미 사회주의적 사상과 체제에 대한 확신을 가지고 있는 '최갑식'
의 열정적인 활동을 통해 이루어진다. 또 「마을 사람들」에서도 모범 조
장이나 부녀회장 등 이미 어느 정도 진보적 의식을 가진 인물들의 모습
을 통해 사회주의적 체제의 가능성을 제시하고 있을 뿐이다. 가능성이
미래에 대한 사회주의적 전망으로 전화하는 과정이 이주 조선인들의
구체적인 삶의 조건에 바탕을 둔 서사적 상황을 통해서 보여주는 것이

아니라 이미 그러한 인식을 획득한 인물을 통해 사회주의적 인식의 당위성을 강조하는 형국이 된다. 이러한 당위적 서술이 갈등의 해결에 결정적인 역할을 한다.

> 상훈이는 깨달았다. 五十만이 아니라 五억 인민이 한 태양 모주석을 받들고 나간다. 한마음 한뜻으로 일체의 장애를 박차고 나아간다. 인류의 가장 아름다운 리상을 향하여 씩씩하게 팔을 걷고 나아간다. 자기도 이 五억 인민 대렬 속의 한사람이다.
> 상훈이는 가슴 한복판에서 「쿵」하는 소리를 틀림없이 들었다. 그것은 이때까지 해결 될락말락 하면서도 어느 정점에서 맺혀졌던 불만이 사태처럼 무너져 내려앉는 소리였다.[24]

졸업 후 진로 배치에 불만이 있던 '상훈'의 고민이 일시에 해결되는 상황을 제시하는 부분이다. 그런데 이야기 전반에 걸쳐 지속되던 '상훈'의 불만이 이렇게 한꺼번에 해결되는 근거가 구체적으로 제시되어 있지 않다. 그 근거로 확인되는 것은 '모주석'을 중심으로 한 인민 대중의 일체감, 국민적 동일성을 깨달은 것이다. 이러한 깨달음을 얻게 된 결정적인 계기는 북경 참관 행사를 통해 주석단의 행렬을 직접 본 것이다. 사회주의적 인식의 획득과 체화가 '모주석이 있는 북경'에 가서 모주석을 직접 봄으로써 국가의 일원으로서의 자신의 위치와 역할을 깨닫는 것이다. '모주석'이라는 상징적인 존재를 통한 사회주의 사상의 체화와 확신이 이루어질 뿐 사회주의적 사상이 어떻게 이주 조선인으로서의 구체적이고 현실적인 삶의 문제를 해결해 줄 것인가는 구체적으로 탐색하고 있지 않다.

살펴본 바와 같이 식민지인으로서, 이주민으로서의 수탈과 차별의

---

24) 「행복을 아는 사람들」, 『전집』, pp.401-402.

삶을 겪었던 조선인들에게 중국의 건립으로 이루어진 변화는 가능성으로 인식되기에 충분했다. 만주 지역은 만주국 시기에 좌절된 욕망을 다시 채워줄 가능성의 공간으로서 인식되는 것이다. 그리고 이러한 가능성은 사회주의적 전망을 통해 미래에 대한 낙관으로 이어지고 있음을 이 시기 김창걸의 소설은 보여준다. 하지만 식민지적 모순 구조는 해결되었지만 이주민으로의 특수성이 어떻게 사회주의 중국의 체제와 삶속에 융화될 것인가의 문제에 대해서는 구체적으로 탐색하지 않고 있다. 대신 사회주의적 인식에 대한 당위적 서술을 통해 미래에 대한 낙관적 전망을 제시하고 있을 뿐이다.[25] 사회주의적인 낙관적 전망은 존재하지만 이주 조선인의 역사적이고 현실적인 제 조건과 문제는 약화되고 있는 것이다.『만선일보』발표 시기의 작품들이 허구적 세계 안에 존재하는 작중인물의 시각을 통해 제한된 현실인식을 보이는 것과 달리 이 시기의 작품들은 모두 허구외적 서술자, 3인칭 시점에서 서술이 되고 있는 것도 이와 관련이 있다. 허구적 세계 이상의 현실인식, 사회주의적 인식과 전망을 이미 획득한 서술자에 의해 서술이 주도되고 있다.

3) 민족의 회복과 자기 확인의 공간

1970년대 후반 문화대혁명기가 끝난 직후 발표된 작품들은 모두 18편이다. 이중 1982년 발행된『선집』에「무빈골 전설」을 비롯해 모두 13편의 소설이 수록되어 있고. 나머지 다섯 작품 중「일기의 운명」은『연변문예』에 1982년에 발표되었고「피의 교재」를 비롯한 4편도 창작 시

---

25) '인민 대중에 대한 교양개조와 공산주의적 이상을 위해 분투'하는 혁명적 사실주의와 혁명적 낭만주의의 유기적 결합을 추구하는 사회주의 문예원칙의 차원에서도 이해할 수 있다.
임범송 외,『맑스주의 문학개론』, 나라사랑, 1989, pp.243-249 참조.

기와 달리 1980년대 초반에 발표된다.

우선, 『선집』 수록 작품은 앞서 언급했듯이 『선집』의 발행 시기 즈음에 작가의 기억에 의해 재구된 작품들이다. 해방 전의 상황이라면 쉽지 않았을 표현이나 제재들이 등장하고 있기 때문에 해방 전의 성과로 간주하기에는 무리가 있지만 해방 전의 사건과 상황들을 대상으로 하고 있다는 점에서 만주 지역에서의 조선인들의 이주와 정착 과정을 살펴볼 수 있는 자료적 가치를 가지고 있다.

토착 지주의 횡포에 원통하게 죽은 조선인이 혼령이 되어 복수하는 이야기를 전해주고 있는 「무빈골 전설」을 비롯해 「수난의 한토막」, 「두 번째 고향」 등에는 이주와 정착 과정에서 조선인들이 겪은 고난과 수탈의 실상들이 잘 드러나 있다. 「수난의 한토막」에서는 '소표 검사'과정에서 지주와 관료들의 억지 행태에 힘없이 당하는 농민의 처지가 그려지고, 「두번째 고향」에서는 '문턱세'와 같은 가혹한 수탈과 독립만세 사건 때의 탄압 등을 통해 간도에 정착하는 과정에서 겪은 일본 제국주의의 횡포를 구체적으로 제시하고 있다. 이 밖에도 생계를 위해 치열한 삶을 살아 온 어머니의 생활력을 '밀수 력사'[26]를 통해 형상화하고 있는 「밀수」, 일제 치하의 가혹한 탄광 노동의 한 단면을 보여주는 「범의 굴」 등에서도 이주 조선인들의 힘겨운 생활상을 엿볼 수 있다.

이 작품들은 초기 『만선일보』 수록 작품들과 비슷한 시기의 삶을 대상으로 하고 있지만 인식 수준은 현저한 차이가 난다. 표기나 소재가 만주국 시기에는 다룰 수 없는 것들을 취하고 있는 점도 다르지만 무엇보다 이주 조선인의 힘겨운 삶에 대한 원인을 분명하게 인식하고 극복을 위한 구체적인 다짐과 행동을 결말 부분에 제시하고 있다는 점이 큰 차

---

26) 「밀수」, 『전집』, p.260.

이다. 무엇보다도 이주 조선인들의 고난과 수탈의 삶이 잘못되었음을, 그리고 그 근본적인 원인이 일본 제국주의임을 분명하게 인식하여 민족적 차원에서 갈등과 모순 구조를 인식하고 있다. '조선이나 간도나 돈 없고 나라 없고 권리 없기는 매 한가지'[27]라는 인식을 분명히 하고 있는 것이다. '전형'이라는 인물의 '왜놈'에 대한 풍자적 입담을 소재로 하고 있는 「개아들」이나 『만선일보』 수록 작품과 많은 변화를 보이는 「락제」에서 조선인으로서의 처지가 강조되고 있는 것도 민족적 차원의 인식이 반영된 결과로 볼 수 있다. 이러한 민족적 차원에 바탕을 둔 현실 인식은 고난과 수탈의 삶에 대한 대응 방식도 초기의 작품들과는 다른 형태로 제시되어 적극적인 대항과 극복을 지향하는 모습을 보인다. '홍범도 부대', '주의자' 등의 사회주의적 인식을 행동지침으로 선택하는 것이 드러나기도 하고 「피의 교재」[28]처럼 혁명운동에 헌신하는 인물의 이야기를 통해 사회주의적 인식을 직접적으로 강조하기도 한다. 이 시기의 작품들은 조선인의 이주와 정착 과정을 대상으로 하고 있으면서 초기 『만선일보』 수록 작품들이 작중인물들의 제한된 인식을 드러내고 있는 것과 달리 항일 의식이라는 민족적 차원에서 당시의 현실을 인식하고 있다고 할 수 있다.[29]

해방 전에는 일본 제국주의의 유사(類似)제국인 만주국의 지배체제 아래에서 민족의식에 제한을 받았고, 중국 건국 직후에는 사회주의 체

---

27) 「수난의 한토막」, 『전집』, p.34.
28) 작품 말미에 1940년 작으로 표기되어 있고, 『천지』 1986년 8호에 게재됨.
29) 「暗夜」가 『선집』에 수록될 때에 제목이 변경되어 있는 것도 이러한 현실인식이 반영된 것으로 추측할 수 있다. 『싹트는 대지』 수록본이 존재하고 있어 전체적인 개작이 부담이 될 수 있는 상황이었기에 제목만이라도 긍정적인 기대와 희망의 의미를 내포시키기 위해 수정한 것으로 보인다. 1957년 『아리랑』 12호에 발표된 수필 「창작 수난 시대」를 보면 「暗夜」를 작가 스스로도 '캄캄한 밤'이라 지칭하고 있다.

제의 건설 과정 속에서 미처 민족적 처지에 대한 탐색의 겨를이 없었다면 이 시기에 와서는 민족적 차원의 현실 인식이 소설적 인식의 중요한 과제로 부상하게 되는 것이다. 이주 조선인들이 한 세기 이상 부대끼며 지내왔던 만주 지역에서 민족의 문제가 소설 속에서 본격적으로 제기됨으로써 만주 공간은 이주 조선인에게 민족적 정체성을 바탕으로 한 민족적 삶의 구체적인 현장으로 인식된다고 할 수 있다.

이렇게 해방 전의 삶에 대한 민족적 차원의 인식이 가능한 것은 창작 연도와 창작환경이 다른 1980년대 재구되었기 때문이기도 하고 재구되면서 당시 삶에 대한 객관적 조망이 가능한 시간적 거리를 획득했기 때문이기도 하다. 그리고 '민족정풍'을 강조했던 문화대혁명이 끝남으로써 경직된 사회주의 체제에 대한 반성과 함께 상대적으로 민족 문제에 대한 관심이 가능한 환경이 제공된 것도 이유일 것이다.

이주민족인 조선족에게 있어 민족의식은 자신들의 정체성을 이루는 핵심적인 요소이다. 중국의 공민으로서 만주 지역에 삶의 터전을 두고 있는 자신들의 정체성을 확고히 하기 위해서라도 민족의식, 민족적 뿌리의식은 중요할 수밖에 없다. 특히, 문화대혁명기를 거치면서 사회주의 중국 공민으로서의 삶이 조선족의 정체성을 담보해주지 않는다는 점을 경험한 이상 민족적 정체성에 대한 확인 요구는 그 어느 때보다 클 수밖에 없다. 이 시기 김창걸의 소설들이 민족적 차원에서 조선인들의 삶을 다루고 있는 것은 바로 조선족으로서의 뿌리의식, 자기 확인의 욕구가 반영된 것이라 할 수 있다.

이 시기의 작품들 대부분이 작가의 자전적 이야기들로 채워지고 있는 것은 바로 자기 삶의 궤적을 돌아보며 자기를 확인하고자 하는 욕망의 발현이라고 할 수 있다. 『선집』에 수록된 작품들을 '자서전적 제재의 것'30)이라고 분명히 밝히고 있듯이 작가의 전기적 생애와 밀착된 이야

기를 담고 있는 작품들이 많다. 「스트라이크」, 「부흥회」는 1926년 작가
가 은진중학교 재학시 학교 당국의 종교교육에 반대하여 동학들과 파
과를 단행한 후 대성중학교로 집체 전학[31] 한 경험을 다루고 있다. '나'
의 학업 과정에서 경제적 후원을 해주었던 세 명에 대해 이야기 하고 있
는 「그들이 가는 길」이나 만주국의 황민화 의도에 따라 사립학교를 공
립학교로 전환하는 과정을 통해 민족교육의 수난을 형상화한 「강교장」
등의 작품도 작가의 전기적 생애를 쉽게 연관 지을 수 있는 작품들이다.
『선집』에 수록되지 않았지만 문화대혁명기의 교육 실태를 보여주면서
문화대혁명기의 몰락을 기대하는 「기다려지는 마음」, 문화대혁명기 때
의 취조와 고문 후유증으로 죽은 친구의 산소를 찾아가는 이야기인 「고
향길에서」, 일기장을 소재로 일제시대부터 문화대혁명기까지의 삶을
연대기적으로 구성한 「일기의 운명」 등도 모두 작가 스스로의 자전적
이야기이면서 동시에 자기 삶의 확인을 위한 서사들이라 할 수 있다.

후기 김창걸의 소설들은 만주 지역에서의 삶을 민족적 차원에서 인
식함으로써 만주 공간에 대한 소설적 인식에 민족의 문제를 회복하고
자기정체성을 확인하고자하는 욕구를 반영하고 있다. 항일, 즉 식민과
제국의 관계 속에 이주 조선인들의 삶의 문제를 형상화함으로써 그동
안 생략되거나 간과된 민족의 문제를 조선족 소설의 중심으로 부상시
켰다. 그리고 제국에 대항한 민족의 지난한 삶을 조선족의 자기정체성
을 뒷받침하는 근거로 삼고자 했다. 이러한 자기 확인의 욕구는 만주 공
간에 대한 타자적 지위에서 벗어나 주체적인 지위를 회복, 확보하고자
하는 노력으로 볼 수 있다. 하지만 이러한 자기 확인의 욕구가 현실적인
상황, 현재 조선족의 삶의 제 조건에 대한 탐구로까지 이어지지 못하고

---

30) 김창걸, 「작품집을 내면서」, 『선집』, p.2.
31) 권철, 「김창걸년보」, 『전집』, p.522.

있음은 김창걸 후기 소설의 아쉬움이다. 이 시기의 작품 대부분이 회상의 형식으로 과거의 삶만을 대상으로 하면서 조선족의 과거의 문제만을 주로 다룸으로써 현재적인 제 조건, 현실적인 차원의 자기 확인의 문제에는 소홀하다. 당대적 차원에서, 그리고 중국이라는 국가적 범주 안에서의 현실 문제, 중국 소수민족으로서 조선족의 특수한 민족성과 자기정체성의 문제에 대한 탐구는 이루어지지 못하고 있다. 또한 대부분의 자기 확인의 문제가 자전적인 차원에서 이루어지고 있기 때문에 자기정체성의 문제가 작가 개인의 주관적인 문제로 국한될 수 있다는 비판도 가능하다. 자기 확인에 대한 욕구가 민족적 서사를 통해 형상화되지 못함으로써 자기 확인의 내용이 주관적이고 개인적인 차원에 머물 위험이 있다.

4. 체험 서사의 의의와 한계

1911년 함경북도 명천군 태생인 김창걸은 1917년에 만주지역으로 이주했다. 1928년 '동만청년총동맹'에 가입한 이후 '고려공산청년회', '조선공산당재건위원회' 등의 조직 활동을 통해 만주 지역의 공산주의 운동에 지속적으로 참가했다. 그리고 1948년 룡정시 인민학원을 시작으로 동북조선인민대학, 연변대학 등에서 교원으로 교육활동에도 매진했다. 문화대혁명기에 '민족주의분자'로 몰려 비판받은 적이 있지만 그의 일생은 만주 지역 조선족 사회의 변화와 발전과정의 중심에서 한 평생을 보냈다고 할 수 있다. 그의 작가적 이력도 만주 지역의 사회 현실과 밀착된 전기적 생애와 관련이 많다. 일제 말기와 문화대혁명기의 두 번에 걸친 절필의 시기도 그렇고, 그 두 번의 절필 시기를 전후한 시점에 창작 시기가 집중되어 있는 것도 그렇다.

만주에서 시작해 만주에서 끝난 그의 문학적 이력은 만주에 대한 체험적 증언[32], 체험 서사로서의 성격이 강하다. 대부분의 작품이 작가의 전기적 체험과 직접적으로 관련된 경우가 많고, 직접적인 관련 여부가 드러나지 않는다 해도 만주 지역 이주 조선인의 이주 및 정착 체험의 형상화라는 측면에서 이해될 수 있다. 소위 재만문학에서부터 중국 조선족 문학에 이르기까지 만주 지역의 조선인, 혹은 조선족의 삶을 대상으로 한 김창걸의 소설은 곧 만주 지역 조선인들의 삶의 양상과 의미를 파악할 수 있는 기록이고, 이주 조선인이 중국 조선족으로 변화, 정착되어가는 과정에 대한 반영이자 만주 체험의 결과물이며, 만주 공간에 대한 소설적 인식이다. 이런 점에서 김창걸의 소설은 무엇보다 이주 조선인들의 지난한 삶의 과정과 면모를 구체적으로 증거하고 있다고 할 수 있다.

만주 공간에 대한 현실인식의 반영이라는 측면에서 김창걸의 소설은 만주국이라는 유사(類似)제국에서 이주 조선인들의 욕망과 기대가 좌절된 공간으로 만주 지역 조선인들의 삶과 현실을 인식하던 것이 중국 건국 직후에는 사회주의적 인식을 바탕으로 긍정적인 현실인식과 낙관적인 미래 전망으로 변화되고 있다. 그리고 후기인 문화대혁명기 직후에는 민족의식을 바탕으로 자기 확인의 욕구를 회상적 서사를 통해 추구하고 있다고 할 수 있다. 작중인물을 중심으로 한 구체적인 개인의 서사가 사회주의 사상을 매개로 당위적인 집단의 서사로, 그리고 자기 확인의 욕구가 바탕이 된 주관적인 회상의 서사로 변모하고 있는 것이다. 초기의 「만선일보」 발표 시기에서 중기 중국 건립 직후의 소설적 인식의 변화는 곧 조선인이 조선족으로 변화화게 된 근거를 확인할 수 있게

---

32) 장병희, 앞의 글, p.89.

해준다. 중국의 건립이라는 체제의 변화가 만주국 시기 이주 조선인들의 좌절감, 즉 경제적 궁핍과 조국의 부재에서 오는 좌절감을 극복할 가능성을 제시해 줌으로써 사회주의 중국의 일원인 조선족으로의 변모와 정착을 가능하게 했다는 판단이 가능하다. 또 자기 확인의 욕구를 반영하고 있는 문화대혁명기 직후의 작품들은 중국의 소수민족으로서 자기정체성의 확인이 얼마나 중요한 문제인가를, 그리고 조선족의 자기정체성 확인은 민족적 정체성의 확인에서부터 출발해야 함을 보여주고 있는 것이라 하겠다. 중기의 소설들에서 보이는 이념으로서의 사회주의, 혹은 중국이라는 국가주의 관념에 기반한 획일적 자기동일성의 강요를 통해서는 조선족의 자기정체성을 확인, 규명할 수 없음을 보여주는 것이기도 하다.

결국 김창걸 소설의 변모는 조선족에게 있어 자기정체성의 탐구가 얼마나 중요한지, 그리고 그것은 어떻게 가능한지에 대한 소설적 제기라고 할 수 있다. 중국의 공민으로서의 삶을 영위하고 있지만 사회주의를 바탕으로 한 한족 중심의 중국 국가주의만을 가지고 조선족의 정체성을 규명하는 데에는 한계가 있다는 점, 그리고 그 한계를 극복하기 위해서는 민족의식에 바탕을 둔 민족적 정체성에 대한 규명이 중요한 문제이고, 민족적 역사의식과 뿌리의식을 통해 출발해야 함을 소설을 통해 전거하고 있는 것이다. 이러한 문제를 작품을 통해 제기함으로써 민족적 공간으로서의 만주, 민족적 삶의 현장으로서의 만주 지역에 대한 인식을 회복·확대하는 역할을 했다고 하겠다.

이러한 의의에도 불구하고 그의 생애에 비해 작품의 양이 많지 않고 작품 활동이 특정한 시기에 국한되어 있는 점은 아쉬움으로 남아 있다. 이는 창작 생활보다는 활동가, 교육가로서의 삶에 무게가 놓여 있었고, 그렇기 때문에 정치 사회적인 현실과 민감하고도 적극적인 연관관계에 있었기 때문이다. 두 번의 절필 시기를 거친 점뿐만 아니라 중기와 후기의 작품 활동이 중국 건국 직후와 문화대혁명기 직후에 한정되어 이루어지고 있는 점 등이 이런 연관관계에서 이해될 수 있다. 또한 중기의 작품이 4편에 불과하고, 후기 작품들은 초기의 작품과 비슷한 제재를 재구한 것이 대부분인 점은 그의 활동가적 삶이 중기 이후로 더욱 강해지고 있으며, 그에 따라 그의 실질적인 창작 활동은 초기에 집중되어 있음을 보여주는 것이다. 초기 소설에서 보이는 서사적 생동감이 중기, 후기에 오히려 약화되고, 작가적 사상이 우위에 놓이는 작품들이 많아 사건이나 갈등이 생경한 점도 이와 관련이 있다. 작가적 체험에 기반한 그의 많은 작품들에서 작가 의식, 작가의 주관이 강하게 작용하는 현상도 이런 차원에서 이해가 가능한 아쉬움이다.

활동가적 삶, 그리고 작가의 개인적 체험의 범주에서 크게 벗어나지 못하고 있는 그의 작품 경향33)은 전반적으로 작가 개인의 주관적 현실 인식의 수준을 벗어나 폭넓고 총체적인 현실인식의 성취에 제한이 된다. 특히 중기의 당위적 서술이나 후기의 개인적 회상의 서사는 이런 점에서 초기 소설에 미치지 못하는 성과를 드러낸다고 할 수 있다. 실제로 김창걸은 조선족이나 한민족의 역사라는 차원에서 총체적인 현실 인식을 시도하는 장편 소설이 한 편도 없으며 중기의 중국 건국 직후의 작품들을 제외하고는 당대적 삶을 다룬 작품이 거의 없다. 여기에 후기의 작품들까지 대부분 해방이전의 삶을 대상으로 하고 있는 점은 그의 소설적 현실 인식이 자기 체험의 한계를 벗어나지 못하고 있으며 현실의 제

---

33) 작품 속에 '나'가 등장하는 작품이 유난히 많은 것도 이와 관련이 있을 것이다. 검토 작품 29편 중 17편에 '나'가 등장하고 있다. 사회주의적 인식과 전망을 당위적으로 제시하고 있는 중국 건국 직후의 중기 작품들을 제외하면 전체 25편 중 17편이 1인칭의 작품이 된다. 또한 후기 작품들 중에는 1인칭 회상 형식의 작품이 유난히 많다.

조건에 대한 구체적인 탐색과 대응을 통해 미래적 가치를 구성하는 것
보다는 과거의 확인과 의미부여에 주안점이 놓여 있다고 할 수 있다.

5. 맺음말

지금까지 김창걸의 소설의 변모 양상과 의미에 대해 살펴보았다. 김
창걸의 소설은 시대적인 환경 때문에 창작 당시에 발표되지 못하고 많
은 시간이 지난 뒤에 재구되어 발표된 작품들이 많다. 이 때문에 작품의
시대적인 구분이 용이하지 못한데 본고에서는 발표연도를 기준으로 하
여 1930년대 후반부터 1940년대 초반까지『만선일보』발표 작품을 초
기로, 중국 건립 직후인 1950년대 초반을 중기로, 그리고 문화대혁명이
끝난 1978년부터 1980년대 초반까지를 후기로 구분하여 검토하였다.

만주 공간에 대한 현실인식의 반영이라는 측면에서 김창걸의 소설은
만주국이라는 유사(類似)제국에서 이주 조선인들의 욕망과 기대가 좌
절된 공간으로 인식하던 것이 중국 건국 직후에는 사회주의적 인식을
바탕으로 긍정적인 현실인식과 낙관적인 미래 전망으로 변화되고 있다
고 할 수 있다. 그리고 후기인 문화대혁명기 직후에는 민족의식을 바탕
으로 자기 확인의 욕구를 회상적 서사를 통해 추구하고 있다고 할 수 있
다. 작중인물을 중심으로 한 구체적인 개인의 서사가 사회주의 사상을
매개로 당위적인 집단의 서사로, 그리고 자기 확인의 욕구가 바탕이 된
주관적인 회상의 서사로 변모하고 있는 것이다.

김창걸 소설은 많은 부분이 작가의 물리적 체험에 기반하고 있어 주
관적이고 과거 지향적이라는 아쉬움이 있지만 이주 조선인으로부터 현
재 중국 조선족에 이르는 현실인식, 특히 만주라는 역사적인 삶의 현장

에 대한 인식과 변모과정을 보여주고 있다는 점에서 재외한국문학의
차원에서도 가치를 인정받을 만한 작가이다.

참고문헌

김경일 외, 『동아시아의 민족이산과 도시-20세기 전반 만주의 조선인』, 역사비평사, 2004.

김종회, 「중국 조선족 문학과 김창걸의 소설」, 『한국문화연구』7, 경희대민속학연구소, 2003.

김창걸, 『20세기 중국조선족 문학사료전집 3-김창걸 문학편』, 중국조선민족문화예술출판사, 2003.

김창걸, 『김창걸 단편소설선집』, 료녕인민출판사, 1982.

김형규, 「탈식민 지향과 새로운 국가관-중국 조선족 초기소설의 의미에 대하여」, 『한중인문학연구』19, 한중인문학회, 2006.12.

김호웅, 『재만조선인문학연구』, 국학자료원, 1998.

임범송 외, 『맑스주의 문학개론』, 나라사랑, 1989.

장병희, 「일제 암흑기의 재만문학연구-김창걸 단편소설을 중심으로」, 『어문학논총』 11, 국민대어문학연구소, 1992.

조성일·권철, 『중국 조선족 문학 통사』, 이회문화사, 1997.

채 훈, 『일제강점기 재만한국문학연구』, 깊은샘, 1990.

최경호, 「재만작가 김창걸론」, 『어문학』54, 한국어문학회, 1993.

표언복, 「중국 조선족작가 김창걸의 문학 일별」, 『목원어문학』16, 목원대국어교육과, 1998.

표언복, 「해방을 전후한 창작환경의 차이가 작품에 미친 영향」, 『목원어문학』16, 목원대국어교육과, 1998.12.

Assman, Aleida, 『기억의 공간』, 변학수 외 역, 경북대학교출판부, 2003.

윤림호 소설의 민족의식 표출양상과 의미

박 지 혜

목 차

1. 머리말: 국가과 민족의 차이로 인한 '틈새'와 가능성

중화인민공화국의 소수민족 중 하나인 중국 조선족은 중국 공민이면서 한민족이라는 독특한 위치를 갖고 있다. 그들은 중국이라는 국가체제에 기본적으로 속해 있으면서 한민족의 언어로 문학 활동을 하고 있는, 국가와 민족이 이질적인 민족이다. 지금까지 중국 조선족 문학에 대한 연구 역시 이러한 중국 조선족의 독특한 위치를 바탕으로 이루어져 왔다. 박남훈은 "중국 조선족 문학은 중국 사회주의 문예정책과 소수민족 정책에 규정지어지는 성격을 지니면서 동시에 민족의식과 조선족 고유의 정서와 사상 등을 보여주고 있다[1]"고 언급하고 있고, 오상순 역시 "중국조선족 문학은 본 민족 문학의 전통을 토대로 하면서 중국 문화의 영향을 받으면서 발전했기 때문에 본토문학과도 다르고 중국의 한족문학과도 다른, 독특한 조선족 문학으로 발전하였다[2]"고 하면서 중국 조선족 문학의 특징을 '이중성'으로 규정하고 있다. 이런 중국적인 요소와 한민족적인 요소가 공존하고 있는 중국 조선족 소설의 성격은 중국 조선족 문학의 아이덴티티를 구성하는 핵심적인 바탕이라고 할 수 있다.

사실 중국 조선족 문학의 이러한 특징은 전적인 중국 문학 연구자의 관점에서 보았을 때는 중국 당대문학의 지류로, 전적인 국문학 연구자의 관점으로 보았을 때에는 한국문학의 낙후된 변종 정도로 평가할 수도 있다.[3] 조선족이 거주하고 있는 연변지역은 중국의 입장에서 보면, 중국의 정치, 경제, 문화의 중심지와는 다소 떨어진 변경지대이고, 한반도와의 관계에서 보면, 해방 후 30년 동안 단절되어 있었기 때문에 상당한 지리적·문화적 거리를 갖고 있기 때문이다.[4]

국가와 민족이 다르다는 중국 조선족의 특이한 지위와 변두리 문학

---

1) 박남훈, 「조선족 문단형성과정과 작가의 사회적 의미」, 김승찬 외, 『중국 조선족 문학의 전통과 변혁』, 부산대출판부, 1997. p.168.
2) 오상순, 『개혁개방과 중국조선족 소설문학』, 월인, 2001. p.374.
3) 이영구, 「소수적 문학으로서의 재중교포문학」, 『중국학 연구』28, 중국학연구회, 2004, p.306.
4) 이광일, 『해방 후 조선족 소설문학 연구』, 경인문화사, 2003, p.210.

으로서 갖고 있는 특징은 중국 조선족 문학에서 '차이'의 중층성을 만들
어 낸다. 중국 조선족 문학은 중국 당대문학의 한 부분을 이루고 있지만
언어적·문화적 정체성의 측면에서 주류인 한족문학과는 차이를 갖고
있다. 그리고 그 뿌리를 '백의동포문학'에 두고 한글로 창작을 한다거나
민족의 역사나 고유한 정서를 텍스트화하고 있다는 점에서 중국 조선
족 문학은 한국문학의 범주에 귀속될 수 있다. 하지만 중국 사회주의체
제하에서 다른 환경과 체험을 바탕으로 생산되었기 때문에 한국문학과
는 또 다르다고 할 수 있다. 이러한 중국문학과도 다르고 한국문학과도
다른 차이의 중층체계로 인해 중국 조선족 문학에는 정치·문화적인 면
에서 '틈새'[5]가 나타날 수 있다.

중국 조선족의 중국과 한국 사이에 끼인(in-between)[6] 위치는 정체성
혼란의 문제를 항상 내포하고 있다. 그들은 한민족이라는 기원을 갖고
있지만, 현재 살고 있는 공간의 문화, 정치, 경제의 영향을 받고 있기 때
문에 그 기원을 순수하게 재현해내기 어렵다. 그렇다고 현재 살고 있는
공간에 완전히 소속되거나 흡수되지도 못한다. 기원이라는 과거 기억
의 파편이 현재 공간에 틈입하기 때문이다. 중국 조선족의 국민으로서
의 정체성과 한민족으로서의 정체성이 길항하면서 생기는 충돌과 그
속에서 정체성을 형성하기 위한 노력은 중국과 한국이라는 국가주의에
의한 이분법을 해체시키고 새로운 문화를 생성하는 '제3의 공간'이 될
수 있는 가능성을 갖고 있다.

이 '제3의 공간'이라는 것은 호미 바바가 탈식민주의 이론에서 제시
한 용어 중 하나로, 안정된 상징계로 표상될 수 없는 '은밀한 불안정성'

---

5) 이러한 '틈새'는 다양한 문화가 상호교섭하는 대화적이고 역동적인 공간이 될 수
  있다. (Homi K. Babba, 나병철 옮김, 『문화의 위치』, 소명출판, 2003 참조)
6) 호미 바바는 이 공간이 문화의 의미와 짐을 나르는 상호(inter)의 공간이라고 본다.
  (위의 책, p.93)

의 공간, 즉 문화적 혼성성에 의해 탈영토화된 공간을 말한다.[7] 이 제3의 공간은 이질적인 문화적 요소들이 혼합되고 재구성되는 공간으로 타자와의 대화 가능성을 열어놓는다는 점에서 국민국가라는 경계의 경직성을 넘어서 게 할 수 있다. 중국 조선족 문학이 만들어 내는 제3의 공간은 우리에게 민족과 국가의 경계를 넘어서는 민족정체성에 대한 근본적인 물음을 던질 수 있게 한다.[8]

본고에서는 그 '틈새'가 만들어 낼 수 있는 가능성이 무엇인지 1980년대 이후부터 작품 활동을 한 중국 조선족 작가 윤림호 소설의 민족의식 표출양상을 통해 살펴보고자 한다. 중국 조선족의 민족의식은 한민족으로서의 지향을 포함하고 있지만, 한편으로는 중국이라는 국가체제하에서 중국 국민으로서의 동질화의 과정 속에 놓여있기 때문에 우리식의 민족의식과 같다고 말하기는 하기는 어렵다. 본고는 어느 한쪽으로도 완벽하게 동질적인 민족의식을 구축할 수 없는 중국 조선족의 독특한 위치가 '틈새'를 만들어 내고 그것이 어떤 가능성을 내포하고 있다고 보았다. 그러나 겉으로 드러난 민족의식의 내용만 살펴보는 것[9]은 '문화의 변화를 예감하게 하는 은밀한 불안정성'의 공간인 '틈새'의 자취들을 제대로 파악할 수가 없다. 따라서 중국이라는 체제 속에서 소수민

---

7) 위의 책, p.91.
8) 김형규도 중국 조선족이 갖고 있는 이 '차이'의 중층성에 주목하고 있다. 그는 '우리'이면서 '우리가 아닌' 중국 조선족 문학의 차이가 우리의 민족정체성을 반성하고 기획하는 구체적인 자료로서의 가치를 지니고 있다고 평가하고 있다.(김형규, 「중국 조선족 소설 연구의 현황과 현재적 의의」, 『현대소설연구』29, 2006. 3, p.296)
9) 지금까지 중국 조선족 문학에 나타난 민족적 특징에 관한 연구는 주로 내용적 측면에 관한 것이 압도적이다. 그 내용적 측면은 구체적으로 조선족의 특유한 생활방식이나 전통적인 풍습, 민족의 심리나 기질에 관한 것이 다. 이러한 거시적인 관점의 연구들은 중국 조선족 소설의 전반적인 특징을 파악하기 위한 기본적인 연구이긴하나 중국 조선족 소설의 소수 민족으로서의 고유한 특질이나 정체성을 드러내는 데에는 부족한 감이 있다.

족인 중국 조선족이 어떠한 방식으로 자신의 목소리를 내며 독자성과 정체성을 드러내고자 했는지 담론의 구성 방식을 시기별로 살펴볼 필요가 있다.

이는 중국 조선족 소설을 중국적인 것과 민족적인 것의 단순한 조합으로 보는 것에서 벗어나 중국 조선족이 갖고 있는 국민 정체성과 민족 정체성의 미묘한 갈등과 변화를 감지하면서 중국 조선족 문학에 나타나는 '틈새'가 어떤 가능성을 내포하고 있는지 점검하는 계기가 될 것이다.

2. 중국 조선족의 정체성 모색과 윤림호 소설의 전개

중국 조선족은 토착 민족이 아니라 이주 민족으로 대부분 일제강점기 이주정책이나 일제의 억압을 피하기 위해 중국으로 건너온 사람들이다. 하지만 일제의 토지 약탈을 피해서 온 만주도 살기 쉽지 않은 곳이었다. 조선인들은 일본과 중국의 이해관계의 소용돌이 속에서 이중국적이라는 문제 때문에 민족적 압박과 차별을 받았다. 또한 이주민들은 낯선 타국 땅에서 누구하나 의지할 수 없었으며, 어느 한 곳 호소할 데도 없었다. 그들은 현실에서의 삶이 힘들면 힘들수록 더욱더 고향을 그리워하였다.[10] 망향의식과 혈육에 대한 그리움은 고난을 이겨내는 원동력이며 현실을 잠깐이나마 벗어날 수 있는 탈출구였다. 이때까지만 해도 그들의 문학은 중국 문학의 한 부분이 아닌 조선 문학의 연장선상으로 조선인의 문학 활동이었고, 작품의 내용도 대부분 망향의식을 담은 것이나 민족의 운명에 대한 관심과 우려였다. 이렇게 중국 조선족

---

10) 조태흠, 「조선족 구전민요에 나타난 삶의 모습과 인식」, 김승찬 외, 앞의 책, p.296.

은 이주민의 신분으로 불안정한 생활을 하다가 1949년 중화인민공화국의 건립과 함께 중국의 합법적인 공민으로 신분이 바뀐다. 그리고 소수민족의 자치와 토지소유권을 인정한 중국 공산당의 정책으로 토지소유권도 획득하게 된다.11) 대부분이 소작농이었던 중국 조선족에게 토지소유는 중국 국민으로서의 정체성을 확립하는데 큰 역할을 했을 것이다. 또한 중국 내전에 적극적으로 참여함으로로써 중국 공산당 정권 수립에 실질적인 기여를 했다는 자긍심은 한민족으로의 정체성에서 중국 국민으로서의 자의식을 강화하게 하는 또 다른 이유였다.

이때부터 중국 조선족은 중국이라는 새로운 '타자'를 통해 정체성을 구축하려하는 모습을 보인다. 그래서 중화인민공화국 설립 후, 사회주의 건설시기 중국 조선족 소설에서는 온통 해방을 맞아 나라의 주인이 된 조선족들의 감격과 희열을 그린다거나 전심으로 사회주의 건설에 매진하는 조선족들의 모습을 그리고 있는 것이다. 이는 중국 사회주의 문예정책과도 관련이 있지만, 중국 조선족의 자발적인 동의가 없었다면 이러한 사회주의 찬양 일색의 문학이 나타나기는 어려웠을 것이다.

중국 조선족은 '우리는 누구인가?'하는 문제를 중국이라는 새로운 '타자'와 동일시를 통해 구하고자 했던 것이라 할 수 있다.12) 하지만 문

---

11) 이 때 토지를 받은 조선농민은 처자식을 밭에 데리고 가 대대로 토지를 가지지 못해 고생해 온 과거를 생각하며 토지를 소유하게 된 기쁨을 토해 내면서 영원히 공산당을 따라서 집과 토지를 지키고 혁명을 헌신할 것을 자식들에게 당부했다고 한다.(이규태, 「중국 조선족 사회의 형성과정」, 『재외한인문학』10호, 재외한인학회, 2001, p.200)

12) 본고는 라깡의 '타자'이론이 중국과 중국 조선족과의 관계를 살펴보는데 유효한 관점을 제공한다고 보았다. 라캉은 생물학적 존재로 태어난 개인이 인간 사회에서 주체로 받아들여지는 과정을 타자와의 관계에서 비롯된다고 생각했다. 그의 이론에 따르면 주체는 타자가 자신의 욕망을 채워줄 것으로 믿고, 대상에 다가서지만 그 대상 역시 결핍을 갖고 있기 때문에 주체의 욕망을 결코 완벽하게 충족시키지 못한다. 결국 주체는 그 대상이 오인된 환상이었다는 것을 깨닫게 된다는 것이다.(Jacque Lacan, 권택영 엮음, 『욕망 이론』, 문예출판사, 1994, p.19)

화대혁명기에 중국 조선족이 겪었던 참혹하고 처절했던 경험은 중국과의 동일시를 통한 정체성의 구축을 불가능하게 만든다. 문화대혁명기는 대부분의 예술가들이 '반동적 인물'로 숙청되고 문예계가 초토화되는, 당대 문학 미증유의 암흑기였다. 이런 문화대혁명은 한족보다 소수민족이었던 중국 조선족 문단에 더욱 심각한 폐해를 가져왔다. '민족문화혈통론'에 근거해 소수민족의 문화를 무자비하게 탄압하고 그 언어마저 소멸시키려들었기 때문이다. 그리고 민족적 경향을 드러내려는 낌새만 보여도 '반동'이나 '독초'로 몰아붙이며 숙청하거나 추방하기도 했다.13) 그런데도 문화대혁명기 중국 조선족 소설은 여전히 당과 사회주의 이데올로기에 철저하게 복무하는 경향을 보인다. 그것은 검열에 대한 두려움 때문에 중국 조선족이 자신의 감정과 정서를 자유롭게 표출할 수 없었기 때문이다. 자발적으로 진행되었던 '타자'와의 동일시는 폭압적이고 끔찍했던 시기에 살아남기 위한 생존 전략이 된다.

암흑기였던 문화대혁명기가 끝나자 중국 조선족 문단은 신·구세대가 통합된 화합의 장을 이루면서 '문예부흥'을 맞이한다.14) 1950~1960년대 조선족 소설 문단에서 활약하다가 정치박해를 받아 오랫동안 창작의 자유마저 빼앗겼던 김학철, 리근전, 김용식, 이홍규 등 노작가들이 문단에 복귀하여 창작에 정진하기 시작했고, 리원길, 정세봉, 김훈, 우광훈 같은 신진작가들이 소설계에 두각을 나타내기 시작한다.

윤림호15)는 개혁 개방기에 등단한 신진작가로 우리에게는 생소하지

---

13) 김중하, 「중국 사회주의 문화정책이 조선족 소설창작 방법에 미친 영향」, 『중국 조선족 문학의 전통과 변혁』, 부산대출판부, 1997, p.135 참조.

14) 정덕준, 「개혁개방 시기 재중 조선족 소설 연구-1976~1995년대 전반기 작품을 중심으로」, 『한국언어문학』51, 한국언어문학회, 2003, p.4.

15) 윤림호 연보
1954년 5월 23일에 흑룡강성 동녕현 로흑산향 만보만에서 출생. 동녕현 삼차구향 광영촌에서 소학교 졸업.

만, 북방소설 문단에서는 비중 있는 작가이다.[16] 그럼에도 불구하고 윤림호에 대한 연구는 중국 조선족 문단에서도 본격적으로 진행된 바가 없다. 그동안 윤림호는 조선족 문단의 중심지인 연변에서 멀리 떨어진, 북만지역에서 작품 활동을 해 왔기 때문이다. 그에 대한 연구는 단평이 대부분이고, 중국 조선족 문단에서도 근래 들어서야 윤림호에 대한 총체적인 연구의 필요성을 느끼기 시작했다고 한다.[17] 더구나 국내에서 그에 대한 연구는 전무한 실정이다.[18] 그 동안 주목받지 못했던 중국 조선족 군소작가들에게도 관심을 갖고 그들의 작품을 세심하게 살펴보는 것은 중국 조선족 소설 연구의 폭과 깊이를 확대하는 일이 될 수 있다.

윤림호가 문단에서 주목을 받기 시작한 것은 「투사의 슬픔」(1980.1)

1973년 부모를 따라 해림현 해남향 남라고하촌으로 이주한후 농업생산에 종사
1985년 연변대학 문학반 졸업.
1979년 처녀작 「셋째사위」를 발표하면서 문단에 진출.
1985년 단편 소설집 『투사의 슬픔』 출간.
1992년 단편 소설집 『라고하의 배사공』 출간.
단편소설 「투사의 슬픔」, 「호박꽃」, 「어머니」, 「길섶의 들국화」, 「락엽」, 「고향에 온 손님」 등이 흑룡강성소수민족문학상과 「은하수」, 「천지」, 「도라지」, 「아리랑」 등 여러 잡지의 문학상을 수여받았다. 그는 중국작가협회 연변분회회원이었으며, 단편소설 80여편과 중편소설 10여편을 발표했음.

16) 윤림호는 북방소설 문단에서 '윤림호경향류'라는 말이 생겨날 만큼 문단에서 영향력 있는 작가로 자리매김하고 있다. 또한 "「은하수」, 「송화강」, 「도라지」, 「아리랑」, 「천지」 등 여러 잡지들의 수상대에 여러 번 올랐으며, 흑룡성소수민족문학상, 연변작가협회상, 해외에서 날아온 불교법왕상 등 굵직 굵직한 상도 여러 개 받았다. 그리고 몇몇 작품들은 한문으로 번역되어 중국 전역에 소개될 정도"이다.(장학규, 「윤림호 소설의 미, 륜리학적취향진단」, 『문학과 예술』, 연변사회과학원 문학예술연구소, p.32)
17) 최근 들어서야 윤림호 소설에 대한 연구의 필요성을 자각하기 시작했다는 내용은 본고가 2006년 여름, 학술대회 건으로 장춘에 갔을 때, 중국 조선족 연구자를 통해서 직접 듣게 된 부분이다.
18) 중국 조선족 소설의 연구에 있어서 개별 작가에 대한 연구는 김학철이나 리근전, 김창걸 등 일부 작가를 제외하고는 거의 찾아보기 힘들다. 게다가 개혁개방 이후 1980년대 활발하게 작품 활동을 해온 군소작가에 대한 연구는 전무한 실정이다.

이나 「두만령감」(1979.7) 같은 작품을 통해서이다. 이 작품들은 통해 윤림호는 문화대혁명기 사상에 지나치게 경도되어 빚어졌던 갖가지 상처와 비극을 그리면서 그로 인한 참상을 드러내고 있다. 이러한 작품 내용은 1980년대 초, 중국 문단을 휩쓸었던 소위 '상처소설'과 '반성소설'의 큰 흐름을 반영한 것이라 할 수 있다. 한족의 주류사회와 동질의 역사시기를 거쳤던 만큼 중국 조선족 문단도 과거를 반성하는 사조의 발생이 필수적이었던 것이다.[19] 그 외에도 윤림호는 「락엽」, 「천치 빵덕이」, 「고향에 온 손님」, 「편지」같은 작품들을 통해 개혁개방 이후의 변화된 윤리의식과 세태를 그려내기도 했다.

본고는 윤림호의 여러 경향의 작품들 중에서 주류인 중국 문학 속에서 소수 민족으로서의 독특한 정체성을 강하게 드러내고 있는 작품들을 연구 대상으로 삼았다. 윤림호 소설 중에 서 라고하 강을 배경으로 한 작품이나 다리 짓기 모티프를 활용한 작품들 중에 그러한 경향을 보이는 작품들이 많았다.('다리 짓기 모티프'를 활용한 작품은 총 4편이고, '라고하의 뱃사공'이라는 인물이 등장하고 있는 것도 3편이나 된다.) 이것은 윤림호의 두 번째 단편소설집『라고하의 배사공』(1992)의 '일러두는 말'을 통해 강을 배경으로 한 작품들의 창작의도가 중국 조선족의 혈연적, 정서적 뿌리인 한민족으로서의 지향과 연관이 있다는 것을 확인할 수 있다.[20]

---

19) 이영구, 앞의 논문, p.316.
20) "강과 감정이 맺어지면서 나의 머릿속에는 세월따라 표류하는 물결과 민족의 수난사와 민족의 생활자취들이 한데 련계되었다. 어느 로인에게서 들은 이야기, 아버지 어머니에게서 들은 멀고먼 이야기, 눈물젖은 고개, 두만강 늙은 사공의 처량한 망향가……춘하추동과 더불어 얼고 녹고 흐르는 물결의 흐름마다에는 이 작품집에 수록된 ≪모래성≫과 같은 한 혈육의 수난사와 ≪씨앗≫이 날려와 뿌리내린 곳도 부득불 고향일 수밖에 없는 ≪아리랑 고개≫의 처량한 통소곡도 깃들어 있는 것이다!" (윤림호,『고요한 라고하』, 흑룡강조선민족출판사, 1992. p.447)

윤림호의 1980년대 초반의 작품들에는 문화대혁명기의 당의 지침과 이데올로기를 수용하면서도 독특한 방식으로 한민족으로서의 정체성을 보이는 작품들이 있어 주목된다. 이는 '틈새'를 통해 중국 조선족이 그동안 억압해 왔던 한민족으로서의 정체성이 원초적 고향에의 그리움이나, 항일체험의 집단적 기억이라는 형태로 의식의 표면으로 올라오면서 그들의 정체성을 새롭게 구축하기 위한 시도라고 평가할 수 있다. 또한 1980년대 후반이나 1990년대 초에는 민족의식이 표출되는 양상이 달라진다. 중국 공민이라는 자신의 위치를 자각하면서도 민족의 수난사를 재현하거나 향수를 부각시키는 등 민족의식을 전경화하고 있다. 윤림호 소설에서 이러한 '틈새'가 만들어진 이유는 앞에서 기술했던 중국 조선족의 역사적 체험 및 정치·사회적 배경과 밀접한 관련이 있다.

윤림호 소설에서 드러나는 '틈새'는 중국 조선족이 중국이라는 '타자'에 대한 전면적인 동일시가 불가능하다는 깨달음을 조금씩 내비치는 흔적들이라 할 수 있다. 중국과의 동일시를 통해 중국 국민으로서의 정체성을 확보하고자 했지만, 한민족이라는 민족으로서의 정체성을 망각할 수가 없었기 때문에 생겨난 것이다.

윤림호 소설의 '틈새'를 통해 발현되는 민족의식의 표출양상을 살펴보는 것은 국민적 정체성과 민족적 정체성이 혼재해 있는 중국 조선족 문학의 정체성과 가능성을 규명하고 그 위상을 정립하는 일이 될 것이다.

3. 이면 서사 속에 자리 잡고 있는 민족의식

1) 민족적 상징물의 혼성적 활용

1980년대 초, 윤림호 소설에서는 '상처소설'이나 '반성소설' 같은 중국 주류 문단의 흐름과 같이하는 작품들과 그와는 다른 경향을 보여주는 독특한 작품들이 나타나고 있다. 「도라지꽃」(1981.12), 「천리동의 대학생」(1984.11), 「라고하의 배사공」(1983.12), 「무지개」(1982.1), 「개를 잡는 사람」(1983.2)같은 작품이 바로 그런 작품에 속한다. 이 작품들은 중국 문학이라는 지배적 담론의 영향을 받으면서도 그 담론으로부터 이탈하려는 틈새를 드러내고 있다. 그 틈새는 주로 사회주의 이데올로기나 당의 정책에 복무하는 모습을 보이면서 이면적으로는 다른 주제를 전하는 것으로 나타나고 있다. 이를테면 한족이나 다른 민족들과는 다른 조선인으로서의 자부심을 은근히 드러낸다거나 고향에 대한 그리움과 자신의 뿌리를 찾고자 하는 열망을 보이는 것이다. 이는 작품 속에서 알레고리적으로 나타나거나, 당의 지침이나 사상을 표방하는 서사 이면에 중국 조선족만의 독특함을 드러낼 수 있는 내용의 미시서사가 접합된 양상으로 나타나고 있다. 또한 서사를 추동하는 핵심적 표상으로 민족적 상징물 같은 것을 내세워 민족 정서나 민족적 기억을 환기시키는 방식을 취하고 있다.

「도라지꽃」(1981)이나 「천리동의 대학생」(1984) 같은 작품은 '도라지꽃', '도라지 타령' 같은 민족적 상징물을 활용하여 서사를 진행시키고 있다. '도라지 타령'은 '아리랑'과 함께 민중들에게 널리 불리던 민요로 민중의 미적 정서와 심상을 담고 있고, '도라지꽃' 역시 어려운 여건 속에서도 끈질기게 살아가는 민중의 질긴 생명력을 상징하는 기제이다.

「도라지꽃」(1981)은 문화혁명기 당의 문예방침의 큰 틀[21]에서 크게

---

21) 이 소설에서 리철주라는 인물의 모습을 보면 문화대혁명시기의 '3돌출'이론에서 크게 벗어나지 못하고 있음을 알 수 있다. '3돌출'이론은 모든 인물 가운데 긍정적 인물을 돌출시키고 긍정적 인물 가운데서 영웅을 돌출시키고, 영웅적 인물가운데서 주요 영웅인물을 돌출시킨다는 문화대혁명 시기의 문예이론이다.(오상순, 앞의 책, p.101)

벗어나지 못한 채 '도라지꽃'이나 '도라지 타령'이라는 이중적인 상징적 기호를 통해 중국 조선족의 정체성을 드러내고자 하는 특성을 보인다. 이 소설은 초입 부분에서 모공장당위서기와 삼십대 초반의 여성이 도라지꽃으로 만발한 산을 보면서 '정말 못 잊을 도라지요!'라고 감탄하는 장면이 나온 후, 다시 과거로 돌아가 두 인물들이 왜 그런 말을 하게 되었는가를 해명하는 내용으로 이루어져 있다. 하지만 중심 서사는 '도라지꽃'에 관한 이야기가 아니라 '리철주'라는 인물의 활약상에 관한 것이다. 소설 속에서 리철주는 반동분자에 의해 죽어가면서도 스파이로 와 있는 명림을 전향시키는 희생정신과 투철한 신념을 가진 인물로 그려지고 있다. 여기서 '도라지꽃'이라는 것은 당의 지침을 성실하게 이행하는 리철주라는 영웅적 인물을 표상하는 기제이다. 하지만 당의 명령으로 마을에 온 리철주가 한민족 고유의 정서가 담긴 도라지 타령을 열심히 배우는 장면이나 우리 고유의 명절인 단오절에 도라지 타령을 부르면서 리철주가 총에 맞는 모습은 작품 속의 '도라지꽃'을 단순히 당의 이념을 표상하는 것으로만 볼 수 없게 만든다.

중국 조선족의 혈통적·문화적 '차이'의 계기는 당을 위해 헌신적으로 봉사하는 내용을 그려야 한다는 지배담론을 이중화시키고 분열시킨다. 중국 조선족의 끼인(in-between) 위치는 「도라지꽃」의 중국 공산당의 이념적 노선을 따르면서도 그와 함께 '도라지꽃'에 담겨 있는 민족적 정서까지 환기시키게 만드는 것이다. 이 작품에서 '도라지꽃'과 '도라지 타령'은 당의 이념과 리철주의 희생정신을 표상하는 것이면서 동시에 민족 정서를 상징하는 이중적 의미를 함축하고 있는 혼성적 기호[22]로 작

---

[22] 혼성성은 담론의 대표성과 권위성을 얻으려는 권력의 축을 따라서 지배담론이 분열되게 만드는, 상징에서 기호로의 가치의 치환을 말한다.(Homi K. Babba, 앞의 책, p.228)

용하고 있는 것이다.

「천리동의 대학생」(1984)에서도 '도라지꽃'은 중요한 상징적 기제이다. 이 소설에서 주인공 태수는 '≪도라지꽃≫이라는 제목으로 천리동의 이채로운 전설을 소설화하여 두메에 묻힌 이름 없는 고향을 세상에 소개해보자는 충동'을 가진 인물이다. 그가 고향의 '도라지꽃' 전설을 제대로 소설화 해내는 것은 표면적으로는 당과 사회가 인정하는 인간이 되는 것이면서 이면적으로는 '고향을 세상에 빛내'어 그동안 망각되어 있었던 중국 조선족으로서의 자부심을 드러내는 것이 된다. 그러나 이 작품 속에서 태수가 소설을 쓰는 행위는 부정적으로 그려지고 있다. 그가 생활을 기피한 채, 오직 책만 끼고 다니며 '문학의 왕'이 되려는 현실과 유리된 이상을 갖고 있기 때문이다. 작가는 생활은 뒷전인 채 소설쓰기에만 몰두하는 태수의 어리석음에 대해 서술하면서도 그가 소설화하고자 하는 대상은 의미 있는 것이라는 암시를 하고 있다.

> 천리동과 재너머 도라지골은 워낙 유구한 전설로 이어진 동네였다. ≪대학생≫이 ≪도라지꽃≫이라는 제목으로 천리동의 이채로운 전설을 소설화하여 두메에 묻힌 이름 없는 고향을 세상에 소개해보자는 충동은 이미 전부터 가졌었다. 고향을 세상에 빛내지 않고서는 죽어도 눈이 감길 것 같지 않았다. 그는 굶주린 사람이 빵에 달려들듯 ≪도라지꽃≫에 맹렬히 달라붙었다.[23]

이렇게 '태수'가 고향을 세상에 빛내지 않고서는 눈을 감을 수 없고, '도라지꽃' 설화를 소설화하는 것에 '굶주린 사람이 빵에 달려들 듯'하는 것은 고향과 고향 설화의 소설화를 통해 자신의 뿌리를 확인하고 싶

---

23) 윤림호, 「천리동의 대학생」, 『투사의 슬픔』, 흑룡강조선민족출판사, 1984, p.143. (이하 작품 인용 출처는 작품명, 작품집 명, 페이지 수만 표기한다)

은 욕망 때문이라 할 수 있다. 중국 조선족은 중국 공산당과의 동일시를 통해 자신의 정체성을 찾으려 했지만, 그 대상이 오인된 환상이었다는 것을 깨닫게 되면서 그 정체성이 흔들리게 된다. 그러면서 그 동안 억압해 왔던 고향에 대한 그리움이나 한민족으로서의 의식이 표층으로 올라오기 시작한다. 한족과는 다른 종족 정체성을 찾고자 하는 것이다. 하지만, 전체적인 맥락에서 보면 이런 부분은 간과되기 쉽다. 왜냐하면 태수가 부정적으로 그려지고 있는데다가 그의 소설 쓰는 행위도 마을 사람들에 의해 웃음거리가 되고 있기 때문이다. 이것은 작가가 조선족의 고유한 정서와 자신의 뿌리를 찾고자 하는 욕망이 쉽게 읽히지 않게 하기 위한 의도적인 위장으로 보인다. 중국 조선족은 문화대혁명기에 문화독재와 민족문화말살정책에 의해 끔찍한 수난을 당했었기 때문에 개혁개방이 된 후, 그 전에 비해 창작의 자유가 보장되었다고 해도 1980년대 초반 만해도 완전히 자유롭게 자신의 감정과 이념을 펼치지는 못한다. 검열에 대한 두려움이 의식 속에 깊이 내재해 있었기 때문이다.

이 소설에서는 '도라지꽃' 설화를 소설화 하려는 태수의 노력이 서사화 되는 것과 함께 도라지꽃 설화의 전체내용이 서사 속에 삽입되어 있다. 그만큼 '도라지꽃' 설화는 이 소설에서 중요한 부분을 차지하고 있다. 이 소설의 '도라지꽃' 설화는 우리나라에서 전승되는 도라지꽃 설화와는 다른 변형된 모습을 보이고 있다. 우리나라의 도라지꽃 설화는 승려를 짝사랑하던 한 낭자의 넋이 그리움과 순결한 사랑을 상징하는 도라지꽃으로 피어나는 것으로 결말을 맺지만, 조선족 소설에 등장하는 도라지꽃 설화의 도라지꽃은 예기치 못한 천재지변을 만나 짓찧기여 만신창이가 된다.

집은 둘째로 도라지꽃이 생각나 가슴이 철렁 내려앉은 총각은 두

팔을 걷고 토담벽을 헤치기 시작했다. 밤낮을 헤쳐서야 겨우 찾아냈는데 도라지꽃은 짓찧기여 만신창이 되였었다. 허나 총각은 도라지 처녀의 말을 명심하고 다시 화분통을 짜서 심어놓고 집을 짓기 시작했다. 도라지꽃은 또 다시 생기를 회복했다.[24]

설화나 민요 같은 구비문학은 전승되면서 어떤 부분은 잊혀지고 또 어떤 부분은 변형된다. 그 향유층의 생활과 감정 사상에 맞게 개작되는 것이다. 이처럼 이 소설 속의 도라지꽃 설화도 중국 조선족의 집단 기억과 생활 방식에 맞게 변형되어 삽입되어 있다. 이 도라지꽃 설화에는 중국 조선족의 처절했던 일제식민체험, 해방 후 무정부 상태에서 이방인으로 차별당하고 약탈당했던 경험, 문화대혁명기에 민족문화말살정책으로 자신들의 고유한 정서와 의식을 펼쳐보지도 못하고 억울한 누명을 쓰고 수난을 당했던 역사가 고스란히 녹아있다. 또한 그런 혹독한 역사 속에서도 생명력을 유지해 온 조선족 자신에 대한 자부심과 경탄이 배어들어 있다. 즉 도라지꽃은 조선족 그 자신을 표상한다고 할 수 있는 것이다. 이것이 태수가 고향의 도라지꽃 설화를 '굶주린 자'처럼 달려들어 소설화시키려고 했던 이유인 것이다. 이 소설은 '작가가 되기 전에 먼저 인간이 되어야 한다.'는 서사 속에 태수가 쓰려고 하는 소설의 내용, 즉 '도라지꽃 설화의 소설화'라는 미시서사의 접합을 통해 중국 조선족의 정체성을 부각시키고 있다. 또한 민족 정서를 상징하는 '도라지꽃'이라는 표상을 통해 표면적으로는 당의 정책에 부응하는 주제를 전하면서 이면적으로는 민족적 자부심을 드러내는 담론의 방식을 취하고 있는 것이다.

---

24) 위의 책, p.152.

2) 다리 짓기 모티프의 알레고리적 활용

윤림호의 「라고하의 배사공」(1983)과 「무지개」(1981)는 작품의 주제
는 다르지만 '다리 짓기 모티프'를 활용해서 주제 의식을 부각시키고 있
다. 두 작품에 등장하는 주요 인물들은 다리를 놓는데 지나칠 만큼 집착
하고 있다는 공통점을 갖고 있다. 작품 속에서 이런 '다리 짓기 모티프'
의 반복적인 활용은 중국이라는 체제하에서 직접적으로 드러내지는 못
하는 내면의 욕망을 알레고리적으로 표현한 것으로 볼 수 있다.

「라고하의 배사공」은 일신의 안일만을 생각하는 '나'와 자신의 일을
업으로 삼고 성스러울 만큼 충실하게 수행해 온 라고하의 늙은 뱃사공
을 대비시켜 늙은 뱃사공의 투철한 직업정신을 부각시키고 있는 작품
이다. 이 작품에서 늙은 뱃사공은 다리가 놓이게 되면 직장을 잃는 셈이
고, 그토록 애착을 가졌던 사공 일을 할 수 없음에도 다리 짓는 일에 지
나치게 집착한다. 늙은 뱃사공은 화자 '나'에게 사공 일을 넘길 때도 '다
리가 놓이게 되면 꼭 소식을 알려 달라'고 부탁할 뿐 아니라 전 생애를
통해 모은 돈을 모두 다리 짓는 일에 기부한다. 또한 그는 라고하에 다
리가 놓인 사진을 본 후에야 죽음을 맞이한다. 이 '다리 짓기 모티프'는
표면적으로 다른 이들을 위해 헌신하는 늙은 뱃사공의 투철한 희생정
신을 보여주지만, 이면적으로는 혈육과 고향으로부터 끊어진 것을 다
시 잇고자 하는 내밀한 욕망을 드러내는 역할을 하고 있다.

'사공'이라는 직업도 한 곳에 정착하지 못하고 계속 헤매는 모습을 형
상화 한 것이라고 할 수 있다. '사공'은 어느 한쪽에도 정주하지 못하고
양끝을 오고가야 하는 운명을 상징하는 기제이다. 늙은 뱃사공이 '사공'
일과 다리 짓는 일에 그렇게 애착을 보이는 것은 두 가지 일이 모두 양쪽
의 두 지점을 이어주는 역할25)을 하기 때문이다. 이것은 중국 체제에 속

해 있으면서도 자신들을 중국 공민으로 완전히 동일시할 수 없었던 중국 조선족들의 심리적인 갈등과 고향에 대한 지향을 그런 양상으로 나타낸 것이라 할 수 있다. 고향에 대한 그리움과 자신의 근원을 찾아서 정체성을 확인하고 싶은 욕망이 '다리 짓기' 모티프로 형상화되고 있는 것이다. 이 소설 속에 '19책'은 그런 분열 속에 있는 조선족의 나름대로의 생존방식을 보여주고 있는 것이라 할 수 있다. '19책'은 늙은 뱃사공이 라고하에서 사공 일을 하면서 그것과 관련된 일들을 틈틈이 적어놓은 책이다. 새롭게 뱃사공이 된 '나'는 그 '19책' 덕분에 처음 사공 일을 하면서도 어렵지 않게 일을 하게 된다. 늙은 뱃사공이 '19책'을 쓴 것은 자신만의 역사를 쓰고자 하는 욕망의 발로로 보인다. 그것은 「천리동의 대학생」에서 태수가 도라지꽃 설화를 토대로 소설을 쓰고자 하는 욕망과 동일선상의 것으로 자기 정체성을 확인하고 찾고자 하는 행위라고 할 수 있다. 그것은 표면적으로는 당의 지침에 성실하게 따르는 것이요, 이면적으로는 자기 정체성 확인의 차원에서 이루어지는 행위인 것이다.

「무지개」라는 작품에서도 '다리 짓기' 모티프가 등장한다. 이 작품에서도 '다리 짓기'는 서사의 진행에서 지배적인 상징적 장치이다. 이 소설은 윤림호 소설에서 흔히 볼 수 있는 현재에서 과거로 거슬러 올라갔다가 다시 현재로 돌아오는 형식을 갖고 있다. 소설의 '화자' '나'는 '말광대다리가 콩크리트 다리로 바꿨다'는 소식을 듣고 고향에 내려가게 된다. 그리고 서사는 과거의 시간으로 거슬러 올라가 할아버지와 삼쇠가 마을에 다리를 놓고자 하나 극'좌'파의 방해로 공사가 중단되는 내용이 서술된다. 다리 짓기 서사는 이 소설의 중심서사인 삼쇠와 추순의 사

---

25) '다리'는 예전부터 분리된 두 세계를 연결하는 매개하는 상징물로 사용되어 왔다.(한국 문화 상징 사전 편찬 위원회, 『한국 문화 상징 사전』, 동아출판사, 1996, p.186)

랑이야기와 병행되고 있다. 삼쇠와 추순은 서로 사랑했지만, 주위의 반대로 사랑을 이루지 못하다가 나중에 극적으로 만나 결혼하게 된다. 그리고 중단되었던 다리 공사도 삼쇠에 의해 완공되는 것으로 끝이 난다. 이 소설의 '다리를 짓는 과정의 험난함과 그 완공'은 기본적으로 삼쇠의 인생역정을 보여주는 상징적 장치라 할 수 있다. 여기서도 '다리 짓기'는 겉으로 드러난 행위 그 이상의 의미를 갖고 있는 것으로 보인다. '나'의 할아버지는 다리를 짓다가 박해를 받아 죽게 되는데, 할아버지가 자신의 모든 것을 걸고 다리를 짓는 행위 역시 「라고하의 배사공」의 늙은 배사공의 다리 짓기에 대한 염원과 다르지 않다.

'다리 짓기 모티프'를 통해 드러나는 자신의 근원을 찾아 정체성을 확인하고 싶은 욕망은 '고향예찬'이라는 또다른 양상으로 작품 속에 나타난다. 「무지개」에서 눈에 띄는 한 가지는 화자 '나'의 지나친 고향예찬론이다. '그렇던 내가 오늘은 끝내 오매에도 그리던 고향으로 가게 되었다.'26) 라든가 '고향을 떠나본 사람만이 고향이 그리운 줄 안다. 과연 고향이란 얼마나 신비한 힘으로 인간을 흡인하는 것일까?'27) 라는 대목들은 이 작품의 중심 서사와는 그다지 관계가 없는 부분으로 여겨진다. 텍스트 속에서 화자 '나'는 고향에서 일어났던 일을 관찰하고 기술하는 역할을 할 뿐이고, 화자 '나'가 직접적으로 관련된 특별한 추억도 별로 등장하지 않는다. 작품 초입에 화자 '나'가 고향으로 내려가면서 짧은 시간 동안 어린 시절을 상기하는 부분이 나오긴 하지만 자애로운 할아버지 등에 업혀 다리의 설계도를 바라봤다는 내용이 전부이다. 그러나 이러한 고향예찬은 중심서사와 크게 상관없음에도 불구하고 다른 어떤 대목보다 열정적인 목소리로 서술되고 있다. 이는 곧 자신의 뿌리를 찾

---

26) 윤림호, 「무지개」, 『투사의 슬픔』, p.73.
27) 위의 책, p.80.

고자 하는 열망의 표현이라고 볼 수 있다. 여기서의 고향은 자신이 실제로 나고 자란 고향인 동시에 중국 조선족이 떠나온 원초적 본향을 의미한다고 볼 수 있다. '망향의식'은 중국 조선족의 아키타입과 같은 것으로 중국 조선족 문학에서 자주 표출되는 부분이다. 이러한 고향에 대한 그리움과 기억은 중화인민공화국이 세워진 후, 중국공민으로서 자부심을 느끼고 중국을 자신과 동일시하면서 점차 망각되고 그 이후에는 잘 드러나지 않는다. 또한 문화대혁명기를 겪으면서 대상과의 동일시에서 점차 벗어나지만, 외부의 압력으로 그러한 의식들을 직접적으로 노출시킬 수 없었다. 대신에 개혁개방이 되고, 1980년대에 이르러 그런 의식들이 조금씩 드러나기 시작하는 것이다. 하지만 개방개혁 이후에도 소수 집단인 중국 조선족의 목소리는 직접적으로 표출되지 않는다. 다수 집단인 중국문학의 거대 담론 속에서 자신의 목소리를 미시 서사의 삽입이나 실제 고향과 모국을 의미하는 고향의 의미를 중첩시키는 방식의 담론을 구성하고 있다.

3) 집단적 기억의 우회적 삽입

'기억'이라는 것은 상징적인 의미 세계를 구성하고 전승을 가능하게 함으로써 집단이나 개인의 정체성 구성에 필수적인 기능을 한다.[28] 「개를 잡는 사람」과 같은 작품은 중국 조선족의 심층에 내재되어 있었던 과거의 공통 기억을 기반으로 중국 조선족의 정체성을 새롭게 구축하고자 한다. 소설 속의 조봉규 영감은 자기 밖에 모르는 소문난 구두쇠로, 마을의 잔치를 하루 앞두고 집이 불에 타버리는 참변을 당한다. 불

---

28) 박은주, 「기억과 망각의 역설적 결합으로서 글쓰기」, 최문규 외, 『기억과 망각』, 책세상, 2003, p.312.

이 나는 장면을 보면서 조봉규 영감은 전에 이런 불길을 한번 본 적이 있다는 생각을 한다.

> 쾅! 조봉규령감의 머리에서 무엇이 작열하는 것만 같았다. 이어 그 폭음은 세찬 불길을 일으켰다. 타래치는 검은 연기, 석가래가 내려앉는 우지끈 소리, 엉뎅이를 덴 둥글이의 들뜀소리……≪불이야≫…… 물통을 들고 모여드는 사람물결…… 가만, 전에 한번 이런 불길을 본 적이 있었지? 해방전이였지? 그 불은 왜 일어났던가?……29)

화자는 그 불길의 기억이 무엇인지 분명하지 않으나 '쾅!'이라는 의성어, 작열하는 폭음, 세찬 불길30) 같은 단어들을 통해 그 기억이 조봉규 영감의 의식을 일깨우는데 결정적인 기여를 할 것이라는 암시를 하고 있다. 망각되어 있던 기억이 불길을 보고 깨어나는 것이다. 마을은 화재로 인해 잠깐 뒤숭숭한 분위기였으나 이내 오학규의 환갑날 준비로 떠들썩해진다. 조봉규는 마을 사람들이 자신의 고난에는 무관심하면서 자신의 라이벌인 오학규의 잔치준비에는 열성을 다하는 모습을 보면서 소외감을 느낀다. 그러던 중 오학규가 찾아와 그를 위로하면서 '인간이란 반드시 인간들 사이에서 살아야 한다'는 충고를 한다. 그리고 그 충고의 근간이 되는 것은 바로 일제하에서 어려움을 함께 극복해 낸 조선족의 집단체험이다.

> 설마 죄다 잊지야 않았겠지? 우리가 40년전에 비밀공사에서 도망쳐 이 기동촌에 왔을 때 최로인이 우리를 움속에 숨겨줘서 살아나지 않았나! 이튿날 최로인이 우리를 움속에 숨겨줘서 살아나지 않았나!

---

29) 윤림호, 「개를 잡은 사람」, 『투사의 슬픔』, p.40.
30) '불'은 망각을 의미하기도 하고, '시간을 뛰어넘는 짧고 순간적인 기억'을 상징하는 것으로 재생적 기억력의 근원으로 표상된다.(박은주, 앞의 책, p.317)

이튿날 왜놈 셋이 부락민들을 모여놓고 사람을 내놓으라할 때 누구
도 입을 열지 않았지 이 얼마나 후더운 사람들인가? 결국 놈들은 마
을에서 제일 년세많은 최억대로인을 붙잡아내여 사람을 내놓지 않
으면 집에 불을 지르겠다고 으름장을 놓았네. 극악한 놈들은 정말 불
을 질렀네. 허나 최로인은 집을 휩싼 세찬 불길을 보면서도 말 한마디
하지 않았네. 우린 이렇게 살아나서 기동촌에 발을 붙였던거네.[31]

같은 마을에 사는 오학규 영감의 말을 통해 조영감은 불길을 보고 어
렴풋하지만 강렬하게 자신의 뇌리를 스쳤던 기억이 무엇을 의미했는지
를 알게 되고, 그 기억을 통해 새로운 사람으로 거듭나게 된다. 공동체
의식의 중요성을 강조하고 있는 이 소설은 그 근간이 당의 정책이나 사
회주의 이데올로기가 아닌 중국 조선족이 공유하고 있는 종족의 집단
기억에 의거하고 있다. 일제의 탄압 속에서 험악한 세월을 함께 헤쳐 왔
던 중국 조선족의 집단기억은 그들의 미래의 비전으로도 기능하고 있
다. 공동체 의식과 후한 인심은 앞으로도 조선족이 살아가기 위한 가장
큰 저력이자 미덕이라는 것이다.

우린 이런 후더운 미덕을 잊지 말고 아래세대에 전해주어 그 미덕
을 세세만대 전해지도록 해야 하네. 이게 바로 우리가 죽기 전에 해야
할 일이네……백년이 지나도 후한 인심은 변치 말아야 하네![32]

「개를 잡는 사람」은 비슷한 시기에 일어난 조 영감네의 환란과 오 영
감네의 경사를 대비시키면서 이웃 간에 서로 돕고 베풀며 사는 것이 얼
마나 중요한지 강조하고 있다. 하지만 조영감이 이기적인 삶을 반성하
는 계기로 당의 방침이 아닌 중국 조선족의 집단적 기억을 우회적으로

---

31) 윤림호, 「개를 잡은 사람」, 『투사의 슬픔』, p.46.
32) 위의 책, p.47.

삽입시켜 조선족의 정체성을 새롭게 구축하고자하는 모습을 드러내고 있다.

4. 한(恨)의 서사를 통한 민족의식의 전경화

1) 민족 수난 기억의 재현

1980년대 초·중반에 창작된 윤림호 소설들에서는 이면 서사에 민족의식이 자리 잡고 있었다면, 1980년대 후반의 소설들에서는 민족의식이 전경화되어 나타난다. 또한 1980년대 초·중반에 간접적으로 드러났던 뿌리 찾기에 대한 욕망이나 혈육에 대한 그리움, 향수(鄕愁) 등이 1980년대 후반에는 보다 직접적으로 드러난다. 「모래성」(1988)이나 「아리랑 고개」(1992)와 같은 작품들은 이산과 실향으로 인한 '한'을 가진 인물을 통해 민족의 수난사를 재현하고, 향수(鄕愁)를 부각시키면서 민족의 발자취를 보여주고 있다.

1980년대 후반과 1990년대 초반에 창작된 「모래성」이나 「아리랑 고개」는 모두 1980년대 초에 창작된 「라고하의 뱃사공」에서 활용된 다리 짓기 모티프나 늙은 뱃사공과 비슷한 인물을 등장시켜 「라고하의 뱃사공」에서 알레고리적으로 제시될 수밖에 없었던 것들을 구체화시키고 있다. 이러한 모티프의 구체화 양상은 '오랫동안 과거의 내력을 감춰왔던 인물이 일정 시간이 흐르자 그 동안 말하지 못했던 과거를 풀어 놓는다'는 두 소설의 공통된 이야기 구조와도 밀접하게 상응하고 있다.

「모래성」과 「아리랑 고개」는 모두 이산의 아픔으로 '한(恨)'을 갖게 된 인물을 등장시키고 있다. 이 인물들이 '한'을 갖게 된 것은 일제 강점, 해방기의 극렬한 이념 대립, 민족상잔의 전쟁 같은 수난의 역사를 배경으로 하고 있다. 이 작품들에서는 작중인물들의 포한(抱恨)의 원인이 된 민족의 수난사를 재현하고, 그 한의 정서를 형상화하는데 초점이 맞추어져 있다. 「모래성」에서는 작중인물들의 '한'의 정서를 '아리랑 고개'라는 민요를 통해 극적으로 끌어올렸다가 풀어내는 방식을 취하고 있다. 가족들이 몰살당했던 충격으로 말을 잃어버렸던 '라고하의 뱃사공'은 '아리랑 고개'라는 민요를 부르면서 가슴에 맺혀있던 한을 풀어내게 되고, 그 노래를 듣는 '나' 역시 아무리 세월이 흘러도 없어지지 않던 '클클한 감정'의 실체와 대면하게 된다.

> 걸음을 옮기려는 때였다. 홀연, 머릿속에 이상한 정서흐름이 률동하는 것 같았다.
> (중략)
> 석쉼하고 뚝뚝 끊어지고……목청부터가 상처를 동반하고 있었다. 그러나 그것은 오랜 세월 녹쓸어있던 기계가 다시 운전을 할 때와 같은 장중한 기분을 실어주었다.
> (중략)
> 아리랑 아리랑 아라리요
> 아리랑 고개를 넘어간다 ……33)

「모래성」은 1980년대 초에 창작된 윤림호의 소설들처럼 어떤 계몽적인 교훈이나 낙관적인 전망도 나타나 있지 않다. 다만 '한'의 정서가 민족의 수난사를 통해 드러나고 있는 것이다. 「아리랑 고개」역시 이산의 아픔을 가진 라고하의 뱃사공을 내세우면서 한의 정서를 극대화시키고, 포한(抱恨)의 원인이 된 민족의 수난사를 재현하고 있다. 이렇게 민족 수난의 기억을 재현해서 중국 조선족의 '한'많은 역사를 전면적으로

---

33) 윤림호, 「모래성」, 『고요한 라고하』.

드러내는 것은 민족적 자아 각성의 표징이라 할 수 있다. 그 동안 중국 조선족의 수난의 역사는 중국과의 동일시 속에서 감춰져왔다. 그들은 갖가지 수난으로 인한 상처에 직면하기보다는 중국 공산당과 사회주의 이데올로기에 대한 열망과 감격을 드러내며 억압해왔던 것이다. 중국 조선족은 한족과는 다른, 한민족이라는 기원을 갖고 있기 때문에 중국 국민이라는 국민적 정체성만으로는 동일한 정체성을 확보할 수가 없었기 때문이다. 따라서 그들은 민족 수난사라는 민족에 대한 '기억'을 통해 새롭게 정체성을 탐색해 나가고 있는 것이다.[34]

2) 향수(鄕愁)의 부각

앞서 언급한 두 작품 「모래성」과 「아리랑 고개」는 모두 고향에 대한 그리움을 강하게 부각시키고 있다. 작품 속에 드러난 향수(鄕愁)는 디아스포라된 소수민족 특유의 정체성을 담보하면서 고향에 대한 기억을 통해 동일한 혈연과 언어를 토대로 하고 있는 한민족으로서의 지향을 드러내고 있다. 「모래성」과 「아리랑 고개」 두 작품 다 한민족의 상징적 구비 전승물로 민족혼의 대명사[35]인 '아리랑 고개'나 '아리랑 타령' 같은 민족적인 노래나 설화를 전면화한 것도 중국이라는 체제 속에서 다른 민족과 구별되는 민족적 정서를 전면화하고자 하는 의도를 보여준다. '아리랑'은 또한 전통적 민요이면서 고향을 상징하는 것이기도 하다.[36] 이 '아리랑'[37]을 통해 「모래성」과 「아리랑 고개」에서는 라고하의

---

34) 최병우는 국민적 정체성의 확보를 위한 노력에서 벗어나 민족적 정체성을 확립하기 위한 중국 조선족의 노력이 탈식민주의의 세계인식과 그 궤를 같이 할 수 있다고 보면서 민족적 정체성 확보를 위한 움직임을 의미있는 것으로 평가하고 있다.(최병우, 「「고난의 년대」의 탈식민주의적 연구」, 『한중인문학연구』18집, 한중인문학회, 2006.8)
35) 박민일, 『한국 아리랑 문학연구』, 강원대학교출판부, 1989.

뱃사공의 '한'많은 삶을 형상화 해내고 있으며, 또 '아리랑' 민요나 '나
의 살던 고향은' 같은 노래를 통해 이산의 아픔과 오랫동안 가슴 속에
묻어왔던 고향에 대한 그리움을 풀어내고 있다.[38]

　「아리랑 고개」에서 화자 '나'는 아버지가 평생 동안 라고하강과 혼연
일체가 되어 뱃사공으로 살아온 것이 사공일이 좋아 그런 줄 알았지만,
그것이 고향에 대한 그리움을 삭이기 위한 것이었음을 알게 된다. 그리
고 그러한 고향에 대한 그리움 속에는 남한에 남아있는 또 하나의 아내
에 대한 미안함과 애틋함이 배어있었다는 것을 아버지의 회고를 통해
알게 된다.

> 청산은 의구하고 류수는 길이 있는데
> 이내 일엽편주는 왜 끝이 없느뇨
> 저어라 사공아, 청해만리 젓느라면 고향등대 보겠지[39]

　인용문은 아버지가 고향이 그리울 때마다 퉁소에 담아 부르던 노래
로 '고향등대'라는 단어를 통해 아버지의 뿌리 깊은 망향의식과 고향에
대한 강렬한 지향을 짐작해 볼 수 있다. 이 노래에는 중국 체제 속에 완

---

36) 아리랑은 한국이면 누구나 꿈꾸는 고향의 표상물이기도 하다.(한국 문화 상징 사
　　전 편찬 위원회, 앞의 책)
37) 민요 '아리랑'은 오랜 세월을 두고 민족의 애환을 달래 온 노래이다. 특히 이주
　　초기부터 오늘에 이르기까지 고난과 역경 속에서 살아온 중국 조선족의 경우
　　'아리랑'은 조선민족의 '대명사'처럼 되어 오락장소나 연회석상에서 자주 부르는
　　애창곡이라고 한다. '세월의 흐름에 따라 ≪아리랑≫은 조선민족의 ≪대명사≫
　　처럼 되어 오락장소나 연회석상에서 ≪아리랑≫을 부르는 것으로 자기의 민족
　　성분을 나타내며 형제민족인민들도 ≪아리랑≫을 듣기만 하면 조선민족을 련상
　　하리만큼 그것이 상징적인 것으로 되였다.'(조성일, 「민요 「아리랑」 및 그 전설
　　에 대하여」, 『문학과 예술』27, 1985.1)
38) 아리랑의 기본골격은 別離(별리)로 님에 대한 응어리지고 매듭진 안달의 한을 푸
　　는 노래 부르기가 아리랑의 口軟(구연)이다.
39) 윤림호, 「아리랑 고개」, 『고요한 라고하』, p.81.

전히 동화되고 정착하고 싶었지만, 그럴 수 없는 이방인으로서의 안타까움과 쓸쓸한 정서가 담겨 있다. 또한 아버지가 라고하에 다리가 놓이길 간절히 기원했던 것도 사실은 고향에 가고 싶고, 핏줄을 찾고 싶은 마음이었다는 것을 알게 된다. 이 작품에서 다리가 완공되는 시점은 한중수교가 되어 고국방문이 길이 열리던 날과 정확하게 일치하고 있다. 「라고하의 뱃사공」에서 '다리 짓기'라는 알레고리로 나타났던 고향에 대한 그리움과 지향이 「아리랑 고개」에 오면 동일한 '다리 짓기' 모티프를 사용하면서 구체적이고 직접적으로 나타나고 있다.

그러나 작품들에서 나타나는 고향에 대한 그리움과 열망이 반드시 고향에 대한 회귀를 의미하는 것은 아니다. 「아리랑 고개」에서는 아버지의 기억 속에 있는 유토피아적인 고향의 모습을 제시하면서 또다른 고향에 대해 이야기하고 있다. 그것은 아버지의 고향만이 고향이 아니라 화자 '나'가 태어나서 자란 고향도 고향이라는 것이다. 이러한 고향에 대한 애기는 아버지와 화자 '나'의 발언을 통해 제시되고 있다.

> '원래 없었던거니 이것두 어디서 씨앗이 정처없이 날려다니다가 내린거겠지? 이런 곳에라두 뿌리를 박으니 얼마나 푸르싱싱하냐. 나서 자란 곳만 고향인 것이 아니구나. 뿌리내린 곳두 고향이지!'[40]

> 아름다운 라고하! 아버지께서 뿌리내린 곳, 어머니께서 묻힌 땅, 내가 나서 자란 고향, 여기에도 우리 선조들의 슬기와 자랑과 피어린 투쟁사가 찬란하게 새겨져 있는 것이다.[41]

첫 번째 인용문은 아버지가 어머니 봉분에서 민들레를 발견하고 나

---

40) 위의 책, p.95.
41) 위의 책, p.97.

에게 한 이야기이고, 두 번째 인용문은 아버지가 몸이 불편해서 결국 고향방문의 꿈을 이루지 못하고 세상을 하직한 날, 화자 '나'가 스스로에게 다짐하고 있는 부분이다. 두 인용문 모두 중국 역시 또 하나의 고향이라는 것을 잊어서는 안 된다는 것을 작가 자신과 독자에게 모두 각인시키고 있다. 이러한 이원적인 고향의식은 중국 조선족의 독특한 위치와 정체성을 보는 계기로 작용한다. 작품 속에서 드러난 모국으로서의 고향에 대한 '기억'은 중국과는 다른 소수민족으로의 독특한 정체성을 구축하게 하는 역할을 하지만, 고국으로서의 고향을 인정함으로서 중국 조선족은 결국 중국이라는 체제에서 벗어나고 있지는 않다. 중국 조선족이 민족 정체성을 확보하려고 하면서 민족의식을 드러내려고 했던 것은 중국이라는 국가적 체제에서 완전히 벗어나려는 것이라기보다 정체성 모색을 위한 틀이 필요했기 때문으로 볼 수 있다.

5. 윤림호 소설에 나타난 민족의식의 의의

개혁 개방기에 등단한 윤림호는 중국 문단의 큰 흐름을 수용하면서도 중국 내의 다른 민족과는 차이를 가진 중국 조선족만의 독특한 정체성을 보이는 작품들을 창작했다. 중국 조선족의 한민족으로서의 자각은 그들이 중국이라는 '타자'와의 동일시를 통해 정체성을 구축하려 했지만, 그것을 통해 자기 동일성을 획득할 수 없었기 때문에 생겨난 움직임들이다. 윤림호 소설에 나타난 '틈새'는 중국 조선족이 한족과 완전히 동일시하려고 해도 될 수 없는 '차이'에 대한 반영인 것이다. 그리고 이 '틈새'는 중국 조선족이 새롭게 자신을 바라보고자 하는 시도라고 평가할 수 있다. 윤림호 소설에서 이 '틈새'로 나타나는 민족정서나 민족의식은 담론을 구성하는 방식에 있어서 시기별로 차이를 보인다. 1980년대 초반에는 민족의식이 이면 서사 속에 드러나고 있지만, 1980년대 후반이나 1990년대 초에는 보다 전경화되어 나타나고 있다. 이러한 담론 구성 방식의 차이는 정치, 사회적 변화로 인한 중국 사회주의 문예정책에서 그 원인을 찾을 수 있다.

중국은 개혁 개방 이후 소수민족에 대하여 화합 지향적인 정책을 채택하였다. 그리하여 소수민족 정책은 대한족주의(大漢族主義)에 의한 급진적이고 강압적인 동화 정책에서 각 민족의 다양성과 특수성을 인정하는 다원주의적인 융합 정책으로 방향이 바뀌었다.[42] 이러한 소수민족 정책의 변화로 중국 조선족은 소수민족으로서의 삶과 정서를 표출할 수 있게 된다. 하지만 이전 시기에 비해 창작의 자유가 보장되었다 하더라도, 1980년대 초반에는 '민족 상징물의 혼성적 활용'이나 '다리 짓기 모티프의 알레고리적 활용' 같은 방식을 통해 민족의식을 간접적으로 드러낼 뿐, 직접적으로 드러내지 못한다. 이렇게 '민족'에 대한 의식과 정서를 전면적으로 드러내지 못하는 것은 문화대혁명기에 겪었던 혹독했던 기억으로 인해 검열에 대한 두려움이 내재되어 있기 때문이라 할 수 있다. 그러나 1980년대 후반이 되면서 중국의 개혁 개방이 본격화되고, 한국과 중국과의 교류가 활발해지면서 중국 조선족은 민족의식을 보다 직접적으로 드러내기 시작한다. 또한 1988년 서울올림픽 이후 중국 조선족이 한국 사회에 대거 진출하면서 모국에 대한 관심이 높아진 것도 중국 조선족 소설의 담론 방식의 변화에 어느 정도 기여했다고 본다. 이러한 정치·사회적 변화가 민족으로서의 정체성을 적극적으로 찾으려 하고,[43] 민족의식을 보다 전경하여 작품 속에 그려내고자

---

42) 임계순, 『우리에게 다가온 조선족은 누구인가』, 현암사, 2003, p.294.
43) 정체성 형성의 근거가 되는 것은, 자신이 필요로 하는 대상의 위치와 그런 요구

한 이유일 것이다.

윤림호 소설의 민족의식 표출양상이 가진 의의는 단순히 한민족으로서의 정체성을 드러내고 있기 때문이 아니다. 만약 윤림호 소설에 나타난 민족의식의 표출양상을 우리 식의 폐쇄적인 민족주의를 기반으로 추수하려 한다면 여러 가지 오류를 발생시킬 소지가 있다. 중국 조선족 소설에 나타난 민족의식을 우리와 동일한 민족의식이라고 할 수 없을 뿐더러 그들이 민족으로서의 정체성을 확보하고자 하는 것도 중국이라는 테두리에서 벗어나서 모국으로 회귀하려고 하는 것이 아니기 때문이다. 따라서 중국 조선족 문학 작품의 민족의식 표출양상을 통해 찾을 수 있는 의의는 바로 한국과도 중국과도 같지 않지 않은 '틈새'에 있다. 윤림호 소설에 나타난 '틈새'는 또 다른 문화가 생성되는 위치[44]이기도 하다.

「도라지꽃」에서 도라지꽃은 기본적으로 당의 이념을 상징하는 기제이다. 이것은 중심 권력인 당의 지침을 성실하게 이행하는 영웅적 인물의 핵심적 표상이다. 하지만 한족과의 '차이'는 소수 민족인 중국 조선족으로 하여금 도라지꽃이 그런 의미에만 국한되지 않고, 민족 정서를 부각시키는 표상으로도 작용하게 한다. 이 도라지꽃은 작품 속에서 혼성적 기호가 되는 것이다. 또한 「천리동의 대학생」에서 주인공 태수의 간절한 염원인 '도라지꽃 설화의 소설화'가 성공적으로 이루어지는 것

와의 관계이기 때문이다.(Homi K. Babba, 앞의 책, p.103)

44) 탈식민주의 이론가 호미 바바는 지배담론과 중심 권력이 행사되는 과정에서 성적, 인종적 '차이'에 의해 '이중화와 분열'이 발생하는 것에 주목한다. 이런 이중화와 분열의 '틈새'에서 저항의 계기가 만들어 지고, 새로운 문화가 생성될 수 있다고 생각했기 때문이다. 중국 조선족의 한민족으로서 갖고 있는 독특한 문화와 역사, 전통은 중국의 중심 담론에 완전히 동일화 되지 못한다. 중국이라는 체제하에서 중국적인 이념과 사상의 영향을 받으면서도 한족과의 '차이'는 중국 조선족만의 새로운 문화가 생성될 수 있게 한다.

은 당과 사회가 인정하는 인간이 되는 것과 동시에 중국 조선족으로서의 자부심을 드러낸다는 복합적 의미가 담겨있다. 그리고 작품 속에 삽입된 도라지꽃 설화는 한민족 공동의 기억의 산물이지만, 중국 조선족이 겪었던 수난의 역사가 반영되어 우리와 같지만 같지 않은 도라지꽃 설화로 재구성되어 새로운 의미로 생성되는 특징을 보인다.

윤림호 소설에서는 고향의 의미도 일원적 의미가 아니라 혼성적 의미를 갖고 있다. 1980년대에 창작되었던 「도라지꽃」과 같은 작품에서는 중국처럼 사회주의 이념을 따르고 있는 북한이 모국으로 설정되어 있고, 사회주의 이념과 배치되는 남한과 미국은 타파해야 할 적으로 그려지고 있다. 하지만 「아리랑 고개」에서는 고향이 남한으로 설정되어 '나'의 아버지가 남녘땅에서 아버지를 기다리던 또 하나의 아내로부터 초대장을 받는 것으로 그려지고 있다. 또한 아버지가 자란 모국도 고향이지만, 고국도 고향이라는 이원적인 고향의식도 함께 나타난다. 중국 조선족 소설에 나타난 고향은 고국인 중국과의 관계 뿐 아니라 모국인 한국과 북한과의 관계에 따라 조금씩 변화를 보인다. '고향'을 통해 드러나는 중국 조선족의 정체성 속에는 중국과 한국, 남한과 북한 등 다양하고 복수적인 문화적 가치들이 교섭되고 혼성되어 있다.

지금까지 한반도는 하나의 민족임에도 불구하고 해방 후, 북한과 남한이라는 국가적인 상황 때문에 서로를 '적'으로 간주하는 상황이 벌어졌었다. 그리고 민족의식도 국가주의 이데올로기를 강화하기 위한 이념으로 사용되어 왔다. 이런 민족의식이나 민족문화는 너와 나라는 이분법 속에서 타자를 배제하고 지배하려고 한다는 점에서 제국주의적 논리와 닮아 있다. 그러나 중국 조선족의 민족의식은 국가주의 이데올로기를 강화하기 이념이라기보다는 자기 발견을 위한 매개체가 되고 있다. 그리고 다른 가치들이 상호 접속할 수 있는 공간을 열어놓고 있다.

윤림호 소설에서는 민족의식의 표상으로 '고향'이나 '도라지꽃', '도라지 타령', '도라지꽃 설화' 등이 등장한다. 이는 우리 민족문화로서의 성격을 갖고 있지만, 하나의 국가에 귀속된 표상으로 존재하지 않는다. 이 표상들은 중국과 한국, 남한과 북한 등 이질적인 대상들을 접속시키면서 상호 침투하는 대화의 공간을 열고 있다. 중국 조선족 문학의 이러한 '틈새'는 우리에게 남북한의 차이를 포함한 국가의 경계를 넘어서는 민족문화의 가능성을 탐색할 수 있는 기회를 제공한다. 그리고 중국 조선족 소설에 나타나는 '우리와 같지만, 같지 않은 우리'를 통해 우리 민족문학의 자기중심적 논리를 반성할 수 있는 계기로도 삼을 수 있을 것이다.

6. 맺음말

지금까지 중국문학이라는 지배적인 담론 속에서 소수 민족으로서의 중국 조선족의 독자성과 정체성이 어떤 방식으로 표출되는지 윤림호 소설을 통해 살펴보았다. 개혁개방 이후에 중국 조선족은 스스로를 중국과 동일시하는 것에서 벗어나 자신을 새롭게 바라보기 시작한다. 이미 문화대혁명기에 중국과의 동일시에서 벗어나지만, 그 당시에는 폭압적인 검열 때문에 그런 의식의 변화를 감히 문면에 드러낼 수 없었다. 1980년대 이후에야 '타자'에 대한 전면적인 동일시가 불가능하다는 깨달음이 '틈새'로 조금씩 내비치기 시작한다. 그리고 그동안 억압되어 있었던 민족의 '기억'을 통해 정체성을 새롭게 구축하기 시작한다. 1980년대 초 윤림호 소설은 당의 지배담론에 부합하면서도 '한족'과는 다른, 중국 조선족만의 정체성을 드러내는 독특한 방식의 소설이 등장한다.

이는 민족에의 '기억'이 중국의 지배적 담론 속에서 알레고리적으로 표출되거나 중국의 큰 문학적 흐름을 반영하는 서사 속에서 중국 조선족만의 독특한 정체성이 담겨있는 서사가 접합되는 양상으로 나타나고 있다. 또한 혼성적 기호를 통해 민족의식을 드러내고 중국 조선족으로서의 정체성을 찾고자 하는 모습을 보인다. 그리고 1980년대 후반과 1990년대 초반에는 민족의 수난사를 재현하고 향수(鄕愁)를 부각시키면서 보다 적극적으로 민족의식을 표출하고 있다. 윤림호 소설에 반복해서 나타나는 혼성적 고향은 소수민족으로서의 집단적 정체성의 발현이지 중국이라는 체제에서 완전히 벗어나려고 하는 것이 아니라는 것을 알 수 있었다. 그리고 윤림호 소설의 '틈새'로 나타나는 다양하고 복수적인 문화적 가치들이 교섭되고 혼성되는 양상은 새로운 문화가 생성되는 위치이자 국가주의를 넘어서는 민족문화의 가능성으로 보았다.

이 논문에서 아쉬운 점은 아직 윤림호 소설을 전체를 입수하지 못해 윤림호 소설의 민족의식 표출양상과 의미를 고찰하는데 있어 그 특징들이 충분히 드러나지 못하고 있다는 점이다. 앞으로 더 많은 작품 수집과 분석을 통해 부족한 부분은 보완되어야 할 것이다. 그리고 이 논문에서는 윤림호 소설에 나타난 담론 구성방식만을 다루고 있지만, 윤림호 이외에 다른 작가들의 작품에 나타난 담론의 구성방식을 통해 중국문학이라는 거대담론 속에서 소수문학인 중국 조선족 소설이 어떤 방식으로 자신의 목소리를 드러내며 정체성을 형성해가고 있는지에 대해서도 연구되어야 할 것이다. 이 연구를 통해 1980년대 이후 중국 조선족 문단의 군소작가들에 대한 관심을 증대되고, 조선족 소설 연구에서 항상 거론되는 작가·작품만이 아니라[45) 그 동안 파묻혀 있던 새로운 작품

---

45) 개혁개방 이후에 창작된 중국 조선족 소설에 대한 연구들을 보면 언급되는 작품만 계속해서 언급되는 경향이 강하다.

들이 많이 발굴되어 중국 조선족 소설의 연구의 폭이 더욱 넓어지는 계
기가 되기를 기대한다.

상처문학-박천수의 「원혼이 된 나」, 남주길 「접동골 여인」, 정세봉의 「하고 싶
던 말」 등
반성문학-리원길의 「백성의 마음」, 류원무의 「비단이불」, 정세봉의 「볼셰비키
이미지」 등
개혁문학-김훈 「그녀가 준 유혹」, 리원길, 「이향」, 이여천 「잠든 마을」 등
조선족의 삶과 세태를 그린 문학-림원춘, 「몽당치마」, 홍천룡의 「구촌조카」 등.
개혁개방 이후 민족적 색채를 띠고 있는 작품으로 많은 연구자들이 주로 림원
춘의 「몽당치마」를 꼽는다. 그것은 그만큼 이 소설이 중국 조선족의 전통적인
풍속을 잘 그려내고 있기 때문이겠지만, 이렇게 특정 작품만 계속 인용해서 중
국 조선족 소설의 특징에 관해 기술하는 경향은 조선족 문학 연구를 협소하게
하는 일이 될 수 있다.

참고문헌

고부응, 『탈식민주의 이론과 쟁점』, 문학과지성사, 2003.

김동훈, 「인간성의 탐구에서 제기되는 문제」, 『문학예술연구』25, 1984.1.

김승찬 외, 『중국 조선족 문학의 전통과 변혁』, 부산대출판부, 1997.

김원도, 「작가의 비판적 의식과 개방적 자태」, 『문학과 예술』6, 연변사회과학원 문학예술연구소, 1987.3.

김형규, 「중국 조선족 소설 연구의 현황과 현재적 의의」, 『현대소설연구』29, 현대소설학회, 2006.3.

림국웅, 「윤림호, 그는 구경 무엇을 낚고 있는가?」, 『문학과 예술』, 연변사회과학원 문학예술연구소, 1996.1-2.

민현기, 「중국 조선족 소설에 나타난 '개혁 개방'의 사회적 의미」, 『동서문화』33호, 계명대학교 인문과학연구소, 2003.

박상기, 「탈식민주의의 양가성과 혼성성」, 『비평과 이론』제5권 1호, 2001.

서울시립대 인문화학연구소, 『한국 근대문학과 민족 - 국가 담론』, 소명출판, 2005.

오양호·임향란, 「중국조선족문학에 나타난 고향의식」, 『국제한인문학연구』1, 국제한인문학회, 2004.

윤림호, 『고요한 라고하』, 흑룡강조선민족출판사, 1992.

윤림호, 『투사의 슬픔』, 흑룡강조선민족출판사, 1984.

윤의섭, 「중국 조선족 시 형성과정의 탈식민주의적 의미」, 『한중인문학연구』18집, 한중인문학회, 2006.8.

윤인진, 『코리안 디아스포라』, 고려대 출판부, 2004.

이규태, 「중국 조선족 사회의 형성과정」, 『재외한인문학』10호, 재외한인학회, 2001.

이명재 외, 『억압과 망각 그리고 디아스포라』, 한국문화사, 2004.

이소희, 「호미 바바의 "제3의 영역"에 대한 고찰」, 『영미문학 페미니즘』제9권 1호, 2001.

이시활, 「韓中 현대문학에 나타난 고향의식 비교」, 『중국어문학』제41호, 2003.

이영구, 「소수적 문학으로서의 재중교포문학」, 『중국학 연구』28, 중국학연구회, 2004.

임계순, 『우리에게 다가온 조선족은 누구인가』, 현암사, 2003.

장학규, 「윤림호 소설의 미, 륜리학적취향진단」, 『문학과 예술』, 연변사회과학원 문학예술연구소.

전철호, 「작자 윤림호에게 하고 싶은 말」, 『문학과 예술』43, 연변사회과학원 문학예술연구소, 1987.5.

정덕준, 「개혁개방 시기 재중 조선족 소설 연구 — 1976-1995년대 전반기 작품을 중심으로」, 『한국언어문학』51, 한국언어문학회, 2003.

정지인, 「조선족문학, 그 변두리 문학으로서의 특징과 정체성 찾기」, 『중국학연구』제34집, 2005.

조성일, 「민요 『아리랑』 및 그 전설에 대하여」, 『문학과 예술』27, 연변사회과학원 문학예술연구소, 1985.1.

최문규 외, 『기억과 망각』, 책세상, 2003.

최병우, 「「고난의 년대」의 탈식민주의적 연구」, 『한중인문학연구』18집, 한중인문학회, 2006.8.

Bhabba, Homi k., 나병철 옮김, 『문화의 위치』, 소명출판, 2003.

Lacan, J., 권택영 엮음, 『욕망 이론』, 문예출판사, 1994.

중국 조선족 시에 나타난 민족의식의 의미

─개혁 개방 이후의 시를 중심으로─

조 명 숙

── 목 차 ──

1. 서론

　1966년부터 1976년 10월 문화혁명은 중국 조선족 문학에 있어 수난기이자 암흑기로 볼 수 있다. 임표와 4인 무리의 강압적인 통치로 모든 문예 단체가 해산되고 문예지들이 폐간되었으며 창작의 기회를 박탈당하였다. 그러나 1976년 10월 문화혁명의 종식이라는 새로운 국면을 맞이하여 조선족 시인들은 창작의 자유를 얻게 되고 새롭게 재편된 시대적 각성을 통하여 이전에 비하여 훨씬 다양한 문학적 주제와 내용을 작품 속에 담아낼 수 있었다.[1)

1978년 12월 중앙위원회 제3차 회의를 기점으로 본격적으로 추진된 개혁 개방 정책은 중국 사회주의 체제에 자본주의를 일부 도입하면서 경제적 측면뿐만 아니라 문화적인 측면에까지 다양한 영향을 끼쳤다. 사회주의 문화정책과 그 정책의 변화는 조선족 문학의 형성과 변화에 결정적 요인으로 작용[2)하는데, 개혁 개방 이후 중국 조선족 시문학은 이전 시기와 비교하여 그 소재나 주제 및 창작 방법에 있어 많은 변화를 보인다.

그와 더불어 1978년 중국작가협회 연변분회가 회복되고『연변문예』가 발간되는 등 각종 문예지들이 간행되기 시작하면서 조선족 시문학 또한 활발해지는 계기를 마련하게 되었다. 이 시기의 시들은 문화혁명기의 악몽에서 벗어나 새 역사의 시대적 각성을 통하여 문학의 본질을 깨닫게 되면서 다양한 문학성을 추구[3)하게 된 것이다. 이러한 경향은 개방화된 문예 정책 하에서 내용과 형식의 예술적 영역을 개척하며 이후의 시단에 다양한 가치 추구 및 작품의 내적인 변모를 심화시킬 수 있는 계기가 된다는 점에서 의미를 가진다.

문화혁명 이후 사상의 해방과 함께 창작의 자유를 얻게 된 조선족 시

---

1) 1976년부터 1980년대 후반까지는 중국 정부의 개방 정책에 따른 다양한 서구문예 사조가 수입되면서 시문학이 본래의 성격을 되찾는 시기라 할 수 있다. 따라서 이 시기 중국 조선족 시문학은 문학의 본령을 회복하는 시기라 할 수 있다.(정덕준·노철, 「중국 조선족 시문학 연구」, 『현대문학이론연구』20, 현대문학이론학회, 2003, p.344)
2) 김준오, 「중국 사회주의 문화정책과 중국 조선족 시가전통의 변모 양상」, 『한국문학논총』16, 한국문학회, p.80.
3) 허형만, 「중국 조선족 동포 시인들의 시세계」, 『현대문학이론연구』21, 현대문학이론학회, 2004, p.410.

인들은 사회주의라는 체제에서 사상이나 감정의 표현이 제한되었던 이전의 시들과는 달리 개인의 서정성을 바탕으로 한 다양한 주제를 시 속에 투영하는 모습을 보인다. 또한 민족의식에 대한 강한 열망을 시 속에 담아내어 민족적 근원에 대한 자각과 탐색 및 소수민족으로서의 민족 정체성을 드러내고자 한 작품들이 다수 창작되었다.[4]

　본고에서 중점적으로 살펴보고자 하는 것은 개혁 개방 이후의 시들에서 주로 드러나고 있는 민족의식에 관한 것이다. 개혁 개방 이후에 이러한 의식이 드러나게 될 수 있었던 여러 가지 요인을 살펴보기 위해 이 시기의 시들이 보여주고 있는 다양한 경향과 변화에 대해 우선적으로 살펴보고자 한다. 그러한 변화 양상이 민족의식의 자각에 있어서 중요한 연관성을 가진다고 보고 왜 그것에 주목해야 하는지, 그리고 그것이 어떠한 의미를 가지는지 생각해 볼 수 있기 때문이다. 당대 조선족 시인들의 의식의 기저를 형성하고 있는 민족적 정서의 부각은 중국 내 소수민족으로서 조선족의 정체성을 드러내고자 한 노력의 일환으로 볼 수 있다. 따라서 본고에서는 개혁 개방 이후의 소재나 주제 및 창작 방법에서 나타나는 다양한 변화 중 민족의식이 어떠한 양상으로 시 속에 투영되고 있는지, 그것이 어떠한 의미를 가지는지에 대하여 중점적으로 살펴보고자 한다. 이러한 경향은 주로 1980년대 중반 이후의 시들에서 두드러지게 나타나고 있기 때문에 1980년대 이후에 발간된 시들이 수록된 시집을 기본 자료로 하여 살펴보고자 한다.[5]

---

4) 개혁 개방 이후 시의 경향과 변화에 대해서는 2장에서 좀더 세분화하여 구체적으로 다루고자 한다. 이는 중국 조선족 문학에서 민족에 대한 자각의 내적 동인을 형성하고 있다는 측면을 고려하기 위한 전제로 삼기 위함이다.
5) 문화혁명이 종식된 1976년 10월부터 1978년까지의 시집에서는 주로 당에 대한 찬양이나 혁명 의식의 고취 등 이전 시기의 시들과 거의 비슷한 양상을 보이는 시들이 발표되었다. 이러한 경향은 창작 기회의 박탈로 인해 미처 발표하지 못했던 시들을 발표하거나 여전히 사회주의 문화정책에 부응하고자 한 것으로 보인다.

한민족 공동체에서 민족과 국가를 동일시하는 것은 국가가 민족 집
단을 국가에 종속되는 국민으로 종속시키는 작업 완성의 결과6)로 본다
면 조선족의 경우는 그 정체성을 규정지을 수 있는 객관적인 기준을 제
시하기에 다소 무리가 따를 것으로 보인다. 조선족의 정체성은우리와
의 민족적 동질성을 바탕으로 하면서도 다른 사회 체제에 속해있는 이
질성을 바탕으로 형성된 민족정체성으로 보아야 하기 때문이다. 그러
므로 조선족의 문화와 정체성은 중국과 조선의 문화와 정체성이 융합
되어 만들어진 새로운 문화와 정체성7)으로 보아야 할 것이다. 또한 조
선족들의 민족성8)은 중국이라는 국가 체제 내에서 속해 있으면서 자신
들만의 독자성과 정체성을 유지하기 위한 것으로 보아야 한다.9) 본고는
이러한 조선족 시의 특성을 고려하여 그들만이 가지고 있는 민족의식
을 고찰해 보고자 한다.

　　이러한 시도는 중국이라는 체제 속에서 소수민족으로서의 정체성을
유지하고 있는 조선족들의 문학이 그들 나름의 독자성을 가지고 있으

그러나 1978년 10월에는 중국작가협회 연변분회의 회복과 각종 문예지가 발간되
기 시작하고 창작 활동이 활발해짐과 함께 다양한 경향의 시들을 주로 발표하게
되었다. 따라서 본고에서는 1978년 10월 이후에 발간된 작품들을 기점으로 하여
1980년대 중반 이후의 작품들을 분석대상으로 삼아 논의를 전개하고자 한다.

6) 고부응, 『초민족 시대의 민족 정체성』, 문학과 지성사, 2002, p.138.

7) 김강일, 「중국 조선족 사회지위론」, 『중국조선족 : 사회와 문화의 우세와 발전 전략』,
　　연변인민출판사, 2001, pp.3-44.(윤인진, 『코리안 디아스포라』, 고려대출판부, 2004, p.83
　　에서 재인용)

8) 민족성이란 주체성과 정체성의 구성에서 역사, 언어 그리고 문화 등의 장소를 인
　　정하는 것 이상으로 모든 지식과 담론의 상황론적 맥락이다.(Francis Mulhen, 임병
　　권 옮김, 『문화/메타문화』, 한나래, 2003, pp.195-196)

9) 윤의섭은 중국 조선족이 민족적 동질성을 공유한 한민족이면서 실제로는 중국 국
　　적을 갖고 있다는 경계의 이중성에 의해, 시에 나타나는 민족주의적 성격은 표면
　　적으로만 고찰되어서는 안 된다고 보았다.(윤의섭, 「1950~60년대 중국 조선족 시
　　에 대한 탈식민주의적 고찰」, 『현대문학이론연구』27, 현대문학이론학회, 2006,
　　p.236 참고)

면서도 우리 민족문화전통을 유지하고 있는 한민족 문학으로서의 가능성을 되짚어보는 계기를 마련할 것으로 보인다.

2. 개혁 개방 이후 시의 경향과 변화

개혁 개방 이후 시의 경향은 주제 양상에 따라 크게 세 가지 정도로 나눌 수 있다.[10] 본 장에서는 개인의 내면 의식의 발현, 자아의식을 통한 주체성의 강화, 민족적 근원에 대한 탐색과 조선족으로서의 정체성 자각이라는 세 경향에 대한 개괄적인 전개 및 고찰을 하고자 한다. 이는 이 시기 시들의 경향이 민족적 근원에 대한 탐색 및 민족의식의 자각이라는 측면과 어떠한 연관성을 가지고 있는지 살펴볼 수 있는 전제가 될 수 있기 때문이다.

우선 개인의 내면 의식의 발현을 들 수 있는데 이전보다 자유로운 창작 활동 여건의 형성으로 인해 사랑, 그리움, 이별, 추억, 고독, 사색 등 개인의 내면 의식을 다양하게 표출하는 시들이 창작되기 시작하였다. 이는 시가 인간 생활의 반영이자 주관감정의 표현으로 인식하기 시작한 것으로 시를 예술로 승화시키기 위한 노력[11]의 일환으로 보인다. 사

---

10) 개혁 개방 이후 시의 경향에 대해서는 김월성, 「중국조선족 시문학 상황」, 『시와 시학』, 시와시학사, 1993. 봄, 김경훈, 「21세기를 향한 중국조선족 시문학의 현황과 자세」, 『문예운동』53, 문예운동, 1995, 조성일·권철, 『중국 조선족 문학 통사』, 이회, 1997, 최삼룡, 「새시기중국조선족문학의 총체변화」, 『격변기의 문학선택』, 흑룡강조선민족출판사, 1999, 정덕준·노철, 앞의 논문, 김순례, 「중국 조선족 시문학사 개관」, 김종회 편, 『한민족문화권의 문학』, 국학자료원, 2003, 허형만, 앞의 논문 등을 참고할 수 있다. 이들의 논문은 주로 중국 조선족 문학에 대한 전반적인 소개, 개괄적인 경향의 전개 양상에만 그치고 있어, 개별 시인들에 대한 연구나 다양한 주제적 측면에서의 고찰은 아직까지 미흡한 실정이다.
11) 김순례, 앞의 논문, p.359.

회주의 문예 강령이 배제시켜 온 시의 서정적 면모와 감상성을 직접적으로 표출할 수 있게 되어 인간의 내면 탐구나 대상에 대한 순수한 미적 탐구가 시의 전면에 부각되기 시작한 것이다. 혁명적 낭만주의의 추구 아래 관념화되고 도식화되었던 시가 소재나 주제, 창작 방법적 측면에서 이전의 시들과는 현격하게 다른 새로운 시 세계를 보여준다. 삶의 의의, 애정에 대한 추구, 죽음에 대한 공포, 욕망과 의지, 정의와 진리의 가치에 대한 태도[12] 등 인간 본연의 감정 문제를 통해 개인의 내면 의식을 시 속에 담아내고 있는 것이다. 이처럼 소재 및 주제의 다양화는 민족적 상징을 드러내는 소재의 등장을 가능하게 하였고, 민족적 근원에 대한 자각과 탐색의 내적 동인을 형성하게 된 것이다.

이 시기에는 사회주의와 당에 대한 송가풍의 시가 주류를 이루던 시 경향이 개인적 감정을 담은 서정시[13]와 사회를 풍자하는 풍자시 등의 창작으로 시의 문학적 기능과 가치를 드러내는 방향으로 접어들었다. 개인의 진실한 감정을 시 속에 그대로 표출하게 되었고 인간 내면의 세계와 가치, 행복과 존엄성 탐구 등 본질적인 가치의 시적 형상화에 관심을 돌리게 된 것이다. 이처럼 이 시기의 작품들은 작가, 시인들의 예술적 개성을 중시하면서 자기의 예술적 각도를 찾는 것이 보편적인 추구[14]였음을 알 수 있다.

두 번째로 이 시기의 시들은 자아의 내면 의식의 표출과 삶의 의의를

---

12) 김월성, 앞의 논문, p.190.
13) 이 시기의 시문학에서 가장 현저한 성과를 올린 것은 서정시의 창작이다. 시인들은 시대와 보조를 같이 하고 인민들과 호흡을 같이 하면서 사상 예술적으로 높은 경지에 이른 훌륭한 서정시들을 대폭적으로 창작하여 시단을 아름답게 장식하였다. 따라서 이 시기의 중국 조선족 시문학은 시의 서정성이 전면적으로 부각되고 있음을 알 수 있다.(조성일·권철 외, 앞의 책, p.411, 정덕준·노철, 앞의 논문, p.356 참고)
14) 조성일·권철 외, 앞의 책, p.408 참고.

통한 자아 각성을 드러내는 시들을 통해 주체성을 강화하고자 하는 면모를 보여준다. 찬양이나 선동 등을 목적으로 한 집단적 이상 실현의 내용을 담고 있는 것이 아니라 자아 각성이나 인간 탐구 등 개인의 서정을 중시하는 양상으로 변모되었음을 알 수 있다. 이는 사회주의 리얼리즘이 보여준 시의 도구화, 정치화가 아닌 시의 개인화를 통한 서정성을 드러내고자 한 시도이다. 이러한 시적 경향은 시적 관심이 정치에서 인간으로 이동했음을 단적으로 보여준다. 즉 이전의 시들이 보여준 조국이나 당, 혁명에 대한 찬양을 내용으로 하는 시 경향에서 벗어나 인간의 삶이나 인생에 대한 사색, 인간의 가치, 행복 등의 문제를 인식하기 시작하고 그로 인해 진정한 자아를 깨닫게 된다.

이러한 자아의식의 각성은 주체에 대한 새로운 인식의 전환을 의미한다. 철학적 사색에서 오는 삶의 의미에 대한 깨달음과 자연 현상, 계절 등을 통해 얻어지는 인생의 고뇌와 사색으로 진정한 인생의 의미를 통찰하게 되는 것이다. 즉 자아의 각성 및 개인적 반성을 통해 삶에 대한 성찰의 자세를 보여준다. 이는 시적 대상에 대한 시인의 주체 의식과 함께 삶의 진실한 내면이 담긴 서정시로서의 면모를 되찾고 있었던 것15)으로 보인다. 또한 '나'라는 1인칭 화자의 등장은 80년대 이전의 문학이 보여주었던 체제에 순응하는 피동적이고 수동적인 '우리'의 구성원이 아닌 '나'라는 한 인간으로서의 자의식을 깨우치고 있음을 의미한다. 이는 '나'를 중심으로 한 세계에 대한 자아의 각성, 즉 인간 본위가 세계의 주체임을 인식하기 시작하고, 인간 본체로의 회귀를 보여주는 것이다.

'나'에 대한 자각은 좀더 확대되어 민족16)에 대한 자각으로 이어지고

---

15) 정덕준·노철, 앞의 논문, p.356.
16) 앤더슨에 의하면 민족은 본래 제한되고 주권을 가진 것으로 상상되는 정치공동

있다. '나'라는 주체성의 발견은 결국 민족적 정체성으로 시선을 돌리게 하는 계기를 마련해준 것이다. 그러므로 본고에서 중점적으로 살펴보고자 하는 중국 조선족 시의 경향 중 민족의식의 자각이라는 측면은 개혁 개방 이후 시들의 다양한 경향 중에서 가장 본질적이면서도 궁극적으로 나타날 수밖에 없는 귀결이라고 본다. 본고에서는 민족적 근원에 대한 탐색과 민족의식의 자각[17]을 개혁 개방 이후 가장 주목할만한 주제 양상으로 보고, 민족의식 혹은 민족적 정서에 대한 회귀를 어떠한 양상으로 형상화하고 있는지 살펴보고자 한다. 민족의식이 자아나 주체에 대한 자각이라는 개혁 개방 이후 조선족 시의 특징을 어떠한 방식으로든 아우르고 있다고 여기기 때문이다. 중국이라는 국가 체제 내에서 소수민족으로서의 개인의 발견은 곧 그들의 민족적 정체성을 돌아볼 수 있는 기회를 제공한 것이다.

이 시기는 민족의 역사, 문화, 전통 등을 통해 민족공동체 의식을 문학적으로 형상화하여 민족의식에 대한 각성을 주제로 한 시들이 다수 창작되었다. 이전의 시에서는 민족사에 대한 내용을 소재로 할 때 근대의 수난기 즉 일제에 대한 항일 의식을 통해서 드러낸 민족의식과 사회주의 건설을 위한 영웅적 투쟁에 초점이 맞춰 있었다. 그러나 개혁 개방 이후의 시에서 드러난 민족의식은 신화적 상상력이나 역사적 상상력을 통한 민족의 뿌리 찾기에서 그 근원을 찾을 수 있다. 시 속에 민족적 정조 및 민족적 생활상을 형상화하여 민족에 대한 열망과 민족적 근원에 대한 자각과 탐색을 드러내고 있으며, 더 나아가 조선족으로서의 정체

체로, '상상의 공동체'는 특정한 시기에 사람들의 경험을 통해서 구성되고 의미가 부여된 역사적 공동체이다.(Benedict Anderson, 윤형숙 역, 『상상의 공동체』, 나남출판, 2002 참고)

17) 이에 대해서는 3장과 4장에서 작품 분석과 함께 구체적으로 논의할 것이므로, 여기에서는 개괄적인 경향 및 전개만 살펴보기로 한다.

성[18]을 확보하려는 시도를 보인다. 1949년 중화인민공화국의 건설로 조선족들은 중국 국민으로 체제에 편입되면서 중국을 조국으로 인정하고 동일시하였지만 문화혁명 이후 중국이 진정한 조국이 될 수 없음을 깨닫게 되고 자신들의 정체성[19]에 대해 새롭게 인식하게 된다. 따라서 민족적 근원에 대한 탐색 과정으로 과거 우리 민족의 역사나 문화, 전통 등을 복원하여 민족적 정조의 구현을 시도하게 된다. 이러한 시적 경향은 중국 조선족 시문학에서 사실주의 경향의 시가 정치적 구속으로부터 벗어나 민족적 서정성을 드높이고 있음[20]을 보여준다.

이 외에도 사회주의 리얼리즘에서 벗어나 모더니즘을 비롯한 서구 문예사조에 대한 관심이 증대되어 시 속에 반영되기도 하고, 자연을 소재로 한 대자연의 경이로움과 향토적 정서, 원형 상징의 공간으로서의 고향의식 등 다양한 주제 양상을 드러내는 작품들이 창작되기도 하였다.

이상에서 살펴본 것처럼 개혁 개방 이후 중국 조선족의 시는 새로운 사회적·문화적 환경에 따라 다양한 소재와 주제를 시 속에 형상화하면서 본격적으로 시의 예술적 가치를 탐색하려는 경향을 보인다.

---

18) 조선족의 정체성은 중국 공민이라는 국민 정체성과 한민족이라는 민족정체성이 병존하는 이중 정체성으로 인식되고 있다. 또한 조선족은 중국 내의 평등하면서도 구별되는 특수한 문화공동체일 뿐만 아니라 한국인들과도 혈연적인 유대가 있으면서도 구별되는 특수한 문화공동체이다.(윤인진, 『코리안 디아스포라』, 고려대출판부, 2004, pp.81-83 참고)

19) 고부응에 의하면 민족 정체성이란 다른 민족과 구분된다는 사실에 의해 규정되는 것이며, 해당 공동체가 다르다고 인식하는 과정을 통해 형성되는 것이다.(고부응, 앞의 책, p.132) 조선족은 중국이라는 국가 체제에 속해 있지만 우리와 민족적 동질성을 가지고 있으므로 국가와 민족이 다르다는 차이를 전제로 하여 형성된 민족정체성으로 보아야 한다. 이에 대하여는 4장에서 자세하게 논의하기로 한다.

20) 정덕준·노철, 앞의 논문, p.361.

3. 민족적 근원에 대한 자각과 탐색

중국 조선족의 시는 1980년대 중반부터 역사와 현실에 대한 반성을 심층적으로 작품에 투영시키기 시작[21]하면서 투철한 역사의식과 민족애를 바탕으로 민족적 근원에 대한 탐색을 시도한다. 이러한 역사의식과 민족애는 민족의 역사와 현실상황에 대한 깊이 있는 문학적 사고와 비판[22]에서 비롯된 것으로, 민족의 뿌리 찾기에 대한 열망이 새롭게 부각되기 시작한 것이다. 이러한 인식은 자신들의 혈통이나 역사, 문화적인 측면에 대한 관심으로 이어지게 되고 자연스레 역사의식과 민족애 등을 시 속에 형상화하게 되었다. 과거 우리 민족의 역사, 문화, 전통을 복원하여 민족의 신화 등에서 원형을 찾고자 한 노력[23]은 민족의 과거 공동체적 연대감 속에서 민족적 근원을 찾고자 한 것으로 볼 수 있다. 따라서 이 시기의 시들은 이전의 시보다 두만강, 백두산, 단군, 고구려 유적 등 한민족의 상징적인 장소나 유적지 등에서 민족적 정서로의 회귀 의식을 자연스럽게 표출하고 있다. 민족의 애환을 노래하거나 아리랑 같은 민족의 한이 담긴 노래를 시에 등장시켜 민족적 유대감을 보여주기도 한다.

> 티없이 하아얗고/깨끗하고/투명한 너는/새중의 절색/파아란 하늘로/끝없이 비상하며/슬기를 휘날리는/백의의 깃발//헌데/남도 다 자기처럼/성미 순하고/마음씨 고운가 너무 믿어/오래동안 강포에 눌려/강음은 내지 못하고/노래를 불러도/설음의 나락속에 빠져오고//인제는 너도/온 우주를 감돌아칠/세계만방을 뒤흔들어놓을/그런 재간 갖추었건만/흉터가 너무너무 깊어서인지/잃은 짝이 하도하도 그리워

---

21) 허형만, 앞의 논문, p.410.
22) 김경훈, 앞의 논문, p.18 참고.
23) 정덕준·노철, 앞의 논문, p.359.

서인지/그 목소리 여구히/구슬프게, 구슬프게 들리누나

- 김응준, 「백학」 전문24)

　　하아얀 학의 깨끗한 얼이 백의넋입니다//백의넋/신단수 끝초리에서 너울거립니다/신비로운 천국을 이어놓았습니다/야수가 덮쳐도/보라매 노려도/갈범이 포효해도/겁낼 것 없어 너울너울합니다/깊은 골에 홍수넘치고/적막한 광야에 가물이 타번져도/두렵지 않아 너울너울합니다/언제나 어디서나/오연리 고개들고 날아옙니다/영원히 구걸을 모르는 자유의 얼입니다//백학의 결백한 것을 명주치마로/백학의 사품치는 날음을 춤으로/백학의 굳센 날개를 뼈와 힘줄로/백학의 맑은 눈을 해와 달로/하늘땅사이 그 어디나/백의넋이 너울너울합니다/구름처럼 모였다 흩어지고/밀물처럼 왔다가 썰물처럼 갑니다//백의넋/눈보라 몰아치는 허허벌판 꿰지릅니다/소나기 쏟아지는 만경창파 헤가릅니다/쇠붙이에 부시를 불꽃일구고/관솔불에 그물질 별무리걸던 시절/동족상쟁 발톱을 경계합니다/결백속에 붉은피 방울방울/백두의 빙설속에 스며도/목놓아 울지 않습니다/돌틈에서 숲속에서/더더욱 많고많은 백의넋을 기르웁니다//백의넋/언제나 언제나/강자를 약자로 보고/약자를 강자로 봅니다/세월의 눈비에 덤불길 험하단들/아슬한 산밭 바다속에 잠긴단들/한번 매운 화살/또다시 살통에 걸어너지 않습니다/창천이 부릅니다/강산이 부릅니다/백의넋/백의넋/백의넋이여!

- 남영전, 「백학」 전문25)

　　위에서 인용한 두 편의 시는 '백학'을 소재로 하여 '백의 넋'(백의민족)이 지니고 있는 드높은 기상을 보여준다. 시문학에서의 흰색 이미지는 우리에게 주로 민족의 상징으로 표출26)되는데 위의 시들에서 보여

---

24) 김학철 외, 『연변우수작품선집』(1982-1992), 연변인민출판사, 1992, p.508.
25) 남영전, 『백학』, 민족출판사, 1992, pp.3-5.
26) 김경훈, 앞의 논문, p.20.

주는 백학이 지닌 이미지 또한 우리 민족의 이미지를 의미한다.

김응준의 「백학」은 중국 사회주의 체제 내에서 소수민족으로 살아가야 하는 아픔에도 민족적 정서는 잃지 않고 언제나 간직하고 있을 것이라는 의지를 보여준다. 우리 민족을 상징하는 소재인 '백학'은 '티없이 하이얗고 깨끗하고 투명한' 존재로, '오래동안 강포에 눌려' '흉터'가 남았어도 '세계 만방을 뒤흔들어놓을 그런 재간'을 가진 존재이다. 이는 민족의 과거 수난의 기억과 약소 민족으로 얽매여 있는 잠재의식에서 벗어나고자 하는 의지의 표출로 볼 수 있다. 그뿐만 아니라 백학을 통해 민족 근원에 대한 자각을 확립하고자 한다.

또한 남영전의 「백학」에서 '신단수'는 단군 신화에서 환웅이 처음 하늘에서 내려와 머물렀다는 신성한 나무를 일컫는다. 이러한 시적 장치를 통해 시인의 시적 상상력은 시조 신화로 거슬러 올라가 민족적 근원을 일깨워주고 있다. 우리 민족의 기본적인 신화를 밑바탕으로 한 시인의 역사적 상상력은 민족의 현실을 재조명해 봄으로써 신화와 현실의 사이의 시적 교감을 아울러 다루고자 한 것[27]으로 우리 모두가 민족 생성의 근원임을 시사하고 있다. 시인의 역사적 상상력은 우리 조상이 가지고 있는 토테미즘의 시적 형상화[28]에서도 그대로 드러나고 있다. 그는 '곰', '사슴', '범' 등 동물에 대한 관심과 '강강수월래', '아리랑', '도라지' 등 우리 민족의 전통적 민속과 삶과 민족의 신화에서 원형을 찾으려는 노력[29]을 통해 민족의 뿌리 찾기에 대한 강한 열망과 민족의식의 자각을 보여준다 하겠다.

---

27) 위의 논문, p.23.
28) 허형만, 앞의 논문, p.416.
29) 정덕준·노철, 앞의 논문, p.359.

어느해/어느 계절부터였더냐?/민족의 비운-/겨레의 쪽박설음…//
백의동포들/남부녀대로 두만강을 건너/고향의 달을 그리며/개간의
첫괭이 박았거니//태고연한 백두림해도/세월의 풍진속에/세파에 휘
말려/고달픈 한숨 눈보라로 날렸어라//…(중략)…//아 민족자치의 빛
발아래/겨레의 웃음으로 설레는 림해/흰옷의 넋들/백두성간 우러러
삼림터럼 뭉쳤거니//천길수심 백두천지는/겨레의 얼이런가/줄기줄
기 뻗어내린 련산은/민족의 척추런가//여울치는 두만강은/동포의 맥
맥한 혈맥/설레이는 림해는/겨레의 복된 래일/아, 백솔속에 푸르창창
/단바춘양에 둥기당당…/백두림해 설레인다/겨레의 넋보라 무지개
세운다

- 리선호, 「백두림해 설레인다」 부분30)

흩어진 마음들이 모여서 살아가다/이천칠백사십메터 높이의 집.//
하늘너머 하늘 우러러/동화속의 집같이/사방으로 열려져 있는 그 집
에는/우리의 단군할아버지가 살고 계시다.//이 세상 그 어디서나/새
하얀 색깔의/빛으로 환한 그 집에는/세상에서 가장 름름한 산중 왕님
이 살고계시다/세상에서 가장 관이 빛나는 사슴이 살고계시다/세상
에서 가장 귀한 동자인삼이 살고계시다.//탑보다 신성한/이천칠백사
십사메터 높이의 집/그 집 기슭에는/해마다/연분홍진달래가 불멸의
꽃테를 두르고/깊은 뿌리의 어여쁨으로 피여나다.

- 리성비, 「백두산」 전문31)

위의 두 시는 '민족정신의 상징으로서의 백두산'32)을 소재로 하고 있
다. 백두산의 중국식 명칭인 '장백산'이 아니라 백두산으로 칭한 것이
특징이다. 이 시에서 '백두산'과 '흰옷의 넋'들은 우리 민족을 상징한다.

---

30) 김학철 외, 앞의 책, pp.515-516.
31) 강효삼 외, 『별들의 울음소리』, 흑룡강조선민족출판사, 1996, p.47.
32) 이기철, 「한국, 북한, 중국 조선족 현대시에 나타난 백두산 motif의 시적 상상력」,
『한민족어문학』36, 한민족어문학회, 2000, p.193.

민족의 수난과 역사를 지켜보며 꿋꿋한 기상을 간직하고 있는 백두산이 조선족의 민족정신과 함께 겨레의 얼이 담겨 있음을 되새기고 있다.

리선호의 「백두림해 설레인다」에서는 '민족의 비운'이었던 이주민의 설움이 '민족자치의 빛발'로 인해 어느새 사라지고 '겨레의 얼'과 '겨레의 넋'이 '백두림해'의 '설렘'으로 다가옴을 보여준다. '백두림해'는 오랜 세월동안 지니고 있는 겨레의 넋과 민족의 역사를 간직하고 있으며, 앞으로 다가올 미래에 '무지개'를 세우는 희망을 가지고 있다. 민족적 기억은 민족의 연대감을 환기한다. 뿐만 아니라 과거 우리의 역사나 민족적 수난의 기억의 재현[33]은 민족적 자아 각성과 함께 민족의식에 대한 지향점을 시사한다. 역사에 대한 기억의 복원과 재구는 민족적 공동체 형성의 근원에 대한 탐색 과정을 보여준다는 점에서 의미를 가진다.

리성비의 「백두산」은 우리의 시조인 '단군'을 통해 우리 민족이 '가장 름름한', '가장 관이 빛나는', '가장 귀한' 존재임을 드러내고자 한다. 우리 민족의 보편적 정서인 한을 드러내는소재인 '진달래'가 '불멸의 꽃테'를 두르고, '깊은 뿌리의 어여쁨'으로 피어날 것으로 하여 민족의 역사가 언제까지나 찬란할 것임을 보여주고 있다. 시인은 단군 이래 우리 민족이 지녀온 민족성에서부터 출발하여 현재까지도 민족적 정서를 유지하고 있다는 민족적 자긍심으로 이어짐을 강조한다. 이러한 민족적 근원 찾기의 노력은 초월적 시간성을 바탕으로 한 뿌리 확인에 있으며, 이는 단순하게 과거 지향적인 것이 아니라 현재의 존재감에 의거한 현실 인식으로까지 이어진다는 점에서 주목된다.

기억은 상징적인 의미 세계를 구성하고 전승을 가능하게 함으로써

---

33) '재현(representatiom)'이란 기왕에 있는 것 혹은 있었던 것을 다시 보여줌을 말한다. 즉 지금 당장의 현실이 아닌 것을 다시 현실로 만든다는 뜻으로 어떠한 대상이나 개념을 다시 현재로 제시함을 의미한다.(Jean Baudrillard, 하태환 옮김, 『시뮬라시옹』, 민음사, 1981, p.14)

집단이나 개인의 정체성 구성에 필수적 기능[34]을 한다. 따라서 중국 조선족의 심층에 내재된 과거의 기억은 조선족으로서의 정체성 구축의 기반을 마련해준다. 집단적 기억은 언어와 문화, 역사와 신화 등과 같은 '회상'으로서의 저장소를 가지며 기억의 전승과 재구를 통해 공동체적 정체성을 구성하고 유지하게 된다.[35]

> 백두의 정기에/겨레의 모습 끼끗이 세우고/천지의 성수에/동포의 넋을 고결하게 담은 민족//벼랑이 앞에 있어도/폭포의 기상으로 뛰여 내리고/산발이 먼 길 막아도/대하의 모습으로/흰갈기 날리며 나아가는 민족//아, 우리는 백의겨레/이름도 자랑찬 조선민족//우리의 몸에선 단군의 붉은 피 슬기로 흐르고/우리의 피줄에선/세종대왕의 지혜와/리순신장군의 담략/을지문덕장군의 용맹 대하로 굽이친다//…(중략)…//강의한 민족이기에/지팽이에 여읜 몸 기탁하면서도/물결 세찬 두만강 건너오며/한가슴에 서린 민족의 비운 그대로 삼켰었다//오로지 구름속에 가리운 태양 우러러/다가올 광명 위하여/수많은 정의의 성전에서/흰옷자락 날리며 결사대로 싸웠다//력사의 진군길에서도/난공불락의 요새를/희생으로 함락했다/결전의 최전렬에도/육탄되여 혈로를 열었다//하기에 자유로운 대지에/겨레의 발자국 금문자로 찍혀있고/웅위로운 강산에/겨레의 이름 해와 더불어 빛나거니/혁명과 함께 빛뿌리는 민족사/건설과 함께 기념비로 솟는 민족의 긍지//…(중략)…//동포여/하늘에 빛나는 저 태양 우러르라/광명은 붉디붉어 희거니/태양의 흰 빛/우리 민족의 빛깔 아니냐!//조선민족/우리는 온 나라 온 세상이 우러르는/태양의 자손/별의 친구!//그렇다/백두의 정기에/겨레의 모습 세운 민족아/천지의 성수에/동포의 넋을 담은 민족아//자신의 떳떳함을 안고/언제나 누리에 빛나갈 우리는/이름도 위대한 조선민족이다!

---

34) 박은주, 「기억과 망각의 역설적 결합으로서의 글쓰기」, 최문규 외,『기억과 망각』, 책세상, 2003, p.312.
35) 김은영, 「중국 조선족 시에 나타난 '고향'의 의미」,『한중인문학연구』18, 한중인문학회, 2006, p.133.

– 황장석, 「조선민족」 부분36)

　　위의 시에서 시인은 '단군의 피', '세종대왕의 지혜', '리순신장군의 담략', '을지문덕장군의 용맹' 등 역사 속 인물들의 기상을 시 속에 투영하여 민족적 자긍심을 드러내고 있다. 민족의 비운을 가슴 속 한으로 담고 중국이라는 체제 속에 영입되어 지내오면서도 '동포의 넋을 고결하게 담은 민족'임을 드러내고자 한 것이다. 수난과 혁명의 민족사를 겪으면서도 현재까지 견지하고 있는 민족적 정조를 드러냄으로써 '조선민족'으로서의 자긍심을 드러내고자 한다. '백두의 정기'와 '천지의 성수'에 고결하게 담겨있는 민족성은 '떳떳함'과 '누리에 빛나'는 자랑스럽고 위대한 '조선민족'으로 거듭날 수 있음을 보여준다. 이는 자신들의 역사적 기억의 재현을 바탕으로 하여 민족적 근원과 민족 공동체 의식을 한민족이라는 공동체 속에서 찾고자 한 것이다. 기억은 현재의 시간에서 재구성되는, 어떤 의도를 함유한 일종의 허구이며 그런 과거가 현재 시간에 다시 재구성되는 것이다.37) 재현 대상으로서의 기억은 현재 시간 속에 존재하는 자아의 주체적 인식에 의해 선별적으로 파악된 과거의 시간을 의미한다. 과거는 언제나 끊임없이 기억되면서 현재화된다. 따라서 중국 조선족 시에서 보여주는 역사, 경험, 기억은 과거의 종합적 기억을 토대로 하여 현재화하여 재구성한 것38)이다.

　　이상에서 살펴 본 것처럼 개혁 개방 이후 중국 조선족 작가들은 민족 의식에 대한 강한 열망39)을 보여주는 시들을 다수 창작하였다. 우리 민족의 역사, 민족 문화, 전통 등을 문학적으로 형상화하게 되면서 민족적

---

36) 천지월간사 편집, 『백두의 얼』, 민족출판사, 1990, pp.261-264.
37) Susanne K. Langer, 이승훈 역, 『예술이란 무엇인가』, 고려원, 1982, pp.237-248.
38) Aleida Assmann, 변학수 외 옮김, 『기억의 공간』, 경북대출판부, 2005, p.345.
39) 정덕준·노철, 앞의 논문, p.359.

근원에 관심을 돌리게 되고, 보다 심화된 언어로 그것을 탐색하고 있다. 조선족 시인들의 의식의 기저를 형성하고 있는 민족적 색채와 정서의 부각은 민족적 근원에 대한 자각과 탐색의 기회를 제공하고, 더 나아가 조선족으로서의 정체성을 확보하기 위한 노력으로 이어진다.

4. 소수민족으로서의 민족정체성과 의미

　민족은 객관적 요소들인 언어·지역·혈연·문화·경제·역사 그리고 주관적 요소인 민족의식을 공통으로 갖는 집단[40]이라는 전통적인 민족이론에 비추어 보면, 중국 조선족은 우리와 언어적·혈연적 동질성을 가지고 있는 민족이지만 중국이라는 국가 체제에 종속되어 있는 특수한 성격을 가진 집단이다. 이러한 측면에서 볼 때, 중국 조선족 문학이 가지고 있는 민족적 특성[41]은 민족생활 내용, 민족 성격과 민족심리, 기질 및 민족의 정신적 면모, 민족적 형식에서 찾아볼 수 있다. 조선족 문학은 중국사회주의 문예정책과 소수민족정책에 규정되어지는 성격을 지니면서도 동시에 민족의식과 조선적 정서와 사상 등의 특성을 보여 준다.[42] 따라서 본 장에서는 중국이라는 국가 체제 속에 살고 있는 소수민족으로서의 조선족이 한민족이라는 민족적 정체성을 어떻게 수용하여 표출하고 있는지, 그리고 독자적인 소수 민족으로서의 정체성을 어떻게 확립해 가는지, 그 의미를 살펴보고자 한다.

　조선족 민족정체성의 핵심요소는 민족언어와 집단 정착 방식[43]을 지

---

40) 고부응, 앞의 책, p.131.
41) 박남훈, 「조선족 문단 형성과 작가의 사회적 의미」, 김승찬 외, 『중국 조선족 문학의 전통과 변혁』, 부산대출판부, 1997, p.180.
42) 위의 논문, p.168.

적할 수 있다. 그 민족의 언어와 문자는 그 민족 문학의 민족적 특성을 규정짓는 중요한 징표의 하나[44]이다. 중국 조선족 문학은 중국이라는 국가 체제에 기본적으로 속해 있으면서 한민족의 언어로 문학 활동을 하고 있다. 즉 우리말과 글을 표현매체로 한 조선족 문학은 중국문학과 분명히 선별되는 독자성을 확보[45]하고 있지만 중국문학의 일부이면서 동시에 '백의동포문학'이라는 이중성[46]을 내포하고 있다. 그러므로 그들이 가지고 있는 민족의식은 국가와 민족이 다르다는 차이에서 새롭게 형성된 것으로, 국가적 정체성과 민족적 정체성이 혼재된 양상으로 보아야할 것이다. 문화적으로 구성되고 경험되는 시·공간 안에서 동일한 혈통과 언어를 토대로 집단을 형성하고 있는 조선족은 민족적 공동체의 범주를 형성하고 있다. 조선족의 정체성과 독자성은 일차적 속성들의 민족 구성 요소[47]와 기억의 공유를 통해 집단적 동질감과 민족의식을 확인[48]할 수 있기 때문이다.

> 어쩌면 불행이였을수도/아니, 한때는 행운이였을수도/뿌리에서 파생된 아리랑의 족속-/-나는 중국의 조선족이다//…(중략)…//그처럼 어려운 날에도/잊지 않은 민요가 있어라/버리지 않은 말과 글이 있어라//…(중략)…//조국과 고향의 의미를 더하며/이 땅을 떠나가서 외려

---

43) 최우길, 『중국 조선족 연구』, 선문대출판부, 2005, p.59.
44) 권철, 「중국 조선족문학 연구현황」, 『아시아문화』13, 한림대아시아문화연구소, 1997, p.291.
45) 김준오, 앞의 논문, p.81.
46) 조성일, 「중국조선족당대문학개관」, 『조선족문학예술연구』, 연변인민출판사, 1989. (위의 논문, p.81 재인용)
47) 이광규에 의하면 민족적 특성을 드러내며 집단을 이루는 공동체의 동질적 표상에는 인종·신화·언어 등을 일차적 속성들이 있으며, 이러한 동질성에 대한 상상을 공고히 하기 위해 많은 상징적 요소들이 동원된다고 한다.(이광규, 「해외교포와 한민족 공동체」, 『총서 1(민족통합과 민족통일)』, 한림대민족통합연구소, 1999, pp.151-153)
48) 김은영, 앞의 논문, p.143.

애국이 된다는/난 중국의 조선족이다.//…(중략)…//나는 나의 운명을/
싫든좋든 이 땅의/어제와 오늘 래일에 맡겼기에/뿌리와 뿌리의 이어
짐에 힘입어/이 땅에서 새로운 지평을 열어간다

– 강효삼, 「이 땅-나의 삶」 부분49)

기차도 여기 와서는/조선말로 붕/한족말로 우(鳴)/기적 울고/지나가
는 바람도/한족바람은 퍼 엉(風) 불고/조선족바람은 말 그대로/바람 바
람 분다//그런데 여기서는/하늘을 나는 새새끼들조차/중국노래 한국
노래/다 같이 잘 부르고/납골당에 밤이 깊으면/조선족귀신 한족귀신
들이/우리들이 못 알아듣는 말로/저들끼리만 가만가만 속삭인다

– 석화, 「연변 2」 부분50)

현재 중국 국민인 조선족은 '한국인'도 아니고 '중국인'도 아닌 중국
의 조선족이다.51) 앞서 인용한 강효삼의 시 「이 땅-나의 삶」에서처럼 조
선족은 민족적 근원을 한민족의 역사 및 민족적 정서에서 찾으려 하면
서도 그들만의 정체성을 구성하고 있는 특수한 문화적 공동체를 형성
하고 있다. 이는 우리와 언어적·혈연적 동질성을 가지고 있으면서도 중
국이라는 국가 체제 하에서 형성된 또다른 양상의 정체성을 의미한다.
한 민족의 문학은 민족어로 그 민족의 생활, 민족의 성격과 심리를 반영
하기 때문에 내용과 형식의 총체 면에서 부단히 반복되는 공동한 민족
적 풍격을 이루게 된다.52) 「이 땅-나의 삶」에서처럼 '아리랑의 족속',
'민요', '버리지 않은 말과 글' 등 우리의 전통 문화의 계승이라는 측면

---

49) 『흑룡강신문』, 1994.10.1.(김경훈, 『중국 조선족 시문학 연구』, 한국학술정보, 2006,
   pp.201-202 재인용)
50) 송용구, 「기술문명의 중심부에서 생명의 길을 여는 시인－석화의 련작시 「연변」
   을 중심으로」, 『장백산』, 장백산잡지사, 2005.4, p.122 재인용.
51) 정신철, 『한반도와 중국 그리고 조선족』, 모시는사람들, 2004, p.176.
52) 박남훈, 앞의 글, 김승찬 외, 앞의 책, p.181.

에서는 민족적 동질성을 구축하면서도 '이 땅' 즉 중국이라는 국가 체제에서 '새로운 지평'을 열어가는 가능성을 내포한 '중국의 조선족'이라는 조선족으로서의 민족정체성의 형성으로 이어지게 되는 것이다.

조선족들은 중국이라는 타자와의 동일시를 통해 정체성을 구축하려 했으나 그것을 통해 자기 동일성을 획득하지 못하게 되면서 오인된 환상이었음을 깨닫게 된다. 그로 인해 주체에 대해 새롭게 인식하게 되고, 좀더 확대되어 민족에 대한 자각으로 이어지고 있음은 앞서 살펴본 바 있다. 그러나 위에 인용한 석화의 연작시 중 「연변 2」에서 시인은 연변의 이중적인 정체성과 이질적인 조화성을 이야기하고 있다.[53] 중국이라는 체제에 속해 살면서도 이질적인 자신들의 민족정체성이 어느 정도 조화를 이루고 있는 연변은 결국 타자 안에서 또다른 타자로 살아가고 있는 공간을 의미한다. 위 시에서 보여주듯 '연변'은 '조선말'과 '한족말', '한족바람'과 '조선족바람', '중국노래'와 '한국노래', '조선족귀신'과 '한족귀신'이 이질적이지만 '다같이' 조화되고 화합을 이루는 곳이다. 즉 조선족은 한족과 조선족이라는 민족적 이질성을 인정하면서 동일한 지역, 중국이라는 국가 안에서 조화를 이루고 일정 부분 화합하며 살아갈 수밖에 없는 자신들의 특수한 위치와 민족정체성을 구축하고 있음을 의미한다.

중국 조선족의 시에 있어서 그들 시의 변화는 이전 시기와의 누적적 관계에 의해 점진적으로 형성되었다기보다는 새로운 가치 체계나 구조, 이를테면 사회주의 국가의 건설, 사회주의 강령의 영향, 소수민족 정책 지침 등에 따른 급변하는 환경 속에서 형성된 것으로 보인다.[54] 개

---

53) 김영금, 「시인과 숙제 그리고 연변사랑-석화시인의 련작시 「연변」을 읽으면서」, 『연변문학』, 연변작가협회, 2004, p.156.
54) 윤의섭, 「중국 조선족 시 형성 과정의 탈식민주의적 의미」, 『한중인문학연구』18, 한중인문학회, 2006, p.58.

혁 개방 이후 중국은 사회주의 체제를 벗어나지 않는 한계 속에서 경제·
문화의 발전을 촉진시켜 공동번영을 꾀하자는 것을 중국 공산당의 소
수민족 정책의 기본 방침으로 삼고 있다. 민족의 다양성, 특수성을 인정
하는 소수민족 정책의 변화는 조선족들에게 소수민족으로서의 삶의 정
서를 표출하는 기회를 제공함과 동시에 주체에 대한 자각으로 이어지
게 되고, 더 나아가 자신들의 정체성에 대해 모색할 수 있는 계기를 제
공한 것이다.

> 나는 나입니다/나는 여기저기에서 아무렇게나 뒹구는 이름없는 조약
> 돌도 아니도 뭇사람들이 쳐다보는 하늘가에서 도고한 빛을 뿌리는 그 어
> 느 성좌의 이름있는 별도 아닙니다//나는 나입니다/내가 어찌 그저 한송
> 이 꽃이나 한그루 나무나 또 돌이나 별이겠습니까, 나는 그것들과 그리
> 고 그보다 더 많은것들이 합쳐진 통일체이며 세계이며 우주입니다//…
> (중략)…//나는 나입니다/그리고 당신도 당신이기를 바랍니다

— 석화, 「나는 나입니다」 부분[55]

위의 시에서 보여주는 '나'라는 인식은 80년대 이전의 문학이 보여주
었던 '나' 아닌 '우리' 즉 인민 전체를 생각하게 하는 체제에 대한 자아
의식의 각성[56]을 보여주고 있다. 화자는 '꽃', '나무', '돌', '별'이 아니라
그것들과 더 많은 것들이 합쳐진 '통일체', '세계', '우주'라고 말하고 있
다. 즉 '꽃', '나무', '돌', '별'로 상징되는 하나의 구성원으로 강요되는
체제에서 벗어난 '나'라는 한 인간으로서의 자의식을 깨우쳤음을 의미
한다. 시적 자아는 이전의 시들에서 볼 수 있었던 체제에 순응하는 피동
적이고 수동적인 '우리'의 구성원이 아닌 '나'를 중심으로 한 세계에 대

---

55) 윤명철 외, 『9월의 들국화』, 민족출판사, 1987, pp.356-357.
56) 허형만, 앞의 논문, p.419.

한 자아의 각성을 보여준다. 이는 인간 본위가 세계의 주체임을 인식하기 시작함과 동시에 인간 본체로의 회귀를 보여주는 것이다. '나는 나'이고, '당신도 당신'으로 남기를 바라는, 영원히 동일시될 수 없는 중국이라는 타자 속에서 주체로 살아가기 위한 방편을 모색한 것이다.

이러한 주체에 대한 인식은 앞서 말한 바와 같이 민족에 대한 자각으로까지 이어지고 있지만 그러한 시적 경향이 모두 민족정체성으로 귀결되는 것은 아니다. 조선족들이 가지고 있는, 그리고 그들의 시 속에 투영되어 있는 소수민족으로서의 정체성은 중국이라는 국가 체제 하에서의 민족의식 형성과정과 함께 고려되어야 할 것이다. 그러나 조선족들의 주체에 대한 자각57)은 자아발견을 매개로 하여 민족적 근원에 대한 자각, 소수민족으로서의 정체성을 구축할 수 있는 계기가 된다. 이는 조선족들의 민족의식의 내적 동인을 이루고 있다는 점에서 주목할 필요가 있다.

이상에서 살펴본 바와 같이 조선족 시에서의 민족의식은 우리와의 민족적 동질성을 바탕으로 하면서도 다른 사회 체제에 속해있는 이질성을 바탕으로 형성된 민족정체성에서 출발한다는 관점에서 고찰되어야 한다. 중국 조선족의 민족정체성은 중국이라는 국가적 정체성과 한민족이라는 민족적 정체성의 차이에서 오는 이질적이면서도 어느 한쪽으로도 완전한 동질성을 획득할 수 없는 소수민족으로서의 독자성과 개별성을 가지기 때문이다. 조선족 문학은 민족적 동질성 자각, 민족 문화의 우수성에서 민족적 자긍심을 고취하고자 하는 측면에서 볼 때 한민족 문학과의 동질성을 가진다. 그러나 중국 문학의 일부를 이루고 있

---

57) 주체에 대한 자각은 자기 동일성 확인을 통해서 이루어진다. 이때의 자기 동일성은 타자와의 동일성이 불가능하다는 것을 인식한 후에 주체가 자신으로의 귀환을 통해 형성되는 것이다.(Emmanule Levinas, 강연안 옮김, 『시간과 타자』, 문예출판사, 1996, pp.46-55 참고)

다는 측면에서 보면 조선족의 문학에 나타난 민족의식은 중국이라는 체제 내에서 새롭게 구축되고 형성된 것이기도 하다. 따라서 조선족 문학이 보여주는 민족정체성은 중국 내의 소수민족이 확보할 수 있는 독자성과 특수성을 지니고 있다.

5. 결론

이상에서 개혁 개방 이후 중국 조선족의 시에서 나타난 민족의식의 양상과 의미에 대하여 살펴보았다. 사회주의 정책은 조선족 문학의 형성과 변화에 많은 영향을 주고 있는데, 개혁 개방 정책도 마찬가지로 조선족의 시문학에 많은 변화를 가져왔다. 또한 문화혁명 후 중국작가협회 연변분회의 회복과 각종 문예지의 발간은 조선족 시단에 활발한 문학 활동의 기반을 제공하였다. 또한 개혁 개방 이후 민족의 다양성 및 특수성을 인정하는 변화된 중국의 소수민족 정책은 조선족들에게 소수민족으로서의 정체성을 모색할 수 있는 계기를 마련해 주었다.

개혁 개방 이후 시의 경향은 주제 양상에 따라 크게 세 가지 정도로 나눌 수 있는데, 본고에서는 민족의식에 대한 자각을 중점적으로 고찰해 보았다. 우선 개인의 내면 의식의 발현을 들 수 있는데 이전보다 자유로운 창작 활동 여건의 형성으로 인해 개인의 내면 의식을 다양하게 표출하는 시들이 창작되기 시작하였다. 본고에서는 다양한 소재 및 주제 찾기의 일환으로 민족적 정서를 드러내는 소재가 등장하게 된 것으로 보았다. 또한 이 시기의 조선족 시들은 자아의 내면 의식의 표출과 삶의 의의를 바탕으로 한 자아 각성 및 주체성을 강화하고자 하는 면모를 보여준다. 인간의 삶이나 인생에 대한 사색, 인간의 가치, 행복 등에 대한 인식은 진정한 자아를 깨닫게 되고 주체에 대한 새로운 인식의 전환을 가져오게 하였다. 이러한 '나'에 대한 자각은 좀더 확대되어 민족에 대한 자각으로 이어지게 되며, 민족적 정체성을 확립할 수 있는 내적 동인을 형성하게 되었다.

본고는 개혁 개방 이후 중국 조선족 시에서 가장 두드러진 주제 양상을 민족의식에 대한 자각으로 보고, 그에 대하여 중점적으로 살펴보았다. 개혁 개방 이후 중국 조선족 시는 민족의식에 대한 강한 열망을 바탕으로 하여 우리 민족의 역사, 문화, 전통 등을 문학적으로 형상화하기 시작하였다. 과거 우리 민족의 역사, 문화, 전통을 복원하여 민족의 과거 공동체적 연대감 속에서 민족적 근원에 대한 탐색을 시도한 것이다. 민족적 서정성의 구현 및 민족 공동체 의식의 형상화는 조선족으로서의 자긍심 및 소수민족으로서의 민족정체성을 확보하기 위한 노력의 일환으로 보인다. 따라서 중국 조선족의 시는 중국 내 소수민족의 문학으로서의 독자성과 함께 우리 민족문화를 담고 있다는 측면에서 한민족 문학으로서의 가능성을 내포하고 있다.

조선족 시에서의 민족의식은 우리와의 민족적 동질성을 바탕으로 하면서도 다른 사회 체제에 속해있는 이질성을 바탕으로 형성된 민족정체성에서 출발한다는 관점에서 고찰되어야 한다. 중국 조선족의 민족정체성은 중국이라는 국가적 정체성과 한민족이라는 민족적 정체성의 차이에서 오는 이질적이면서도 어느 한쪽으로도 완전한 동질성을 획득할 수 없는 소수민족으로서의 독자성과 개별성을 가진다. 조선족 문학은 민족적 동질성 자각, 민족 문화의 우수성에서 민족적 자긍심을 고취하고자 하는 측면에서 볼 때 한민족 문학과의 동질성을 가진다. 그러나 중국 문학의 일부를 이루고 있다는 측면에서 보면 조선족의 문학에 나타난 민족의식은 중국이라는 체제 내에서 새롭게 구축되고 형성된 것이기도 하다. 따라서 조선족 문학이 보여주는 민족정체성은 중국 내의 소수민족이 확보할 수 있는 독자성과 특수성을 지니고 있다.

참고문헌

강효삼 외, 『별들의 울음소리』, 흑룡강조선민족출판사, 1996.

고부응, 『초민족 시대의 민족 정체성』, 문학과 지성사, 2002.

권철, 「중국 조선족문학 연구현황」, 『아시아문화』13, 한림대아시아문화연구소, 1997.

권기호, 「중국 주재 조선족 시인들의 시 유형 연구(1)」, 『어문학』62, 한국어문학회, 1998.

김강일, 『중국조선족:사회와 문화의 우세와 발전 전략』, 연변인민출판사, 2001.

김경훈, 「21세기를 향한 중국조선족 시문학의 현황과 자세」, 『문예운동』53, 문예운동, 1995.

김경훈, 『중국 조선족 시문학 연구』, 한국학술정보, 2006.

김승찬 외, 『중국 조선족 문학의 전통과 변혁』, 부산대출판부, 1997.

김영금, 「시인과 숙제 그리고 연변사랑-석화시인의 련작시 「연변」을 읽으면서」, 『연변문학』, 연변작가협회, 2004.

김월성, 「중국조선족 시문학 상황」, 『시와 시학』, 시와 시학사, 1993.봄.

김은영, 「중국 조선족 시에 나타난 '고향'의 의미」, 『한중인문학연구』18, 한중인문학회, 2006.

김종회 편, 『한민족문화권의 문학』, 국학자료원, 2003.

김준오, 「중국 사회주의 문화정책과 중국 조선족 시가전통의 변모 양상」, 『한국문학논총』16, 한국문학회, 1995.

김학철 외, 『연변우수작품선집』(1982-1992), 연변인민출판사, 1992.

남영전, 『백학』, 민족출판사, 1992.

송용구, 「기술문명의 중심부에서 생명의 길을 여는 시인-석화의 련작시 「연변」을 중심으로」, 『장백산』, 장백산잡지사, 2005.4.

윤명철 외, 『9월의 들국화』, 민족출판사, 1987.

윤의섭, 「1950~60년대 중국 조선족 시에 대한 탈식민주의적 고찰」, 『현대문학이론연구』27, 현대문학이론학회, 2006.

윤의섭, 「중국 조선족 시 형성 과정의 탈식민주의적 의미」, 『한중인문학연구』18, 한중인문학회, 2006.

윤인진, 『코리안 디아스포라』, 고려대출판부, 2004.

이광규, 『총서 1(민족통합과 민족통일)』, 한림대민족통합연구소, 1999.

이기철, 「한국, 북한, 중국 조선족 현대시에 나타난 백두산 motif의 시적 상상력」, 『한민족어문학』36, 한민족어문학회, 2000.

정덕준·노철, 「중국 조선족 시문학 연구」, 『현대문학이론연구』20, 현대문학이론학회, 2003.

정문권·석화, 「바라보기의 시학-중국 조선족 시의 한 특징」, 『한국문학이론과 비평』21, 한국문학이론과 비평학회, 2003.

정신철, 『한반도와 중국 그리고 조선족』, 모시는사람들, 2004.

조성일, 『조선족문학예술연구』, 연변인민출판사, 1989.

조성일·권철 외, 『중국조선족문학통사』, 이회, 1997.

천지월간사 편집, 『백두의 얼』, 민족출판사, 1990.

최문규 외, 『기억과 망각』, 책세상, 2003.

최삼룡, 『격변기의 문학선택』, 흑룡강조선민족출판사, 1999.

최우길, 『중국 조선족 연구』, 선문대출판부, 2005.

허형만, 「중국 조선족 동포 시인들의 시세계」, 『현대문학이론연구』21, 현대문학이론학회, 2004.

Anderson, B., 윤형숙 역, 『상상의 공동체』, 나남출판, 2002.

Assmannn, A., 변학수 외 옮김, 『기억의 공간』, 경북대출판부, 2005.

Baudrillard, J., 하태환 옮김, 『시뮬라시옹』, 민음사, 1981.

Mulhen, F., 임병권 옮김, 『문화/메타문화』, 한나래, 2003.

Langer, S. K., 이승훈 역, 『예술이란 무엇인가』, 고려원, 1982.

Levinas, E., 강연안 옮김, 『시간과 타자』, 문예출판사, 1996.

제2장

주체의 재발견과 탈주

우광훈 초기 소설의 주제 특성 연구

최 병 우

―――――――――――― 목 차 ――――――――――――

1. 문제의 제기

현재까지 한국 내에서의 중국조선족 소설에 대한 연구는 서지적 연구[1]가 주를 이루었고 개별 작가·작품에 대한 연구의 경우 대체로 작품을 소개하는 내용이거나 소수민족 문학으로서의 특징을 정리하는 내용에 한정되어 왔다. 십여 년 간에 걸친 중국조선족 소설에 대한 연구의

―――――――――――――――――――

[1] 그 대표적인 성과로 정덕준 외, 『중국조선족 문학의 어제와 오늘』, 푸른사상, 2006을 들 수 있다.

업적이 쌓인 현실에서 이제 재외한인문학으로서 중국조선족 소설을 하나의 작품으로서 본격적으로 연구하여 그 미학적 기반을 해명하려는 노력2)이 필요한 때가 되었다는 판단이 가능하다. 이에 본고는 중국조선족 작가 우광훈3)이 한중수교 이전에 발표한 초기소설에 대하여 주제론적인 접근을 시도한다. 이러한 주제론적인 접근은 우광훈 소설의 출발점을 알게 해 주고 동시에 그가 생각하고 있는 민족적 정체성을 확인하는 작업이 되기도 할 수 있다는 점에서 의의를 지닌다.

본고에서 우광훈의 작품을 검토하면서 한중수교를 경계로 그의 초기소설을 획정한 것은 중국조선족의 역사를 고려한 결과이다. 그간 중국조선족 문학을 연구하면서 시기 구분의 준거는 대체로 중국의 개혁개방으로 설정하여 왔다.4) 중국현대사에서 개혁개방은 중요한 의미를 가지며 중국당대문학사는 물론 중국조선족 문학에도 엄청난 변화를 몰고 왔다. 중국조선족 소설의 경우에도 개혁개방과 함께 반우파투쟁과 문화혁명의 시기의 억압을 벗어나 비교적 자유로운 창작 활동이 가능해지게 되면서, 중국조선족의 현실이나 민족 정체성에 관심을 가진 작품들이 등장했다는 점에서 개혁개방은 중요한 의미를 갖는다.5)

그러나 개혁개방이 중국 전체의 정책적인 변화이고 중국 국민들의 삶의 형태를 바꾼 국가적인 사건임에 비해, 한중수교는 소수민족으로서의 중국조선족의 삶에 매우 커다란 영향을 미친 사건이라는 점에서

---

2) 이러한 노력의 대표적인 예로는 한중인문학회에서 『한중인문학연구』18집에서 21집에 걸쳐 중국조선족문학 특집을 꾸민 것을 들 수 있다.
3) 1979년 단편소설 「외로운 무덤」으로 등단. 단편집 『메리의 죽음』과 『가람 건느지 마소』 그리고 장편소설 『흔적』 등을 상재. 현재 연변작가협회 부주석직을 맡고 있는 중견의 중국조선족 작가.
4) 오상순, 『개혁개방과 중국조선족 소설문학』, 월인, 2001, 이광일, 『해방 후 조선족 소설문학 연구』, 경인문화사, 2003 등.
5) 개혁개방 이후의 중국조선족 문학계의 변화에 관한 저간의 사정에 대해서는 오상순, 『개혁개방과 중국조선족 소설문학』, 월인, 2001, pp.111-114을 참조할 것.

중국조선족 문학을 연구하는 데 있어 유의미하게 바라보아야 할 사건이다. 사실 한중수교는 중국조선족들의 삶에 커다란 변화를 가져왔고 문학 작품에도 많은 영향을 미쳤다. 한중수교는 중국조선족들이 모국을 북한에서 한국으로 바꾸게 되는 계기가 되었고, 한국과 한국인들을 통해 자본주의의 꿀과 독을 동시에 체험하는 계기가 되기도 하였다. 특히 한국에서 노동을 하여 벌어들이는 수입은 중국조선족의에게 경제적 풍요를 가져다주기도 하였지만 가족 파괴와 가치관 혼돈과 같은 부작용을 맞이하게도 하였다. 이 같은 한중수교에 따른 중국조선족의 삶의 변화는 중국조선족 소설에도 커다란 영향을 미치게 된다. 한국에서의 긍정적 또는 부정적인 체험과 함께 한국인들과의 접촉을 통해 변화하는 중국조선족의 삶이 소설의 중요한 제재로 등장하고, 한국문학과의 접촉을 통해 문학 기법 면에서도 상당한 변화를 보이게 된 것이다.

본고에서 우광훈 소설을 연구함에 있어 한중수교 이전의 소설을 대상으로 삼은 것은 그의 문학적인 출발점을 파악해보자는 의도이다. 1979년 스물다섯의 나이에 「외로운 무덤」으로 등단한 우광훈은 이후 많은 작품을 발표하고 1989년 첫 단편집 『메리의 죽음』을 상재하기까지 제재나 주제 면에서 일정한 경향을 보여준다. 그러나 한중수교 이후 그의 소설은 제재 면에서 상당한 변화를 보이게 된다. 한중수교 이후 연변 지역으로 몰려드는 한국인과의 접촉 과정에서 경험하게 된 퇴폐적인 문화는 그의 작품의 제재나 주제에 큰 변화를 가져오게 한 것이다.

본고는 우광훈 소설의 본격적인 연구를 위한 시도로서 한중수교 이전에 발표된 그의 소설에 반복되어 나타나는 몇 가지 주제를 밝히고 그 의미를 해명하고자 한다. 이 연구의 결과는 초기 우광훈 소설의 주제 특성을 밝혀낸다는 목표 그 자체로서보다 그의 소설이 한중수교 이후 변화된 양상을 정리하고 그 의미를 해명할 때 비로소 본격적인 의미를 지니게 될 것이다. 이런 점에서 이 논문은 우광훈 소설의 면모를 밝히기 위한 하나의 시론에 해당한다.

2. 우광훈 소설에 나타난 주제 양상

작가들은 자신의 삶을 질료로 하여 문학 작품을 창조해낸다. 작가가 자신의 삶과 체험을 질료로 하여 창작에 임하므로 작품 속에는 작가의 삶이 어떤 방식으로든 배어 있게 마련이고, 작가의 정신적인 외상은 창작의 과정에 지속적으로 작용하여 하나의 주제[6]로 나타나기도 한다. 한 작가의 작품을 연구함에 있어 해당 작가의 작품에 반복적으로 나타나는 주제를 밝히고 그러한 주제를 생성하게 된 작가의 체험이나 정신적인 외상을 해명하는 것을 주제비평이라 함은 두루 알려진 사실이다.[7] 한 작가의 작품에서 반복적으로 또 핵심적으로 사용되는 주제를 찾아 그 목록을 만들고 그러한 주제가 사용되는 이유를 작가의 생애와 관련지어 해석해내는 것은 한 작가의 작품을 해석하는 중요한 한 방법이 되고 있다.

본고에서는 주제비평의 이론을 원용하여 한중수교 이전에 발표된 우광훈 소설을 분석하여 작품에 반복되어 사용된 몇 가지 주제를 찾아내고, 그러한 주제와 작가의 생애적 사실[8]과의 관련을 밝힐 것이다. 이러

---

6) 주제라는 용어는 연구자들에 따라 매우 다르게 사용하고 있다.(주제라는 용어의 다양한 의미 규정에 대하여는 이재선 편, 『문학주제학이란 무엇인가』, 민음사, 1996 참조) 본고에서 주제는 한 작가가 그의 여러 작품에서 반복적으로 사용하고 있는 제재를 의미하는 프랑스 주제비평가들이 사용하는 개념으로 원용한다.
7) 프랑스 주제비평가들이 말하는 주제의 개념에 관하여는 쟝 폴 베베르, 「주제 비평의 원리」, 롤랑 바르트 외, 『현대비평의 혁명』, 홍성사, 1979, p.53 이하 참조.
8) 우광훈의 생애를 알아볼 수 있는 자료는 간단한 연보와 자신이 쓴 회고의 글 「숙명의 파편들을 주어보다(문학적 자서전)」(『도라지』145기, 2004.7-8)가 있을 뿐이다.

한 주제 목록과 생애와의 관련을 살피는 작업은 작품에 반복되어 나타
나는 주제들이 우광훈의 초기 소설에서 차지하는 위상을 밝혀 그의 문
학 세계를 탐구하는 데 크게 기여할 것이다. 이와 함께 이러한 작업은
중국의 소수민족으로서 국민적 정체성과 민족적 정체성이라는 이중 정
체성을 담보하며 살아가야 하는 작가의 의식 세계의 한 면을 밝히는 데
도 일정하게 기여할 것으로 기대한다.

이와 같이 한중수교 이전의 우광훈 소설에 나타난 주제 특성을 논의
하기 위하여 우선 이 시기 그의 작품들에 나타난 주제들을 정리하여 도
표로 제시한다.

제목	제재	수록지
재수 없는 사나이	하방 시 친구였던 남국의 삶	「메리의 죽음」
무정 세월	하방 시 한족 마을 체험	〃
묘지명	하방 시 사랑했던 한족 여인의 삶	〃
예로부터 해는 솟았다	원시인의 사랑	〃
메리의 죽음	산골에 사는 사냥개의 죽음	〃
외로운 무덤	하방 시 한족 여인과의 사랑	〃
아, 너는	탐사대 생활	〃
심령에 비낀 검은 그림자	탐사대 생활	〃
일식	S국에서의 집분배 문제	〃
복수자의 눈물	탄광에서 반우파 투쟁기의 부친 원수 갚기	〃

이러한 생애와 관련한 자료의 한계를 극복하기 위하여 우광훈에게 자신의 생애
를 정리해 줄 것을 요구하여 두 편의 이메일을 받았다. 그의 생애와 관련한 많은
정보는 이 두 편의 이메일을 참고한다.

추억의 가치	동란 연대 한족 여성 리리와의 사랑	〃
나는 탐사대원이다	탐사대 생활	〃
메아리	유명 예술가의 어린 시절 외가 회상	〃
바람처럼 사라져라	탐사대 생활	〃
밀림은 알고 있다	탐사대 생활	「사이섬 비바람」
시골의 여운	어린 시절 외가 생활−한족 여성과의 사랑	「그녀의 세계」

위의 도표에 따르면 우광훈의 소설에서 반복적으로 나타나는 제재는 탐사대 생활(5편), 하방 체험(4편)[9], 한족 소녀와의 이루어지지 않은 사랑(4편), 유년기 체험으로서 외가(2편) 등이다.[10] 한 작가가 그의 작품을 통하여 반복적으로 등장하는 제재 즉 주제는 작가의 삶에 있어 매우 중요한 사건을 각인되어 하나의 정신적 외상으로 자리 잡고 있거나, 작가의 체험 중에서 인간의 삶이나 사회적 풍경을 드러내는데 유의미하다고 생각한 것이라는 판단이 일차적으로 가능하다. 이런 점에서 우광훈이 위의 네 가지 주제를 반복적으로 사용하는 이유를 밝히기 위하여 각각의 주제를 그의 생애와 관련지어 살펴볼 필요가 있다.

우광훈의 소설에서 가장 자주 등장하여 그의 문학 세계의 한 특징을 보여주는 주제는 지질 탐사대원 생활이다. 주로 석탄이 매장된 곳을 찾으러 다니는 지질탐사대는 인가가 드문 지역에서 작업하며 노동력의 강도도 높고, 주로 남자들끼리 집단으로 생활하여야 하는 거친 직업이다. 해동을 하면 도시를 떠나 인적 드문 곳으로 나가 위험한 시추공 파

---

9) 우광훈에게 있어 도시를 떠나 생활한 하방 체험은 다시 둘로 나뉜다. 부모와 함께 농촌으로 하향한 것과 집체호 생활을 한 것이 그것이다. 여기서는 이 두 시기의 체험을 하나로 하방 체험으로 정리하였다.
10) 이들 제재를 그의 작품에서 반복적으로 사용되는 제재 즉 주제라 명명할 수 있을 것이다.

기에 나섰다가 추위가 몰려오면 다시 도시로 돌아오는 뜨내기 생활이기도 하다. 위험에 노출되어 있고 주로 남자들끼리 생활하는 지질탐사대원들은 삶이 매우 거칠어질 수밖에 없었지만 어떤 의미에서는 남성적이고 야성적인 삶을 살아갈 수 있기도 하였다. 우광훈의 작품에는 자신의 이러한 지질탐사대원들의 위험하고도 야성적인 삶의 모습이 여러 작품에서 형상화되어 있다.

시추탑은 위험 속에 있다. 가파로운 산비탈에 고정시킨 벌이줄의 고정쐐기가 빠져있다. 시추탑은 바람이 부는대로 흔들거린다. 창졸히 장풍을 씌우지 않았더라도 이런 위험을 모면할수 있었을것이다. 그러나 지금은 지나간것에 대하여 의논할 때가 아니다. 이제 본격적인 바람이 조금만 더 분다면 상상할수 없는 사고가 생길것이다! 모든 방법을 대여 시추탑에 씌운 장풍을 벗겨 바람의 압력을 감소시켜야 한다.
누군가 시추탑우에 있다. 그러나 바람이 너무 세여 움직이지도 못한다. 마대장이 소리를 지른다.
"장풍을 맨 바줄을 끊으시오!"
그러나 누구도 그의 목소리를 알아들을수 없다. 바람의 아우성소리는 그의 목소리를 찢어버렸다. 폭풍우다. 하늘이 무너지듯 비줄기가 쏟아져내린다. 시추탑, 시추탑이 위험하다. 시추탑을 구하라! 장풍을 맨 바줄을 끊으라!……
이는 곧 명령이다. 너는 시추탑안으로 뛰여든다. '문학가' 득만이도 철호도 너와 한발자국 떨어졌을뿐이다. 영철이는 어느새 시추탑우로 올라가려고 서둘고있다. 너는 시추탑 밑으로 달려간다. 이때다. 영철이가 너에게로 달려와 너를 밀친다.
"내가 이쪽으로 올라가겠소. 동무는 왼쪽으로 올라가오……"11)

폭풍우에 시추탑이 무너지려는 절체절명의 상황에서 자신의 안위를

---

11) 우광훈, 「아, 너는……」, 『메리의 죽음』, 연변인민출판사, 1989, pp.143-144.

돌보지 않고 시추탑 위로 올라가 조처를 취하는 탐사대원의 모습이 여실하게 그려져 있다. 시추탑 위에 매어져 있는 장막으로 인해 풍압이 강해지면 시추탑이 무너질 것이므로 누군가가 낙상을 각오하고 시추탑 위에 올라가 장막을 매고 있는 줄을 끊어야 하는 것이다. 대장의 명령에 시추탑으로 달려드는 몇 사람의 탐사대원들의 헌신적인 모습과 그들의 간결하나마 상황을 호전시키려는 강한 의지가 담긴 말 등 극한의 위험 상황에 놓은 탐사대원의 모습이 매우 사실적으로 그려지고, 바람과 쏟아지는 빗줄기와 그 속에서 고함지르며 뛰어다니는 모습 등을 통해 사태의 위급함과 문제를 해결하려는 노동자들의 강한 의지가 잘 드러난다.

또 우광훈의 소설에는 지질탐사대원들이 노동을 하고 또 노동 후에 먹고 마시며 떠드는 일상의 모습이 매우 상세하게 묘사되기도 한다. 탐사대원들은 인가와 떨어진 오지에서 위험한 삶을 살아가기 때문에 거칠기 한이 없다. 그러나 대원들은 인가가 드문 곳에서 자기들끼리 모여 생활하기에 서로가 서로에게 의지하며 끈끈한 정을 가지고 살아간다. 그렇지만 어쩔 수 없이 그들 사이에도 일상적인 삶을 살아가며 겪게 되는 많은 갈등이 존재한다. 탐사대원들 사이의 우정과 반목 그리고 여성 대원과의 또는 탐사지역의 여성과의 사랑 이야기 등이 탐사대원을 그린 여러 작품에서 사용하고 있다.

우광훈이 이렇듯 탐사대라는 특정한 공간 속에서 살아가는 인간들의 거칠고 한 편으로는 아기자기한 삶의 모습들을 매우 구체적으로 그려낼 수 있은 것은 그가 실제로 6년 정도 지질탐사대 생활을 한 바 있다는 사실과 밀접한 관련을 갖는다. 자신의 체험에 바탕으로 지질탐사대원들의 삶을 작품화하였기에 진솔하고 현장감 있는 이야기를 꾸며낼 수 있었던 것이다.

우광훈은 스무 살 나던 1974년부터 화룡에 있는 조선족 집거촌에서 집체호 생활을 하였다. 2년여의 기간을 집체호에서 농사를 지으며 지내던 우광훈은 1976년 12월에 탐사대의 탐사공으로 추천을 받아서 지질탐사대원 생활을 시작한다. 지질탐사대원이라는 직업이 노동의 강도가 엄청나고 또 인가가 드문 여러 지역을 떠돌아다니는 노동자였지만, 지질탐사대원이 된다는 것은 농촌 호적에서 도시 호적으로 고칠 수 있고 또 월급을 받을 수 있었기에 일종의 신분 상승과 경제적 안정을 꾀하기 위한 기회로 활용한 것이다. 문화혁명기였던 그 시기에 지질탐사대원은 국가에서 월급을 주는 즉 국가가 인정하는 정식 노동자가 되는 것이기 때문에 그 직업이 갖고 있는 노동의 강도에도 불구하고 어느 정도는 매력적인 직업일 수 있었던 것이다.

우광훈은 탐사대 생활을 하면서 창작에 대한 열정이 일어나기 시작하여 삼교대로 일하는 강도 높은 노동 사이사이에 글을 쓰기 시작하였다. 책상도 걸상도 없는 지질탐사대에서 우광훈은 자기 스스로 나무판으로 자기 나름의 글쓰기 판을 만들어 천막 안에서 판 위에 원고지를 놓고 글을 쓰기 시작했고, 여름이고 날씨가 좋으면 수림 속, 나무 밑에서 쓰기도 했다. 이런 상황 속에서 우광훈은 꾸준히 작품을 발표하였고, 개혁개방 이후 조선족 문학 인재가 없는 것이 초미의 문제로 떠올라 연변작가협회에서 연변대학에 위탁하여 문학 인재 양성을 목적으로 한 문학반을 조직하게 되자 우광훈은 거기에 지원하였다. 이미 작가로서 이름을 얻고 있었던 그는 1983년에 연변대학 조문학부 문학반에 입학을 하여 결혼을 한 늦깎이로 4년간의 대학 생활을 하게 된다.[12]

연길에서 태어나 어린 시절을 보내던 우광훈은 1958년 아버지가 우파로 몰리면서 경제적으로 궁핍해지자 경제적인 문제의 해결을 위해

---

12) 이상의 우광훈의 생애에 대해서는 우광훈이 필자에게 2007년 5월 7일 오후 6시 11분에 보내준 이메일 첨부 파일 참조. 이하 인용 시 '5월 7일 메일'로 약함.

어린 나이에 외가에 가서 3년 정도를 살다가,[13] 연길로 돌아왔으나 문화혁명이 시작되자 1969년 돈화의 마호향 쟈피꺼우라는 시골 마을로 온 가족이 함께 하방된다. 어린 시절 아버지의 정치적 핍박으로 어려운 삶을 살았고 하방되어 농촌 호적을 갖게 된 우광훈으로서는 지질탐사대가 자신의 존재를 바꾸어 놓을 수 있는 기회였던 것이다. 지질탐사대에서의 생활은 매우 새롭고 인상적인 것이었기에 창작에 뜻을 둔 우광훈에게는 자신이 처해 있는 삶의 조건과 남과는 다른 특이한 체험을 창작의 제재로 사용하는 것은 당연한 일인지도 모른다. 그래서 탐사대원들의 삶이 그의 문학의 주제가 되며 탐사대원들끼리의 우정과 반목과 화해, 그리고 야성미 넘치는 그들의 삶을 문학적으로 형상화하였고, 그가 사용한 이러한 특이한 문학적 주제가 당시 중국 조선족 문단의 주목을 받게 되는 계기가 된 것이다.

우광훈은 부친이 우파로 지목되어 외가로 보내졌던 기억과 가족들과 함께 쟈피꺼우로 하방되어 살았던 기억 그리고 이후 집체호 생활에 대한 기억을 뒤섞어 여러 편의 소설을 쓴다. 그가 초등학교에 들어가기도 전 어린 나이로 부모의 곁을 떠나 외가로 보내져 살았던 기억은 어린 시절의 일로 우광훈의 의식 형성에 큰 영향을 주었을 것이다. 또 혼란한 사회를 바라보며 그것을 흉내 내어 친구들과 전쟁놀이를 하고 또 사제총을 만들어 차고 다니기도 하며 정신적 육체적으로 성장해 온[14] 연길에서 사춘기에 해당하는 어린 나이에 쫓거나 쟈피꺼우라는 작은 농촌으로 하방된 것은 엄청난 충격이었을 것이다. 더욱이 조선인이 중심이 되어 살아가던 연길을 떠나 한족 마을로 이주해 간 소년으로서는 말도

---

13) 우광훈이 2007년 5월 25일 오전 2시 59분에 보내준 이메일. 이하 인용 시 '5월 25일 메일'로 약함.
14) 우광훈, 「숙명의 파편들을 주어보다(문학적 자서전)」, 『도라지』145기, 2004, pp.7-8 참조.

자유롭지 못했고, 너무나 낯선 공간에 놓인 어리둥절함 그 자체였을 것
이다. 우광훈은 이러한 농촌으로 하향했던 몇 가지 체험을 작품의 제재
로 여러 번 사용한다.

> 외할머니네 집은 참나무울바자에 둘러싸인 전형적인 동북 한족들
> 의 3간초가집이였다. 부엌을 중심으로 량옆에 방이 있고 지붕은 삼각
> 이 선명하고 경사도가 강하였다. 집안에 들어서자 큼직한 한족가마
> 에서는 더운 김이 물물 이펴오르고있었고 가마목에 놓인 석유등잔
> 은 더운김에 파묻혀 희미한 빛을 던지고 있었다. 아궁이에 서려놓은
> 장작은 단김을 씩씩 내뿜으며 타고있었다. 외할머니는 나를 동쪽방
> 으로 데리고 갔다. 방안 후끈후끈 하였고 남쪽의 삿자리를 단 길다란
> 구들에는 네모상이 놓여있었는데 네쌍의 저가락이 상의 한면씩 차
> 지하고 놓여있었다. 상의 중간에는 등잔대가 놓였고 그우에는 갈색
> 약병으로 만든 석유등잔이 검은 실 같은 연기를 뽑으며 타고있었다.
> 아마 금방전까지 사람이 있었던 모양이었다.
> "어델 갔나!……"
> 외할머니는 중얼거리며 구들우에서 개꼬리로 만든 비로 나의 어
> 깨우의 눈을 쓸어주었다.
> 집안의 더운 공기는 나에게 얼고 굶고난 뒤의 피로를 가심해지게
> 하여 그대로 따뜻한 구들에 눕곡싶었으나 외할머니네 집에 처음 온
> 호기심에 구들에 걸터앉은채 두루 집안을 살펴보기 시작하였다.
> 내가 앉은 남쪽 구들우에는 원래의 색깔을 알리지 않는 뚜껑을 우
> 로 열게 된 황경피나무로 짠 한족식궤짝 한쌍이 가지런히 놓여있고
> 그우에는 붉은 바탕에 푸른 목단꽃이 박힌 이불이 포개여 얹혔는데
> 검은 천으로 네면을 싼것이 나에게는 싫게보였다. 방문을 마주한 동
> 쪽 벽쪽에는 팔뚝만한 통나무로 네귀를 박은 틀우에 칠을 올리지 않
> 은 길다란 궤가 놓여있고 그 궤우에는 비마(飛馬)동조각을 이고있는
> 고풍의 괘종이 한가로이 흔들이를 흔들고있었다. 그 괘종옆에는 때
> 오른 차관이 놓여있고 그 차관을 에워싸고 그 차관보다는 더 깨끗지
> 못한 찻잔 몇 개가 놓여있었다. 그리고 그 가구들을 내려다보며 사진
> 들이 걸려있었는데 여러 시기의 사진들이 속되게 박혀있었다.[15]

부모가 사상 문제로 뿔뿔이 흩어지게 된 상황에서 외가로 보내진 '나'는 역에서 외할아버지를 만나 먼 거리를 마차로 이동해 와서 몸이 얼어 버린 상황이다. 더욱이 처음 온 외가, 더더군다나 조선족들이 중심이 되어 살아가던 도시에서 한족들이 모여 사는 농촌에 도착한 소년에게 외가는 아주 낯선 풍경으로 다가온다. 그러나 어린이 특유의 주변에 대한 관심으로 신기한 느낌을 되찾은 '나'는 어린 나이지만 자신의 주위 즉 외가의 모습을 세밀하게 살피고 있다. 여섯 살 정도의 소년이 초점화하였다고 믿기 어려울 정도로 세밀하게 관찰하여 묘사하고 있는 것이다.[16) 이러한 묘사에서 강하게 전달되는 것은 한족 마을에 자리한 낯선 외가에 도착한 어린 소년의 불안함과 호기심이다. 외가라고는 하나 한 번도 와 보지 않은 곳이고, 조선족 중심으로 살아가던 연길에서 한족마을로 왔을 때 느꼈음직한 충격인 것이다. 이러한 어린 소년의 외가 체험은 작가 자신의 체험과 깊은 영향을 받은 것으로 이해된다.

우광훈 자신은 외가에 대한 기억은 따스함으로만 남아 있다고 말한다. 우광훈의 가족은 부친이 우파분자로 몰려 농장으로 끌려가자 생계가 어려워져서 여기저기 친척집으로 흩어지게 되어 우광훈은 요녕성 심양시 소가툰에 있었던 외가로 보내진다. 그러나 부친이 처음 우파로 몰린 1958년 겨울 즉 그가 다섯 살 나던 해에 외가로 보내졌다가 2년 후인 1960년 소학교 입학 문제도 있고 해서 연길로 돌아오게 되어 아주 어린 시기의 일이므로 별 기억이 남아있지 않으며, 더욱이 그가 외가를 떠난 후 외가 가족들이 조선에 있는 고향으로 돌아가는 바람에 이후로는

---

15) 우광훈, 「시골의 여운」, 연변대학문학반, 『그녀의 세계』, 연변인민출판사, 1987, pp.8-9.
16) 일인칭 화자가 과거의 사실을 서술하는 과거서사에서는 소년 시기의 초점주체의 시선과 성인이 된 서술주체의 시선이 공존할 수밖에 없다. 위의 인용 부분에서 많은 관찰 사실들은 서술주체의 시선으로 이해하여야 할 것이다. 과거서사에 대해서는 졸고, 「한국근대일인칭소설연구」, 서울대박사논문, 1992, p.28 이하 참조.

외가에 가 본 적이 없으므로 외가에 대한 기억이 거의 없다는 것이다.[17]

그러면서도 외가에 있을 때 느꼈던 한족 마을의 느낌과 외조부모의 자신에 대한 사랑 그리고 외가에 대해 남아 있는 아스라한 한 몇 가지 기억들이 강한 인상으로 남아 있어서 「시골의 여운」과 같은 작품을 쓰고, 「메아리」에서 세계적인 음악가로 성장한 한 인물이 예술가로서의 첫 발자국을 내딛게 된 계기가 어린 시절 외가에서의 체험과 관련이 있는 것으로 설정하기도 한 것이다. 즉 우광훈은 아스라한 느낌으로만 남아 있는 어릴 적 외가의 기억과 사춘기 나이에 부모님과 함께 하방된 체험을 적절히 변용하여 여러 편의 이야기를 만들어 낸 것이다. 이에 대해서는 우광훈 자신도 두 체험이 혼용된 것임을 아래와 같이 밝히고 있다.

> 「시골의 여운」의 외가부분은 사실상 허구입니다. 환경이나 인물들의 모델들은 쟈피꺼우로 추방이 되었을 때 생활이 바탕으로 되어 있습니다. 소설속의 「빼리」조차도 그 모델이 있습니다. 다만 인물들의 관계나 운명은 소설적인 허구를 하였습니다.[18]

아스라한 유년기 체험이 작품의 중요한 주제로 사용되고 있음에 비해, 청년기에 체험한 집체호 생활은 그의 작품에서 아주 드물게 작품의 제재로 사용되고 있다. 예컨대 「재수 없는 사나이」에서는 집체호 시절에 머리도 나쁘고 아는 것이 별로 없지만 집체호 생활에 잘 적응하여 다른 동료들보다 높은 점수를 받아 대학에 보내지고 출세가 남보다 빨랐던 남국이라는 친구를 오랜 만에 만나 집체호를 벗어난 이후의 그의 운이 없는 과거사를 듣는 과정에서 집체호 시절에 대한 회상으로 잠시 다루어질 뿐이다.

---

17) 5월 25일 메일.
18) 5월 25일 메일.

남국이는 고개를 떨구고 한동안 말을 끊었다. 비감이 언뜻 스쳤던
것이다

"그래 끝내 법정에 나서게되였소. 내가 정말 먼지가 폭발할줄은
몰랐다고 하자 법관은 대학을 다녔는가 묻더구만. 내가 그렇다고 하
자 그는 대학을 졸업한 사람이 이런 상식적인것도 모를수 있는가 하
더구만. 내가 더 뭐라고 하겠소. 제길할 대학을 다닌것을 후회하는수
밖에…… 재수가 없으니까 그 따위 대학에 가서 너덜거리다가……"

나는 위안의 말 한마디 해줄 생각도 없었다. 운명은 왜 대학의 길
을 그에게 주었을가! 그러고보면 세상이 좁기도 한 모양이다. 그때
내가 그에게 대비판문장을 써주지 않았다면 지금의 남국이는 이런
신세가 아닐수도 있지 안는가! 에익! 망할놈의 대비판문장, 그러니까
나도 잘된놈은 아닌것이다.

우리는 묵묵히 맥주를 마셨다. 남국이는 이야기에 지친듯싶었고
나는 무슨 화제를 꺼낼지 궁리가 돌지 않았다. 아무튼 이 답답한 기분
을 깨기 위해 나는 생각나는대로 한마디 물었다.

"가정살림은 괜찮은편이요?"

나의 물음에 남국이의 얼굴은 싹 쪼그라들면서 울상이 되었다.

"내가 법정에 나서게 되자 안해는 이혼을 제기하더군. 내 주제에
어쩌겠소. 안하면 죽겠다고 야단인데. 그래 동의하고 말았소……"[19]

집체호 생활을 끝낸 후 탐사대원을 거쳐 작가가 된 '나'는 원고료를
받아서 집으로 가다가 우연히 만나 남국이라는 인물을 만난다. 남국이
는 집체호 시절 우직할 정도로 당의 지시에 잘 따라서 남보다 앞서 집체
호 생활을 끝내고 대학으로 간 인물이다. 그러나 남국이는 대학을 갈 정
도로 명석한 머리를 가지지 못한 인물이었으나, 집체호 시절 당성을 평
가하는 지표인 비판문장을 같은 방에서 생활하던 '나'가 써주어 간부의
눈에 들었고, 몸으로 하는 일에 남보다 앞장섰기에 타의 모범이 된다고
칭송되었던 것이다.

---

19) 우광훈, 「재수없는 사나이」, 『메리의 죽음』, 연변인민출판사, 1989, p.22.

명석하지 못한 머리로 대학에 간대다가 혼란된 시기에 수업을 받기보다는 노동으로 시간을 보내고 얼렁뚱땅 대학을 졸업한 남국에게 대학 졸업장은 한갓 허울에 지나지 않는 것이었다. 공장의 책임자 직위까지 올랐던 남국은 먼지가 불씨에 폭발할 수 있다는 상식적인 사실도 몰라 공장을 태워 버려 그 책임으로 직업을 잃고 재판을 받고 이혼을 당하기에 이른다. 이런 점에서 「재수없는 사나이」는 집체호 시절로 대표되는 인간의 운명을 당이나 타인이 결정하는 잘못된 제도에 대하여 강한 비판적인 시각을 드러내 보인다.

이 작품에서 집체호 시절의 체험은 남국을 만나 그와 '나' 사이에 있었던 집체호 시절과 관련한 몇 가지 사실을 짧게 회상하는 것으로 처리되어 있다. 우광훈의 초기 소설 중에서 이 작품을 포함하여 집체호 생활을 다룬 작품이 없지는 않지만 집체호 시절에 경험한 고통스러운 삶이나 다양한 체험보다는 그곳에서 그 지역 한족 처녀를 만나 사랑에 빠졌다가 여자의 부모에 의해 강제로 이별하게 되는 이야기에 더 치중한 느낌을 준다. 이는 작가 우광훈의 의식에 외가의 체험이 매우 강하게 각인되어 있음에 비해, 집체호의 체험은 그 정서적 강도가 훨씬 약한 것으로 남아 있었음을 알게 해 준다.[20]

우광훈의 소설에서 반복적으로 사용되는 또 하나의 주제는 앞에서 간단히 언급한 바대로 한족 소녀와의 이루어지지 않은 사랑이다. 농촌에 내려가 있을 때 한 동네에 살게 된 한족 여성과의 사랑을 회상하거나

---

[20] 우광훈은 1974년에 화룡에 있는 조선족 집거 마을에 집체호로 가서 지질탐사대원이 되는 1976년까지 약 3년간 집체호 생활을 하였다. 우광훈은 자신의 생애를 정리하는 메일에서 이 시기에 대해서는 다른 기억과는 달리 두 문장으로 간단히 정리하고 있다.(5월 7일 메일 참조) 이는 우광훈에게 있어 집체호 체험이 정신적으로 깊게 각인되어 있지 않음을 보여주는 것이라는 생각의 작은 증거가 될 수 있을 듯하다.

(「묘지명」, 「외로운 무덤」), 동란 연대에 사랑을 느꼈던 여인을 다시 만나 현실적인 일들을 처리하며 회상에 젖거나(「추억의 가치」), 어린 시절 외가에 내려갔을 때 옆집에 살던 한족 여성을 사랑했던 기억을 되살리거나(「시골의 여운」) 한다. 그런데 이들 작품은 한족 여성과 열열한 사랑을 하게 되지만 한족 여성의 아버지가 상대방이 우파 분자의 자식이라거나 조선족이라는 이유로 반대하여 엄청난 슬픔을 안고 헤어진다는 공통점을 지니고 있다.

> 나는 대문밖에서 한동안 서성거렸다. 어쩐지 들어가기가 무엇했고 부끄러운 생각이 들었던것이었다. 행여나 동매가 나오지나 않을까 하여 한동안 대문앞에서 기다렸지만 동매는 그림자도 얼씬하지 않았다. 하는수 없이 대문을 열고 들어간 나는 문고리를 잡기전에 그 자리에 굳어졌다. 동매의 아버지의 목소리가 노기를 띠고 집안에서 울려나왔다.
> "……난 절대로 동의할 수 없다. 사람에게 있어 가장 귀중한것은 정치생명이란말이다. 넌 벌써 아버지의 교훈을잊었구나. 정치생명을 잃자 모든게 거덜이나고 말았다. 그래 뭐가 남았냐! 그래 넌 이런 것들이 눈에 보이지 않니? 그런데도 넌……?"
> "아니애요.! 주요하게는 본인에게 달렸어요. 아버지도 그이는 좋은 사람이라고 말씀하지 않았어요?"
> 동매의 부드러우나 흥분한 목소리가 뒤따라 울렸다.
> "그러나 그의 가정에 문제가 있다는건 엄연한 사실이다. 본인이 중요하다구? 넌 왜 성예술학교에 갈수 없었니? 이 아버지때문이 아니란 말이니? 좀 랭정하길 바란다. 동매야, 난 네가 부나비처럼 불속으로 들어가는걸 눈 편히 뜨고 볼수 없다! 알았니?"21)

집체호로 내려간 농촌 마을에서 '나'는 동매라는 한족 처녀를 만나 사랑에 빠진다. 건실한 청년이라는 점에서 동매의 아버지도 둘의 만남을

---

21) 우광훈, 「외로운 무덤」, 『메리의 죽음』, 연변인민출판사, 1989, pp.127-128.

크게 방해하지는 않았으나 동매가 '나'와 결혼하겠다는 말에는 단호히 반대한다. 동매의 아버지 입장에서는 무엇보다도 '나'가 부친이 우파로 몰려 정치적으로 매장이 된 집안의 자식인데 딸의 장래를 위해서 그런 남자와 결혼시킬 수는 없다는 것이다. 정치 생명이 끝나버린 남자와 결혼해서는 앞날이 암담해질 것이라는 것은 뻔한 사실이다. 동매의 아버지도 중일전쟁기에 일제의 특무였다는 죄명이 씌워져 정치 생명이 끝나 있는 상황에서 동매가 또 우파로 낙인찍힌 집안에 시집을 가는 것은 섶을 지고 불 속으로 뛰어드는 것과 같다는 인식인 것이다.

1950년대 말 우파 투쟁 이후 문화혁명기에 이르기까지 거의 20년이 가까운 기간 동안 중국에서 정치 생명이란 삶의 질을 담보하는 결정적인 잣대였다. 정치적으로 우파로 몰리면 자신이 살던 지역을 떠나 농촌으로 하방되어 고단한 삶을 살아갈 수밖에 없었다. 동매의 아버지도 하방되어 농민으로 살아가고 있고 또 동매의 진학조차 가로막히고 있으며, '나' 역시 아버지가 우파로 몰려 농촌으로 하방되어 농민으로 어려운 삶을 살아가고 있는 실정이다. 이런 상황에서 딸이 정치 생명이 끝난 집안의 그나마 소수민족인 청년과 결혼하는 것을 인정할 부모는 없었을 것이다. 이러한 소재는 정치가 전면에서 삶을 지배하던 시기를 살아가던 시대를 소설적으로 비판한 것으로 이해해 볼 수 있지만, 작가 우광훈 자신의 생애적 사실과도 상당히 일치하는 양상을 보인다. 이를 확인하기 위하여 우광훈의 기억을 인용한다.

> 저는 1969년에 돈화의 마호향 쟈피꺼우라는 곳에 부친을 따라 하향을 하였습니다. 부친의 추방에 따라 함께 간것이엇습니다. 중국 마을에서 만 5년간을 살면서 그때 중국어를 배웠고 중국 녀자애와 첫사랑을 경험했습니다. 저의 초기 소설이나 지금의 소설에도 콤플렉스처럼 이 시기의 생활이 자주 등장합니다.[22]

우광훈은 아버지를 따라 하방되었을 때 한족 여성과 첫사랑을 경험한다. 첫사랑이었기에 이루어지기 어려운 면이 없지 않았겠지만 우파에 대한 멸시가 최대한에 달했던 문화혁명기에 우파 지식인의 자식인 우광훈에 대한 타인의 멸시는 엄청난 것이었다. 작가 자신이 현재까지도 '우파의 자식이라는걸 아는 사람들이 저에게 주는 눈길에는 언제나 멸시가 가득했'[23]고 기억하고 있을 정도이니, 한족 여성과의 사랑은 이루어질 수 없었을 것이 분명하다. 이 실연의 기억은 우광훈에게 있어 상당한 정신적 외상으로 작용하였고 그의 작품 여러 곳에서 반복 사용되는 것으로 이해된다.

우광훈의 한족 여성과의 사랑과 이별은 아버지를 따라 쟈피꺼우로 하방한 시기의 체험이지만 그의 소설에서의 문화 혁명기의 체험이거나 외가에 내려가 있을 때의 체험이거나 지질탐사대에서의 체험인 것으로 처리되기도 한다. 이는 하나의 주제를 작품의 상황에 따라 적절히 변형시킨 결과이며, 특히 「시골의 여운」에서는 외가에 대한 아스라한 추억과 하방 시의 경험을 허구적으로 결합하여 소년기의 아름다운 사건으로 승화시킨다.

3. 우광훈 소설에 나타난 주제의 서사적 의의

우광훈은 체험을 바탕으로 창작에 임하는 작가이다. 작가 스스로 '체험을 바탕으로 해야 소설이 진실성이 부여된다고 생각하고 있기'[24] 때문이다. 소설이 진실성을 담보하여야 한다는 관점에 설 때 가장 확실한

---

22) 5월 7일 메일.
23) 5월 25일 메일.
24) 5월 25일 메일.

창작 방법으로 자신의 체험을 소설의 상황에 맞추어 적절히 변형시키는 방법이 선택될 수 있을 것이다. 우광훈은 초기소설에서 자신의 생 체험 중에서 몇 부분을 작품의 주제로 사용하고 있다. 어릴 적 외가의 체험과 하방 체험 그리고 탐사대 생활이 중요한 주제로 사용되고 있으며, 자신이 청소년기에 체험한 한족 여성과의 사랑과 이별이 또 다른 중요한 한 주제로 선택되고 있는 것이다.

자신의 삶의 몇 부분을 주제로 사용하여 연변에서 살아가고 있는 조선인들의 삶을 형상화하려는 것이 작가 우광훈의 진정한 창작 의도라 하겠다. 우광훈은 중국에서 살아가고 있는 조선족들의 문학에 '그 시대상과 그 땅에서 살고 있는 현실적인 환경이 묘사되지 못한다면 조선족 문학은 이미 절반의 무대를 잃고 있다는 생각을 하'25)고 있다. 그의 이러한 창작 정신은 중국조선족 문학이 중국의 소수민족 문학으로서 나아가 재외 한인문학으로서의 이중적인 역할을 담당하기 위해서는 당연한 귀결이다. 진정한 중국조선족 문학이 되기 위해서는 중국 땅에서 그 시대를 살아가고 있는 조선족들의 삶과 그 삶의 조건들을 충실히 그려내어야 하는 것이다.

중국이라는 다민족 국가에서 한족에 둘러싸여 살아가면서 그들과 협조하고 갈등하며 살아가는 조선족들의 모습, 그러면서도 조선족의 나아가 한족 모두의 내밀한 곳에 감추어진 이민족에 대한 거리감, 이것을 그려내는 것이 우광훈 소설의 진정한 힘이다. 조선족과 한족이 서로 공존하며 한 가족처럼 친하게 지내지만 자신의 딸이 조선족과 결혼하는 것은 마뜩치 않은 것, 탐사대에서 온 힘을 합쳐 노동을 하면서도 어떤 부분에서는 서로 화합하지 못하고 갈등하는 민족의 문제 등이 그것이

---

25) 5월 7일 메일.

다. 또 반우파투쟁기와 문화혁명기를 살아온 사람들이 가지고 있는 마음 속 깊은 곳의 상처와 분노와 슬픔을 겉으로 드러내지 않으며 살아갈 수밖에 없는 삶의 조건을 그려내는 것 또한 그러하다.

중국조선족들이 가지고 있는 이중 정체성의 본질은 중국 국민이면서 동시에 한민족으로서의 살아가야 한다는 바로 이 지점에서 출발한다. 이러한 중국조선족들의 삶의 조건과 그것의 문학적 형상화가 중국 내에서 소수민족문학으로서 가치를 획득하는 길이고 또 재외 한국인 문학으로써 중국조선족 문학이 차지해야 할 위상인 것이다. 이 점에 대해 우광훈은 그의 초기 소설에서 탐사대원 내에서의 민족 갈등이나 혼인의 반대와 같은 은밀한 형식으로 드러내 보여주고 있다.

우광훈의 소설은 한중수교 이후 한국문학을 체험하고 한국의 실상을 체험하면서 작품의 제재와 서술 방식이 변해가기 시작한다. 또 한국인들이 많은 이유로 연변을 드나들고 상주하면서 그들과 접하는 동안 변화하고 타락해 가는 연변인의 삶에 대해 분노하기도 한다. 이러한 변화는 우광훈이란 작가의 내밀한 변화이면서 중국조선족 문학의 변화이기도 하다. 우광훈의 한중수교 이후의 작품을 점검하여 작품의 기법과 제재 상의 변화의 추이를 검토하는 것은 중국조선족 문학의 현재를 이해하기 위한 한 길이 될 수 있을 것이다. 이에 대해서는 추후 연구를 기약한다.

참고문헌

김형규, 「중국 조선족 소설 연구의 현황과 현재적 의의」, 『현대소설연구』29, 현대소
　　　설학회, 2006.3.

롤랑 바르트 외, 『현대비평의 혁명』, 홍성사, 1979.

모리스 마이스너, 김수영 역, 『마오의 중국과 그 이후 1』, 이산, 2004.

연변대학문학반, 『그녀의 세계』, 연변인민출판사, 1987.

오상순, 『개혁개방과 중국조선족 소설문학』, 월인, 2001.

우광훈, 『메리의 죽음』, 연변인민출판사, 1989.

우광훈, 「숙명의 파편들을 주어보다(문학적 자서전)」, 『도라지』145기, 2004.7-8.

우광훈 외, 『사이섬 비바람』, 연변인민출판사, 1989.

우광훈, 2007년 5월 7일 오후 6시 11분에 보내준 이메일.

우광훈, 2007년 5월 25일 오전 2시 59분에 보내준 이메일.

이광일, 『해방 후 조선족 소설문학 연구』, 경인문화사, 2003.

이기윤, 『주제비평의 원리와 실제』, 도서출판 봉명, 1998.

이재선 편, 『문학주제학이란 무엇인가』, 민음사, 1996.

이종순, 『중국조선족 문학과 문학교육』, 서우얼출판사, 2006.

이혜영, 『중국조선족 사회사와 장편소설』, 역락, 2006.

정덕준 외, 『중국조선족 문학의 어제와 오늘』, 푸른사상, 2006.

정판룡, 『정판룡문집 2』, 연변인민출판사, 1997.

최병우, 「중국조선족 문학 연구의 필요성과 방향」, 『한중인문학연구』20, 한중인문학회,
　　　2007.4.30.

최병우, 「한국근대일인칭소설연구」, 서울대 박사논문, 1992.

「산골녀성들」의 구성과 문체

─ 중국 조선족 농촌소설의 개혁개방기적 특성을 중심으로 ─

한 명 환

목 차

---

1. 머리말

해방 이후 조선족 소설 연구는 크게 문학사적인 연구, 작가 작품 연구, 문학적 특성에 관한 연구로 나눌 수 있다. 지금까지의 문학사적 연구들은 나름대로 통시적 현실주의 문학관을 토대로 조선족 소설사를 정리한 것이었다. 기존의 조선족 소설사들은 시대별로 작가를 중심으로 전개하면서도 동시에 대중성과 창의성을 중심으로 기술되고 있음을 알 수 있다. 조선족 소설은 작가 세대별로 노작가, 중견작가, 신진작가 작품들로 대별되는데, 김용식은 김학철, 이근전과 함께 1950-60년대 조선족 소설문단에서 활약하다 정치박해를 받아 오랫동안 창작의 자유를 빼앗겼던 노작가군에 해당된다[1]. 김학철, 이근전은 개혁개방기 이후 꾸준한 창작활동을 통해 중국조선족문학에서의 자리매김을 제대로 하게 되었다. 한국내에서도 80년 후반에 김학철 「해란강아 말하라」와 이근전 「고난의 연대」 등이 운동권 책자로 소개[2]되면서 일부 연구자들의 관심을 끌다가 최근엔 그들에 대한 논문[3]까지 나온 바 있다. 상대적으로 김용식의 경우, 문화혁명기 핍박받았던 작품 「규중비사」를 제외하고는 그의 작가로서의 명성은 제대로 알려지지 않았다.

김용식이 조선족 작가중 주요 연구대상에 오르지 못한 것은 그가 항일투사로서의 면모보다는 민담조사자, 역사제재에 관심이 많은 문학가였고, 4인방이 물러난 뒤에도 건강이 나빠 작품활동을 충분히 못한데다 60세의 이른 나이에 세상을 떴다는 점 때문일 것이다. 또한 이념적으로도 김용식은 항일투쟁담보다 조선의 전통 역사제재 쪽에 경사된 창작활동을 보여줌으로써 상대적으로 항일투쟁을 치열하게 겪어온 김학철이나 이근전에 비해 중국조선족사회에서도 주목받지 못했다. 조선족 사회에서 주목받지 못한 그가 한국에 알려지지 않은 것은 당연한 일이었을지 모른다. 그러나 최근 조선족 문학의 정체성에 관한 연구가 활발해지고, 80년대식 '민족주의' 논의에서 벗어나 중국의 조선족을 바라보

---

1) 오상순, 『개혁개방과 중국조선족 소설문학』, 월인, 2001, p.114.
2) 김학철, 『해란강은 말한다 상하편』, 풀빛, 1988./이근전, 『고난의 연대1, 2, 3, 4 편』, 세계문예8, 도서출판 세계, 1988.
3) 이해영, 「중국 조선족 소설 교육 내용 연구」, 서울대 박사논문, 2005.
  이해영, 『중국조선족 사회사와 장편소설』, 도서출판 역락, 2006.
  최병우, 「이근전 소설연구」, 『현대소설연구』29집, 현대소설학회, 2006.3 등.

는 시각이 다양하게 전개되고 있다. 즉, 조선족의 문학에 대해 단순히 이념적 관점에서만 가치를 두는 것이 아니라, 그들의 역경과 고난을 포스트식민주의 관점에서 넓게 이해해야할 필요성이 제기되고 있다. 탈식민주의자들은 조선족의 문학을 민족주의나 맑스주의 등 어떤 이념에 귀속된 것으로 보지 않을 것이다. 탈식민주의 이론가들이 주장하듯, 과거 오랫동안 강대국의 식민지배를 받아온 약소민족은 후기 식민적 정황으로부터 자유로워졌다고 보기 어렵다. 디아스포라 약소민족은 여전히 식민적 체험 이후 봉인된 기억에서 헤어나기 어렵다. 식민지 체험의 기억은 알든 모르든 모든 삶의 존재론적 근거가 되고 있다. 이러한 정황은 조선족 문학에서 이념의 측면보다 생활의 측면에서 더 잘 나타난다. 조선족으로서 이념지향은 '제휴관계'(affiliation)로 중국과의 조화를 꾀하지만, 관습지향은 '계통관계(filiation)'로 중국과의 단절을 꾀하기 때문이다.[4] 이념과 생활을 동시적으로 지향해야 하는 조선족 문학의 경우 자기 모순을 체험하지 않을 수 없게 된다. 김용식을 그 어떤 작가보다도 이념과 관습의 모순과 충돌을 잘 보여주는 '탈식민주의적' 작가라고 보는 까닭은 여기에 있다.

그는 소수민족으로서의 한민족의 언어와 문화 풍습을 작품 속에 형상화하여 조선족 문학장르 중 역사소설 분야에 있어서 추종을 불허할 만큼 성과를 거둔 작가였다. 「규중비사」, 「무영탑」, 「설랑자」는 각각 조선시대, 통일신라시대, 고려시대를 배경으로 중국사회에서 조선족이 갖는 문화적 독창성을 펼쳐 보인 의욕적인 작품들이었다. 김용식의 역사소설은 중국에서 소수민족의 과거사를 소재로 한 살인사건과 혼사담, 보은담 등이라는 점, 그리고 항일투쟁적 소설보다 문화적 대립의 각

---

4) 김상률·오길영 엮음, 『에드워드 사이드 다시 읽기』, 책세상, 2006, p.118.

을 드러낼 수 있다는 점에서 한족과 조선족 사이의 경계성을 잘 보여준 작품이었다.[5]

「산골녀성들」은 이러한 과거제재에서 벗어나 개혁개방기의 농촌현실의 갈등과 전망을 다룬 조선족 최초의 본격적 장편소설이었다. 「산골녀성들」은 80년 초에서 81년 봄까지의 연변의 한 농촌을 배경으로 개혁개방기 초기의 공동체적 앙금과 갈등, 전망을 제시한 최초의 작품이었음에도 그동안 작품론에서 지금까지 전혀 언급되지도 않았다.

1980년 무렵은 문화대혁명기의 후유증으로 인간관계가 복잡하게 얽히면서도 미래에 대해 막연한 전망만 고수할 수도 없었던 과도기적 특징을 지닌 때인 만큼 조선족 사회에서도 전환기적 급변화의 갈등을 겪을 수밖에 없었던 시기였다. 원래 주인들끼리 사이가 안 좋으면, 그 집에 딸린 하인들은 더 힘들 수밖에 없다. 개혁개방기에 소수 민족주의를 '분열주의'로 몰아붙이던 시대에서 벗어났다고 해서 소수 민족의 이념을 마음대로 다시 꽃피울 수는 없기 때문이다. 이러한 미묘한 시기에 김용식은 농촌의 현실문제를 다룬 장편소설(총 480p)로서 「산골녀성들」을 발표한 것이다.

「산골녀성들」은 1981년 봄에 초고로 썼다가 1981년 10월 '수개'하여 발표한 개혁개방기 최초의 농촌계몽소설에 속한다. 「산골녀성들」은 개혁개방기의 국책을 그대로 반영하면서도 연변농촌의 생활 감각을 리얼하게 반영한 농촌소설이다. 즉 김용식의 현장적 소설언어에는 1939년에 만주로 이민 온 지역민들의 생활감각과 그 생활 속의 방언이 뒤섞이는 연변의 독창적인 의식주 생활이 반영되어 있다. 이러한 점은 개혁개방기의 대표적 소설로 일컬어지는 류원무 「봄물」(1987)[6]에서는 찾아보

<hr>

5) 졸고, 「중국조선족 역사 소설의 탈식민주의 특성 연구」, 『한중인문학연구』18, 한중인문학회, 2006, pp.102-129.

기 어려운 장점이다.7)

류원무 「봄물」은 개혁개방기의 '개혁소설'로 내용에 있어서 수리봉 마을 무대로 펼쳐지는 농촌 계몽소설이다. 과거 '반란파'를 타도하고 극좌적 노선에서 벗어나 문제적 인물 억석이를 내세워 개혁개방의 진정한 가치를 추구하고자 한다. 류원무의 「봄물」이 「산골녀성들」과 다른 점이 있다면, 여성들을 전면에 내세우지 않고, 억석이와 같은 억울하게 감옥생활을 겪은 남성을 내세우고 있다는 점과, 이들의 대립이 결국 남재운과 김혁과 같은 극좌파들의 음모에 걸려 잡혀가게되는 비극으로 맺고 있다는 점이다. 류원무의 「봄물」은 「산골녀성들」에 대한 메타소설로 이해할 수 있다8). 즉, 「봄물」은 「산골녀성들」이 보여준 낙관적 계몽태도에서 한 발 물러나 조선족 농촌현실의 어두운 음영을 보여준 것이다. 이는 어쩌면 조선족 농촌문제 해결이 아직 중국내에서 요원함을 암시하고 있는 것일지 모른다. 그러나 「산골녀성들」은 개혁개방기에 대한 기대와 희망을 조선족 농촌에서 찾고자 한다. 그것이 현실에 비추어 볼 때, 다소 과도한 기대나 이상을 드러낸 것이라 하더라도 작가는 이러한 창작방법을 통해 개혁개방의 주체인 중국 측과 '제휴'하고자 하였다. 새로운 시대에 대한 낙관과 긍정은 개혁개방정책을 주도하는 중국공산당으로서 매우 필요한 것이기 때문이다. 그러면서도 극좌파를

---

6) 류원무, 『봄물』, 연변인민출판사, 1987.

7) 오상순은 류원무의 「봄물」(1987)이 "우리 문단에서 처음으로 현실제재, 그것도 개혁개방 시기의 생활을 반영한 비교적 성공한 작품"(위의 책, p.193)이라고 주장한다. 그러나 「봄물」에서 남재운과 억석이를 대립 설정하여 극좌파에 대한 개혁개방 정책을 내세운 주제의식은 이미 1981년 발표된 김용식 「산골녀성들」에서 더잘 형상화되어 있다.

8) 「봄물」의 창작시기가 1984.10-1986.1 사이로, 1986.9-1986.10 사이 고쳐 연변인민출판사에서 1987년 출간된 것으로 기록된 것을 보면, 「산골 녀성들」이 창작되어 발표된 1981-1984년 시기와 멀지 않음을 보아도 그 「산골녀성들」의 영향을 받고 집필하였음을 짐작할 수 있다.(류원무, 「봄물」, 연변인민출판사, 1987, p.624 참조)

싫어하는 작가 김용식의 입장에서 볼 때 「산골녀성들」의 개혁적 로맨티시즘은 지난 10여 년간 억압해온 작가적 울분과 소수 민족적 열망이 촉발될 시점에서 발화되어 승화된 것이라고 볼 수 있다.

본고에서는 중국의 개혁개방기 조선족의 농촌 현실을 반영하여 새로운 시대의 비전을 모색해나간 「농촌녀성들」내용을 분석하기 위해 구성과 문체라는 두 가지 측면에서 고찰하고자 한다.[9] 구성이 의존화소의 인과적 흐름과 관련된다면, 문체는 자유화소의 부연, 첨가, 생략과 압축의 자유로운 비인과적 상황과 관련된다. 소설이 언어적 결합관계와 계열관계라는 씨와 날에 의해 직조되어있는 것이라면, 「산골녀성들」의

---

9) 옛날이야기에서 현대소설에 이르기까지 거의 모든 이야기들은 통합체인 구성의 측면과 계열체인 문체의 측면이 서로 간섭하고 길항하면서 이루어내는 동적 체계로 파악한다. 이에 대한 이론적 배경으로 러시아 형식주의자들의 업적을 먼저 들 수 있다. 토마체프스키, 티니아노프 등은 sjuzet(주제)와 fabula(우화) 두 가지 측면에서 러시아 민담을 분석함으로써 현대소설의 기호구조학의 이론적 기초를 제공한 바 있다. 여기서 주제는 인과관계에 따라 배열된 통합체로서 기능한다. 우화는 주제와 전혀 다른 방식으로 배열되고 소개된 소재로 독립적으로 존재한다. 주제는 동일한 사건들이 작품 속에 나타나는 순서를 존중하지만 우화는 그것과 대립되어 있다. 인물이나 사건, 주제만 가지고 소설을 이해하려 하다보면 자칫 작가의 내밀한 세계관, 삶에 대한 작가만의 관찰 방식, 말하고자 하는 진정한 속뜻을 놓칠 우려가 있다. 이러한 우려는 특히 리얼리즘 소설의 접근에서 더욱 깊어진다. 예를 들어 20년대 카프의 초기소설 「산양개」를 보자. 박영희의 「산양개」는 극도로 억압받은 민중의 본능적 저항, 공격성을 비유, 극화한 이야기로 자연발생적 계급투쟁의식을 주제화한 작품으로 읽혀져 왔다. 그러나 「산양개」의 주제는 문체에서도 더 잘 이해할 수 있다. 주인공 정호의 환상에 나타난 인물들은 하나같이 죄의식으로 공포에 질린 정호에게 비슷한 억양과 어조의 대사를 읊조린다. '키크고 남루한 옷을 입은 사람'이나 달아난 다섯째 첩, 기부금을 내라는 사람들은 하나같이 '이 칼이 너 생명을 찍는 대신 이 칼끝에다가 삼천원의 지표를 찍게 하여라!'라든가 '너는 이다지도 우리를 구박하였다. 바더라! 이 보수의 탄환을!'(박영희, 「산양개」, 『원본 한국근대소설의 이해1』, 민음사, 1983, pp.343-344) 식의 연극적 독백을 한다. 개가 주인을 물어 죽이는 아이러니가 주제적 측면이라면 이렇듯 극적인 환상에 의한 독백의 서술 측면은 작가의 계급의식의 고양 외에 또 다른 로맨티시즘의 경향을 짐작하게 한다. 곧 리얼리즘 소설이라 하더라도 구성과 문체의 측면에서 함께 주제에 접근하였을 경우. 우리는 좀 더 소설 세계를 통한 작가의 식을 잘 이해 할 수 있다는 것을 알 수 있다.(졸저, 『한국현대소설의 서사지평』, 푸른사상, 2004, pp.140-141)

구성과 문체 역시 개혁개방기의 조선족의 농촌현실 속에서 조화하면서 상충된다고 할 수 있다.

2. 「산골녀성들」의 구성과 주제의식 의존화소를 중심으로

오상순의 소설사에 따르면, 1980년대 개혁개방기 조선족 소설들은 '상처소설', '반성소설', '개혁소설', '세태소설', '애정소설'로 다양하게 분류되고 있는데, 「산골녀성들」은 이중 '개혁소설'에 속한다. 80년대 개혁소설들은 개혁개방을 맞이하여 개혁과정에서 일어나는 새로운 문제들, "전통적인 사회의식 혹은 민족의식 및 그 가치관념이 시대의 변혁에 대한 저지력 혹은 견제력 문제를 다루고 있었다.[10]" 이 시기 소설의 내용은 그 어느때보다도 다양해졌고, 그런 와중에서 대동란때와 같은 선동일변도나 성과달성적 주제의식을 조선족 사회에서 외면하는 경향이 나타나고 있었다.

「산골녀성들」은 주제의식을 3돌출 방식으로 개혁 과도기에 새롭게 형상해냈다. 그러나 80년대 초 다른 장편소설이 상처소설, 반성소설, 애정소설 등으로 기울고 있던 때에 상대적으로 도시보다는 농촌문제에 천착한 작가의 주제의식은 높은 것이었다.

「산골녀성들」의 구성은 연변농촌의 고유한 느낌을 잘 살려 소설적 주제와 일치하여 나아가는 인과적 관계로 짜여져 있다. 따라서 「산골녀성들」의 구성은 지난 10년간 문화대혁명을 수행한 반란파에 대해 비판과 적대의식을 숨기지 않음으로써 1956년의 "백가쟁명 백화제방"의 과

---

10) 장춘식, 「곤혹, 그리고 그 초탈의식」, 『시대와 우리문학』, 흑룡강 조선민족출판사, 1993, p.143.

거 이념을 추종한 듯한 주제의 이념성을 드러낸다. 김용식은 1957년 백화쟁명 백화제방 노선에 따라 「규중비사」를 발표하였다가 우파모자를 쓰는 곤욕을 치른 바 있었다. 따라서 저자는 「산골녀성들」 저작(1980년 초고)을 통해 1976년 11월 4인방이 실각하고 난 이후 지난 10여 년간 자신을 옥죄었던 '반란파'들을 적대시함으로써 새로운 중국 공산당정책의 변화를 최대한 수용하고자 한다.[11]

구성상의 주제는 소설에서 의존화소들의 통합 관계로 드러난다. 통합관계로 연결된 의존화소들은 이제 조선족 농촌은 과거 교조주의로부터 탈피해야 한다거나 '생산책임제'의 중요성을 깨달아 가난으로부터 벗어나야한다든가, 극좌적 반란파들은 물러나야한다든가 하는 메시지를 가지고 개혁개방기 농촌개혁의 주제로 통합되어간다. 구성상의 주제의식은 결국 자치주의 '3.8 붉은기 집체' 또는 '3.8 붉은기 기수' 등의 완성에서 강력하게 부각되고 있다. 그러나 결국 이러한 정점에는 이념적 주제가 자리하게 한다는 점에서 창작방법상 구성이 새롭다고 할 수 없다. 개혁개방전(1966년경) 4인방은 강청의 지도아래 '근본과업론', '3돌출론', '주제선행론' 등 일련의 이론체계를 제시한 바 있었다. '근본과업론'은 노농병 영웅인물을 부각하는 것이 사회주의 문예의 근본과업이라는 것이고 '3돌출론'은 모든 인물 가운데서 긍정인물을 돌출하게 하여 긍정인물가운데에서 영웅인물을 다시 돌출하게 하고 영웅인물 가운데에서 중요 영웅인물을 돌출하게 한다는 창작기법이다. 그리고 '주제선행론'은 창작과정에서 반드시 주제사상을 먼저 결정하고 그 주제에 근거하여 인물을 정하고 이야기를 꾸며낸다는 이론이다.

「산골녀성들」은 이러한 창작방법을 원용하고 있다. 당정책의 변경노

---

11) 저자의 생애에 대해서는 '흘러간 60평생' 참고(『20세기 중국조선족 문학사료 전집 23집』 김용식문학편, 중국조선족민족문화예술출판사간, 2002, pp.492-527)

선을 따라 새로운 생산방식인 '생산책임제'의 긍정과 근본과업에 대한 투철한 사명감, 그리고 반란파의 보수적, 부정적 태도를 비판 근절하고 자 하는 주제의식이 선명하게 드러나고 있다. 또한 인물의 형상화에서 도 3돌출법에 따라 중요 영웅적 인물로 상금이를 전경화하였다. '3돌출' 에 의한 주인공 제시방식은 영웅인물의 창조와 이상화, 공식화된 중간 인물 설정을 통한 도식적 줄거리 전개방식으로 1920년대 후반 카프의 『농민소설집』에 나타난 '전위적 인물'과도 유사한 인물제시방법이다. 소설에서 영웅적 인물은 장림8대의 부녀대원이라고 볼 수 있다. 동실이 네, 선희네, 분희 등은 상금이를 도와 장림8대의 생산성을 초과달성하 는 영웅적집단이다. 이들은 상금이의 지도적 위치를 보좌함으로써 상 금이를 전위적 주인공으로 돌출하게 도와준다. 부녀대원들은 술먹고 싸움이나 하면서 낡은 공동합작에 미련을 버리지 않는 안일한 남자들 과 갈등하면서 상금이의 지도력을 키워준다. 갈등의 핵심에는 윤신호 와 상금이가 있다. 상금이는 과거 처녀시절 인대로부터 고발을 당하고 핍박받은 바 있었으나, 성필과 결혼, 젖먹이 옥이를 키우면서도 새로운 개혁기를 맞아 부녀대장으로 선출되어 생산량 증가 사업의 전면에 나 선다. 저자는 '산골녀성들'을 영웅적 주인공들로 내세웠다. 곧 '산골녀 성들' 장림8대의 부녀대원들은 연변시 38붉은기 집체로 표창을 받게 된 다. 38붉은 기 집체 가운데 더 영웅적인 주인공 상금이네가 있다. 동실 이네 뿐 아니라 부녀대원 모두가 중심이 되어 농촌개혁에 부정적인 남 성들과 대립하면서 38붉은기집체가 되고 38붉은기 기수가 된 「산골녀 성들」의 개혁성공담은 3돌출법에 충실한 구성이라 할 수 있다.

　　「산골녀성들」의 화소들[12]은 대개 다음과 같이 전개된다.
　　1. 상금이를 부녀대장으로 하여 장림8대 부녀대가 구성된다.

2. 장림8대는 청리부업에 성공, 공사밭갈이준비평 대회에서 선진
대로 뽑힌다.

3. 남자들의 훼방과 간섭에도 장림8대 부녀대원들은 일치단결하
여 개암나무밭을 감자밭으로 일구는데 성공한다.

4. 과거 홍위병출신 생산대장인 윤신호와 대립한다.

5. 외지에 나갔던 남자들 일부는 망신만 당하고 돌아온다.

6. 윤신호와 부녀대장 상금이와의 갈등이 고조된다.

7. 과거 도시 유부남의 꾐에 빠진 적이 있었던 분희는 지식분자였
던 원태와 사랑을 나누게 된다.

8. 윤신호가 분희와 원태 사이를 방해한다.

9. 부녀대는 과거 핍박받았던 노인들의 농사 경험을 받아들인다.

10. 분희와 원태가 혼인한다.

11. 장림8대 부녀대는 연변조선족자치주로부터 38붉은기집체가
되고 부녀대장은 붉은 기수가 된다.

「산골녀성들」은 1980년 첫봄을 맞은 연변조선족 자치주 장림의 산골
생산대에서 이듬해 1981년 봄까지 부녀대장 상금이를 중심으로 고군분
투하여 농촌 생산량 증대를 초과달성하여 정부빚을 갚고 부유한 농가

---

12) 화소(모티프)는 의존화소와 자유화소로 나뉜다. 구조주의 언어학자 로만 야콥슨
의 이론에 의하면 텍스트의 문체는 선택적 혹은 결합적 관계의 결과로서 볼 수
있다. 야콥슨은 소쉬르의 기호 관계와 연관시켜 문체를 계열적 관계와 통합적
관계 축으로 이루어지는 선택과 결합의 결과로 보았던 것이다.(B. 조빈스키, 이
덕호 옮김, 『문체론』, 한신문화사, 1999, pp.52-53) 그러나, 소설을 하나의 텍스트
라고 확장하여 볼 때, 텍스트의 직조된 씨와 날을 구성과 문체라고 할 수 있다.
이때 구성에 해당되는 구조언어학적 개념은 결합적 관계로, 문체에 해당되는 언
어구조학적 개념은 선택적(계열적) 관계로 설명될 수 있다.(김인환, 『한국문학이
론의 연구』, 을유문화사, 1986, pp.133-251 참조)
소설 「산골녀성들」에서 통합적 관계의 축을 이루는 화소가 의존화소라면, 선택
적(계열적) 관계의 축을 이루는 화소는 자유화소라고 할 수 있다. 「산골녀성들」
에서 표방하고 있는 외면적 스토리는 통합적 관계의 축, 즉 의존화소로 드러난
다고 볼 수 있다. 다만 여기서는 덜 의존적인 화소들도 구성 전개상 함께 소개
함으로써 3장에서 논할 본격적 자유화소와 차별하고자 한다. 보다 시공간을 초
월한 자유화소에 대해서는 3장에서 논하고자 한다.

를 일구어냄으로써 주변 생산대의 부러움을 받게 된다는 이야기이다. 「산골녀성들」의 의존화소는 대체로 시간적 의존적 관계로 진행된다. 장암 8대 부녀대장 상금이는 말 재주가 뛰어나고, 결단력과 의지, 책임 감이 강하고 모든 면에 있어서 솔선수범하는 매우 이상적인 여성상으로 그려진다. 그녀의 남편 성필은 아내의 능력을 믿고 있으면서도 생산 대장 신호와의 관계, 그리고 남자의 체면 때문에 아내를 경계하는 우유 부단한 성격의 소유자로 가끔 부딪친다. 상금에겐 젖떨어지지 않은 딸 이 있다. 시아버지는 상금이의 부녀대장으로서의 역할을 내조한다. 옥 희를 돌보고 집안의 작은 일들을 불만없이 처리한다. 그런 시아버지에 게 상금이 역시 나무를 팔아 옷을 사드리는 등 보기 드문 효녀이다. 상 금은 이렇듯 가정에서나 일에 있어서 가장 이상적인 여성으로 묘사된 다. 상금이와 가장 대립되는 인물은 신호이다. 그는 일찍이 학생시절 홍 위병으로 뛰어들어 문화대혁명에 뛰어든 극좌적 인물이다. 그는 4인방 몰락 후에도 '생산책임제'라는 현재의 정책변화에 의구심을 버리지 않 고 관료적 타성을 버리지 못하고 사사건건 장림6대 부녀들과 충돌한다.

상금과 신호의 대립 설정은 정책적 변화로 인한 조선족 농촌 사회의 갈등을 적절하게 재현한다. 이들의 대립은 소설적 주제를 명료하게 제 시해준다. 중국의 개혁개방 이후 경제정책 전환은 일시적인 정치적 사 건의 여파가 아니라 미래의 진정한 사회주의 국가 실현을 위한 피할 수 없는 방향임을 소설에서는 과거를 비판하면서 주장하고자 한다.

「산골녀성들」은 장림8대의 성공담을 중심으로 여러 개의 부수적인 이야기 축을 갖고 있다. 그중 원태와 분희의 혼사담은 9장에서 22장까 지 장림8대 부녀대의 성공담과 나란히 진행된다. 원태는 상금이와 함께 나아가는 상금이의 남성적 이미지를 갖고 있다. 신호에게서 대동란때 핍박받은 원태는 '신생을 웨치는 젊은이'로 그려지고 있다. 과거, 원태는 할아버지가 부농이라는 이유로 비판을 받아 온 탓에 아무런 능력도 발휘할 수가 없었던 인물이다. 그는 "검은피가 따로 있어 대대손손 유전된다는 그 괴상한 학문을 승인할 수 없다"(p.174)고 생각할 만큼 출신성분을 따지는 일에 진력이 난 인물이다. 노처녀인 분희가 성분좋은 도시 총각, 대학생 신랑감 보다 원태에게 애정을 느낀 것은 원태의 출신성분보다 지혜로움과 선각자의식을 더 알고 있었기 때문이다. 두 사람의 애정담은 다소 통속적 흥미를 유발시키면서, 성분 차별을 넘어 남녀 상호 사랑이 우선되어야한다는 새로운 결혼관을 제시한다. 둘 사이의 고상하고 우아한 분위기와 대화로부터, 남녀가 동등한 휴머니티를 느끼게 되는데, 이것은 조선족 남녀관계의 변화된 측면을 보여준다. 분희가 원태를 보통 사람들이 꺼리는 출신성분을 넘어 결혼에 이르는 과정은 새로운 자유연애의 사례라고 할 수 있다.

분희가 노루목밑에서 더덕을 캐다 원태의 노랫소리를 듣고 그를 흠모하게 된다는 사랑의 동기, 서로 주고받은 편지 문체를 통해 전달되는 사랑의 과정 등을 통해 저자는 조선족 남녀사랑의 새로운 완성을 재현시키려하고 있다. 다소 고전적이면서도 경박하지 않은 두 남녀의 접근 방식은 사회주의 국가의 연애풍습과는 분명 다른 것이었다. "주례사도 없고 래빈 축사도 없고 례물교환도 없고 다른 아무형식도 없는"[13] 혼인증서만 읽어주고 서로 악수하고 끝내는 사회주의식 혼인에 대해 서술하는 작가의 서술태도로부터 한민족적 전통에 대한 미련을 포기하기 못하는 아쉬움을 분명 발견할 수 있다.[14] 그러나 이러한 원태와 분희의

---

13) 위의 책, p.452.

14) 분희어머니의 회상 장면으로 서술자는 전통혼례식을 자세히 묘사하고있다. "로파의 머리에는 자기가 시집올 때의 정경이 력력히 떠오른다. – 신랑은 관복 입고 사모 쓰고 갖신 신고, 신부는 첫날옷에 연지찍고 분바르고 칠보족두리 쓰고 백수라삼으로 얼굴을 가리고 들러리서는 여자의 부축을 받아 초례청으로 들러간다. '서

연애담은 결국 "이 락후하고 가난한 두메산골을 부유하고 문명하고 아름다운 사회주의 새농촌으로 건설하는 것만이 우리의 참된 행복을 창조하는 유일한 길"15) 이라는 원태의 말에서 새로운 연애관이 국가관으로 수렴되고 있음을 알 수 있다.

비교적 덜 의존적인 7, 10은 의존화소 사이의 원활한 전개를 위해 소급제시된 화소로 기능한다. 신호나 원태의 과거사는 주제와 상관이 있다. 7, 10 역시 연애담으로 이 소설적 주제와 직접 닿지 않지 않는 것처럼 보일 수 있으나 소설의 줄거리에서 이러한 화소들은 주제적 사건과 직접 관련은 없더라도 장편소설로서의 주제를 강화시켜준다. 예를 들어 '혼사장애담'은 부정적인물 신호를 악인형으로 원태와 같은 신분차별로 억울하게 비판받아온 개혁주의자에 대해 긍정하는 효과를 가져온다. 뿐만 아니라 조영감, 도영감이 사소한 뙈기 농사나 송아지 때문에 과도한 비판을 받고 고통받아 온 이야기들에서 무모한 4인방의 극좌주의 노선의 허구성을 알 수 있다. 장편소설은 단편소설과 달리 하나의 주제를 복합화자의 다양한 관점에서 바라보거나 서술되면서 내밀한 의존관계를 맺게 된다. 결국 「산골녀성들」은 개혁정책인 생산책임제를 적극 수용한 장림8대가 목적이상을 달성하게 될 수밖에 없는 요인들을 다양한 인물의 과거사를 반성적 시각에서도 보여줌으로써 농촌 계몽의 기치를 높이고자 한 것이다. 시간 순서에 따르지 않는 이러한 화소들은 소설의 내용을 공간적으로 확대시켜가면서 의존화소에 따른 구성적 주제를 도와주는 기능을 하고 있음을 알 수 있다.

동부서'라는 홀기소리에 따라 신랑은 동쪽에 -- 중략- 집사가 솔잎에 물을 적시어 훌훌 뿌리면서 신랑신부의 백년해로를 축원하는 덕담을 한다……"(p.453)
15) 「산골녀성들」, pp.399-400.

3. 「산골녀성들」의 문체 - 자유화소를 중심으로

1) 민담, 민요, 동요 등을 통한 민속적 문화 담론의 계승

「산골녀성들」에서의 화소들은 이처럼 구성과 관련한 중심적 의존화소들외에 덜 의존적인 주변적 의존화소들이 적잖이 눈에 띈다. 그러나 좀 더 핵심 줄거리와 확실히 다른 차원에서 다층적으로 확대, 부연, 첨가되어 드러나는 부분, 자유화소들이 있다. 특히 부녀들, 상금이네, 동실이네, 쌍둥이네, 왕청집(황나발 마누라), 선희네, 분희, 차순이 등이 일하면서 펼치는 재담, 노래, 옛날이야기, 대화는 실로 이 소설의 진정한 가치를 생동감있게 도와주는 자유화소로서 구성으로부터 제시된 주제와 별도로 문체적 의미를 생성한다. 자유화소들에는 생활적 언어 속에 골계가 자연스럽게 녹아있어 농촌공동체 삶의 진정한 가치를 깨닫게 해준다. 웃음이란 이념의 경직성에서 벗어나는 것이기 때문이다. 상금이 등이 척박한 밀림을 헤치고 정지(청리부업)하면서 나누는, 범, 멧돼지 이야기(pp.69-72)라든가, 메뚜기 이마 벗어진 내력담(p.381) '구들농사'에 관한 성담론 등이 그러한 예이다. 범의 이야기는 무려 3쪽에 걸쳐 소개된다. 범을 만난 동실이네의 체험은 연변의 산촌여성들의 짐승에 대한 공포를 드러내면서도 다시금 그것이 가난이나 비겁함에 대한 비판으로 이어진다.[16]

민담보다 더 자주 나타나는 것은 민요이다. 「풍년가」(p.384), 「시집살이요」(p.385), 「노들강변」(p.111) 외 애정, 연정을 노래하거나 전원생활을 노래한 타령조의 가사들이 등장한다. 선희네, 왕청집이 타령을 하고

---

16) 표범이 범의 앞잡이가 되어 나무위에 숨은 사람을 잡아먹으려다 사람이 던진 저고리에 눈이 가려진 채, 땅에 떨어지자 되려 사람으로 오인한 범에게 잡아먹힌다는 이야기는 민담을 변형시킨 것이라고 본다.

부녀대원들이 장단을 맞춘다거나 분희와 원태가 서로의 노래를 들음으로써 사랑이 진행되는 것도 독특한 점이다. 때로는 노래가 춤과 함께 어울려 소개되기도 한다. 분희가 「노들강변」을 부르면, 쌍둥이에미는 황새춤을 추고 황나발 마누라(왕평댁)은 곱새춤을 춘다.(p.55) 이러한 노랫말들은 경쟁을 유도하거나 선동하는 프로퍼갠더 시와는 아무 상관없는 것으로 세월에 대한 무상감이나 고독, 애정 호소의 내용을 담고 있는 경우가 많다. 또한 풍수지리와 관련된 묘자리 운운(p.50), '고시내'(고시래)의 민간신앙적 요소, 신농씨의 농본주의, 다산선호에 얽힌 대화들이 골계적으로 등장한다. 특히 다산을 여성의 복으로 알던 한민족적 정서를 "그래도 축구팀하나가 되자면 둘이나 모자라니더"(p.73)라는 쌍둥이네의 입담에서 확인할 수 있다. 이러한 내용은 일부, 중국의 정책이념과 대립될 수 있음에도 저자는 민족적 관습과 문화를 가감없이 전달하고 있다.

2) 연변의 조선족 농민 언어의 寶庫

김용식의 「산골녀성들」에는 작가의 어떤 소설에서보다 더 많은 농촌 생활 관련 속담과 비유들이 넘쳐나고 있다. 속담이나 수수께끼 역시 민속문학의 한 장르로서 민족생활의 정체성을 확인할 수 있는 중요한 생활언어라고 볼 때, 개혁개방기 「산골녀성들」에 마음껏 풀어놓은 언어 전시는 조선족 언어 변화 연구에도 도움이 될 만큼 풍부하다. 그것은 어쩌면, 그가 작품에서 멀어져 평범한 농민으로 살아가면서 더욱 절실하게 경험된 결과라고 생각된다. 김용식이 만약 농민들과 괴리된 생활을 하였더라면 그같이 생활감각이 녹아난 농촌언어를 구사할 수 없었을 것이다. 다음 문장을 읽어보면, 그가 쓴 문장이 농사체험없이 쓰여진 것이 아니라는 것을 알 수 있다.

> -- 벼가 잘 여물어서 한 가래씩 푹 뜨면 팔목이 시큰할 만치 묵직했
> 다.(p.419)

위에서 서술자는 농부의 입장에서 풍년이 들어서 벼가 여물었을 때 가래로 퍼담는 느낌을 다르게 표현하고 있다. 또한 「산골녀성들」에는 남성들의 언어에서보다 여성들의 대화와 입담에서 더 질박하고 자연스럽게 묘사하고 있다. 김용식 소설의 해학은 언어 자체에서 만들어낸 위트나 비유가 아니라, 상황으로부터 우러난, 농촌의 생활감각 없이는 느끼기 어려운 자연스러움이 있다. 그러므로 그의 소설에 등장하는 재담이나 속담은 그 자체로 떼어놓고 볼 때보다 소설적 상황에서 읽어야 제대로 뜻이 우러난다.

입이 허창궁기 49
두터비 파리 삼키듯 52
고슴도치 외따지듯 52
자랑끝에 쉬쓸겠다 53
난시에 앉은뱅이 없다 70
홍두깨 세대 맞아 담 못 뛰어넘는 소 없다 70
밤이야기 세 켤레고 낮이야기 두켤레 71
까마귀가 오디를 보고 가만있기가 (더) 쉽지 79
어린애 자지에 붙은 밥알을 뜯어먹어도 분수가 있지 79
소경이 문고리 잡는 격 80
빚진 놈은 방귀도 못뀌겠구나 81
오금에 돌개바람 일어날 만치 83
차라리 적게먹고 가는똥 누지 87
목젖이 방아를 찧던 김이라 93

밉다니 주저앉아 똥산다더니 155
이웃집 처녀믿다 장가 못간다 180
흰죽에 코빠진 격 202
농민이 논자랑하지 말고 모자랑하라. 209
참외는 소 한 마리 누울 자리만큼 심어도 삼년묵은 빚을 갚는다 247
잔고기 가시 악세다고 더합데 더해 249
옛날부터 농민은 식전일이 절반 252
중매는 잘하면 술이 석잔 못하면 매가 세대 259
암탉이 울면 집안이 망한다더니 294
흥정은 붙이고 싸움은 말리랬다 296
쌀뜨물 마시고도 취한다더니 297
이웃집 마당 터진데 솔뿌리 걱정하고 있네 316
주인많은 손님 저녁 굶는다 332
황아장수 망신은 고불통이 시킨다더니 334
재불에 혀박은 놈처럼 바빠도 한다 355
굼뜬 부엉이 밤눈은 밝다더니 365
인심좋은 안깐(안사람)이 동네 시애비 아홉 369
황새가 너푸니 까마구도 너푼다 370
갑산놈이 제애비 죽으니 별일이라 하더니 406
말죽은 집에 소금 축난다 408
벼무지가 백두산과 키내기를 하네 419
눈이 가죽이 모자라 내놓은 줄 아니 427
(오른쪽 숫자는 인용된 페이지 수)

이상의 속담이나 비유는 대부분 전통적 농촌생활과 관계가 깊다. 한국농촌에서는 사라진 농촌언어나 농촌문화가 조선족 농촌생활에서 지속되어온 사실을 이로부터 알 수 있다. 특히 「산골녀성들」에는 다른 소설들에 비해 연변 농촌 특유의 언어들이 많이 나타난다. 이러한 농촌공동체의 언어적 전통이 1980년대 조선족 농촌소설에서 계승되고 있는 점은 차이는 있겠지만 한국농촌소설사의 관점에서 매우 주목해야할 현상이다. 무엇보다 한국의 농촌소설언어는 지역별 특성이 뚜렷한 데 비해 조선족 농촌소설의 언어는 혼종화되어있다. 「산골녀성들」에서 장림 8대 부녀자들은 대개 함경도 방언을 쓰는데, 경상도 마을에서 온 황나발 마누라 왕청집의 방언이 마구 뒤섞이면서 소통되는 새로운 골계미가 나타난다. 아직 어원이 밝혀지지 않아 많은 연변 조선족 언어들을 이해하기란 쉽지 않다. 조선족 언어가 복잡해진 것은 외국어의 침입으로부터 우리말을 지키는 과정에서 혼성화 되어가는 현상이 생겼기 때문이 아닌가 한다. 게다가 억양과 어휘에 있어서 함경도와 경상도처럼 같은 민족끼리도 소통되기 어려운 지역 출신이 섞임으로써 더 소통이 어려워진 점도 연변 특유의 어휘가 자생하게 된 원인이라고 생각한다. 「산골녀성들」에 등장한 어휘 목록17)을 살펴보면 조선족 소설의 농촌문화의 혼종성을 잘 알 수 있다. 함경도, 평안도, 경상도 등 다양한 언어가 새로운 '공동 합작'농촌생활 속에서 어떻게 혼용되고 또 다른 어휘를 생산해내는가의 단계별 연구가 급작스레 만들어진 '조선어 사전'과 별도로 진행되어야 하리라 본다.

---

17) 버덕; 도시? 5 / 쇼깐즈; 막대기 /새도래; 까불이 54 / 쥀기밥 도시락; 점심? 67 / 겁이 없는 채 시뚝해하면서 68 / 가마뚜베만한 범발자국 : 가마솥뚜껑만한 범발자국 68 / 서방 비우만 하니 고애뿔이나 있어야 서방을 보내지; 장가가고 싶어하니 뭐라도 있어야 장가를 보내지? 74 / 구들농사; 자식농사 74 / 특세; 특권 83 / 돈비락질; 돈꾸러다니는 일 85 / 시물거리다; ? 89 / 알륵; 알력? 99 / 술기바; 줄끈? 161 / 계선을 나누다; 경계하다? 192 /선불맞은 범처럼; 벼락맞은 범처럼? 197 /그 많은 잔밥을 데리고; 그 많은 식솔을 데리고 199 / 나그네; 남편 199 / 사무라우냥하오? 사납게 굴어? 198 / 쇄지; 송아지 246 / 장다리; 장단지 / 신다리; 허벅지 / 봉창하다; 메우다, 때우다? 288 / 찔라깨; 망나니 298 / 짜개바지(밑터진 바지), 고토리(고추, 남자아이의 성기) 380 / 놉아마소; 노여워하지 마소 318 / 벼가 슬하기 성수나지? 382 / 승벽을 쓰다; 이기려고 하다 / 승벽심; 경쟁심 / 난세를 번졌소?; 난리를 피웠소? 301 / 반두질 고기잡이 일종 404 / 눈을 게불게불 하며; 눈을 부라리며? 407 / 늘장; 늦장 413 / 쏘풀; 소매점 / 채방; 취재 477.

3) 민족적 관습의 수용

「산골녀성들」에는 또한 효라든가 여성의 절개 등 계급이념보다 인간관계를 중시하는 담론들이 나온다. 이러한 주제들은 상금이와 시아버지와의 관계나 민수와 동실, 또는 신호, 분희, 원태의 이성갈등에서 이야기된다. 이러한 작은 주제들은 큰 주제에 밀려 부각되진 않으나 관습이데올로기라는 점에서 큰 주제와 충돌될 여지가 많다. 곧 효나 열은 조선족의 관습적 의식문화로 중국의 사회주의 인간관계와 상충될 수 있다. 실제로 상금이가 집에 돌아와 시아버지에게 그 바쁜 와중에도 옷을 지어 바치는 등, 효의 도리를 다하고 여성의 이혼 증가를 비판하는 등, 작품에서 지나치게 여성의 능력을 과대평가하는 측면이 나타나고 있는데 원인은 소설이 개혁운동의 주체를 여성으로 삼으면서도 조선족 고유의 미풍양속을 고수하려는 이중적인 측면이 있기 때문이다.

4) 기능적 인물들의 등장

「산골녀성들」에는 주 인물 외에 기능적으로 나타났다가 사라지는 인물들이 있다. 이들은 구성상의 진행을 돕기 위해 보조적 역할을 할 뿐 소설에서 지속적으로 나타나지 않기 때문에 등장인물로서의 성격이 분명히 드러나진 않는다. 수정주의자로 몰려 사람들이 욕하는 소리에 고막 터진 곽영감이나 송아지 사육에 매달리다 박해받은 조영감이 그러한 인물이다. 주창길도 가끔 나타나지만 기능적 인물이다. 그는 50대로 대동란때 우파모자를 쓰고 온갖 고통을 받은 끝에 한팔을 쓰지 못하는 인물로 김학철 선생을 연상하게 한다.(p.123) 도영감도 한 분야에 오랫동안 종사해온 경험을 무시함으로써 웃음거리가 되었던 농사의 사례를 나열하면서 부녀대의 김매기, 제초, 적비 등 농사일에 도움을 주는 기능적 인물이다. 그는 농사일과 관련한 절기나 민담에도 익숙한 인물이다.

4. 「산골녀성들」의 주제와 텍스트적 의미

김용식은 조선족 어느 작가와 비교할 수 없을 만큼 민속문학, 방언과
속담 구사에 능수능란하다. 「산골녀성들」에는 민담, 민요, 시가, 연변지
역 농민들의 살아있는 구어들과 속담 등 민중 담론이 담겨져 있다. 이때
의 민중이란 누구인가? 바로 한민족적 두레 문화를 올곧게 이어가고 있
는 장림8대의 농민들이다. 그러나 「산골녀성들」이 한민족적 전통을 계
승하여 독자적 노선의 공동체를 민족적 의지로 이루어가기 위해 쓴 소
설은 아니다. 앞의 구성에서 밝혔듯 이 소설의 주제는 중국의 새로운 개
혁사조, 즉 좌적사조를 비판하면서 생산책임제를 통해 자치주의를 달
성시키자는 것이 주제이다.

그러한 소설의 의미는 소설의 구성상 의존화소로 분명히 드러나는
측면이 있으나 항상 그런 것은 아니다. 이야기의 계열적 구조를 이루고
있는 자유화소들은 줄거리상 중요해 보이지 않지만 소설 텍스트를 풍
요롭게 한다. 소설은 반드시 구성상의 의존화소로만 의미화 되지 않는
다. 줄거리 전개 중에 부연되고 첨가되는 부대적 상황과 정경, 분위기,
적절한 비약과 생략, 압축과 팽창의 대화나 서술에 의해서도 형상화된
다. 자유화소로 파악되는 소설 텍스트의 문체는 그러므로 구성과 직접
적 관계를 갖지 않지만, 결국 소설의 주제에 영향을 미친다. 「산골녀성
들」에서 언어의 쓰임새와 질박한 대화, 이야기(민담), 민요, 동요 등은
주제에 대한 확대, 부연, 첨가[18]의 측면에서 새롭게 이해할 수 있는 측

---

18) 김인환, 『한국문학이론의 연구』, 을유문화사, 1986, pp.133-251 참조.

면이다.

김용식은 오랫동안 자유롭지 못한 상황에 놓여있었으나 80년 초 새로운 사조에 발맞춰 프로퍼갠더적인 이념을 주제화하고자 하였다. 그의 주제는 개혁개방기의 새로운 정책을 긍정하고 알리는 데 있었다. 그는 아이러니하게도 3돌출의 창작방법으로 그러한 주제를 형상화하고자 하였다. 게다가 그는 이미 중국에 동화된 조선족 농촌의 현실을 외면하고 조선족 문화가 흠씬 풍겨나는 정경을 묘사하고자 하였다. 그는 구성상 이념을 추구하면서도 문체상 민족적 생활을 동시에 답파해낸 것이다. 이러한 어긋남은 김용식 작품을 '성급한 낙관주의'에 기인한다고 할 수 있다. 그러나 본고에서는 개혁개방기의 소수 민족적 농촌현실의 입장에서 그의 작품 「산골녀성들」의 구성과 문체의 특이점을 밝히고자 하였다.

「산골녀성들」을 크게 구성적 측면과 문체적 측면으로 분석함으로써 개혁개방기의 조선족 소설이 갖는 텍스트적 의의를 밝히고자 하였다. 소설은 80년 초 매우 중대한 시기에 발표된 시사성이 강한 작품으로 당대 문학사적 창작에 영향을 미쳤다. 이 소설의 구성적 특징은 다음과 같이 요약된다. 첫째는 집체 공동경작에 따른 정책 변화를 적극적 수용하여 전개하고자 하였다. 둘째, 신호와 같은 교조주의적 인간상을 악인 형으로 설정, 주인공인 상금이와 대립시켜 흥미를 고조시키면서 주제를 강하게 내세우고자 한다. 셋째, 성분문제를 개혁하여 혼인이나 취업생활에 변화를 주고자 한다. 넷째, 남성들에 비해 여성집단의 잠재력을 높이 사 농촌개혁의 선구자로 내세우고자 한다. 다섯째, 개혁개방과 함께 농촌 이농현상이 점차 일어나고 있었던 시기에 농촌생활을 건강하게 긍정하고자 한다.

한편, 문체상 특징은 다음과 같이 요약할 수 있다. 첫째, 생활 속에 녹아든 민담, 속담, 민요, 시가, 동요 등을 통한 한민족의 문화적 정체성을 중국의 그것과 차별하고자한다, 둘째, 연변 조선족 농민 언어의 혼종성을 사실적으로 재현함으로써 제3공간의 텍스트적 특성을 보여주었다. 셋째, 조선족들의 충, 효, 열, 다산, 장유유서 등 유교적 가치와 민간신앙, 결혼식 등 민족 풍습에 대한 계승 의지를 담지하였다.

「산골녀성들」은 구성에 있어 이념적으로 경직된 면이 있다면, 자유 화소로 드러난 문체에 있어서는 유연하고 생동감이 넘쳐 구성의 경직된 면을 보완해준다. 그러나 이러한 문체적 특징은 또 다른 주제를 함축하고 있어서, 결국 구성과 문체가 의미상 서로 충돌되는 결과를 낳고 있다. 곧, 문체상으로 드러난 텍스트 의미는 분명 생동감 있게 한국의 농촌풍습을 재현하고 있는 반면, 구성상 드러난 주제 측면은 개혁개방기의 '극좌적 노선 타파와 생산책임제를 통한 농촌 계몽'을 지시하고 있다. 주제란 강하게 계몽적으로 드러날수록 설득력이 약할 수 있다. 소설의 주제가 인물의 형상, 구성의 필연성, 문체의 적절함이 함께 어울려 통일된 결과로서 귀납 유추될 수 있는 이념화된 작가의 의도라면, 이렇듯 문체와 이반된 구성적 의미가 독자들에게 어떻게 받아들여질지 독자반응비평의 관점에서 바라 볼 필요가 있다. 구성과 문체 사이에서 노출된 미학적 부정합성으로부터 우리는 중화인민공화국 국가의 국민으로서 살아가야만 하는 조선족의 양가적 공간성을 발견할 수 있다.

참고문헌

김상률·오길영 엮음, 『에드워드 사이드 다시 읽기』, 책세상, 2006.

김용식, 『산골녀성들』, 흑룡강 조선민족출판사, 1984.

김용식, 『20세기 중국조선족 문학사료 전집 23집(김용식문학 편)』, 중국조선족민족문화예술출판사간, 2002.

김인환, 『한국문학이론의 연구』, 을유문화사, 1986.

김학철, 『해란강은 말한다 상하편』, 풀빛, 1988.

류원무, 『봄물』, 연변인민출판사, 1987.

송현호, 「김학철의 「격정시대」에 나타난 탈식민주의 연구」, 『한중인문학연구』18집, 한중인문학회, 2006.

오상순, 『개혁개방과 중국조선족 소설문학』, 월인, 2001.

이근전, 『고난의 연대1,2,3,4편』 세계문예8, 도서출판 세계, 1988.

이해영, 『중국조선족 사회사와 장편소설』, 도서출판 역락, 2006.

장춘식, 「곤혹, 그리고 그 초탈의식」, 『시대와 우리문학』, 흑룡강 조선민족출판사, 1993.

조성일·권철, 『중국 조선족 문학통사』, 이회, 1997.

한명환, 「중국조선족 역사 소설의 탈식민주의 특성 연구」, 『한중인문학연구』18집, 한중인문학회, 2006.

한명환, 『한국현대소설의 서사지평』, 푸른사상, 2004.

최병우, 「고난의 연대의 탈식민주의적 연구」, 『한중인문학연구』18집, 한중인문학회, 2006.

츠베탕 토도로프, 김치수 역, 『러시아 형식주의』, 이화여대출판부, 1988.

B. 조빈스키, 이덕호 옮김, 『문체론』, 한신문화사, 1999.

중국 조선족 시의 '변강'적 특성과 양가성

정 수 자

목 차

1. 머리말

조선족은 중국 내의 다른 소수민족에 비해 교육열이 높으며 상대적으로 문화적 독자성을 잘 지키는 민족에 속한다. 따라서 자신들의 '민족문자' 고수와 함께 문학 창작도 활발한 편이다. 그렇지만 그것은 어디까지나 중국 정부가 허용하는 범위 내에서의 예술이라고 할 수 있을 것이다. 중화사상에 따른 중국화 전통과 정치에의 복무를 중시하는 중국 문예 풍토에서 조선족 문학이 공존하는 것 자체가 중화인민공화국의 인민이자 소수민족이라는 입장의 반영이기 때문이다. 그러므로 조선족 문학은 중국 정부의 정책을 수행하는 가운데 자신의 민족적 정체성을 지키는 양상을 띠게 된다. 이러한 특성은 조선족이 자신의 문학사를 바라보는 시각, 즉 "우리의 문학과 예술 그리고 출판 언론, 언어연구 등 분야들은 동화와 비동화(非同化)의 모대김 속에서 민족의 얼을 지키고 민족의 정체성, 독자성을 수호해왔다"[1]는 인식에서도 확인할 수 있다.

여기서 "동화와 비동화의 모대김"이라는 표현은 조선족이 거대 중국의 한 변경[2]에서 겪어온 삶의 집약이라고 할 수 있다. 중국이 소수민족에게 강압적인 '동화'를 요구할 때나 유화적인 조치를 취할 때나 조선족 시문학에는 '동화'의 측면이 두드러지고 '비동화'는 그런 가운데 견지해온 것이기 때문이다. 본고는 이런 특성에 주목하여 조선족 시문학이 보여주는 '동화'와 '비동화'의 궤적, 그리고 '비동화'에 담긴 의미들을 탈식민주의적 관점에서 살펴보고자 한다. 조선족 시가 중국화의 강력한 자장 안에서도 자신의 '민족 문자'로 작품 활동을 하며 소수민족의 '변강'[3]적 특성을 담아내기 때문이다. 특히 조선족 시문학이 표방하는

---

1) 김관웅, 「중국 조선족문학의 력사적 사명과 당면한 문제 및 그 해결책」, 『비평문학』제13집, 한국비평문학회, 1999, p.556.

2) 여기서 변경은 경계(border), 분계(boundary), 국경(frontier)을 포괄하는 개념이면서 공간적 정의와 기능적 정의가 결합된 의미로 본다. 변경은 전통적으로 역사·문화·인간학적 공간일 뿐만 아니라 근대 세계에서는 갈등과 공존, 분리와 통합이라는 주변성을 담보하는 용어로 탈식민적 가능성을 지니게 된다.(Chris Williams, 임지현 엮음, 「변경에서 바라보다-근대서유럽의 국경과 변경」, 『근대의 국경 역사의 변경』, 휴머니스트, 2004, pp.44-54 참조)

3) '邊疆'은 중국 내에서 '중국'과 '중화인민공화국' 사이를 이르는 말로 쓰이지만, 역사상 중국인들이 '변강'이라고 부른 곳은 '중국'의 일부가 아니라 '중국'의 밖,

'동화' 속에서의 '비동화'는 이원성을 갖는데 이는 거대 중국의 변방에서 공존하는 소수민족문학의 양가성을 보여준다. 그러나 이때의 양가성은 제국주의 체제 비판을 위해 제국주의 언어를 이용하는 전략이나 이분법적 대립을 해체하려는 탈중심주의적 사유의 표출4)과는 다른 측면을 드러내고 있다. 그것은 양가성이 중국이라는 중심에 대한 저항이나 전복 혹은 해체 같은 방식이 아닌 조선족 자신의 정체성을 고수하기 위한 방식인 '비동화'의 결과이기 때문이다. 이렇듯 조선족이 중국이라는 막강한 중심에 흡수되지 않은 채 변방에서의 문학을 자신의 문자로 지속하는 것은 그 자체로 탈식민적 의미를 지닌다고 하겠다.

양가성은 특히 조선족의 민족적 정체성의 추구로 모아지는데, 이는 문화대혁명 이후 중국이 취한 일련의 정책들과 무관하지 않다. 중국 정부가 문혁 때의 강압적인 소수민족정책을 민족평등정책으로 환원함에 따라 민족에 대한 시적 모색이나 표현들이 확연히 늘기 때문이다. 또한 개혁 개방 정책5)에 뒤따른 중국 정부의 '문예계 현대화 실천 6개 원칙'6)이나 '창작의 자유', '사상 해방'의 보장이 조선족 시문학에도 뚜렷한 변화를 초래한다. 물론 중국의 정책에 적극 부응하면서 '동화'를 가시화하는 시편은 여전히 대부분을 차지하며 조선족 시문학의 중요한 축을 이

별개의 역사공동체를 가리킨다. 그런 측면에서 볼 때 변강은 각주 2)의 변경을 내포하므로 본고에서는 이러한 뜻의 용어들을 '변강'으로 포괄해 쓰고자 한다.(위의 책, p.269, p.283 참조)

4) 김정자, 「문학의 양가성, 그 한눈팔기의 탈근대적 함의들」, 『현대문학과 양가성』, 김정자 외, 태학사, 1999, p.13.

5) 중국의 개혁 개방은 문화대혁명이 끝난 이후 1978년 11월 사상해방과 실용노선 발언에 이어 그해 12월 중공 제11단계 3중전회에서 '현대화'의 건설로 목표를 정하하면서 방침이 확정된다.(장탁, 오재환 편역, 『중국의 개혁·개방사』, 신서원, 2002, pp.236-237 참조)

6) 문예계 현대화 6개 원칙은 ① 쌍백방침의 관철 ② 實事求是 ③ 사상해방 ④ 禁區 打破 ⑤ 민주정신 발양 ⑥ 극좌노선의 시정 등이다.(김시준, 『중국당대문학사』, 소명출판, 2005, p.317)

루고 있다. 그러나 '민족' 문제를 드러내놓고 말할 수 있게 되면서부터는 민족에 대한 표현들이 눈에 띄게 느는 것을 볼 수 있다. 문혁 당시 송가의 과도한 충성을 반성하는 동시에 민족 정서나 문화적 고유성 모색에서 민족의 자아 찾기까지 민족에 대한 추구가 보다 활발히 나타나는 것이다.

본고는 이러한 '동화'와 '비동화' 궤적에서 나타나는 양상을 조선족 시문학의 '변강'적 특성과 양가성으로 구명하고자 한다. 고찰 대상은 이러한 변모가 나타나기 시작하는 개방 초기의 시집 중에서도 여러 시인의 시모음인 시선집이 될 것이다. 이 시선집들이 조선족 시인들의 작품을 거의 다 싣고 있으며 개방 초기 중화인민공화국의 인민이자 변방의 소수민족인 조선족 시문학의 특성을 보여주기 때문이다. 나아가 이러한 특성이 소수민족문학의 탈식민적 의미와 가능성을 환기한다고 생각되기 때문이다. 더욱이 '동화'를 끊임없이 감행해온 중국 역사나 전세계적으로 일어나는 문화 융합 현상을 볼 때, 조선족이 중국 문화에 흡수당하지 않고 고수하는 민족적 정체성은 주목을 요한다고 하겠다.

2. 중국 중화사상 속의 중심과 변방

중화사상은 일찍이 정립한 중국의 천하관[7)에 뿌리를 둔 중국을 대변

---

7) 중국적 천하관은 주왕조 때 주왕을 정점으로 하는 '天-天命-天子-天下'의 통치사상과 '天下一國一王'의 국가관과 세계관이 일치되어 형성된다. 이에 따라 중국 군주들은 절대적 '천'으로부터 천명을 받은 천자로서 정통성·합법성·신성성·유일성을 표방하면서 華·夷를 포함한 천하제일국의 보편국가 수립을 내세운다. 그리고 이를 정치 군사적으로 실현하기 위하여 주변국에 집요한 정치 외교적 영향력과 무력정벌을 수시로 감행하였다.(이춘식, 『중화사상의 이해』, 신서원, 2002, p.136 참조)

하는 사상이다. 이는 중국인의 이상을 집약한 상징이자 중국의 역사를 대변하는 전통이기도 하다. 이에 따라 중국은 "세계의 가운데 위치하고 가장 강력한 정치·군사력과 최고 유일의 선진문화를 가진 나라"[8]라는 인식을 낳고, 자국 중심의 역사를 주입하게 된다. 중국의 '中'이 지리적으로나 문화적으로나 '中央'이자 '大'의 의미이고 華가 '찬란한 문화'를 뜻하는 것처럼, '中華'를 앞세워 자신들이 '문화가 찬란한 중앙의 큰 나라'임을 자처해온 것이다. 따라서 "천하관은 중국 민족의 세계적 팽창과 헤게모니 장악을 위한 제국주의적 이론으로 변질될 수밖에 없"[9]는데, 이런 점이 바로 중심주의와 패권주의를 낳게 된다.

중화사상에 담긴 중심주의는 고대 중국인의 세계관 속에 설정해놓은 중국과 비중국의 이중적 개념에서도 엿볼 수 있다. 중국은 일찍부터 주변국을 모두 비중국으로 치부하고 남쪽의 '蠻', 동쪽의 '夷', 서쪽의 '戎', 북쪽의 '狄'으로 인식시키는 자국 중심의 오랑캐 개념을 설정했다. 이때 '만'과 '이'는 중국과의 연합이나 동화가 가능한 이방인의 범주에 넣고, '융'과 '적'은 국외자 또는 동화할 수 없는 적대적인 존재라는 구조를 만들어낸 것이다.[10] 이러한 인식은 중국을 기준으로 변방을 설정하는 중심주의적 발상으로 지속되며 변방의 민족을 중국화하는 민족 융합의 근거로 작동하게 된다. 결국 '華'는 항상 중심의 위치에서 고도의 흡수성과 적응성을 바탕으로 그들의 변방인 '만, 이, 융, 적'의 영토나 문화 복속을 당연시하는 것이다. 이러한 중심주의와 그에 따른 패권주의가 주변의 약소국과 이민족을 정벌하거나 문화 융합을 획책하는 중국 특유의 역사적 전통을 이루는 것이다.

---

8) 위의 책, p.129.
9) 위의 책, p.137.
10) Nicola Di Cosmo, 이재정 옮김, 『오랑캐의 탄생』, 황금가지, 2005, p.132.

중화사상은 서구 제국주의가 식민주의로 이어지는 근대에 와서도 지속되는 것을 볼 수 있다. 그것은 당시 중국이 서구에 대응한 하나의 방식이었던 '中體西用'에서 확인할 수 있는데, '중체서용'이야말로 중국화의 뿌리 깊은 전통을 보여주는 대표적인 예라 할 것이다. '중체서용'은 '서학'이 '중학'에 흡수되고 동화되도록 함으로써 '중학'의 핵심과 계통은 근본적인 변화를 겪지 않도록 한 것[11]으로, 고대부터 현대에 이르기까지 재생산하는 중화사상의 중심주의적 신화를 보여준다. 이러한 신화의 재생산은 중국인들에게 "중국 문화의 정신과 민족역사의 중심은 어느 시대에도 버려서는 안 되는 것"[12]으로 각인되어 있기 때문에 가능하다고 할 수 있다. 그리고 그것은 중국이 세계의 중심이자 찬란한 문화의 선진국이라는 중화사상의 세례와 주입을 통해 지속해가는 중국화의 역사적 산물이라 할 것이다.

그런 점에서 중화사상을 이루고 있는 중심과 주체라는 중국의 입장은 시대와 상관없이 견고한 전통이 된다. 그리고 그 입장에서 다른 나라나 이민족을 바라본 관점 역시 변함없이 지니고 온 것이다. 그것은 중심이라는 우위를 점하고 타자를 내려다보는 시선으로 지속되는데, "중국 전통에서 타자는 곧 문화적으로 동화시켜야 할 존재에 불과"[13]했다는 데서도 확인할 수 있다. 그런데 '타자'를 '동화'하는 방식으로 줄곧 활용해온 중국화는 과거 역사에 그치는 게 아니라 현대에 들어와서도 중국식 국가 유지의 주요 바탕을 이루는 것으로 보인다. 특히 55개의 소수민족과 한족을 합친 56개 민족으로 다민족국가를 이룬 중화인민공화국 이후는 그것이 더 교묘한 양상을 띠며 소수민족의 운명을 좌우하는 정

---

11) 이택후, 김형종 역, 『중국현대사상사의 굴절』, 지식산업사, 1992, p.276.
12) 조회환, 『중국의 실체와 정책』, 한국외국어대학교 출판부, 1994, p.136.
13) Nicola Di Cosmo, 앞의 책, p.13.

책으로 반복되는 것을 볼 수 있다. 정부가 사회주의에 입각한 민족 간의 호혜평등을 주장하면서도 정책 변화에 따라 소수민족을 탄압하는 등 불평등한 관계로 부침을 거듭하는 것이다. 그뿐만 아니라 표면에 내세운 평등 정책과 달리 뿌리 깊이 자리 잡고 있는 한족 중심의 통치나 문화는 소수민족을 타자화하는 구조를 재생산한다고 하겠다.

중국의 자문화 중심주의는 "지배 열강들이 피정복민족에게 자신들의 언어와 세계사에 대한 자신들의 관점을 받아들이도록 강요함으로써 발생한"14) 문화적 제국주의를 연상시킨다. 서구 제국주의에 의한 식민지의 문화주권 침탈이 지속적인 서구 중심의 왜곡과 더불어 문화적 패권주의를 낳은 것처럼, 중화사상에 따른 중국화도 변방이나 그 주변의 소수민족에게는 특히 막강한 영향력으로 자신의 관점을 종용하고 주입하기 때문이다. 이는 문화대혁명 때 소수민족의 '大漢族化'를 강압적으로 추진한 중국 정부의 민족 동질화 정책에서 다시 한번 확인된다. 당시의 '대한족화' 정책은 소수민족문화의 언어나 문자 등의 독자성을 부정하고 한어로 통일하려는 것으로 대대적인 '한족화'에 따른 소수민족문화의 탄압을 초래했다. 그런데 민족평등정책을 취한 이후에도 한족 위주의 사유구조나 생활방식들이 진정한 호혜평등을 위해 노력하는 것으로 보이지는 않는다. 이는 민족 雜居지역 중에서도 한족이 중심이 된 지역은 민족적 융합의 속도가 빠른 반면 소수민족의 일족이 주도권을 잡은 지역에서는 그 속도가 느리다15)는 중국 정부의 판단에서도 알 수 있다. 이런 사례들은 중국이 지금도 여전히 민족 융합을 진행하며 '대한족화'의 꿈을 확대하고 있음을 보여준다.

그런 측면에서 볼 때, 변방의 소수민족에 가하는 중국 정부의 중심주

---

14) Chris Harman, 배일룡 옮김, 『민족문제의 재등장』, 책갈피, 2001, p.91.
15) 조정남, 『현대중국의 민족정책』, 한국학술정보(주), 2006, pp.22-23.

의와 그로 인한 폐해는 크게 줄지 않은 채 지속된다고 할 수 있을 것이다. 따라서 변방의 한 소수민족인 조선족으로서는 그런 중심의 정책을 문학 속에 받아쓸 수밖에 없었을 것으로 보인다. 그것이 변방의 소수민족이 생존하는 하나의 방식이라면, 이러한 중심과 변방의 역학 관계에서 비롯되는 소수민족문학의 특성은 앞으로도 계속될 것이다. 중심을 해체하지 않는 한 공존할 수밖에 없는 소수자의 입장에서는 완전 흡수를 당하지 않으면서 자신의 문화적 정체성을 지키는 것 그 자체도 어려울 것이기 때문이다. 그만큼 중국이라는 거대한 중심의 흡수력이 막강한 데다 작금의 세계 문화 현상 역시 급속도의 융합 속에서 소수문화의 소멸이 가속화되기 때문이다.

3. 조선족 시문학의 ‘변강’적 특성

조선족 시문학은 거대 중국의 한 변방에서 겪어온 소수민족의 ‘변강’적 특성을 여실히 보여준다. 그것은 무엇보다 중국 정부의 정책에 적극 동조하는 ‘동화’의 방식을 취할 수밖에 조선족의 현실에서 비롯된다. 조선족이 중화인민공화국을 자신들의 국가로 받아들이고 국가 건설에 참여하면서 그 나라의 소수민족으로 살아가는 길을 택했기 때문이다. 그뿐만 아니라 ‘동화’가 다민족국가인 중국의 한 변방에서 조선족의 삶과 문화를 보전하는 길이기도 했던 것이다. 따라서 조선족 시문학에 나타나는 ‘변강’적 특성은 중국에의 ‘동화’를 내세우는 와중에도 자신들이 중시하는 ‘비동화’적 요소를 견지하고자 한 데서 연유하는 것이라고 하겠다. 조선족의 이러한 현실과 적응은 중국이라는 국체의 중심주의적 전통과 역사 그리고 민족 정책을 일깨워준다. 중국이 비록 소수민족 평등정책을 취하기는 하지만, 그것이 진정한 호혜평등의 실현보다 자국의 국경 지역에 사는 민족들에 대한 정책적 차원의 고려라는 측면이 강하기 때문이다. 이는 중국 전체 인구의 6%에 불과한 소수민족의 거주지가 전체 국토의 60%를 넘는 데다 대부분 접경 지역인 대륙의 변방에 있다[16]는 사실을 보면 짐작할 수 있다. 그런 여건에서 조선족이 자신의 민족적 정체성을 잃지 않는 길은 거대 중국 내의 소수민족으로 공존하는 방식이라야 할 것이다. 따라서 '동화' 속의 '비동화'는 중국의 문학이자 조선족의 문학으로 존재하는 조선족 시문학의 이원적 측면이 야기하는 양가성을 담보하게 된다.

1) '동화'의 시적 부응과 중화의 표방

개방 정책을 택하면서 중국은 '현대화', '기계화'를 추진하는데, 문예계 역시 '문예의 현대화'라는 기치 아래 새로운 시기를 맞이하게 된다. 특히 문학은 개인의 내면 추구나 다양한 기법의 실험 등을 통해 '신시기 문학'으로 불릴 정도의 다양한 변모를 보여준다. 그것은 주로 과거의 아픔 즉 문화대혁명에 대한 '회고와 반성', 당시의 착오에 대한 '검토'와 새로운 생활에 대한 '모색', 그리고 개인의 내면 추구를 통한 '진정한 자아 찾기' 등으로 압축된다.[17] 조선족 시문학도 중국의 문예 경향과 유사한 변모를 드러내는데, 이러한 변화 역시 중국 정책에의 동화를 표방하는 데서 연유하는 것이다.

그러나 개방이 '중국식 개방'이듯, 중국 정부가 내세운 '창작의 자유'나 '사상 해방'도 제한이 전제된 다분히 '중국'적인 창작 자유와 사상 해

---

16) 위의 책, p.23.
17) 김시준, 앞의 책, p.319.

방이라고 할 수 있다. 중국이 문혁 이후 '문예는 정치에 종속되고, 문예는 정치를 위해 봉사한다'를 '문예는 인민을 위해 봉사하고, 사회주의를 위해 봉사한다'고 수정했지만, 이것 역시 그들이 정해놓은 궤도의 수정에 불과하고 문학이 정치의 통제를 거역할 수 없기 때문이다. 무엇보다 문예의 창작 방향을 '정책'으로 규율하려는 발상 자체가 이미 문학을 정치의 통제 아래 두려는 의도이고, 정책을 따르지 않으면 안 되는 상황을 역설적으로 보여주는 것이라 하겠다. 또 소수민족 탄압을 유발했던 문혁 당시의 '대한족화' 같은 소수민족차별을 평등정책으로 환원하지만, 조선족의 현실을 보면 그것이 소수민족의 권익이나 자유 보장에는 여전히 미온적임을 알 수 있다. 이는 조선족이 중국의 문예정책만 아니라 소수민족으로서의 입장과 역할을 신속하게 시에 반영하는 데서도 엿볼 수 있다.

그 가운데서도 '동화'의 시적 모색은 주로 중국 정부의 정책에 적극적으로 부응하는 양상을 보여준다. 문혁 이후의 개방을 앞세운 정부의 '현대화'나 '기계화' 구호를 집중적으로 그리는 한편 그것의 시적 반영을 통해 '동화'를 가시화하는 것이다. 동시에 '중화'를 내세우는 시에서는 '동화'의 양상들이 중화인민의 단결을 강조하는 것으로 나타나고 있다.

> 하기에 작업량을 넘쳐하지 않고서야/시계소리를 들을 면목이 없다고/머나먼 변강의 한끝에서도/심장은 북경의 시계소리에 맞춰 뛰노라.//사람마다에 고속도 날개를 펼쳐주는/북경시간에 맞춘 시계소리/준엄한 20세기를 뛰여넘어/장엄한 2천년에로 부르는 전투호령이여라.//4해가 살판치던 그 나날에/공장굴뚝에서 연기가 멎을 때/그처럼 안타깝던 마음들에/그처럼 가슴 저미던 시계소리 아니였던가!

— 김성휘, 「시계소리를 들을 때마다」 일부[18]

　　이 아침,/철석이는 파도소리 들으며/조국의 변방초소 철벽으로 지켜선 초병/마음은 훨훨 북경향해 나래치거니//아, 이 아침,/축복받은 조국땅 그 어디나/전야의 곡식은 우썩우썩 자라며/또 한 해 풍수를 기약하는가

— 류영, 「오월의 아침」 일부19)

　　뜨락또르, 이앙 기, 제초기, 수확기…/철 따라 바뀌우는 새 농기계 몰아가며/곱단아 내 딸아 마음껏 달려라/우리네 념원안고 훨훨 나래쳐라.//북경에서 불어오는 새 시기의 동풍타고/기계농사 신선농사 자랑스레 지어가며/어거리대풍을 이 벌판에/쌓아가는/아, 우리네 새 시기가 이 얼마나 좋으냐!

— 김동호, 「진정 새 시기로다!」 일부20)

　　허나, 가난뱅이들 굳게 뭉쳐/천평벌의 주인으로 된 그날부터/너는 해해년년 풍작의 기쁨 듬뿍 안고/얼마나 많은 첩보를 북경성에 띄워 보냈던가.//오늘도 해살이 차넘치는 네 품에서/만년행복 누려가는 인민공사 큰집 식솔들/계속혁명 신들메 단단히 조이고/현대화의 고봉 향해 줄기차게 내달리거니

— 심정호, 「천평벌 시초-우리 함께 목청껏 길이 전하자」 일부21)

　　이 작품들은 조선족이 '북경의 시계소리'에 맞춰 사는 중화인민공화국의 인민임을 잘 보여준다. 개방 초기 중국 정부가 대대적으로 취한 정책인 '현대화'의 추진과 그에 따른 '기계화'를 많은 시편에서 노래하기 때문이다. 여기서 조선족이 새로운 정책으로 인해 편리해진 삶과 '새 시

---

18) 김파 외, 『변강의 무지개』, 연변인민출판사, 1979, p.107.
19) 위의 책, p.125.
20) 위의 책, pp.238-239.
21) 위의 책, p.217.

기'의 희망을 소리 높여 노래하는 시들은 대부분 정책에 대한 부응을 가시적으로 드러내기 위한 방편으로 생각된다. 그렇게 중국 정부의 정책에 맞춰 사는 삶을 그리다 보니 조선족이 거둔 '풍작의 기쁨'도 모두 '북경성에 띄'워야 하는 것으로 나타나는 것이다. 이 무렵의 시에 자주 등장하는 '새 시기'라는 표현에서 추정할 수 있듯, 문혁 이후 소수민족에게 좀더 관대해진 조치에 대해 충성을 표하는 것도 자주 목격되는 시적 부응의 양상들이다. 그리고 그러한 정책에 따라 나타나는 결과를 중국 정부 즉 당(총리)의 은덕으로 칭송하는 것도 역시 자신들의 정책 수행 의지와 입지를 보다 분명히 보여주려는 의도라고 할 수 있을 것이다.

여기서 '북경'은 물론 중국의 상징으로 권부의 핵심이자 중앙이라는 중심의 의미를 부각하는 지명으로 작용한다. 그러므로 북경 혹은 당을 향한 시적 부응과 정책 실천의 강조는 그 중심의 뜻을 따르고자 하는 의지의 표명으로 볼 수 있다. 동시에 그런 표현에서 엿볼 수 있는 것은 막강한 중심에 생존이 걸려 있는 소수민족인 조선족의 현실이라 하겠다. 심장조차 '북경의 시계소리에 맞춰 뛰'고 있는 삶의 반영이 곧 자신들의 입장을 시로 전하려는 것으로 보이기 때문이다.

> 시대의 쇠북소리에 절주를 맞추어/현대화의 맥박으로 고동치는 발동소리/나라의 쌀뒤주를 황금으로 채우고/이 땅의 력사에 새기록 떨치려니
>
> ― 문혁, 「아, 좋구나 발동소리」 일부[22]

> 심금을 울리는/이 노래의 우아한 선률속에/공산주의지상락원 해

---

22) 리욱 외, 『시선집-중화인민공화국창건 30주년에 제하여』, 연변인민출판사, 1979, p.436.

돌이 마중하는/중화의 높은 궁지 빛나거니//울려라 노래여 더 높이/
울려라 노래여 더 장엄히/지구의 경도와 위도를 날아넘어/해빛 넘치
는 공간에도/미지의 별세계에도…

— 허봉남, 「불탄다, 청춘조국의 심장은」 일부23)

　나는 본다/현대화의 높은 봉우리 날아넘어/세계의 앞장에서 내달
릴/수천만 홍매들의 웅심을.//푸르른 하늘에 은나래 번쩍이며/조국의
매야 오연히 나래쳐라./중화의 딸 억센 기개 떨쳐가며/ 홍매야, 하늘
높이 날아라.

— 홍정자, 「홍매야, 하늘높이 날아라」 일부24)

　오늘의 벌목부들 뜻도 장하여/대지에 푸른 봄을 당겨왔노라,/대삼
림 주인들의 깨끗한 마음/수확의 황금계절 동경하여 나래친다.//사회
주의조국의 어엿한 공민으로/수확의 계절을 후세에 넘겨주리,/공산
주의 지향하는 희생정신으로/행복과 향수는 후세에 넘겨주리.

— 리광의, 「미래의 벌목부들에게」 일부25)

　중국에 대한 시적 부응은 중화를 적극 표방하는 양상으로 나타나기
도 한다. 여기서 중화는 중화인민공화국의 약칭으로 볼 수도 있고 중국
의 전통 사상인 ‘중화’라고 생각할 수도 있다. 어느 의미로 생각하더라
도 그것은 중국이라는 중심을 향한 소수민족의 일치단결 의욕을 보여
주기 위한 노래라고 추정된다. 그만큼 중국이 줄곧 추구해온 중화를 시
에 도입하는 것은 자신들이 중국의 인민임을 부각하기 위한 장치로 볼

---

23) 김파 외, 앞의 책, p.70.
24) 위의 책, pp.281-282.
25) 김경석 외, 『봄바람』, 연변인민출판사, 1981, p.70.

수 있기 때문이다. 따라서 '중화의 딸'이 되어 이루기를 촉구하는 것도 다름 아닌 '중화인민공화국'이라는 사회주의제국의 현대화이고 새로운 도약이 된다. 그리고 『시선집』의 부제 '중화인민공화국창건 30주년에 제하여'가 보여주듯, 중화인민공화국 창건을 기념하기 위해 이전의 시를 모아 시선집을 낼 정도로 중국 정부에 대한 충성을 여전히 가시화하고 있는 것이다. 이는 중화에 대한 단결의 강조를 통해 조선족이 중화인민공화국의 충실한 인민임을 확인시키며 정책이나 사회주의 강령에 따르고 있음을 보여주기 위한 것으로 생각된다.

조선족 시에 전경화된 '동화'의 양상들은 조선족의 삶 자체가 중국 정부에 의해 좌우되는 현실을 다시 한번 환기한다. 중국 정책에 대한 시적 부응을 가시적으로 보여주고 중국의 인민임을 강조함으로써 중앙의 압력을 피할 수도 있기 때문이다. 이를 '동화'의 적극적인 표방이라고 할 때, '동화'는 변방의 소수민족이 중앙의 간섭을 덜 받으며 자신의 삶을 유지하기 위한 생존 방식이라고 할 수 있을 것이다. 그리고 그것이 또한 자신의 문화적 정체성 즉 문자와 함께 문학을 지키려는 의지에서 연유하는 것이라고 할 수 있을 것이다. 그런 측면에서 보면, 조선족 시문학에 두드러진 '동화'의 양상들은 문학의 훼손을 어느 정도 감수하면서 택할 수밖에 없는 하나의 시적 전략이라고 하겠다. 그것은 중국 정책의 신속한 반영과 가시적인 표방 속에서도 조선족이 한족화를 적극적으로 추진하지 않는다는 사실에서도 확인할 수 있다.

2) '비동화'의 주변성과 민족적 정체성

중국의 개방 정책과 소수민족 평등정책에 따른 조선족 시문학의 변모는 상당한 진폭으로 나타난다. 그 중에서 특히 주목되는 것은 조선족 시에 점증하는 민족 정체성의 자각과 표출이라고 하겠다. 이는 개방이라는 큰 변화를 수용하면서 조선족의 정체성에 대한 고민이 늘어난 데서 연유하는 것으로 보인다. 그리고 문혁 당시 줄기차게 보여준 송가에 대한 반성도 소수민족으로서의 입지를 새삼 돌아보게 한 것으로 판단된다. 문혁에 대한 찬양 일변도인 송가 자체가 '대한족화'의 소수민족 탄압 속에서 살아남기 위한 하나의 수단으로 과잉 충성을 보여준 것이기 때문이다. 따라서 과거의 착오에 대한 반성은 문혁 광풍에 휘말린 문학 자체에 대한 반성이자 거대 중심에 맞춰 살아가는 소수민족으로서의 입장을 돌아보는 계기로 작용하게 된다.

이때 '동화'의 다른 측면에서 나타나는 '비동화'는 주로 '민족'에 대한 고민과 자각을 보여준다. 조선족의 지역적 특성 즉 소수민족이 처해 있는 변강의 주변성이 이전보다 다양하게 나타나는 것이다. 이는 한민족의 기원이나 항일 투쟁 같은 민족의 공동 기억을 통한 정체성 추구와 맞물리며 점차 표면에 드러나게 된다. 그 중에서 특히 주목되는 것은 변강에 뿌리 내린 조선족의 민족성 모색이라 하겠다. 변강이 "자연 환경이나 문화적 특질, 역사적 경험 등 여러 가지 측면에서 중국과는 구별되는 특징을 지닐 수밖에 없"26)는 것이라면, 그것이야말로 조선족의 민족적 정체성을 부각하는 주요 표지일 것이기 때문이다.

> 아침이슬 밟으며/붉은 노을 안고서/내 왔노라, 너의 품에/잘 있느냐, 변강도시 도문이여.//밤열차에 몸을 싣고/사람들은 말하더라/내 마음에 그리운 너를 두고/잘 있느냐, 변강도시 도문이여.//강변의 버들은 누님의 머리태런가/거리의 골목은 어머니의 가리마런가/이웃나라 조선과 정답게 손을 잡은/다리여 너는 친선의 무지개.

---

26) 임지현, 앞의 글, p.283.

                              － 문목, 「잘 있느냐, 변강도시 도문이여」 일부27)

    하늘에 별무리 깜빡깜빡 조을고/아늑한 논벌에 벼포기 아지 차는/
여기, 변강의 밤,/소리 없이 깊어가는 변강의 밤,//도라지 도라지 도라
지/장백산천에 백도라지//해란강 여울에 어려어려/장백산 송파에 실
려실려/둥기당기 울려가는 가야금소리/둥기당기당 커져가는 저 가
야금소리

                              － 전광국, 「녀연원이여, 가야금을 튕겨라!」 일부28)

    도라지 도라지 백도라지/심심산천에도 꽃이 핀다고/눈물을 쾅-쾅
폭포로 쏟으며/목메는 그 노래 어깨춤도 덩실,//(중략) 갑사댕기 치렁
치렁 꿈많은 시절엔/도라지바구니에 한숨만 채웠고/피눈물로 우려
먹던 도라지뿌리/열두나 어렵던 아리랑고개……

                                          － 김철, 「노래」 일부29)

    너도 잘 알고있지 않느냐/조선족이 세세대대 전해온 이 노래/일터
에서 휴식터에서 불러/단결의 힘, 전투의 힘 솟아난다는/이 노래에
깃든 불멸의 사연-//손꼽아 흘러간 스물아홉해전/모주석께서 우리 대
표 청하시여/즐겨 들으신 ≪도라지≫/이 노래 우리 부르지 않고/그
누가 부르겠느냐!

                          － 김경석, 「사랑하는 노래-초원의 다정한 벗에게」 일부30)

    '변강'은 많은 시에 계속적으로 등장하는 용어로 조선족이 지닌 주변
인 의식을 보여주는 중요한 용어라고 할 수 있다. 거대 중국의 한 변방

---

27) 리욱 외, 앞의 책, p.453.
28) 김파 외, 앞의 책, p.53.
29) 위의 책, pp.91-92.
30) 강효삼 외, 『서정시집』, 민족출판사, 1982, p.23.

에서 중앙의 정책에 일희일비하는 소수민족의 모습이 변강에 드러나기 때문이다. 조선족 시에 빈번히 등장하는 '변강'은 물론 중국이 자신의 의도를 주입한 중국식 표현이 될 것이다. 그렇지만 그런 표현이 두드러지는 시에서는 조선족 자신의 민족적 고유성이 더욱 강화된 채 내포되어 있는 것을 엿볼 수 있다. 이는 변강과 함께 자주 등장하는 것이 '도문' 같은 지명 혹은 '도라지', '가야금', '갑사댕기', '아리랑' 같은 한민족 정서를 대표하는 문화적 상징들이라는 데서도 확인이 된다. 게다가 「사랑하는 노래」에서 다루는 노래 <도라지>는 <아리랑>과 함께 한민족의 애환이 담긴 대표적 민요이다. 이러한 민족의 정서가 두드러진 민요에 조선족은 이주민으로서 겪은 자신들의 한과 민족 정서를 그대로 담아내고 있다. 물론 그 노래는 표면상 '모주석'을 높이기 위한 것으로 소수민족을 배려하는 정책에 대한 답례로 사용되고 있다. 하지만 그것이 오히려 중국으로 이주해 정착해온 소수민족의 애환을 환기하는 장치로 읽히면서 자신들만 서로 알아보는 그간의 삶을 행간에 내포하는 것으로 보이기도 한다.

이렇듯 개방 이전의 시에 비해 부쩍 느는 민족 정서의 표출은 물론 표현의 자유가 늘어난 데 기인한다. 문혁 당시 억압당한 민족의 정서나 근원의 모색과 더불어 상실한 고향에 대한 그리움을 좀더 자유롭게 표현하는 것이다. 이러한 변강 의식을 통해 드러내는 주변성과 한민족의 근원적 향수를 자극하는 노래나 지명 등의 활용은 조선족 특유의 민족적 정체성을 환기하는 장치로 볼 수 있을 것이다.

> 나는/이 나라의 공통어, 한어를 사랑합니다./그것은/유구한 력사를 가졌음만도 아니요/빛나는 문화를 지녔음만도 아니외다./(중략) 그러나 나는 또 더없이/아장걸음과 함께 하나 둘,/나의 어머니 무릎우에

서 배운/조선어, 우리 말을 사랑합니다.//그것은 다만/까마득 먼먼 옛
날부터 써오던 말이래서도 아니요/스리슬쩍 닐리리 노래가락 담겨
있음만도 아니외다.

− 설인, 「이 말과 글로」 일부31)

　　조국의 방선을 철옹성으로 다져가며/서리발치는 변강전사의 날
창/나의 글줄에서 멸적의 섬광되여/찌른다, 놈들의 검은 숨통을//조
선어문 연구권리를 박탈당했던/백발의 언어학자의 그 마음도 어찌
모르랴./치솟는 그 원한도 내 붓끝에 담아/제 민족 문자로 전투의 격
문 날리거니,

− 허충남, 「내 대자보를 쓰노라」 일부32)

　　고향의 산발처럼 굴강한 성격/고향의 강물처럼 내닫는 성미/그 성
격 그 성미를 자래운 고향/세월이 흐를수록 귀중합니다//나서 자란
고향이 하냥 귀중해/타향에선 내내 그립습니다//우리 말 우리 글을
가르친 것도/의롭게 대바르게 가르친 것도/성실하게 살도록 가르친
것도/내 고향 사람들의 품이랍니다.

− 박화, 「영원한 요람」 일부33)

　　한어(중국어)와 동시에 조선어인 우리말을 사랑한다는 표명은 문혁
당시 중국이 소수민족 언어문자를 한족어로 통일하려 했던 사실을 환
기한다. 그 경험으로 인해 일제 때 '조선어문 연구권리를 박탈당했던/
백발의 언어학자'나 '제 민족 문자로 전투의 격문'을 쓰는 감회를 각별
한 것으로 부각할 수 있기 때문이다. 따라서 이 작품에 등장하는 '제 민

---

31) 리욱 외, 앞의 책, pp.392-393.
32) 김파 외, 앞의 책, p.101.
33) 강효삼 외, 앞의 책, p.201.

족 문자'는 특히 주목을 요하는 구절이 아닐 수 없다. 이 표현에는 '동화'의 험난했던 과정만 아니라 한족화의 유혹이나 강압 속에서도 조선족이 자신의 '민족 문자'를 고수하는 데 대한 자부심이 압축되어 있기 때문이다. '민족 문자'에 대한 인식은 언어가 민족 공동체의 구성에 필수적인 요소라는 점에서 보면, 매우 중요한 자기 정체성의 확인이고 자긍이다. 민족의 정체성이란 다른 민족과 구분된다는 사실에 의해 규정되는 것이며, 해당 공동체가 다르다고 의식하는 과정을 통해 형성되는 것[34]이므로, 조선족의 '민족 문자' 인식은 각별한 의미를 지닌다. 그런 측면에서 중국의 한어와 다른 조선족 고유의 문자를 보전하는 데 대한 긍지는 민족적 정체성의 중요한 뿌리가 된다고 하겠다.

조선족 시의 '비동화'는 주로 자신들이 처해 있는 변강의 주변성과 민족 정체성을 환기하는 문화적 상징을 통해 표현된다. 시의 곳곳에 한민족의 원형적 심상이나 상실한 고향에 대한 그리움을 나타내면서 조선족만이 느낄 수 있는 민족 정서를 불러일으키는 것이다. 이러한 정서적 연대감이나 공감을 통한 민족성 환기는 일종의 자기 확인으로 나타나기도 한다. 자신들이 거주하고 있는 지역적 특성을 한민족의 근원으로 연결하며 민족의 뿌리에 대한 인식을 촉구하는 듯한 시도 많이 나타나는 것이다. 게다가 민족성에 대한 모색이나 추구는 그동안 내면에 숨기고 있던 뿌리 의식을 은근히 드러내는 역할을 한다. 이런 시편들에서는 조선족이 '한족화'의 강압 속에서도 면면히 지켜온 자신의 민족적 뿌리를 자각하고 주지시키는 효과가 있다. 그런 측면에서 '비동화'가 두드러지는 시들은 자신들의 정신적 근간인 한민족의 문화적 고유성을 지키기 위한 문학적 모색이자 실천이라 하겠다.

---

34) 고부응, 『초민족 시대의 한민족 정체성-식민주의·탈식민 이론·민족』, 문학과지성사, 2002, p.132.

4. 소수민족문학으로서의 양가성과 의의

조선족 시문학의 '변강'적 특성은 중국 내에 거주하는 소수민족의 현실을 여실히 보여준다. 그것은 일차적으로는 소수민족의 생존이 걸린 문제이지만 소수문화의 문화적 공존에 대한 문제도 더불어 안고 있다. 그리고 이런 특성은 조선족이 거주하는 지역의 위치와 '변강'의 역사적 의미가 중첩되면서 강화된 것으로 짐작된다.

그런 점에서 보면 조선족 시문학에 줄곧 나타나는 '동화'의 표방은 그들의 생존 전략이라고 할 수 있을 것이다. 또한 그 방식이 소수민족으로서의 '비동화'라는 요소를 존립 가능케 하는 것이라고 할 때, 이를 일종의 문학적 전략이라고 볼 수도 있다. 그렇다면 '동화'라는 방식 자체가 조선족 시문학의 주축을 이루는 시적 근간이자 표현 기법이라고 해도 무방할 것이다. 다만 문화대혁명기에는 '동화'가 더 적극적인 양상으로 시의 전반을 이루다가 개방 초기에는 소수민족평등으로 환원된 중국의 정책에 힘입어 '비동화'의 측면을 더 자연스럽게 드러내게 된 것이라 하겠다. 그러나 이때의 '비동화' 역시 '동화'가 주를 이루는 가운데 나타나는 것이지 적극적인 방식으로 추구하는 것은 아니다. '동화' 속에서 모색해온 '비동화'의 측면이 자신들의 민족적 근원이나 문화적 뿌리에 대한 추구로 강화되는 것이다. 따라서 '비동화'가 두드러진 시들은 조선족의 주변성이나 민족 정서를 부각함으로써 소수민족으로서의 정체성을 보다 확실하게 자리매김하게 된다.

이러한 특성은 중국 정부 즉 중앙의 정책을 받아쓰면서 자신의 민족적 정체성을 담아내는 이원성을 드러내게 된다. 중심에 대한 추앙을 통해 내포하는 변강의 정서가 이원성을 두드러지게 하는 것이다. 이때 부각되는 이원성에서 변방의 소수민족문학이 담보하는 양가성을 읽을 수 있다. 그것은 조선족이 중국이라는 중심의 권력을 따르면서도 그 힘에 완전히 흡수당하지 않는 민족적 정체성을 꾸준히 담아냄으로써 확보되는 특성이라 하겠다. 그러나 조선족 시문학에 나타나는 양가성은 "근대적 이성이 세계를 이해하는 이분법적 도식의 틀을 해체"[35]하는 의미로 논의되는 이즈음의 양가성과는 다른 측면을 지닌다. 그것은 주로 자신들이 스스로 중화인민공화국의 인민임을 강조하면서 조선족 고유의 민족적 정체성을 확인하는 측면이 강하기 때문이다. 이러한 양가성을 통해 그들은 중심의 권력이 요구하는 문학을 표면에 내세우는 한편 자신의 민족 문자로 문학 활동을 하는 영역을 확보하는 것이다.

이러한 특성이 본래의 양가성에 담보된 저항이나 해체, 전복 같은 적극적인 의미를 띠는 것은 아니다. 변방의 언어로 중심의 해체를 도모하거나 전복을 꾀하는 등의 적극적인 탈중심을 보여주는 데는 미흡한 것이다. 대신 이러한 중심과 변방의 공존 방식은 중심을 수용하는 변방으로 존립 근거를 마련하는 조선족 시문학 특유의 '변강'성을 부각한다. 이는 '비동화' 자체가 '동화' 속에 내포되는 방식을 통해 드러나는 데 기인하는 것으로 보인다. 조선족이 식민 지배를 당하는 시대와는 다르게 스스로 국가 건설에 참여한 중국이라는 거대 중심의 변방에 자리를 잡고 사는 조건 때문일 것이다. 그런 측면에서 조선족이 중국의 인민으로서 신임을 얻는 지름길은 '동화'의 적극적인 표방이자 생활화라고 할 수 있을 것이다. 조선족은 중화인민공화국의 건국 전과 건국 무렵 그리고 그 후에도 자신의 역할을 찾아 담당하며 삶의 터전을 마련한 이주민족이다. 본래부터 중국의 여러 지역에 살고 있던 대다수의 소수민족과는 다른 입장을 갖고 있는 것이다. 그런 측면에서 조선족은 자신의 국가로

---

35) 김경복, 「한국 현대시의 양가성과 해체시」, 김정자 외, 앞의 책, p.39.

인정한 곳에 거주하는 한 인민으로서의 의무를 더 적극적으로 수행할 필요성이 제기될 것으로 보인다. 그러므로 '동화'의 거부는 조선족의 생존 자체에 대한 위협일 뿐만 아니라 소수민족문학으로서 중국 내에서의 문학적 공존이 불가능한 상황을 초래하는 행위일 것이다. 이러한 조선족의 입장과 현실 인식은 '비동화'를 보여주는 시에서조차 중국 정부나 정책의 찬양을 표면화하는 데서 짐작이 된다.

그런 가운데서도 '비동화'의 요소로 파악되는 표지들은 조선족 특유의 민족적 정체성을 보여준다. 특히 민족 문자에 대한 자긍을 드러내는 시에서는 그것이 민족의 존립이자 정체성 보전을 가능케 하는 근간이라는 자각을 확인시켜준다. 그리고 조선족이 한민족임을 일깨우는 용어나 노래 등을 통해 민족 정서나 정체성을 환기하기도 한다. 그렇지만 '민족'이 강화된 시들도 "(민족이) 유사종교적 헌신을 고취하며, 반-식민적 저항을 위해 가장 성공적인 표어"[36]가 되어온 그런 의미로서의 표지라고 보기는 어렵다. 앞서 말했듯이 조선족 시문학이 저항이나 전복, 해체 같은 적극적인 탈식민적 의미로 '민족'을 이끌어내는 것은 아니기 때문이다. 이는 중국에의 '동화'를 기조로 삼아 가시적으로 내세우면서 '비동화'를 일정 부분 견지해온 데 기인하는 것이라고 하겠다. 이렇듯 중국 정부의 소수민족정책이 가하는 압력 정도에 따라 정도가 다르게 나타나는 것이므로 '비동화'의 행간들은 적극적인 저항이나 해체를 도모할 수 없는 조선족의 입장을 대변한다.

그러나 미약한 대로나마 '민족'을 의식하는 표현들은 조선족의 민족적 정체성을 인식하고 지켜가는 문화적 상징으로 중요한 의미를 지닌다. 거대 중국의 한 변방에서 소수민족으로서의 조선족을 지키는 중요

---

36) Peter Childs·Patrick Williams, 김문환 옮김, 『탈식민주의 이론』, 문예출판사, 2004, p.419.

한 방식이 다름 아닌 이러한 '동화' 속에 내포한 '비동화'였기 때문이다. 따라서 조선족 시에 나타나는 '동화' 속의 '비동화'는 자신의 민족 문화와 언어문자를 고수하는 하나의 방편이자 정체성을 확인하는 표지라고 할 수 있을 것이다. 또한 그것이 조선족 고유의 문학을 지키는 힘으로 작용했다고 말할 수 있을 것이다.

5. 맺음말

조선족 시문학은 중국 중심주의의 상징인 중화사상이나 중국화의 전통 속에서도 자신의 문학을 나름대로 지키고 있다. 그들 자신의 표현대로 "동화와 비동화의 모대김" 속에서 민족의 언어 문자나 문화를 저버리지 않으며 보전하는 것이다. 그것은 중국의 정책에 적극 부응하고 중화를 표방하는 '동화'의 지속적인 양상 속에 나타나는 '비동화'의 방식으로 보존되는 것으로 확인된다. 따라서 조선족이 취하는 '동화'는 그것의 가시적이고 적극적인 표면화를 통해 자신들의 문화를 흡수당하지 않는 '비동화'의 방편으로 작용한다. 많은 시에서 두드러지는 '동화'의 측면이 곧 조선족 문학의 고유성과 독자성을 지키는 일종의 시적 전략으로 작동한 것이라고 하겠다.

본고에서 살핀 개방 초기의 시선집들은 그런 '동화' 속의 '비동화' 측면이 이전보다 늘었음을 보여준다. 중국이 소수민족평등정책으로 변화를 꾀하면서 조선족 시문학도 민족에 대한 자각을 이전보다 더 많이 드러내게 된 것이다. 문혁이 비하면 '동화'가 덜 강요된 이 시기의 '비동화' 양상이 조선족 특유의 민족 정서나 노래, 민족 문자에 대한 자부심 같은 불러일으킨 것이라 하겠다. 이러한 민족의 뿌리에 대한 자각이나 인식의 제고는 자신들의 민족적 정체성을 모색하고 추구하는 것으로 표출되기도 한다. 중국의 변방에 사는 소수민족의 삶이 소수민족문학 특유의 이원성에 근거하는 양가성을 보여주는 것이다. 그렇지만 조선족 시문학에 담보된 양가성은 지배 주체에 저항하거나 체제를 전복하고 해체하는 것 같은 적극적인 의미로서가 아니라 자신들의 문화적 근원이나 고유성을 환기하고 보전하는 양상으로 나타난다고 하겠다.

조선족이 보여주는 이러한 문화적 고유성은 물론 그것을 지키려는 의지와 노력이 있기에 가능한 것이다. 역사상 끊임없이 행해온 중국의 중심주의적 행태에 따른 민족의 복속과 문화 융합에 함몰되지 않은 것 자체가 조선족의 문화 생존 능력을 보여주는 것이라고 할 수 있다. 그런 점에서 조선족 시문학은 중국의 중화사상에 내포된 문화적 제국주의에 완전 흡수당하지 않는 소수민족문학으로서의 탈식민성을 지닌다. 조선족 문학에 담보된 중심과 주변의 역학 관계 구조를 볼 때, 중심을 허무는 것은 아니지만 변강이라는 주변성을 자신들의 고유 영역으로 보전하는 것도 탈중심의 한 실현으로 볼 수 있기 때문이다. 게다가 현재 전 지구적으로 일어나는 문화 융합 현상과 그에 뒤따르는 문화 다양성 소멸을 볼 때, 조선족 시문학이 지켜가는 고유성은 소수문화 보전에 대한 문제를 환기한다. 그러한 독자성 자체가 소멸 위기에 처한 소수민족의 문화 보전과 함께 한민족의 문화적 고유성 보전에 대해서도 적지 않은 시사를 제시한다고 보이기 때문이다.

참고문헌

강효삼 외, 『서정시집』, 민족출판사, 1982.

고부응, 『초민족 시대의 한민족 정체성-식민주의·탈식민 이론·민족』, 문학과지성사, 2002.

김 파 외, 『변강의 무지개』, 연변인민출판사, 1979.

김경석 외, 『봄바람』, 연변인민출판사, 1981.

김경석, 『파란수건』, 연변인민출판사, 1981.

김관웅, 「중국 조선족문학의 력사적 사명과 당면한 문제 및 그 해결책」, 『비평문학』 제13집, 한국비평문학회, 1999.

김시준, 『중국당대문학사』, 소명출판, 2005.

김정자 외, 『현대문학과 양가성』, 태학사, 1999.

리 욱 외, 『시선집-중화인민공화국창건 30주년에 제하여』, 연변인민출판사, 1979.

리삼월, 『황금가을』, 흑룡강조선민족출판사, 1981.

리상각, 『만무과원 설레인다』, 흑룡강조선민족출판사, 1980.

박상기, 「탈식민주의의 양가성과 혼종성」, 『비평과 여론』제6권, 한국비평이론학회, 2001.

이춘식, 『중화사상의 이해』, 신서원, 2002.

이택후, 김형종 역, 『중국현대사상사의 굴절』, 지식산업사, 1992.

장 탁, 오재환 편역, 『중국의 개혁·개방사』, 신서원, 2002.

조정남, 『현대중국의 민족정책』, 한국학술정보(주), 2006.

조회환, 『중국의 실체와 정책』, 한국외국어대학교 출판부, 1994.

Bhabha, H. K., 나병철 옮김, 『문화의 위치』, 소명출판, 2005.

Chris, H., 배일룡 옮김, 『민족문제의 재등장』, 책갈피, 2001.

Chris, W., 임지현 엮음, 『근대의 국경 역사의 변경』, 휴머니스트, 2004.

Cosmo, N. D., 이재정 옮김, 『오랑캐의 탄생』, 황금가지, 2005.

Childs, P.·Williams, P., 김문환 옮김, 『탈식민주의 이론』, 문예출판사, 2004.

Side, E. W., 박홍규 옮김, 『문화와 제국주의』, 문예출판사, 2005.

탈식민주의적 관점에 의한 중국 조선족 시의 전개 양상 연구
― 문화혁명기와 개혁개방기를 중심으로 ―

윤 의 섭

목 차

1. 서론

해방 전부터 중국에 거주하고 있었던 한민족의 시적 토대는 그들이 새로운 국가에 편입되어 '중국 조선족'이라는 소수 민족으로서의 삶을 영위하는 과정에서도 면면히 전승되고 있다. 그렇게 때문에 중국 조선족이 현재까지도 꾸준히 발표하고 있는 한국어 문학으로서의 시는 단지 재외 동포라는 민족주의적 위상에서뿐만이 아니라 한국어로 정서와 감정을 표현하는 한민족의 문학이라는 관점에서도 한국 현대문학사에서 중요하게 논의되어야 할 가치가 있다고 본다.

한편 1960년대 초반까지의 중국 조선족 시에 대한 연구[1]가 어느 정도 성과를 이루고 있는 반면 문화혁명기와 개혁개방기 이후 현재에 이르기까지의 전개 과정과 '조선족 문학'으로서의 변별적 특성을 고찰하는 작업은 미진하다고 할 수 있다.[2] 역사적 질곡을 거치며 중국 조선족이 겪은 삶의 굴곡은, 비슷한 변화와 질곡을 거쳐 온 우리에게 있어서 관심 밖의 대상이었거나 그 실상을 제대로 알 수 있는 여건이 마련되지 못했던 것이 사실이다. 1992년 한중 수교가 이루어지면서 중국 조선족과 그

---

[1] 해방 전후와 1960년대까지의 중국 조선족 문학, 또는 재중 한인 문학에 대한 연구는 다음을 참조할 수 있다. 윤영천, 『韓國의 流民詩』, 실천문학사, 1987, 오양호, 「간도이민문학과 연변문학의 위상 고찰－1940년대 연변문학을 중심으로」, 『통일문제와 국제관계』5집, 인하대학교 평화통일연구소, 1994, 오양호, 『韓國文學과 間島』, 문예출판사, 1988, 오양호, 『日帝强占期　滿洲朝鮮人文學硏究』, 문예출판사, 1996, 김호웅, 『在滿朝鮮人文學硏究』, 국학자료원, 1998, 윤영천, 「중국 조선족 시 문학의 형성과 전개－1940년대~1960년대 전반기를 중심으로」, 『민족문학사연구』 17집, 민족문학사학회, 2000, 오상순, 「광복 전 재만 조선인 문학의 성격 및 특성」, 한국문학연구학회 편, 『다매체 시대의 한국문학Ⅱ』, 국학자료원, 2002, 오정혜, 「광복 후 중국 조선족 시의 성격」, 『국어국문학』21집, 동아대학교국어국문학과, 2002, 오정혜, 「1950년대 중국 조선족 시 연구」, 동아대 박사논문, 2003, 윤의섭, 「1950~60년대 중국 조선족 시에 대한 탈식민주의적 고찰」, 『현대문학이론연구』 제27집, 현대문학이론학회, 2006.4, 윤의섭, 「해방기 재중 조선인 시에 나타난 현실 인식」, 『한중인문학연구』제19호, 한중인문학회, 2006.12 등.

[2] 해방 전후와 함께 1960년대 이후의 중국 조선족 시에 대한 연구로는 다음을 참조할 수 있다. 김준오, 「중국 사회주의 문화정책과 중국 조선족 시가전통의 변모양상」, 『한국문학논총』16집, 한국문학회, 1995, 조성일·권철 외, 『중국 조선족 문학통사』, 이회, 1997, 정덕준·노철, 「중국 조선족 시문학 연구」, 『현대문학이론연구』 20집, 현대문학이론학회, 2003, 허형만, 「중국 조선족 동포 시인들의 시세계」, 『현대문학이론연구』21집, 현대문학이론학회, 2004, 윤의섭, 「중국 조선족 시 형성 과정의 탈식민주의적 의미」, 『한중인문학연구』제18호, 한중인문학회, 2006.8, 정수자, 「문화대혁명기 조선족 시의 탈식민주의적 성격」, 『한중인문학연구』제18호, 한중인문학회, 2006.8, 김은영, 「중국 조선족 장편서사시에 나타난 역사적 체험의 특성」, 『한중인문학연구』제19호, 한중인문학회, 2006.12 등.

들의 문학에 대한 연구가 활발해지고 있지만 문화혁명기 이후에 대한 연구는 벌어진 역사적 간극만큼이나 척박하다. 그러나 엄연히 현존하는 재외 동포로서의 중국 조선족 문학은 때로는 시대적 대세에 부응하며, 때로는 주체성과 민족적 정체성에 대한 심경을 토로하며 자신들만의 문학적 위상을 견지하고 있다. 특히 본고에서 논의하고자 하는 중국 조선족의 시는 방대한 창작 양을 보이고 있을 뿐만 아니라 문학적 예술성에 있어서도 우리의 시와는 또 다른 차원에서 일정 수준을 갖고 있다.3)

이러한 의미에서 본고는 문화혁명기 이후부터 2000년대에 이르는 중국 조선족 시를 대상으로 史的 전개 과정에 따라 그 양상을 살펴보고자 한다.4) 또한 단순히 시대적 전개의 흐름만을 좇는 것이 아니라 '중국 조선족'의 시라는 민족적·역사적 특수성에 중심을 두어 그들의 시를 탈식민주의적 관점에서 분석하고자 한다.

일제 식민시대의 시련을 거치면서, 또한 중화인민공화국이라는 거대한 체제에 속한 소수민족에게 가해진 핍박을 거치면서 중국 조선족의 시의 전개 양상은 탈식민의 과정과 탈식민주의적 특성을 보여주고 있다. 특히 문화혁명기와 개혁개방기 이후의 시가 보여주는 대조적인 양상은, 사회주의의 거대국가 체제 속에서 중국 조선족이 그들의 물리적 환경과 정신적 가치관의 격변을 겪으면서 민족적 정체성과 중국 내 소수민족의 고유성 사이에서 나름의 변별된 주체를 형성해 오고 있었다는 점을 명백히 드러내고 있다. 이러한 사실은 중국 조선족 시를 탈식민주의적 관점으로 논의할 수 있는 근거를 제시한다. 즉, 해방 전후 시기

---

3) 본고가 주 자료로 삼고 있는, 아주대학교 인문과학연구소에 소장 중인 해방 이후부터 2000년대까지의 중국 조선족 시는 200여권의 시집, 12000여 편의 시이다.
4) 문화혁명기와 개혁개방기에 대한 시기 구분은 각 장에서 자세히 언급하고자 한다. 논의 대상 시에 대한 출전은 각 인용시의 각주에 표기하기로 한다.

와는 또 다르게 문화혁명기 이후의 중국 조선족 시 역시 부단히 탈식민의 과정이 전개되고 있을 뿐만 아니라, 현재에 이르러서는 민족적 정체성에 대한 재고와 타자를 인식하는 주체의 성립에 의한 탈중심주의적 양상을 보이고 있어 전반적으로 식민시대 이후 형성된 다양한 양태의 영향5)에서 벗어나는 탈식민주의적 성향이 두드러지고 있다.

이러한 논의 방법에 따라 본고는 문화혁명기 이후 발간된 중국 조선족 시집에 수록된 시를 크게 문화혁명기와 개혁개방기로 나누어 살펴보고자 한다. 그런데 이 두 시기의 시는 각각 중화인민공화국의 건국으로 '중국 조선족 문학'이라고 따로 규정되기 시작한 1949년부터 문화혁명이 시작된 1966년 전까지의, 흔히 17년 문학기라고 불리는 시기의 시와는 서로 다른 문학적 패러다임을 형성하고 있으므로 시대적·사회적 여건을 고려한 패러다임의 형성 과정에 따라 그 전개 양상을 고찰하고자 한다.6) "중국 조선족의 시에 있어서 그들 시의 변화는 이전 시기와의 누적적 관계에 의해 점진적으로 형성되었다기보다는 새로운 가치 체계나 구조, 이를테면 사회주의 국가의 건설, 사회주의 강령의 영향, 소수민족 정책 지침 등에 따른 급변하는 환경 속에서 형성된 것으로 보인다."7) 이러한 문학사적 패러다임에 따른 전개 양상의 고찰은 중국 조선족 시가 갖는 역사적 특성을 드러내며 탈식민주의적 담론의 가능성을 보다 분명히 확보할 수 있을 것으로 본다.

---

5) 식민시대가 남긴 영향은 조국이 다른 대상으로 바뀐 것에 대해 부정하는 심리적 '부인', 양가성이 확장된 개념으로서의 '혼성성', 지배 권력에 대한 강한 거부 반응, 동일성에의 욕망, 정체성의 확보 의지, 극복과 복원에 대한 욕망 등의 다양한 양상으로 나타난다. 이에 대해선 Homi k. Bhabha, 나병철 역, 『문화의 위치-탈식민주의 문화이론』, 소명출판, 2002를 참조.

6) 패러다임(paradigm)의 형성과 그 특성에 대해서는 T. S. Kuhn, 김명자 역, 『과학혁명의 구조』, 두산동아, 1999와 가라타니 고진, 『일본근대문학의 기원』, 민음사, 1997을 참조.

7) 윤의섭, 「중국 조선족 시 형성 과정의 탈식민주의적 의미」, 앞의 책, p.58.

본고는 되도록 많은 자료를 대상으로 논의를 전개하고자 하나 탈식민주의적 관점에 중심을 두었으므로 다른 측면에서의 논의 가능성을 배제할 수는 없다. 다만 중국 조선족 시에 대한 이해와 그들 시의 현황을 통해 한국 현대 문학사의 외연을 확대할 수 있기를 기대한다.

2. 타자에 대한 인식과 주체 자각의 계기 – 문화혁명기

새로운 문학적 패러다임의 형성은 문학이 드러내는 외형적인 변화로만 확인되는 것은 아니다. 패러다임을 정상화시키는 방향으로 기존의 가치 체계가 움직이는 데 있어서 그 문화적 운동과 힘은 가시적인 상태로만 존재하는 것이 아니기 때문이다.

중국 문학사는 문화혁명기(1966~1976)를 "구라파의 중세기에 비유하고 있다."[8] 다음은『중국 조선족 문학 통사』의 일부이다.

> 1966년 '임표동지께서 강청동지에게 위탁하여 소집한 부대 문화 사업 좌담회 기요'가 전국에 산포되었다. 이로써 건국 이래 17년 동안 문예계에서는 '모주석의 사상과 대립되는 한 갈래의 반당, 반사회주의의 검은 선이 우리에게 독재를 실시하였다. 이 검은 선이 바로 자산계급 문예사상, 현대 수정주의 문예사상과 30년대 문예와의 결합이다.'라는 결론에 의해 건국 이후 17년간의 문학이 모두 부정되는 사태를 초래하게 되었다.[9]

1949년을 기점으로 한 중국 조선족 문학 17년간의 결실이 모두 부정

---

8) 김순례, 「중국 조선족 시문학사 개관」, 김종회 편, 『한민족 문화권의 문학』, 국학자료원, 2003, p.351.
9) 조성일·권철 외, 앞의 책, pp.391-392.

되는 사태는 어떤 의미를 갖는 것일까. 그것은 일차적으로 1949년 이후 형성된 중국 조선족 문학의 패러다임이 전면 부정되고 있음을 의미한다. 또한 1966년을 기점으로 중국 조선족 문학사에 새로운 패러다임이 형성되었음을 의미하기도 한다. 이에 따라 본 장에서는 우선 중국 조선족 시의 문화혁명기 패러다임 형성에 대해 논의하고자 한다.

이 시기의 패러다임은 크게 세 가지 방향으로 형성된다. 우선은 침묵과 침체로 나아가는 방향이다. 이 경우는 기존 패러다임과의 연계를 끊지는 않았지만 그것을 더 이상 드러내놓고 승계할 수 없는 가운데 미약하나마 조선족으로서의 목소리를 드러내거나 잠재태로서 음지화되어간 양상이다. 둘째로는 새 기류에 굴하지 않는 일관성의 방향이다. 이 경우는 기존의 패러다임을 고수하면서 새 패러다임과 드러내놓고 맞서는 경우이다. 그러나 이 방향의 작가들은 추방, 투옥 등으로 인해 작품 창작이 원천적으로 불가능했고 창작을 했더라도 발표가 불가능했기 때문에 결국 첫째의 침묵·침체 방향과 같은 움직임으로 나아간 것으로 봐야 할 것이다.10) 셋째로는 순응의 방향이다. 이는 새 문예정책을 추수하고 기존의 패러다임을 망각하는 경우이다. 이러한 세 가지 방향은 모두 문화혁명기 중국 조선족 시의 패러다임을 형성하는 중요한 요소이다. 물론 서로 상반되거나 성격이 다르지만 문화혁명기의 성격을 함축하는 움직임인 것이다.

이 가운데 본고에서 주목하는 패러다임 형성 방향은 침묵과 침체로 움직이는 양상이다. 문화혁명기에 '민족 문화 혈통론'에 대한 비판으로

---

10) 이 시기에 대다수의 작가가 농촌으로 추방되거나 감옥에 갔고 일부는 일찍 세상을 등졌다. 또한 "1966년 7월에 연변문련과 그 산하의 각 협회가 해산되었고 거의 같은 시기에 연변가무단, 연변연극단 등 예술공연단체들에서 모든 문예 창작, 문예 공연 활동이 중지되었으며 『연변』, 『장백산』 등 잡지들이 폐간되었다." (위의 책, p.393)

시작된 조선족의 민족적 지위 부정은 중국 조선족 문학의 침묵과 침체에 결정적 원인을 제공하였다. 이는 '조선어'로 글을 쓸 수 없게 되었음을 의미하는 것이다. "심지어『조선말을 배울 필요가 없다. 한어를 배우는 것이 방향이다. 조선어는 인제 10년, 15년이 지나면 없어지게 된다.』"는 주장이 거세지고 결국 "거의 10년간 조선언어 문자 사용은 정책, 법률, 제도상에서 아무런 담보도 받지 못하였으며 많은 학교들에서 조선어문 과목을 취소하"게 되었다.[11] 이러한 사정은 곧 조선족 문학의 말살로 인식된다.[12] 그러므로 조선족 문단의 침묵과 침체는 창작을 못한다는 것 외에 민족적 정체성을 억압하는 정치적 오류에 대한 견딤과 분노가 내재된 저항적 목소리를 내포하고 있었다고 말할 수 있다. 따라서 문화혁명기 중국 조선족 시의 침묵·침체 양상은 민족적 정체성과 관련하여 탈식민주의적 관점으로 파악할 필요가 있다.

1949년부터 1965년까지 형성·고착되어 온 중국 조선족 시의 성격은 식민시대 경험 이후 '부인'[13] 작용에 의해 새롭게 부재의 자리에 대체된 탈식민적 혼성성의 패러다임으로 파악될 수 있다. 그런데 여기에는 기본적으로 '백화만발 백가쟁명'과 같은 문예 정책이 작용하여 중국 조선족 시문학의 창작 활동이 활발하게 이루어질 수 있었다. 또한 그것은 조선족이라는 민족의 존재와 정체성을 긍정하는 기능으로 작용하였다. 물론 중국 조선족 시에서 '조국'은 중국으로 대체되었지만 17년 문학기

---

11) 위의 책, p.395.
12) 김준오, 앞의 논문, p.17.
13) '부인'(disavowal)은 주체가 외상으로 지각되는 현실을 인정하지 않는 심리적 작용을 의미한다. 말하자면 남근을 갖지 않고 있다는 사실을 부인하고, 대신 그 부재의 자리에 다른 것을 대체하고자 하는 현상이다. 중국 조선족의 경우 심정적 조국(조선)이 없어진 자리에 조국이 중국으로 대체되는 과정에서 조국 부재에 대한 '부인' 심리가 작용했다고 보인다.('부인'에 대해서는 Sigmund Freud, 한승완 역, 『나의 이력서』, 열린책들, 1997, pp.198-213과 Sigmund Freud, 임홍빈·홍혜경 역, 『새로운 정신분석 강의』, 열린책들, 1996, pp.159-192를 참조)

의 정치·사회적 분위기로 인해 중국 조선족의 시는 탈식민의 흐름 속에서 '조선어'로 된 조선족 민족만의 문화적 감성을 이어올 수 있었던 것이다. 이러한 흐름은 반우파 투쟁으로 조선족 문단이 위축될 때까지도 면면이 이어졌다. 그러나 문화혁명은 중화인민공화국 건설 이후의 초기 중국 조선족 시 형성에 작용한 '부인'과 새로운 국가에의 '적응', 그리고 민족적, 문화적 '혼성성'까지도 용납하지 않는 철저한 말살 정책이었다. 따라서 이 시기는 탈식민주의적 관점으로 볼 때 탈식민의 운동을 전면적으로 차폐한 시기이다. 즉 중국 조선족으로서의 시를 쓸 수 없게 되었으며 따라서 고향, 민족, 중국이라는 새 터전을 소유한 것에 대한 낭만적 기쁨, 향수 등을 노래할 수 없게 되었다는 것은 더 이상 중국 조선족의 시가 근원적 고향을 품거나 본질적인 고향의 복원을 지향하는 것 자체가 불가능해졌다는 것을 의미한다. 물론 문화혁명기 이전의 중국 조선족 시가 중국이 아닌 다른 '조국'이나 '고향'에 대한 회귀를 직접 드러내고 있지는 않지만 그 형성 과정에 있어서는 잠재되어 있는 가능 상태였다. 따라서 문화혁명기 이후에 전개된 개혁개방기 중국 조선족 시에 나타난 민족 담론 등의 발아 요건은 이미 17년 문학기와 그 이전부터 존재했던 것이라고 분석할 수 있는 것이다. 이렇게 볼 때 문화혁명기 패러다임 형성의 한 방향인 침묵과 침체 양상은 이전 시기의 탈식민주의적 요소를 암묵적으로 계승하면서 중국 조선족의 정체성을 망각하지 않으려는 심정적 의지이자 운동으로 이해될 수 있다.

그러나 문학사적 패러다임은 그 시대의 변화 양상과 요인을 전반적으로 보아야 한다. 이렇게 볼 때 문화혁명기 중국 조선족 시의 패러다임은 이전 시기와는 분명하게 변별되는 양상으로 전개되었다. 1966년부터 1971년 사이에 발표된 문학작품이 거의 없었고 있다 해도 진정한 문학작품이라고 할 수 없었다.[14] 이는 이 시기의 창작 여건이나 창작 성향이 크게 위축된 방향으로 전개되었음을 의미한다. 1971년 문화혁명 계 엄령의 장본인인 림표가 물러난 이후 ≪연변일보≫가 복간되는 등 창 작 여건이 조성되면서 여러 시집이 출간되었다. 그러나 17년 문학기와 비교하여 문학적 다양성과 성취도에 있어서 양적으로나 질적으로 분별 되는 패러다임이 형성되었다고 말할 수 있다. 이에 따라 본고는 앞서 제 시한 이 시기 패러다임의 세 가지 전개 방향 중 우선 순응 방향의 시를 살펴보고 다음으로는 미약하게나마 중국 조선족의 목소리를 드러내고 있는 침체 방향의 시를 살펴보고자 한다.[15]

> 세계를 진감하는 무산계급문화대혁명,/수정주의 검은 로선에 불질하
> 고/반역자 류소기일당을 때려엎었네/무산계급전정을 철벽으로 다졌네.
>
> － 김응준, 「모주석의 혁명로선 따라 앞으로」(1972) 부분)[16]

> 만세! 문화대혁명 승리 만세!/모주석의 혁명로선 보위하는 결사전에
> 서/류소기따위 사기'군을 족친 투사들이/함성을 울린다, 승전고 울린다!
>
> － 리백설, 「폭풍찬가」(1972) 부분[17]

> 그렇다, 내 마음 이토록 설레임은/류소기따위 사기'군의 유론을
> 짓부시며/혁명의 무거운 짐 짊어졌기때문이여라!
>
> － 김경조, 「가슴벅차오누나」(1973) 부분[18]

---

14) 조성일·권철, 앞의 책, p.397.
15) 침묵의 방향은 실제적 작품이 없다는 점에서, 일관성의 방향 역시 이 시기 내에 서 발간된 작품을 확인하기 어렵다는 점에서 고찰하기가 용이하지 않다.
16) 김응준 외, 『장백에 울리는 노래』, 연변인민출판사, 1972, p.7.
17) 위의 책, p.41.
18) 박명룡 외, 『태양의 빛발아래』, 연변인민출판사, 1973, p.40.

이상의 시들은 모두 문화혁명의 노선을 따르는 데 있어서 전적인 지지를 표명하며 이행의 결의를 다지고 있다. 그러나 림표 등에 대한 1971년 이전의 문예 정책을 지지하는 것은 아니다. 어디까지나 순응의 방향은 림표가 물러난 이후의 문화혁명에 대한 지지인 것이다. 특히 위 인용시들은 당시 숙청되어 사형당한 국가주석 류소기에 대한 비판을 강렬하게 드러내며 모주석의 문화대혁명을 세계로 나아가는 길로 찬양하는 등 문화대혁명에 대한 전적인 순응적 자세를 보이고 있다.

> 공구의 넋을 물려받은 림가놈아/썩어빠진 공맹지도 념불하듯 외우며/≪자기를 억제하고 례에 맞게 행동하라≫고,/황당하다, 살인백정의 올가미를 누구에게 씌우려느냐!
>
> ― 김철학, 「원한의 불길─한 로빈농의 성토」(1975) 부분[19]

> ≪례≫를 회복하기 위해 발악하던 공구놈/력사의 조류에 부딪쳐 개죽음당하듯/혁명의 격류 막으려고 미쳐날뛴 림표놈/황막한 사막에 재더미로 되였지만,//계급적 원쑤들 멸망을 달가와하지 않는 한/투쟁은 아직도 끝나지 않았거니/당의 기본로선 가슴깊이 아로새기고/우리는 끝까지 싸워가련다.
>
> ― 김경석, 「≪만인갱≫의 참상 재연되지 못하리」(1975) 부분[20]

> 무엇이 다르냐,/공구의 ≪성상≫에 무릎꿇고 절하며/≪립국의 강령≫은 ≪극기복례≫에 있다던/매국적 장개석과 ──//그 무엇이 다르냐/야만적으로 중국을 침략하고도/≪극기복례≫는 ≪천만년의 정신적 기초≫라던/악독한 일본제국주의놈과
>
> ― 리우성, 「인민의 강산을 지켜나가자」(1975) 부분[21]

---

19) 박화 외, 『격전의 노래』, 연변인민출판사, 1975, p.25.
20) 위의 책, p.30.

　‘림표, 공구 비판특집’이라는 부제가 붙은 시집『격전의 노래』에 실린 시는 모두 림표에 대한 비판으로 일관하고 있다. 또 림표가 내세운 ‘극기복례’는 공자가 말한 것이므로 ‘공구(공자)’ 역시 비판의 대상이 되고 있다. 1971년 림표가 권좌에서 쫓겨나 죽었지만 여전히 문화혁명은 진행 중이었다. 그렇기 때문에 ‘투쟁은 아직도 끝나지 않’은 것이며 중국 조선족의 시는 여전히 문화혁명의 예속에서 벗어나지 못하고 있다. 이는 1976년에 발간된 시집『폭풍뢰』22)의 대부분 시들이 ‘모주석’과 그의 ‘홍위병’, 그리고 문화대혁명을 찬양하는 내용으로 되어 있는 것만 봐도 알 수 있다.23) 말하자면 이 시기의 중국 조선족 시는 조선족의 민족적 정체성을 탄압한 림표 등의 정책은 받아들일 수 없었지만 문화혁명은 사회주의 체제 내에서 당연하게 수행해야 할 과업으로 받아들였던 것이다. 10년 동안의 정치적·사회적 강권 앞에서 중국 조선족의 시가 창작될 수 있는 방법은 문화혁명에 대한 순응이었고, 따라서 이 시기에 고향, 조선, 민족, 조상, 어머니, 고향 산천 등 17년 문학기에 다루어졌던 내용을 찾기가 용이하지 않은 것은 당연한 것이다.

　위 인용시에서 리우성은 림표를 장개석이나 일본제국주의와 같이 보고 있다. 즉 문화혁명이라는 시련의 과정을 탈봉건, 탈식민의 과정과 같이 보려는 시각이다. 이는 문화대혁명을 근대화 과정에서 일어난 사건이라고 보는 그들의 인식을 드러낸다. 문화혁명기 중국 조선족으로서의 탈식민 과정은 이전 17년 문학기와 비교해 볼 때 조선족이라는 민족

---

21) 위의 책, pp.72-73.

22) 한태운 외,『폭풍뢰』, 연변인민출판사, 1976. 이 시집은 ‘문화대혁명’ 10주년을 기념하여 나왔다.

23) 이 시집에 실린 한태윤,「모주석께 드리는 송가」, 황장석,「모주석의 검열을 받으며」, 김파,「영원히 간직하노라, 태양의 빛발을」, 림연,「붉은 완장을 노래하노라」, 김성휘,「폭풍의 대오 나아간다」, 심정호,「나 젊은 지부서기」 등이 그 예에 속한다.

적 단위의 움직임이 아닌 무산 계급 연대의 차원에서 수행되고 있지만 그들의 의식은 여전히 조선족의 항일 항전의 기억으로부터 자유롭지 못하다. 문화혁명기에 이르기 전까지의 역사는 탈식민을 통해 이루어 졌기 때문이다.

> 항일의 전고소리 이 땅에 울리고/연안의 밝은 등'불 눈부시게 비추니/전당, 전민이 굳게 뭉치여/간악한 왜놈들을 쓸어눕혔네.//모주석의 거룩한 손'길을 따라/백만대군은 승승장구로 남하하여/미제가 길러낸 장가왕조 뒤덮었네/사회주의 새중국이 탄생하였네.

– 김응준, 「모주석의 혁명로선 따라 앞으로」(1972) 부분[24]

> 머슴살이 살아오던 저주로운 지난날/살을 에이는 오동지 섣달에도/토스레옷 기워입고 주린 창자 달래며/왜놈들의 고역에 시달렸던 지부서기,//복수의 멜대를 거머쥐고/간악한 원쑤들과 생사결판내던 그이/오늘은 집체화의 큰길에서/간고분투 혁명정신 떨치십니다.

– 심정호, 「멜대」(1973) 부분[25]

　순응의 방향을 따라 이루어진 패러다임은 문화혁명을 위의 인용시에서처럼 지난 날 일제 식민시대에 대한 항전과 '고역'의 역사를 토대로 형성된 것으로 인식하고 있다. 순응 방향의 시에 있어서 탈식민 의식은 중국 사회주의 국가의 탈식민 과정과 일치하고 있는 것이다. 그러나 이 때의 중국은 중국 조선족이 문화혁명기 이전에 환호했던 대체된 '조국'으로서의 중국이 아니다. 상징계로 접어들었던 17년 문학기의 중국 조선족에게, 특히 침묵과 침체의 방향으로 나아간 중국 조선족의 시에 있

---

24) 김응준 외, 앞의 책, p.6.
25) 박명룡 외, 앞의 책, pp.31-32.

어서 문화혁명기는 주체의 욕망과 동일성을 이룬다고 믿었던 중국이라는 대상과의 분열을 경험하게 한 사건이다.

다음으로 살펴볼 침체 방향의 시는 이러한 양상 속에서 중국 조선족으로서의 내적 심리를 조심스럽게 드러내고 있는 시라고 할 수 있다.

> 넓고넓은 조국의 부동한 일터에서/하나의 목표를 지니고 모여온 우리/말은 서로 다르고 처음 만나는 사이건만/만나자 뜨거운 마음 통하는 친숙한 얼굴들이여.//…(중략)…//이 시각 우리 서로 말은 없어도/우리가 하고싶어하는 말이/가슴속에 메아리치는 감격이/하나의 언어로 눈동자마다에서 빛발치노니/그것은 모주석과 당에 대한 충성의 결의여라.

— 심정호, 「태양의 신변에서」(1976) 부분)[26]

> 말은 서로 달라도 마음은 하나,/자란 곳은 달라도 피눈물의 과거사는 한가지,/조국위해 영광을 떨치자/우리 북경성 우러러 굳은 맹세 다졌습니다./계급투쟁의 치렬한 싸움터에서/휴식짬마다 혁명보서 읽어가며/나는 한어로 그는 조선말로/대비판의 격문을 썼답니다.//…(중략)…//쇼왕과 나는 오늘도/공산주의 리상위해 억세게 싸워갑니다,/무산계급전정을 철벽같이 다지며/직포기는 힘차게 돌고돕니다.

— 박순옥, 「변강에 피여난 붉은 꽃」(1976) 부분[27]

> 찌꾸덕 찌꾸덕, 지난날 어머니 나를 업고/눈물 고인 자장가로 나를 달래며/지주집 베를 짜던 일, 한숨을 짜던 일/아, 어머니의 목숨마저 앗아간 원한의 베틀이여……//짤깍짤깍, 어서 돌고 돌아라, 나의 침직기야/우리를,다시금 옛날 베틀에 목을 매려고/계급의 원쑤들 발광하고있지 않느냐,/우리 어머니 못부른 몫까지 네 불러줘야 하지 않느냐!

---

26) 김근총 외, 『우렁찬 전고소리』, 연변인민출판사, 1976, pp.142-143.
27) 위의 책, pp.128-129.

– 박명월, 「털실옷을 짜면서」(1976) 부분[28]

문화혁명은 1976년 10월 종결되었다. 따라서 그 이전까지 발표된 시들은 대부분 '무산계급전정', '계속혁명'을 다짐하는 내용으로 끝을 맺는다. 이 시기의 시에 과거에 대한 향수나 복원 의지는 있을 수 없었다. 과거는 투쟁의 역사만이 의미 있는 것이었고 오직 미래를 향한 전진만이 있을 뿐이었다. 이러한 당대 패러다임의 추수에는 그 패러다임의 성격과 차이를 드러내는 다양한 양상의 가치와 의식이 굴절되어 나타나게 된다. 따라서 침체 방향의 시에서는 17년 문학기에 전개되었던 조선족으로서의 의식, 탈식민주의의 관점에서 볼 때 알 수 있는 '부인' 심리에 의한 '조국'에 대한 인식이 굴절되어 나타난다. 그것은 과거 기억과 조선족이라는 민족적 정체성에 토대하면서 동시에 그들이 찾은 상징계가 오인된 환상이었다는 것을 깨닫는 순간 나타나는 동일성의 분열을 드러낸다. 문화혁명 막바지에는 이러한 양상의 시가 어느 정도 보이기 시작하지만 여전히 전면적이진 못하다. 단지 '하나의 목표를 지니고 모여온 우리/말은 서로 다르고' 민족이 다르다는 것을 환기시키는 수준에 머물고 있다. 아직은 소수민족으로서의 목소리를 제대로 드러내지 못하고 다만 '하나의 언어로 눈동자마다에서 빛발치노니/그것은 모주석과 당에 대한 충성의 결의'라며 조선족 역시 문화혁명에 동참하고 있음을 강조할 뿐이다. 그러나 '말은 서로 달라도 마음은 하나,/자란 곳은 달라도 피눈물의 과거사는 한가지'라고 말하는 것은 문화혁명기 초기만 해도 상상할 수 없는 것이었다. 민족에 대한 의식을 드러내는 것을 상상도 할 수 없었던 시기에 비해 문화혁명기 말기는 어느 정도 와해된 분위

---

28) 위의 책, p.120.

기가 조성되었다는 것을 알 수 있다. 침체 방향의 시는 조심스럽게 민족 간 차이를 확인시키면서 '어머니의 목숨마저 앗아간' 과거 민족의 희생을 부각시키고 강조한다. 조선족과 한족의 구분이 사회주의 목표를 향해 나가는데 있어서는 '나는 한어로 그는 조선말로/대비판의 격문을' 쓸 정도로 무의미하다고 말하고 있다. 바꿔 말하면 조선족의 역사가 곧 중국의 역사라는 인식을 보이는 것이다.

> 피여났네 피여났네/공산당과 모주석의/영명하신 령도아래/장백산하 송림골에/민족단결 붉은 꽃이/떨기떨기 피여났네.//…(중략)…//송림강반 무대삼아/왕쓰룽이 반주하고/김할머니 노래하니/본보기극 꽃이피고/형제민족 굳게뭉쳐/영웅따라 나아가네.//구사회 계급원한/얼기설기 맺힌형제/사회주의 새농촌을/맞들어멘 두민족/대비판 불길높이/대진군 전고높이/계속혁명 한길에서/대채따라 달린다네.//피여났네 피여났네/떨기떨기 피여났네/무산계급 전정위해/형제민족 당을따라/단결승리 송가엮는/민족단결 꽃피였네.

— 손례규, 「민족단결 꽃피였네」(1976) 부분[29]

1976년 3월에 발표된 위 시는 이전보다 좀 더 확연하게 조선족의 존재를 드러내면서 '사회주의 새농촌을/맞들어멘 두민족'임을 명시하고 있다. 더구나 '왕쓰룽이 반주하고/김할머니 노래하니/본보기극 꽃이피고/형제민족 굳게뭉쳐' 있는 현실을 강조함으로써 17년 문학기보다도 더 민족 개념을 분획하고 있다. 문화혁명은 조선족에게 소수민족이 중국을 위해 쌓아온 역사적 업적과 희생이 현재의 중국에 토대하고 있다는 사실을 인식시키려는 의지를 생성케 한 것이다. 다만 '무산계급 전정위해/형제민족 당을따라/단결승리 송가엮는/민족단결'이라는 구절에서

---

29) 김철석 외, 『공사의 아침』, 연변인민출판사, 1976, pp.26-28.

알 수 있듯이 아직은 중국 내 소수민족으로서의 역할, 중국의 체제를 추수하고 있음을 인정시키고자 하는 의식을 표명한다는 점에서 침체 방향의 시 역시 문화혁명기 패러다임에서 크게 자유롭지 못하다는 것을 알 수 있다. 그렇기 때문에 일부 일관성의 방향으로 나아간 시인들은 문화혁명기에 자유로운 조선족으로서의 목소리를 내지 못하고 개혁개방기 이후에야 문화혁명기에 쓴 시를 발표하기도 한다.

> 아리랑고개는 열두고개/칠보단장 님 맞으려/아침해 웃는 고개에 오르노라//아리랑곡조로 세월 앞당기고/아라리 꽃다발을 괴여들고서/나리꽃 웃는 고개로 오르노라.
>
> — 리욱, 「님 맞으려」(1974) 전문[30]

위 인용시는 문화혁명기에 발표할 수 없는 내용의 시다. 그것은 '아리랑'이 조선족이 한민족의 일부임을 자각하게 하는 상징적 표지라는 점 때문만은 아니다. 그 주요 이유는 개인의 감정을 노래했다는 데 있다. 문화혁명기 무산계급전정에 대한 언급은 어디에도 없이 사회주의, 혹은 중국의 당대 이데올로기를 벗어난 개인주의의 발현과 사랑 감정의 표출은 문화혁명기에 결코 발표될 수 없는 사유이다. 여기에 '칠보단장 님 맞으려' '고개로 오르'는 화자는 '아리랑곡조로 세월 앞당기고'자 함으로써 조선족의 문화적 정서로 시련의 문화혁명기를 벗어나고자 하는 의지를 드러내고 있다.

이러한 예시에서 드러나듯 문화혁명기에 중국 조선족의 정체성에 대한 인식이 크게 흔들렸음을 보여준다. 결국 침체 방향의 시에 문화혁명

---

30) 리욱, 『20세기 중국조선족 문학사료전집－리욱 문학편』, 중국조선민족문화예술출판사, 2002, p.149.

기에 대한 저항적 의식이 내포되어있다는 것을 확인할 수 있는데 이 시기에 발표되지 못했거나 시로 충분히 발현시키지 못했을 그들의 인식과 의지까지 감안한다면 조선족이라는 민족적 의식의 음지화된 잠재태는 보다 폭넓게 형성되어 있었을 것으로 추측된다. 침체 방향의 시에서는 조선족으로서의 민족 의식이 중요한 역사적 가치를 형성하고 있다는 의식까지 담겨있는데 일제 식민시대 이후, 그리고 해방기 이후의 혼란기를 거쳐 본격적인 탈식민의 길에 접어든 중국 조선족은 결국 문화혁명기 말기에 이르러 조선족이라는 민족적 정체성에 시각을 돌리게 된 것이다. 결과적으로 문화혁명기는 중국을 대체된 '조국'으로 받아들이는 오인의 과정을 밟아왔던 탈식민 시대의 성격과 방향이 또 다른 성격과 방향의 탈식민으로 나아가게 한 계기로 작용했다. 즉 중국 내 소수민족으로서의 조선족이라는 민족적 정체성으로 전회하면서 중국이라는 타자를 향한 동일성의 욕망이 조선족 주체 자신을 향한 동일성으로의 욕망으로 방향을 바꾼 것이다. 타자에 대한 인정은 곧 주체를 자각하게 하는 계기로 작용하기 때문이다.[31]

이렇듯 17년 문학기의 패러다임과 맞닿아 있는 듯 하면서도 성질이 다른 침체 방향의 시는 조선족으로서의 의식을 갖고 있고 또 그것을 드러내놓고 싶지만 표면적으로, 그리고 전폭적으로 조선족으로서의 정체성에 토대한 정서와 사상을 펼치고는 있지 못하는 방향의 시라고 할 수 있다. 이를 다른 관점에서 직시하면 문화혁명기는 조선족 시에 있어서 조선족이라는 중국 내의 소수민족이 한족을 포함한 여타 중국의 여러 민족과 다르다는 것을 더욱 각인시킨 사건, 즉 상징계의 분열을 형성시켰고 또 다른 상징계를 찾아나서는 과정인 실재계에 진입하게 하는 조

---

31) Emmanule Levinas, 강영안 옮김, 『시간과 타자』, 문예출판사, 1996, pp.83-87.

건을 형성시켜준 사건이라고 할 수 있다. 이로써 문화혁명기의 시적 패러다임은 개혁개방기 이후 활발한 주체 형성 움직임, 민족적 정체성 탐색, 개인주의적 시의 발현 등으로 이어지는 새로운 패러다임에 자리를 내어주게 된다. 또한 문화혁명기의 패러다임은 새 패러다임의 방향에 동조하고 그것의 가치체계를 증명하고 인정하려는 운동을 하게 된다. 이 과정에 탈식민주의의 새로운 양상이 나타나고 있음은 당연하다.

3. 주체에 대한 새로운 인식과 정체성 찾기 - 개혁개방기

패러다임의 형성 기원이 역사적 사건이 발발한 기점과 반드시 일치하는 것은 아니다. 우리는 패러다임의 형성 여건에 역사·정치·사회·문화적 변별요소를 모두 대입해보아야 한다. 그렇지만 중국 조선족 시의 문화혁명기 이후의 패러다임 형성은 우선적으로 문화혁명 종결이라는 역사적 사건에 가장 많은 영향을 받고 있다. 이는 중국의 문예정책이 곧바로 개별 창작에 반영되는 사회주의 체제의 특성 때문에 나타나는 현상이다. 문화혁명의 주동자였던 '4인무리'가 물러난 1976년 10월은 문화혁명이 종식되고 중국 조선족 시의 숨통이 트이게 된 시기이다. 그러나 실질적으로는 연변문학예술일꾼연합회 제2기 제3차 전체위원(확대)회의가 소집되고 각종 문예지가 창간되기 시작한 1978년 10월이 문화혁명 이후 새로운 시대의 출발점이라고 할 수 있다.[32] 1980년대 이후에는 자유주의의 열기로 인해 이전 시기에 대한 반성과 자유로운 서정의 표출이 나타났고 1990년대 이후에는 "여러 가지 문학이 서로 복잡하게 교차, 교합되면서 다원적인 문학으로 변화 발전하고 있는 과도기"[33]의

---

32) 조성일·권철 외, 앞의 책, pp.404-206.

양상을 보이고 있다.

이전 시기보다 보다 자유로운 창작 활동의 여건이 조성되자 중국 조선족의 시는 크게 세 가지 이유에서 조선족으로서의 정체성 및 개인적 정서 등에 관심을 보이기 시작했다. 첫째 이유로는 개혁개방기 중국의 다양한 정치적, 사회·문화적 변화를 들 수 있다. 본고는 그 중 민족주의의 부각에 주목하고자 한다. 이때의 민족주의는 1990년대에 서구와 대비하여 유교 등과 같은 중국 자체의 고유 가치에 주목하면서 "중국 자체의 종족과 지연 등이 경제생활에 의의가 있다고 보고 집체를 특징으로 하는 중국의 향진(鄕鎭)기업 등이 사회주의와 자본주의를 초월하여 현대화를 가능하게 할 것이라는 소자산계급자본주의를 주장"[34]하게 되는데, 말하자면 중국 민족의 우위성을 강조하며 등장한 조류라고 볼 수 있다. 따라서 조선족을 포함한 소수민족에 관한 것이라기보다는 중국의 경제적 역량을 강화하기 위한 자국 경쟁력 강화에 초점이 맞추어져 있는 사상이라고 할 수 있다. 그러나 여기서 중요한 것은 조선족 등의 소수민족 역시 중국 내에서 동등하게 경제 발전에 뛰어 들 수 있는 여건과 그 중요성이 인정되었다는 점이다. 그렇게 때문에 조선족은 기존의 소수 민족이 갖고 있을 법한 구애에서 벗어나 자유롭게 표현할 기회가 주

---

33) 정문권·석화, 「바라보기의 시학―중국 조선족 시의 한 특징」, 『한국문학 이론과 비평』21집, 한국문학이론과비평학회, 2003, p.338.

34) 이양호, 「개혁개방 이후 중국 지식인들의 사조와 사상」, 『동양정치사상사』3집, 한국동양정치사상사학회, 2004, p.227. 개혁개방이 가동된 중국은 1980년대 이후 신계몽주의(신합리주의), 國學 열풍, 新儒家, 민족주의, 신권위주의, 신보수주의, 신좌파, 자유주의파 등장 및 대립 등의 사상적 경향을 보이고 있다. 전반적으로는 급진주의에서 점진주의 및 보수 성향으로 전개되었으며 포스트모더니즘 및 유학파의 영향을 많이 받았다. 중요한 것은 경제 논리가 부각되었다는 것이며 지식의 반열에 인문학 분야보다는 경제지식인(상무파 등)이 전면에 부각되었다는 것이다. 종합적으로 볼 때 이러한 다원화의 양상은 아직까지도 진행 중이라고 할 있다.

어졌고 스스럼없이 민족적 의식을 표출할 수 있었던 것이다. 이런 점에서 조선족의 탈식민, 탈중심 움직임이 보다 가능해졌으리라 본다. 둘째 이유는 '부인' 과정을 통해 대체된 '조국'으로서의 중국이 문화혁명기를 거치면서 결코 심정적·근원적 조국이 될 수 없다는 자각, 즉 중국을 대체된 '조국'으로 인정하는 타자와의 동일시는 오인된 환상이었다는 것을 경험한 조선족이 새로운 대상을 찾아 나서게 되었다는 데 있다. 이때 새로운 대상이란 결코 민족이나 본향, '조국' 등만을 의미하지는 않는다. 그 대상은 여러 가지 유형으로 변주되어 나타난다. 셋째 이유로는 일제 식민시대의 얼룩진 유산에 의해 중국에 거주하게 되면서 중국의 정책 하에 조선족으로서의 삶을 영위하기 위해 겪었던 생존 과정, 즉 탈식민의 지난한 과정이 문화혁명기를 거치면서 주체와 정체성 찾기라는 방향으로 이어지게 되었다는 데 있다. 이런 이유로 개혁개방기에는 잠재태로 작용했던 문화혁명기의 침체된 시 흐름이 활발한 운동을 벌이면서 표면으로 부상하게 되었고 동시에 탈식민의 양상 역시 보다 다양하고 적극적으로 나타나고 있다. 개혁개방기의 중국 조선족 시의 새로운 패러다임은 탈식민주의 관점으로 볼 때 본격적이면서도 본질적인 탈식민 의식의 부각을 통해 이루어졌다고 본다.

1976년부터 본격적인 중국 조선족 시의 다양한 변화가 형성되기 시작한 1978년 사이에도 시집은 발간되었다.[35] 그러나 이 시기에 중국 조선족의 주 거주 지역인 연변 등의 동북삼성 지역에는 아직 변화된 역사

---

35) 필자가 확인한 1977년과 1978년 사이에 발간된 시집으로는 다음과 같다. 황광필 외,『해란강반의 송가』, 연변인민출판사, 1977, 허흥식 외,『높은 봉에 오르리라』, 연변인민출판사, 1977, 강장희 외,『태양은 길이 빛나리』, 연변인민출판사, 1977, 김철,『동틀무렵』, 료녕인민출판사, 1978, 허도남,『기러기』, 흑룡강조선민족출판사, 1978, 림연 외,『잊을 수 없는 정월』, 연변인민출판사, 1978, 박병대 외,『꽃 피는 새봄』, 료녕인민출판사, 1978.

의 영향이 미약하게 미치고 있었다. 또한 문화혁명 이후의 새로운 정책 노선이 확립되지 않은 상태였다. 때문에 1976년과 1977년에 발표된 시집은 문화혁명기의 영향에서 크게 벗어나지 못하고 있다.[36] 따라서 본고가 살펴보고자 하는 문화혁명기 이후 새로운 패러다임 형성기는 1978년 10월 이후이다.

개혁개방기 초기의 시에서는 문화혁명기에 대한 반성과 그것을 벗어난 것에 대한 감회를 다룬 내용의 시가 나타나는데 이는 중국 사회주의 체제라는 타자에 대한 주체와의 동일시가 오인에 불과하다는 사실을 인식한 결과로 보인다.

그때 우리는 어찌하여 그렇게도 단순했던가?/붉은 도마도를 먹어도/래일엔 당장 마음까지 붉어지는줄 알고/밤사이 거리를 ≪붉은 바다≫로 만들었다.//…(중략)…//아, 그때 우리는 어찌하여/≪반란≫의 기발 들고 마스고 짓부셨던가/잡초 돋은 중화의 빈궁한 땅을 깔고/녀왕이 룡좌에 앉을번하게 했던가.

— 한춘, 「그때 우리는 어찌하여」(1979) 부분[37]

차라리 그때는 벙어리가 낫더라/사색의 권리마저 빼앗기고/바른 말 대신 거짓말만 하며/헐값으로 한생을 보낼바엔.//차라리 그때는 눈봉사가 낫더라/상전의 뒤꽁무니만 졸졸 따라다니며/삽살개를 꼬리 흔드는 꼴/그 꼴 보고 침을 뱉을수 없을바엔.

— 한춘, 「차라리 그때는」 부분[38]

---

36) 한 논의에 의하면 문화혁명에 대한 비판과 반성의 시가 시작된 시기는, 중국 중앙 문단의 '상흔 문학' 출현 시기에 비해 중국 조선족의 경우는 3~4년 늦게 이루어지는데 이는 소수민족으로서의 예속적 한계와 지역이 지닌 주변적 특성 때문이라고 한다.(권기호, 앞의 논문, pp.256-257)
37) 김경석 외, 『봄바람』, 연변인민출판사, 1981, p.119.
38) 위의 책, p.200.

> 탐색하는 벗들이여/개혁을 열망하는 사람들이여/낸들 어찌 곡절
> 이 없었으랴――/한때의 그 소용돌이바람에/≪고린내나는 아홉째≫
> 로/마구 몰리워, 쓸리워/산설고 물선 시골에 쫓겨가/십년간 오막살이
> 하던 나/시원한 바람, 봄바람에/포근히 얼싸안겨, 들리워/옛일터 돌
> 아왔으되/살림형편 각골하여라
>
>   – 김응준, 「중년의 노래」(1980) 부분[39]

조선족이 경험한 문화혁명은 결국 '침을 뱉을' 수밖에 없는 보수적인
중국 사회주의 체제의 단면이었다. 그것은 현실적으로 '살림형편'을 형
편없게 만든, 믿었던 '조국'에 대한 환멸로 밝혀진 것이다. 문화혁명기
인 '그때'에 동조할 수밖에 없었던 '≪고린내나는 아홉째≫' 계급, 즉 지
식인의 참회와 "영혼에 대한 날카로운 해부"[40]와 고뇌, 반성을 거쳐 개
혁개방기의 시는 새로운 변화의 양상으로 나아가게 된다. 마치 막혔던
감정의 봇물이 터지듯 중국 조선족 시는 그동안 드러내지 못했던 시적
정서를 표출하기 시작했고 정치적 틀을 벗어나지 못했던 전개 방식에
서 탈피하여 다양한 심정과 물정을 노래하기 시작했다. 즉 개혁개방기
중국 조선족 시는 발전된 물질문명의 생활양식과 세계화 추세에 걸맞
게 다루고자 하는 제재와 시적 관심의 폭이 광범위해졌다고 말할 수 있
다. 이러한 변화의 경향은 이전 시에 자주 등장하던 '당', '조국', '사회주
의' 등의 정치적 용어가 거의 사라졌다는 점에서 뿐만 아니라 사실주의
적 창작 방식에 치중 했던 문예사조적, 방법론적 틀에서도 벗어나고 있
다는 점에서도 알 수 있다. 또한 송가, 감탄조, 찬양조가 대부분이던 시
형식도 우리가 경험하고 있는 현대시의 모습으로 바뀌어가고 있다. 다

---

39) 김응준, 『별찌』, 흑룡강조선민족출판사, 1988, p.179.
40) 조성일·권철 외, 앞의 책, p.416.

음은 1980년대부터 2005년에 이르기까지의 중국 조선족 시의 경향을
주제나 제재별로 크게 나누어본 것이다.[41)]

　1) 개인감정을 다룬 서정시 - 사랑, 그리움, 고독, 행복, 개인적 경험 등등을
다룬 시

　2) 자연을 노래한 시

　3) 물질문명과 변화한 도시·사회에서의 삶을 노래한 시

　4) 고향, 조국, 먼 옛 시절을 그리워하며 향수와 회귀를 염원하는 시

　5) 민족적 정서와 한민족으로서의 삶을 노래한 시

　이러한 경향에 대해 각각의 예시와 특징을 살펴보면 다음과 같다.

　1)의 경우는 사회주의 체제 하에서 억압받고 강요받았던 개인감정에
대한 詩化가 자유로워지면서 본격적으로, 그리고 대량으로 창작·발표
되었다는 점에서 가장 큰 특징이라고 볼 수 있다. 그들의 시를 우리가
우리의 시를 바라보는 시각과는 다르게 볼 필요는 없지만 그들의 삶과
사회적·문화적 배경을 고려하여야 하는 것은 사실이다. 이렇게 볼 때 개
인감정을 다룬 시들이 문학적 깊이와 높은 가치를 갖고 있다고 분명히
말할 수는 없지만, 상당히 세련된 우리말 구사와 감정 표현을 이루고 있
다고 본다. 특히 삶을 관조하거나 조선족 나름의 정서가 일련의 리듬감
과 전통적 어투와 어울려 표출되고 있어 친근감이 있고 난해하지 않다.

　　내 만약 달빛이라도 되여/그대와 함께 있게 되면/그대의 봉긋한 가
　슴우에/봄날의 들꽃을 그득 심어주리//내 만약 달빛이라도 되여/그대
　와 함께 있게 되면/그대의 조용한 두눈속에/사랑의 돛배를 둥실 띄워

---

41) '시문학에서 가장 현저한 성과를 올린 것은 서정시의 창작이다.'(위의 책, p.411)
　　본고는 단지 '서정시'라는 시의 기본적 유형으로 개혁개방기 시의 다양성을 일
　　괄하지 않고 좀더 세부적인 양상으로 나누어보고자 한다.

주리//내 만약 달빛이라도 되여/그대와 함께 있게 되면/그대의 순결
한 마음속에/행복의 바다가 넘치게 하리.

- 임효원, 「내 만약 달빛이라도 되여…」(1984) 전문[42]

행복은 그렇듯 평범하고 수수하여/그 어디에나 있더라/사막의 모
래알에서도 반짝이고/빙설의 눈꽃에서도 향기 풍기더라//희망의 푸
르른 밭이랑에/생활이 꽃피는 들창가에/로동의 장알진 손아귀에/진
정 행복은 꽃피고 있어

- 김파, 「행복은 어디에」(1982) 부분[43]

나무는 고독에 앙상합니다./아른아른 무지개발처럼 지나는 세월
을/둘레둘레 마음속에 오리쳐넣고/나무는 외로이 섰습니다.//목심에
흐르는 푸르른 박동은/가지마다 파아랗게 파아랗게/햇빛에 투명한
키스,키스/바람결에 속삭이는/나무잎들은 사랑입니다.

- 박설매, 「독백의 장」 부분[44]

위의 인용시들은 각각 사랑, 행복, 고독을 주제로 다루고 있다. 이러
한 경향의 시는 매우 많은 시인의 시에서 발견되고 있는데 1949년 이후
전개되었던 거의 단일적인 중국 사회주의로의 경도, 즉 정체성에 대한
부재를 메워오던 이데올로기 속에서의 생존과 적응 단계에서 벗어나
다원화된 인간 본연의 정서를 표출하고 있음을 알 수 있다. 중국 조선족
시는 탈식민의 과정에서 잃어버렸거나 한쪽으로 치우쳤던 주체를 되찾
기 시작한 것이다. 이는 "문학이 문학으로서의 제자리를 찾는 시발점이
라 할 수 있고 문학이 어떤 이데올로기에 봉사하지 않으려는 주체의식

---

42) 임효원, 『인생살이』, 흑룡강조선민족출판사, 1988, p.169.
43) 김파, 『흰돛』, 흑룡강조선민족출판사, 1986, p.46.
44) 중국작가협회연변분회 편, 『별들의 울음소리』, 흑룡강조선민족출판사, 1996, p.67.

확립의 계기"[45]일 뿐만 아니라 민족, 조국 등의 고정적 대상에서 탈피한 독립적이고도 자족적인 정체성 찾기의 한 양상으로도 보아야 할 것이다.

2)는 중국의 광활한 자연을 제재로 다룬 시다. 이 경우 역시 많은 시인들이 자주 다루는 제재이기도 하다. 자연 속에서 살고자 하는 소망이나 자연의 경이로움에 감탄하는 내용의 시는 현대에서 자주 다루어지는 제재인 만큼 보편적인 시의 양상이라고 할 수 있다.

> 몸과 마음이 상처투성이인 나는/일찍 세상에서 버려진 아이/수림의 품속에 안겨/나는 령혼의 영원한 귀착지를 찾았다/나도 한그루 나무가 되였다//수림의 교향악은 얼마나 좋았는가/뭇꽃과 더불어 골물과 더불어 수림의 성원이 되여/웃고 떠들고 노래부르며/이 광활한 록색세계에서 나는/나의 위치와 할 일을 찾았다

> — 조룡남, 「수림」(1993) 부분[46]

> 황하를 생각하면 가슴 아프다//황토고원을 누비며 멀리 에돌아/동으로 바다로 사품치는 때늦음//황하를 생각하면 가슴 아프다//에돌지만 않았던들 깨끗할 흐름/들말처럼 날뛰는 탁류의 야성//황하를 생각하면 가슴 아프다//곬을 찾아 에돌고 에돌아 흐른/인력으론 어찌할수 없는 대자연//아, 황하를 생각하면 가슴 아프다//그렇게 흘러왔고 또 그렇게 흘러갈/력사가 새삼스레 깨우치는 철리!

> — 정철, 「황하(1)」(1988) 전문[47]

위의 인용시에서 조룡남은 '광활한 록색세계에서 나는/나의 위치와

---

45) 권기호, 앞의 논문, p.265.
46) 조룡남, 『그리며 사는 마음』, 연변인민출판사, 1995, pp.126-127.
47) 정철, 『정철시선집(1981-2000)』, 민족출판사, 2001, p.37.

할 일을 찾았다'며 단순히 자연의 아름다움을 찬양한 것이 아니라 자연
과 더불어 존재하는 주체의 본질을 깨닫고 있음을 노래하고 있다. 정철
역시 '대자연'의 흐름 속에서 지난날의 '가슴 아픈' 역사가 꿋꿋하게, 그
러나 안타깝게 흘러왔음을 깨닫고 있다. 이러한 시의 경향은 앞서의 1)
의 경우와 함께 개혁개방기의 시에 대해 "존재와 생명본질에 대한 체험,
이를테면 삶의 의의, 애정에 대한 추구, 죽음에 대한 공포, 욕망과 의지,
정의와 진리의 가치에 대한 태도와 같은 것들은 동서고금에 관통하는
보편적 의의를 띠고 있다."[48]는 평가를 가져오게 했다. 또한 문화혁명기
까지의 시에서 광활한 자연의 힘은 주로 혁명의 기세와 관련지어 다루
어졌지만 작금에 이르러서는 시인들의 "사회의식이 담박해지고 생명의
식이 강렬해지는것은 어쩔 수 없는 추세"[49]로 보인다. 이렇듯 중국 조선
족 시는 끊임없이 주체와 생명존재의 의미를 탐색해 나가고 있다.

　3)은 개방과 개혁의 여파로 물질문명이 서구화되면서 이전보다 외적
으로 누리게 된 풍요로운 삶과 반면에 경제적 어려움으로 차이가 나타
나기 시작하면서 생기는 갈등, 그리고 도시 문명에서 느끼는 소외의 감
정과 도시적 감수성 등을 다루는 경우다. 이 경우는 대개 비판적인 시각
을 드러내고 있다.

　　자유의 대문에/불신의 자물쇠 건/고적한 방에서/박제된 생력이 울
　고 있다./재빛눈을 가진 고양이 한마리가//널뛰는 시몬스우에 앉아/
　서까래의 모난 정분 상기해 본다./화면없는 텔레비우에 앉아/풍요롭
　던 농가의 뜨락을 그려본다.//어제 번창하던 꿈은/엔진이 포효하는
　뻐스에 실려오던 날/잎새를 털리고 속뼈만 남았다.//습기찬 초인종소

<hr>

48) 김월성, 「중국조선족 시문학 상황」, 『시와 시학』, 시와시학사, 1993.봄호, p.190.
49) 최삼룡, 「새시기중국조선족문학의 총체변화」, 『격변기의 문학선택』, 흑룡강조선
　　민족출판사, 1999, p.14.

리 숨죽여 기다린다/사립문 삐이꺽 환음을 지를때/우르르 모여들던
도타운 고무신소리/그려보면서//인정은 이사를 가고/피곤기 서린 일
상이/들렸다가는 아빠트에서//콩크리트숲을 바라고/돈후하던 어제
가 울음을 운다./SOS!/SOS!

– 김혁, 「도시고양이」 전문50)

그녀는 대낮에도 언제나 카텐을 친다./그리고는 태양없는 세계의
죄악을 상상해본다./그러다가 인차 어떤 감정의 왕국으로 들어간다./
이때 그녀의 지력은 최고룬 긴 지평선을 달린다.//3/그녀는 토요일 저
녁에 빨간 술을 마신다./그리고는 ≪푸른 다뉴브강≫속에 뛰여들어
간다./그녀는 웃지도 않고 말도 하지 않는다./독신녀인의 시간은 여
름밤의 달빛이나 다름없다./누구나 그녀를 마음대로 향수할수 있었
다./그녀는 몸이 물러지도록 밤을 몰고 늘어진다.

– 박문봉, 「독신녀인」 부분51)

중국 조선족은 현재 3세대나 4세대로 이어지고 있으며 따라서 1990
년대 이후의 중국 조선족 시단은 현대적 감각에 익숙한 젊은 시인들이
활동하고 있다. 이들의 다양한 시적 경향에는 위의 인용시에서처럼 현
대 도시 문명에서 느끼는 개인의 소외, 변화된 여성상에 대한 시각 등이
하나의 경향으로 자리 잡아 가고 있다. 특히 '어제 번창하던 꿈은/엔진
이 포효하는 뻐스에 실려오던 날/잎새를 털리고 속뼈만 남았다.'라든지
'그녀는 토요일 저녁에 빨간 술을 마신다./그리고는 ≪푸른 다뉴브강≫
속에 뛰여들어간다.'와 같은 표현은 모더니즘 시의 한 특성을 보여준다.
즉 시각적 심상의 강화와 은유적 재현, 그리고 초현실주의적 기법을 동
원하고 있는 것이다. 서구의 사조가 유학파 지식인을 통해 개방의 물결

---

50) 중국작가협회연변분회 편, 앞의 책, pp.24-25.
51) 위의 책, p.65.

을 타고 수입되면서 "1940년대 ≪만선일보≫문예란을 통해 이수형 신동철 등이 보여주었던 초현실주의 수용과 안형준 등이 「기상도」에 보여주었던 이미지스트적인 기법 정신이 개방화 물결을 타고 시대 의식과 함께 모더니즘적 예술의 자유형식으로 새롭게 나타"[52]난 것으로 볼 때, 연속성이 끊겼던 해방 이전과의 문예사조적 계보가 이어지고 있는 것이다. 젊은 계층의 시가 주로 개인적 정서와 도시 체험, 시장 경제의 현실을 다루면서 추구하는 것은 마찬가지로 주체의 발견이다. 자아의 정체성 찾기와 내면으로의 침잠 등은 타자에 대한 주체로의 전환을 의미하며 이 역시 중국 조선족 시가 문화혁명기를 거치면서 상징계의 분열 이후 실재계로 나선 실상을 그대로 드러내고 있다. 즉 개혁개방기에 찾고자 하는 상징계는 결코 '조국'이나 민족의 원형 복원이라는 단일성에 있는 것이 아니라 다원화된 경로를 통해 탐색되고 있는 상황이어서 중국 조선족 시의 탈식민 과정이 다양한 파생과 변이로 이루어지고 있음을 알 수 있다.

　4)는 개방 개혁 이후 사상의 표현이 비교적 자유로워지면서 조선족으로서의 고향을 그리워하고 그들의 민족적 근원에 대해 되돌아보거나 새롭게 현재 시점에서의 민족 정체성을 들춰내고 표출하는 내용이다. 그러나 다음에 인용한 시에서처럼 고향은 그들이 뿌리내리고 살고 있는 중국에 속한 땅이다.

　　　땅이 흔한 나라에 흙이 없으랴만/땅이란 흙이란 무엇이길래/땅없

---

52) 권기호, 앞의 논문, p.264. 초현실주의 수용에 대해서는 오양호, 「만주체험의 두 반응」, 김열규 외, 『대륙문학 다시 읽는다』, 대륙연구소출판부, 1992, p.241을, 안형준의 「기상도」와 이 시에 나타나는 감각적 이미지에 대해 설명하고 있는 논저로는 소재영 외, 『연변지역 조선족 문학연구』, 숭실대학교출판부, 1992, pp.125-128을 참고.

인 못살 민족입니까/흙없인 못살 인민입니까//…(중략)…//아버지 분
여받은 논밭머리엔/흙에 묻힌 조상이 있었습니다/어머니 길쌈하던
초가마당엔/땅에 정든 후손이 있었습니다//꿀벌이 날아드는 호박꽃
에서/평화로운 시골을 익혔습니다/고압선 뻗어내린 신발을 타고/나
래치는 조국을 새겼습니다

– 김동진, 「아, 땅이여 흙이여」 부분)[53]

말하자면 고향이 그립다 함은 어머니, 아버지로서의 고향이 그립다
는 것이고, 그들의 원류가 한민족의 한 계보를 잇고 있는 조선족이라는
것을 자각하는 수준이다.

우리의 노래는/다 비뚤어진 하늘아래/백의동포의 비분이/검게 타
들던 그 세월/아리랑의 설움과 더불어 태여났다//우리의 노래는/반남
은 하늘마저 막아선/연길의 시뿌연 감옥/차디찬 철창속에 질벅한/반
항의 피못에서 자라났다//우리의 노래는/톱날같이 일떠선 푸른 산맥/
북극의 설령 만리길에서/설레이는 림해의 심처에서/억세게 자우로
이 살았다//…(중략)…//우리의 노래는/황하 장강을 뛰여넘었고/폭격
에 무지러진 조선의 38선/어느 이름 모를 고지에서/불새되여 높이높
이 나래쳤다//…(중략)…//벼꽃 싱그러운 북극의 강남에/끝없이 출렁
이는 푸른 림해우에/행복의 채운을 드리워주고/형제민족의 억만 가
슴 가슴에/골육의 정을 안겨주었다.

– 임효원, 「우리의 노래 – 연변조선족자치주 창립 30돐에
즈음하여」(1982) 부분[54]

따라서 이때의 그리움, 향수는 단순한 차원에서의 되돌아봄이다. 그
들이 회복하고자 하는 것은 없으며 그들이 회귀하고자 하는 곳도 없다.

---

53) 흑룡강조선민족출판사 편, 『칠색 무지개』, 흑룡강조선민족출판사, 1984, pp.234-235.
54) 임효원, 앞의 책, pp.57-59.

탈식민주의적 관점에 의한 중국 조선족 시의 전개 양상 연구   253

다만 민족의 뿌리, 조선족으로서의 긍지, 조선족의 역량을 내세우고 조선족의 아득한 과거에 대한 들처봄을 내용으로 삼고 있다. 그리고 그들의 지난 역사에 대한 기억을 되새기고 그 기억을 토대로 아련한 향수와 민족적 슬픔을 노래하기도 한다. 이러한 내용의 시는 민족적 공동체로서 그들이 정체성을 잃지 않고 찾으려 하는 노력으로 받아들일 수 있다. 그러나 섣불리 우리가 생각할 수 있는 민족주의의 뚜렷한 발로라고 말하기도 힘들다. 그들이 다민족으로 구성된 사회주의 체제에서의 삶을 당연하고도 자연스럽게 여기며 살아가는 이상 그들의 고향은 식민시대 이전으로 복원될 원형적 공간을 지칭하는 것이 아니다. 다만 그들의 입장에서 혈통적 동질성을 갖고 있는 한민족으로서의 입지를 분명히 하고자 하는 시도인 것이다. 한편 이 경향에 있어서 중국 조선족의 시는 같은 민족 형제로서 남북 분단의 현실을 안타깝게 여기며 그 비극이 해소되기를 바라기도 한다.

> 누가 금을 그었기에/색달라진 두가지 땅이냐/눈물에 녹쓴 철조망 밑에는/숙원이 쌓여 곰팡이 꼈다//그래도 애절한 씨가 떨어져/피고지는 민들레꽃/겨레의 봄이 그리워 노랗게/노랗게 불타는 태양 아니냐!
>
> － 김파, 「불타는 민들레」(1985) 전문[55]

5)는 4)와 다른 점이 있다. 4)는 고향, 현재의 남북한을 보며 느끼는 정서 등을 다루고 있다면 5)는 좀 더 추상적인 개념의 민족적 정서를 다룬다. 그래서 '장군총'. '호태왕비', '단군', '곰', '백의', '백학' 등이 소재로 등장한다.

---

55) 김파, 앞의 책, p.114.

쓰고 떫은 약숙 신물나게 맛보고/맵고 알알한 마늘 몸서리나게 씹을제/별을 눈으로/달을 볼로/이슬을 피로 받아/아릿답고 날씬한 웅녀로 변해/이 세상 인간들의 시조모 되였니라//…(중략)…//엉기정 엉기정 엉기정/산악같은 그림자 끄을고/태고의 전설/백의의 령혼 더듬어/오늘도 내일도

– 남영전, 「곰」(1987) 부분[56]

천오백년 ──/창천에 타래친 청룡이여/밀림에 날고 뛴 백호여/소담히 피여난 련꽃이여/둥기당 울려온 거문고여/천오백년 흘러흘렀어도/담양목 날새는 보금자릴 지키고/무도청 궁녀는 무흥이 미진쿠나/필마단기 대력사는 승부미결이요/풍성한 연회도 한창이로구나/긴긴 세월/모든것이/이제부터 시작이란 말인가.

– 남영전, 「고구려 고분벽화」(1990) 부분[57]

비가 오려오/산성에 내리는/보슬비는//풀속에 다 묻힌/십년 그날 동토우에/봄소식 안겼소//얼어서 갈라진/기와장에도/새봄은 크게 숨쉬거니//아, 즐거워라/비 내리는 이 아침/내 다시 산성에 오르오//슬기론 민족의/향기 그윽한/옛 산성에 나는 오르오.

– 임효원, 「산성에 오르오」(1984) 부분[58]

남영전은 한민족의 원시신앙인 토템신앙을 주요 제제로 다루면서 고대국가에 대한 상상력과 백의민족의 기상을 다루고 있다. 인용시 「곰」은 한민족의 시조에 대한 시인의 시각을 드러내며 '백의의 령혼'을 갖고 있는 한민족을 되돌아보게 한다. 이렇듯 "곰에 상징된 민족의 가장 원초적인 생명욕구와 생명저력에 대한 송가는 의심할바없이 민족의 가장

---

56) 남영전, 『백학』, 민족출판사, 1992, pp.9-10.
57) 남영전, 『백의 넋』, 흑룡강조선민족출판사, 2000, p.80.
58) 임효원, 앞의 책, pp.73-74.

깊은 뿌리, 가장 원색적인 혼에 대한 찬가로 되는것이다."[59] 남영전의
다른 시 「고구려 고분벽화」는 '대역사'를 이루었던 고구려의 벽화를 통
해 고구려의 웅혼한 기상과 화려했던 시대가 아직 벽화 속에서나마 끝
나지 않고 '시작'이라고 말함으로써 한민족의 유구한 역사를 강조하고
있다. 남영전의 시도는 개혁개방기에 들어서서 시도되고 있는 민족의
식 찾기의 일환으로서도 의의가 있지만 좀더 의식적이고 좀더 근원적
인 데에 천착하고 있다는 점에 주목할 수 있다. 이렇게 볼 때 그의 시는
중국 조선족의 민족적 정체성과 민족관을 초월적 시간성 속에서 구하
고 있다는 특징을 갖는다. 그리고 이는 단순히 과거에 대한 집착이 아니
라 중국 조선족의 소수민족적 한계를 극복하는 시도로 볼 수 있다. 한
논의에서는 남영전의 시에 대해 다음과 같은 평가를 내리고 있다.

> 시인이 그려낸 이 토템과 숭배물들의 형상에 내포된 것은 한마디
로 말하면 원시신앙에서 부여된 그런 원초적인 사고력과 상상력이
아니라 현대지성인의 시대와 민중, 력사와 현실, 민족과 인류에 대한
사색이다. 이 시들에서 우리는 세기교체의 비바람속에서 고도의 물
질재부와 고갈되는 정신문명의 갈등속에서 나라와 나라, 민족과 민
족, 계급과 계급의 충돌과 대립속에서 곤혹을 치르는 생명개체들의
고뇌, 고독, 절망, 고통, 발악의 모습을 볼수 있을뿐만아니라 아직까
지도 국토의 분단과 민족의 분렬이라는 이 천고의 한을 풀지 못한채
경쟁과 투쟁이 치렬한 세계에서 생존과 발전을 기하여 발악하는 백
의겨레의 모습을 볼수 있으며 더 나아가서 대자연과의 대결에서 휘
황한 승리를 취득하였으며 이른바 전자문명시대를 안아왔으나 아울
러 인류의 힘으로 이겨낼수가 없는 대자연의 도전을 받고 인류가 바
라지 않던 새로운 야만을 낳고 허덕이는 전체 인류의 커다란 곤혹과
모순당착의 모습을 보아낼수 있다.[60]

---

59) 최삼룡, 「민족의 얼과 운명에 대한 심충사고 – 남영전의 토템시 연구」, 최삼룡,
    앞의 책, p.129.

남영전의 시에서 우리가 또 한 가지 주목할 것은 시가 단순한 과거 지향에서 비롯된 것이 아니라 현실 인식이 선결되고 있다는 점이다. 즉 중국 조선족의 민족적 현상, 한민족이 갖고 있는 현실적 고통 등을 직시하고 그것을 한민족의 지난 역사 속에서 치유하고자 하는 의도가 내재되어 있는 것이다.

이는 좀 더 광범위한 개념의 민족주의의 표출이라고 말할 수 있다. 특기할 점은 위의 인용시에서 알 수 있듯이 중국 조선족이라는 민족의 연원을 상정할 때 일제 시대 전후로 조선으로부터 건너왔다는 것, 그래서 고향이 한반도라는 것에 중점을 두지 않고 다만 혈통적, 민족적 뿌리로서의 과거 민족 공동체적 연대감에 중점을 두었다는 것이다. 말하자면 민족적 정체성의 근원을 좀더 거슬러 올라간 연대에서 찾고자 하는 것이다. 이 경우는 국적이나 현재의 삶에 의해 규정되는 민족의 개념과는 다소 다르게 시공을 초월하여 한민족의 위상과 자긍심을 다룬 것이다. '슬기론 민족의/향기 그윽한/옛 산성'에 다시 오르고 또 오르는 반복적 행위를 통해 민족 공동체의 실존성과 정체성을 되살리고자 하는 것이다. 17년 문학기와 문화혁명을 거치면서 시도된 탈식민 의식의 측면에서 볼 때 이 경향의 시는 민족적 정체성을 찾는 방향을 한민족의 원형으로 향하고 있다고 볼 수 있다.

개혁개방기의 시적 패러다임은 지금까지 살펴본 경향들을 통해 형성되었다. 이로써 이전 문화혁명기의 시적 패러다임이 비누적적인 관계 속에서 바뀌었으며 기존의 시문학적 틀이 개혁개방기 시의 특성이 나타나는 과정에서 바뀌거나 사라져가고 있음을 알 수 있다. 탈식민주의 관점에서 볼 때 앞서 살펴본 개혁개방기 시의 경향 중 4번이나 5번 항목

---

60) 위의 논문, p.135.

에 큰 비중을 둘 수 있겠지만 본고는 다른 경향들 역시 중요한 탈식민 과정의 양상으로 본다.

문화혁명기 이전까지의 중국 조선족 시에 나타난 조선족의 민족의식, 또는 조선족으로서의 생활과 사상은 중국의 사회주의 체제 내에서 겪는 중국 조선족에 대한 차별성을 보여준다. 이중 국적, 혹은 무국적 상태에서 중화인민공화국 건설 이후 국적을 가졌지만 조선족으로서 억압받는 실정은 여전했으며 문화혁명기에는 소수민족이라는 이유와 사상에 대한 불신에 의해 아예 조선족으로서의 목소리를 낼 수조차 없었다. 이 차별은 중심을 벗어난 경계에 걸쳐 있는 소수민족에 대한 권위적 중심주의에 의한 것이었다.

그러나 개혁개방기에는 앞서 지적한 대로 민족주의의 발로와 포스트 모더니즘의 영향, 그리고 시장경제 논리의 활성화 등의 다양한 요인으로 인해 소수민족으로서의 정체성이 부각되기 시작했고 이는 차별의식을 어느 정도 완화시키는 계기로 작용한다.

반면 중국 조선족의 다양한 경향에서 우리가 확인할 수 있는 것은 민족적 차이에 대한 자각 내지 강조이다. 중국 조선족의 시에는 조선족, 한민족, 바뀌어 가는 경제 구조 속에서의 구성원, 지식인으로서의 가치 표명 등 다양한 조선족으로서의 면모가 드러나 있다. 이는 개혁개방기 이전까지의 시각에 의해 중국 조선족에 대해 갖고 있던 차별적 인식과 작금의 중국 조선족에 대한 인식은 달라야 한다는 탈중심의 위치를 점유한 통시적 관점에서의 차이를 드러낸 것이다. 그것은 중국 내 다른 민족과의 관계에서 발생하는 차별적 차이가 아닌 다른 민족과 동등한 지위를 가지면서 동시에 동등한 자격을 갖고 있다는 공시적 관점에서의 차이이기도 하다. 차이에 대한 강조는 곧 조선족으로서의 정체성 및 주체성을 독자적으로 형성할 수 있다는 논리를 가능하게 한다. 이에 따라 문화적 다원주의가 형성되고 앞서 살펴본 시의 단군, 고구려, 백의민족, 민족형제, 겨레 등에 대한 의식에서 알 수 있듯이, 상징계의 분열 이후 탐색되던 그들의 본질을 찾고자 하는 시도가 당위성을 갖게 된 것이다. 뿐만 아니라 주체성에 대한 탐색도 인간으로서, 존재자로서 내면에 있는 자아를 찾아 나서고 있는데 이 역시 탈식민의 과정에서 확인한 타자에 대한 환상이 사라진 자리에 들어선 것으로 상징계를 찾아 나서는 과정에 생성된 결과물이라고 볼 수 있다.

탈식민의 과정에서 개혁개방기 중국 조선족의 시는 그간 오인되었던 타자와의 동일시에서 벗어나 타자를 타자로서 인정하는 단계에 이르렀다. 타자와의 동일시는 주체 한계의 초월 가능성을 신뢰하도록 작용하지만 타자를 타자로서 거리 두고 그 존재를 인정한 후에는 타자는 영원한 외부, 즉 무한의 세계를 의미하게 되고 따라서 주체는 세계 초월의 불가능성을 인식하게 된다.[61] 중국 조선족에 있어서 중국은, 그리고 소수민족에게 작용하는 거대 담론은 결코 주체와의 동일시를 이룩해 줄 또 다른 주체가 아니며 따라서 주체와 대면한 무한한 타자의 세계인 것이다. 세계에 대한 초월이 불가능하다면, 즉 바깥에 대한 초월이 불가능한 것이라면 자연스럽게 초월 의지는 주체 내부로 향하게 된다.[62] 즉 주체를 해체하고 주체를 탈주변의 과정 속에서 중심으로 위치시키고자 하는 의지가 이루어지는데 주체 초월은 무한한 세계에 대한 경계를 무화시킴으로서 세계 내 존재로서의 초월을 이루게 된다. 이것이 개혁개방기 이후 중국 조선족의 시에서 주체성 찾기, 민족적 정체성 찾기의 다양한 양상으로 실현되고 있는 것이다.

---

61) 가라타니 코오진, 송태욱 역, 『탐구 2』, 새물결, 1998, pp.134-138 참고.
62) 주체에 대한 자각은 자기 동일성 확인을 통해서 이루어진다. 이때의 자기 동일성은 타자와의 동일성이 불가능하다는 것을 인식한 후에 주체가 자신으로의 귀환을 통해 형성되는 것이다.(Emmanule Levinas, 앞의 책, pp.46-55)

　　나는 나입니다/내가 어찌 그저 한송이 꽃이나 한그루 나무나 또 돌
이나 별이겠습니까, 나는 그것들과 그리고 그보다 더 많은것들이 합
쳐진 통일체이며 세계이며 우주입니다//…(중략)…//나는 나입니다/
그전에는 아기이고 지금은 젊은이이고 이 다음에는 늙은이가 되는
나, 이런저런것들이 합쳐진 완전한 세계입니다//나는 나입니다/그리
고 당신도 당신이기를 바랍니다

- 석화, 「나는 나입니다」 부분63)

위 인용시와 같이 화자가 주체성을 찾아가는 과정은 곧 타자와의 정
합과 분열을 반복하는 가운데 이루어지는 자아 형성의 과정이기도 하
다. 이러한 중국 조선족 시의 개별적 시도는 민족에게로 관심을 돌렸을
때 중국 조선족이 경험해온 지난 역사의 총체적 의식과 겹쳐 혼성성의
구조 속에 나타나기도 한다.

　　기차도 여기 와서는/조선말로 붕/한족말로 우(鳴)/기적 울고/지나
가는 바람도/한족바람은 퍼 엉(風) 불고/조선족바람은 말 그대로/바
람 바람 바람 분다//그런데 여기서는/하늘을 나는 새새끼들조차/중국
노래 한국노래/다 같이 잘 부르고/납골당에 밤이 깊으면/조선족귀신/
한족귀신들이/우리들이 못 알아듣는 말로/저들끼리만 가만가만 속
삭인다

- 석화, 「연변 2 기적소리와 바람」 부분64)

위의 인용시는 언어적 차이가 존재하지 않는 자연계의 혼성성, 또는
한족과 조선족간의 조화를 보여주고 있다. 이처럼 중국 조선족이 조선

---

63) 중국작가협회연변분회 편, 『9월의 들국화』, 민족출판사, 1987, pp.356-357.
64) 송용구, 「기술문명의 중심부에서 생명의 길을 여는 시인-석화의 련작시 「연변」을
　　중심으로」, 『장백산』, 『장백산』 잡지사, 2005.7~8월호, p.122 재인용.

족으로서의 정체성과 차이를 부각시키며 당당하게 드러낼 수 있는 여건은 개혁개방기의 새 패러다임에 의한 것이기도 하지만 현재의 중국 조선족이 갖고 있는 역사적 기억과 경험의 토대가 선험적으로 존재하기 때문에 가능한 것이다. "사실상 경험이라는 것은 집단생활이나 개인생활에 있어서 모두 일종의 개별적인 사실들에 의해 형성되는 산물이 아니라 종종 의식조차 되지 않는 자료들이 축적되어 하나로 합쳐지는 종합적 기억 Gedächtnis의 산물이다."[65] 현재의 중국 조선족 시에서 나타나는 일련의 역사, 기억, 정체성 등에 대한 시적 표상은 순수 지속의 시간[66]을 통해 이어져 온 중국 조선족의 지난 모든 역사, 과거의 종합적 기억에 대한 현재화이며 '부인'의 과정과 상징계의 분열을 경험한 탈식민주의적 운동의 한 지류라고 볼 수 있다. 한 논의에서 지적한대로 위인용시의 시인은 "연변의 이중적인 정체성과 이질적인 조화성을 이야기하고 있다. 이중성과 이질성은 마찰을 의미하며 정체성과 조화성은 화합을 의미한다."[67] 개혁개방기의 중국 조선족 시인들은 이제 비교적 자유로운 개혁개방기의 환경 속에서 중국이라는 단일 대상과의 동일시에서 벗어나 다양한 목소리를 통해 주체를 찾아 나서고 있다. 동시에 민족적 이질성과 그것에 대한 화합을 드러내놓고 요구하고 있다. 그것은 중국에서 태어나 중국에서 살고 있는 현재의 조선족에게도 과거 일본 식민시대, 혹은 그 이전부터 축적된 억압과 고난의 역사가 현재를 규정하는 중요한 기억으로 전승되고 있다는 사실을 말해주는 것이다. 이 말을 다른 관점에서 보면 중국 조선족에게 이어져온 순수 지속의 시간이 현재 시간의 중국, 그리고 세계에서 중국 조선족이 차이를 갖는 민족이

---

65) Walter Benjamin, 반성완 편역, 『발터 벤야민의 문예이론』, 민음사, 1983, p.121.
66) Gilles Deleuze, 김재인 역, 『베르그송주의』, 문학과지성사, 1996, p.47.
67) 김영금, 「시인과 숙제 그리고 연변사랑 – 석화시인의 련작시 「연변」을 읽으면서」, 『연변문학』522권, 연변문학월간사, 2004.9호, p.156.

라는 것을 드러내게 하며 '이질성', '조화성', '정체성'을 끊임없이 해체하고 찾아 나서게 하는 근원적인 힘으로 작용하고 있다는 의미인 것이다. 그리고 그 끊임없는 주체성, 정체성 찾기의 과정은 민족적 원형에 대한 완전한 전회와 복원이 불가능하다는 것을 인식하고 있는 중국 조선족에게 있어서는 동일시의 대상, 즉 명확한 기의가 부재하는 기표의 零度를 경험하게 한다. 중국 조선족의 시는 지금 현재에도 활동 중인 패러다임 속에서 탈식민적 좌표를 찾아 한없이 건너뛰기를 하고 있는 중이다.

4. 결론

본고는 문화혁명기부터 2000년대에 이르기까지의 중국 조선족 시를 대상으로 그 전개 양상을 탈식민주의적 관점을 통해 알아보았다. 전개 양상은 개혁개방기까지의 패러다임이 이전 시기의 패러다임과 전면적으로 다른 방향으로 움직이고 있다는 점에 중점을 두고 문학사적 흐름에 따라 살펴보았다. 특히 그들 시의 탈식민주의적 양상을 통해 본고는 중국 조선족이 한국어로 쓴 시가 갖고 있는 민족적 정체성에 대한 인식 양상과 중국이라는 타자에 대한 인식을 통해 형성된 주체 의식을 드러내고자 했다.

1966년을 문화혁명을 기점으로 중국 조선족 문학사에 새로운 패러다임이 형성되었다. 이로써 중국 조선족 시의 탈식민 양상 역시 변화하는 모습을 보인다. 이 시기의 패러다임은 크게 세 가지 방향으로 형성된다. 우선은 침묵과 침체로 나아가는 방향이다. 둘째로는 새 기류에 굴하지 않는 일관성의 방향이다. 이 경우는 기존의 패러다임을 고수하면서 새 패러다임과 드러내놓고 맞서는 경우이다. 셋째로는 순응의 방향이다. 이는 새 문예정책을 추수하고 기존의 패러다임을 망각하는 경우이다. 이러한 세 가지 방향은 모두 문화혁명기 중국 조선족 시의 패러다임을 형성하는 중요한 요소이다. 물론 서로 상반되거나 성격이 다르지만 문화혁명기의 성격을 함축하는 움직임인 것이다.

이러한 패러다임의 방향 중 본고는 침묵과 침체로 움직이는 양상에 주목했다. 문화혁명기의 시에서 찬양하는 중국은 중국 조선족이 문화혁명기 이전에 환호했던 대체된 '조국'으로서의 중국이 아니다. 상징계로 접어들었던 17년 문학기의 중국 조선족에게, 특히 침묵과 침체의 방향으로 나아간 중국 조선족의 시에 있어서 문화혁명기는 주체의 욕망과 동일성을 이룬다고 믿었던 중국이라는 대상과의 분열을 경험하게 한 사건이다. 우리는 침체 방향의 시에 문화혁명기에 대한 저항적 의식이 내포되어있다는 것을 확인했는데 이 시기에 발표되지 못했거나 시로 충분히 발현시키지 못했을 그들의 인식과 의지까지 감안한다면 조선족이라는 민족적 의식의 음지화된 잠재태는 보다 폭넓게 형성되어 있었을 것이다. 침체 방향의 시에서는 조선족으로서의 민족 의식이 중요한 역사적 가치를 형성하고 있다는 의식까지 담겨있는데 일제 식민 시대 이후, 그리고 해방기 이후의 혼란기를 거쳐 본격적인 탈식민의 길에 접어든 중국 조선족은 결국 문화혁명기 말기에 이르러 조선족이라는 민족적 정체성에 시각을 돌리게 된 것이다. 문화혁명기는 중국을 대체된 '조국'으로 받아들이는 오인의 과정을 밟아왔던 탈식민 시대의 성격과 방향이 또 다른 성격과 방향의 탈식민으로 나아가게 한 계기로 작용한 것이다.

1976년 10월 문화혁명이 종식되면서 중국 조선족 시는 새로운 패러다임을 형성하게 된다. 실질적으로는 연변문학예술일꾼연합회 제2기제3차 전체위원(확대)회의가 소집되고 각종 문예지가 창간되기 시작한 1978년 10월이 문화혁명 이후 새로운 시대의 출발점이라고 할 수 있다. 1980년대 이후에는 자유주의의 열기로 인해 이전 시기에 대한 반성과 자유로운 서정의 표출이 나타났고 1990년대 이후에는 다원적인 문학으로 변화 발전하고 있는 과도기의 양상을 보이고 있다. 이전 시기보다 보다 자유로운 창작 활동의 여건이 조성되자 중국 조선족의 시는 크게 세 가지 이유에서 조선족으로서의 정체성 및 개인적 정서 등에 관심을 보이기 시작했다. 첫째 이유로는 개혁개방기 중국의 다양한 정치적, 사회·문화적 변화를 들 수 있다. 본고는 그 중 민족주의의 부각에 주목했다. 개혁개방으로 중국이 시장경제 체제에 관심을 갖자 중국 조선족은 기존의 소수 민족이 갖고 있을 법한 구애에서 벗어나 자유롭게 표현할 기회가 주어졌고 스스럼없이 민족적 의식을 표출할 수 있었던 것이다. 이런 점에서 조선족의 탈식민, 탈중심 움직임이 보다 가능해졌으리라 본다. 둘째 이유는 '부인' 과정을 통해 대체된 '조국'으로서의 중국이 문화혁명기를 거치면서 결코 심정적·근원적 조국이 될 수 없다는 자각, 즉 중국을 근원적 '조국'으로 보는 것은 타자와의 동일시라는 오인된 환상이었다는 것을 경험한 조선족이 새로운 대상을 찾아 나서게 되었다는 데 있다. 셋째 이유로는 일제 식민시대의 얼룩진 유산에 의해 중국에 거주하게 되면서 겪게 된, 조선족으로서의 삶을 영위하기 위한 생존 과정, 즉 탈식민의 지난한 과정이 문화혁명기를 거치면서 주체와 정체성 찾기라는 방향으로 이어지게 되었다는 데 있다. 개혁개방기의 중국 조선족 시의 새로운 패러다임은 탈식민주의 관점으로 볼 때 본격적이면서도 본질적인 운동으로서의 탈식민 의식 형성을 통해 이루어졌다.

문화혁명이 종식된 이후 문화혁명에 동조했거나 그들의 목소리를 제대로 내지 못한 중국 조선족의 시는 반성과 참회의 내용을 담은 시를 발표했다. 이는 중국 사회주의 체제라는 타자에 대한 주체와의 동일시가 오인에 불과하다는 사실을 인식한 결과이다. 이러한 과정을 거친 개혁개방기 중국 조선족 시의 경향은 다음과 같이 크게 다섯 가지로 구분할 수 있다. 즉 1) 개인감정을 다룬 서정시ㅡ사랑, 그리움, 고독, 행복, 개인적 경험 등등을 다룬 시, 2) 자연을 노래한 시, 3) 물질문명과 변화한 도시·사회에서의 삶을 노래한 시, 4) 고향, 조국, 먼 옛 시절을 그리워하며 향수와 회귀를 염원하는 시, 5) 민족적 정서와 한민족으로서의 삶을 노래한 시 등이 그것이다. 탈식민주의 관점에서 볼 때 개혁개방기 시의 경향 중 4번이나 5번 항목에 큰 비중을 둘 수 있겠지만 본고는 다른 경향들 역시 중요한 탈식민 과정의 양상으로 보았다.

개혁개혁기의 중국 조선족 시에서 나타나는 일련의 주체, 역사, 기억, 정체성 등에 대한 시적 표상은 중국 조선족의 지난 모든 역사, 과거의 종합적 기억에 대한 현재화이며 '부인'의 과정과 상징계의 분열을 경험한 탈식민주의적 운동의 한 지류라고 볼 수 있다. 개혁개방기의 중국 조선족 시인들은 이제 사랑, 고독, 개인적 관심사 등 주체 인식에 대한 사유를 본격적인 주제로 다르고 있으며 민족적 이질성에 대한 인식을 드러내놓고 표출하고 있다. 그것은 중국에서 태어나 중국에서 살고 있는 현재의 조선족이 이제 탈식민 과정의 한 지점에 이르러 획일적 대상이 아닌 다양한 대상을 찾아 나서고 있다는 것을 보여준다. 문화혁명기를 거치면서 중국이라는 단일 대상을 동일시했던 주체가 대상과 분열되자 개혁개방의 비교적 자유로운 환경 속에서 중국 조선족의 시는 다양한 대상을 찾아 나서고 있다. 이러한 끊임없는 주체성, 정체성 찾기의 과정 속에서 중국 조선족의 시는 명확한 기의가 부재하는 기표의 零度를 경험하며 지금 현재에도 탈식민의 과정을 겪고 있다.

본고에서 논의한 중국 조선족 시의 사적 전개 과정은 중국의 문학사보다는 중국 조선족의 문학사를 따르고 있다. 중국 문학사와 비교하여 그 차이와 특징이 무엇인지 살펴볼 필요가 있지만 본고는 우선 중국 조선족의 민족적 특수성을 고려하여 시기를 구분하였다. 이 점에 대해서는 다음 기회에 보완할 것이다. 중국 조선족의 시사적 특질을 탈식민주의 관점에서 살펴보고자 했을 때 본고가 우선 고려한 것은 중국 조선족의 시각이나 편향적인 민족주의적 틀을 벗어나 객관적 시각을 견지하고자 한 것이다. 다만 중국 조선족 시의 전개 과정을 지속적인 탈식민 운동의 연속성에 근거하여 밝히고 있으므로 이와 관련한, 또는 이와 대비되는 또 다른 관점을 배제한 결과를 가져왔을 수도 있다. 이 점 역시 계속적인 분석을 요하는 부분이다. 이러한 본고의 논의를 통해 중국 조선족 시에 대한 다양한 연구에 새로운 관점과 가치 재평가의 계기가 이루어질 것으로 기대한다. 또한 중국 조선족 시에 나타난 다양한 의식과 한국문학과의 관계망을 재고하는 데도 일정 부분 역할을 할 것으로 본다.

참고 문헌

강장희 외, 『태양은 길이 빛나리』, 연변인민출판사, 1977.

김경석 외, 『봄바람』, 연변인민출판사, 1981.

김근총 외, 『우렁찬 전고소리』, 연변인민출판사, 1976.

김웅준 외, 『장백에 울리는 노래』, 연변인민출판사, 1972.

김웅준, 『별찌』, 흑룡강조선민족출판사, 1988.

김철, 『동틀무렵』, 료녕인민출판사, 1978.

김철석 외, 『공사의 아침』, 연변인민출판사, 1976.

김파, 『흰돛』, 흑룡강조선민족출판사, 1986.

남영전, 『백의 넋』, 흑룡강조선민족출판사, 2000.

남영전, 『백학』, 민족출판사, 1992.

리욱, 『20세기 중국조선족 문학사료전집－리욱 문학편』, 중국조선민족문화예술출판
　　　사, 2002.

림연 외, 『잊을 수 없는 정월』, 연변인민출판사, 1978.

박명룡 외, 『태양의 빛발아래』, 연변인민출판사, 1973.

박병대 외, 『꽃 피는 새봄』, 료녕인민출판사, 1978.

박화 외, 『격전의 노래』, 연변인민출판사, 1975.

임효원, 『인생살이』, 흑룡강조선민족출판사, 1988.

정철, 『정철시선집(1981-2000)』, 민족출판사, 2001.

조룡남, 『그리며 사는 마음』, 연변인민출판사, 1995.

중국작가협회연변분회 편, 『9월의 들국화』, 민족출판사, 1987.

중국작가협회연변분회 편, 『별들의 울음소리』, 흑룡강조선민족출판사, 1996.

한태운 외, 『폭풍뢰』, 연변인민출판사, 1976.

허도남, 『기러기』, 흑룡강조선민족출판사, 1978.

허홍식 외, 『높은 봉에 오르리라』, 연변인민출판사, 1977.

황광필 외, 『해란강반의 송가』, 연변인민출판사, 1977.

흑룡강조선민족출판사 편, 『칠색 무지개』, 흑룡강조선민족출판사, 1984.

김순례, 「중국 조선족 시문학사 개관」, 김종회 편, 『한민족 문화권의 문학』, 국학자

료원, 2003.

김영금, 「시인과 숙제 그리고 연변사랑 - 석화시인의 련작시 『연변』을 읽으면서」, 『연변문학』522권, 연변문학월간사, 2004. 9호.

김월성, 「중국조선족 시문학 상황」, 『시와 시학』, 시와시학사, 1993. 봄호.

김은영, 「중국 조선족 장편서사시에 나타난 역사적 체험의 특성」, 『한중인문학연구』 제19호, 한중인문학회, 2006.12.

김준오, 「중국 사회주의 문화정책과 중국 조선족 시가전통의 변모양상」, 『한국문학 논총』16집, 한국문학회, 1995.

김호웅, 『在滿朝鮮人文學硏究』, 국학자료원, 1998.

소재영 외, 『연변지역 조선족 문학연구』, 숭실대학교출판부, 1992.

송용구, 「기술문명의 중심부에서 생명의 길을 여는 시인 - 석화의 련작시 「연변」을 중심으로」, 『장백산』, 『장백산』 잡지사, 2005. 7~8월호.

오상순, 「광복 전 재만 조선인 문학의 성격 및 특성」, 한국문학연구학회 편, 『다매 체 시대의 한국문학Ⅱ』, 국학자료원, 2002.

오양호, 「간도이민문학과 연변문학의 위상 고찰 - 1940년대 연변문학을 중심으로」, 『통일문제와 국제관계』5집, 인하대학교 평화통일연구소, 1994

오양호, 「만주체험의 두 반응」, 김열규 외, 『대륙문학 다시 읽는다』, 대륙연구소출 판부, 1992.

오양호, 『日帝强占期 滿洲朝鮮人文學硏究』, 문예출판사, 1996.

오양호, 『韓國文學과 間島』, 문예출판사, 1988.

오정혜, 「1950년대 중국 조선족 시 연구」, 동아대 박사논문, 2003.

오정혜, 「광복 후 중국 조선족 시의 성격」, 『국어국문학』21집, 동아대학교국어국문 학과, 2002.

윤영천, 「중국 조선족 시문학의 형성과 전개 - 1940년대~1960년대 전반기를 중심으 로」, 『민족문학사연구』17집, 민족문학사학회, 2000.

윤영천, 『韓國의 流民詩』, 실천문학사, 1987.

윤의섭, 「1950~60년대 중국 조선족 시에 대한 탈식민주의적 고찰」, 『현대문학이론 연구』제27집, 현대문학이론학회, 2006.4.

윤의섭, 「중국 조선족 시 형성 과정의 탈식민주의적 의미」, 『한중인문학연구』제18 호, 한중인문학회, 2006.8.

윤의섭, 「해방기 재중 조선인 시에 나타난 현실 인식」, 『한중인문학연구』제19호, 한중인문학회, 2006.12.

이양호, 「개혁개방 이후 중국 지식인들의 사조와 사상」, 『동양정치사상사』3집, 한국동양정치사상사학회, 2004.

정덕준·노철, 「중국 조선족 시문학 연구」, 『현대문학이론연구』20집, 현대문학이론학회, 2003.

정문권·석화, 「바라보기의 시학 − 중국 조선족 시의 한 특징」, 『한국문학 이론과 비평』21집, 한국문학이론과비평학회, 2003.

정수자, 「문화대혁명기 조선족 시의 탈식민주의적 성격」, 『한중인문학연구』제18호, 한중인문학회, 2006.8.

조성일·권철 외, 『중국 조선족 문학 통사』, 이회, 1997.

최삼룡, 「새시기중국조선족문학의 총체변화」, 『격변기의 문학선택』, 흑룡강조선민족출판사, 1999.

허형만, 「중국 조선족 동포 시인들의 시세계」, 『현대문학이론연구』21집, 현대문학이론학회, 2004.

가라타니 고진, 『일본근대문학의 기원』, 민음사, 1997.

가라타니 고진, 송태욱 역, 『탐구 2』, 새물결, 1998.

Benjamin, W., 반성완 편역, 『발터 벤야민의 문예이론』, 민음사, 1983.

Bhabha, H. k., 나병철 역, 『문화의 위치-탈식민주의 문화이론』, 소명출판, 2002.

Deleuze, G., 김재인 역, 『베르그송주의』, 문학과지성사, 1996.

Freud, S., 임홍빈·홍혜경 역, 『새로운 정신분석 강의』, 열린책들, 1996.

Freud, S., 한승완 역, 『나의 이력서』, 열린책들, 1997.

Kuhn, T. S., 김명자 역, 『과학혁명의 구조』, 두산동아, 1999.

Levinas, E., 강영안 옮김, 『시간과 타자』, 문예출판사, 1996.

김성휘 시에 나타난 '주체'의 변모 과정과 새로운 주체

김 은 영

목 차

1. 머리말

시인은 문학적 재능을 가진 한 개인이면서 동시에 사회의 구성원이고, 시를 창작하고 읽는 행위는 특정 시·공간 안에서 이루어지는 사회적 활동이다. 문학 작품을 구성하는 인식 주체 역시 시·공간적 연속성의 지평 위에서 차이를 인식하고 이를 통해 자기동일적 현존성을 형성해 나간다. 주체란 결코 고립할 수 없는, 타자와의 의미망 속에서 영향을 주고받으며 끊임없이 변하는 '과정'으로서 존재하는 것이기 때문이다. 이렇게 볼 때 중국 내 소수민족으로서 민족의 고유 언어를 사용하며 민족적 풍습과 전통을 지속시키고 있는 조선족의 삶과 문학 행위는 중국이라는 거대 타자에 대한 수용과 적응을 통해 자신들의 존재성을 확보해가는 주체세우기의 과정이자 그 가능태[1]라고 할 수 있다. 이들의 시에 나타나는 현실에 대한 인식은 시대와 환경과의 관계 속에서 유의미적 반응 양상을 보이며 중국 내 소수민족으로서 살아가는 조선족의 정치적·사회적 사고방식과 특성을 확인 가능하게 한다.[2] 이에 본고는 조선족 대표 시인으로 조선족 시문학의 전개와 변화 과정을 체험하며 작품 활동을 지속했던 김성휘[3] 시에 나타난 주체의 형성과 변모과정을 살펴보고자 한다.

논의에 앞서 김성휘 작품에서 언급되는 '주체'는 텍스트 내적 요인으

---

[1] '가능태'란 어떤 변화를 야기시킬 수 있는 힘 혹은 에너지를 의미하는 것으로, 이정우는 아리스토텔레스가 내린 정의를 통해 '가능태란 다른 존재에서든 혹은 다른 존재인 한에서의 동일한 존재에서든 운동이나 변화의 원리'를 가리킨다고 규정하였다.(이정우, 『담론의 공간-주체철학에서 담론학으로』, 민음사, 1994, p.72 참조)

[2] '이데올로기는 개인을 주체로 호출(呼名)한다'는 알튀세의 중심명제에 의하면 주체란 이데올로기에 의해 구성되는 것으로, 이데올로기란 국가의 한 부분을 이루는 장치 내에 존재하며 모든 사람들에게 그들이 살고 있는 실제관계에 대한 상상의 관계를 부여하는 의미체계라고 하였다. 이렇게 볼 때 조선족 역시 중국이라는 사회주의적 이데올로기의 국가장치 안에서 교육·법률·문화·정당과 같은 이데올로기를 구성하는 물적 실체에 의해 영향 받으며 존재하는 이데올로기 안에서의 주체라 할 수 있다.(Diane Macdonell, 『담론이란 무엇인가』, 임상훈 역, 한울, 1992, p.46)

[3] 김성휘(1933-1990) 중국 길림성 용정시 출생. 1954년 심양외국어학원 로어학부 졸업, 1955년 12월 처녀작 시 『첫 괭이』를 연변일보에 발표하며 문인활동을 시작하였고 1959년 조선족 대표시인으로 연변작가협회에 가입하여 활발한 문학 활동을 전개하였다. 1968년 '문화대혁명'의 피해로 2년 여에 걸친 감금생활을 하기도 하였으나 지속적인 작품 활동을 통해 1985년에서 1990년 3월까지 연변작가협회 상무부주석, 중국작가협회 회원, 1급작가, 연변주 제9기 인민대표회의 상무위원 등을 역임하였다. 작품으로는 『나리꽃 피였네』(1979), 『들국화』(1982), 『금잔디』(1985), 『고향생각』(1989), 『김성휘 시선집』(2004)등의 시집과 장편서사시 『장백산아 이야기하라』(1964), 『사랑이여 너는 무엇이길래』(2000)등이 있다. 본고에서는 각 시기별 시인의 작품이 고루 선별되어 있는 『김성휘 시선집』(2004)과 여러 권의 개인시집들을 주된 논의 대상으로 삼았다.

로서 미적 특질을 이루는 시적 주체 혹은 개별자적 존재로서의 시적 화
자[4]이기보다는 정치적으로 권력화 된 타자에 대한 의식의 반영체로서
의 '집단적 주체'로 의미를 확대하고자 한다. 이는 자신들에게 행사되는
권력의 특정한 제약과 통제에 대하여 집단화되고 의식화된 정체성이
반영된 집단적 의미의 '주체'를 의미하는 것이기도 하다.[5] 김성휘의 작
품 속에는 급변하는 역사의 흐름 속에서 부침을 거듭하며 상실의 위기
에 놓여왔던 조선족이 자신들의 입지를 공고히 하고 주체성을 찾고자
하는 모색의 과정이 담겨져 있다. 시인의 작품에 드러나는 주체의 인식
과정과 변모 양상은 '조선족'으로 명명되어 이들을 구성하고 결속시켜
주는 '주체'로서의 특성과 현실의식을 가늠해 볼 수 있게 한다. 아울러
중국이라는 중심 권력과 국가주의의 틀 속에서 새롭게 변모되어 가는
변화된 주체로서의 가능성을 확인해 볼 수 있다.

2. 공모된 주체와 타자

중국 조선족은 조선조 일제 강점기에 본격화되어 만주지역으로 이주

---

4) 시적 주체의 문제는 작품 분석과 이해를 위한 중요한 쟁점으로 논의 방향에 따라 다
   양한 의미와 용어가 사용되고 있다. 시에서 주체를 지칭하는 용어로는 서정적 자아,
   시적 자아, 시적 화자, 퍼소나, 시인 등이 있다.(김준오, 『시론』, 삼지원, 1982, p.283)
   시의 주체와 관련된 용어들이 이처럼 다양하다는 것은 시의 주체를 바라보는 관점의
   다양함을 의미하는 것으로 시를 바라보는 시각의 상이함과 함께 기존의 용어로 포괄
   할 수 없는 측면이 생겨난 것임을 의미하기도 한다. 시적 주체에 대한 본고에서의
   의미 규정과 개념 역시 논의전개를 위하여 설정된 임의적 개념임을 밝힌다.
5) 특정 지역이나 집단이 여타 집단을 통제하고 복속시키는 상황을 분석하고 비판하
   는 것을 목표로 삼는 탈식민주의 이론에 비추어 보면 이는 지배적이고 권력화되
   어 있는 중심세력에 맞서는 피식민 주체를 의미한다. 이는 또한 어떤 사회의 중
   심 지배 집단에서 배제된 집단의 문제에 관심을 가지는 사이드의 '탈중심의식
   (decentered consciousness)에 드러난 '주체'와도 상응된다.(고부응, 『초민족시대의 민
   족정체성』, 문학과지성사, 1993, p.65)

하였다가 일제의 패망 이후 귀국하지 않음으로써 중국의 소수민족 정책에 의해 조선족으로 명명된 한민족이다. 이주 초기 이들의 만주 정착은 근본적으로는 식민지와 봉건적 모순 구조 아래 놓여 있던 모국의 역사적 환경에 기인한 바 크며 만주지역에서의 정착과정 또한 이러한 힘겨움의 연속이었다. 1930년 용정에서 출생한 김성휘의 작품에는 모국을 떠나온 조선인들이 유이민으로 떠돌다가 정착하기까지의 모습부터 중국공산당과 연계된 항일무장투쟁에 이어 중국 내 소수민족으로 편입되기까지 조선족이 경험해야 했던 역사적 체험과 기억이 담겨져 있다. 그의 초기 작품에는 일제가 패망한 뒤 해방기의 혼돈 상황에서부터 공산당과 국민당의 충돌 속에서 살아남기 위한 과정이나, 조국의 광복에 환호하다 점차 중국을 조국으로 인정하고 받아들이며 겪게 되는 가치관의 혼란 및 인식의 변화 양상이 두드러지게 나타난다.

1945년 조국의 해방은 우리 민족이 일제 식민주의에서 벗어나 탈식민 시대를 맞이한 때이다. 기본적 생존권조차 보장받지 못한 채 비참한 생활을 해야 했던 이들에게 만주 토착세력 및 일제라는 이중의 압박과 수탈은 반드시 극복되어야 할 대상이자 타자였다. 착취계급을 뒤엎고 해방의 기쁨을 맞이하는 그 날은 바로 새로운 주체로서의 삶을 실현할 수 있게 해주는 이상 실현의 장이었다. 하지만 이주조선인들의 실제 현실은 그렇게 단순하지 않았다. 공산당과 국민당 간의 계속된 전쟁과 고향으로의 귀환 및 정착의 문제 그리고 극심한 생활고 등으로 힘겹고 혼란스러운 상황이었다. 일제가 물러난 1945년 8월부터 1946년 5월까지 중국 동북지역은 소련군이 점령하고 있었으며 1946년 동북 지역은 국민당이 심양, 장춘, 길림 등을, 중국 공산당이 송화강 이북지역을 점령하고 있었다.6) 때문에 조국으로 귀환하지 못한 채 중국에서 살아가야했던 조선인들에게는 자신들의 생명과 지위 그리고 재산의 안녕을 보장하고 유지시켜 줄 세력이 필요했다. 국민당 점령 시 조선인의 토지와 산업은 대부분 압수되고 생활터전을 빼앗겨야만 했다. 하지만 1946년 연변지역을 장악한 중국공산당은 토지개혁을 실시하여 이들에게 토지를 분배해 주었다. 또한 조국은 조선이고 동시에 중국 공민으로 인정하는 이중국적을 부여하고 중국의 소수민족으로 승인해 주며 재산권을 보호해 주었다. 이주 초기부터 봉건지주와 일본의 식민통치로 새로운 정착지에서 조차 억압된 삶을 경험해야 했던 이들에게 중국 공산당의 사회주의 체제와 소수민족에 대한 친화적 정책은 새로운 주체로서의 삶을 가능한 것으로 인식하게 해주었다.

> 내 조선족, 형제 민족과 언어는 달라도
> 천안문을 우러러 호흡을 같이 하기에
> 변강의 농업전선 전사의 자랑높이
> 위대한 리상 품고 그대와 함께 나아간다오
>
> 하냥 내 심장의 붉은 피 끓게 하고
> 문창에 해살을 보내주는 곳
> 당중앙, 모주석 계시는
> 아, 북경, 조국의 심장이여
>
> 북경으로 흐르는 쾌할한 사람들 물결속에
> 나도 한방울 수정같은 물방울이 되고 지고
> 춤추며 노래하며 가고 싶소
> 조선족의 감격과 축복을 안고
>
> — 「나는 북경에 제일 가고 싶소」(1955)

---

6) 김춘선, 「광복 후 중국 동북지역 한인들의 정착과 국내귀환」, 『한국근현대사연구』 제28집, 한국근대사학회, 2004, p.184.

당시 조국인 한반도는 독립국가가 성립되지 못한 채 미군정의 통치체제 하에서 국가 수립을 둘러싼 정치 세력들 간의 투쟁이 지속되고 있었다. 이 같은 상황 속에서 반봉건·반제국주의로 대변되는 타자에 대항한 이들의 새로운 주체세우기의 가능성은 막연히 기다려야만 하는 '조국의 독립과 해방'보다는 현재적 공간에서의 안정적 위치 추구와 주체로서의 삶에 대한 염원이 더 구체적이고 실현가능한 것이었다. 위의 작품에서 드러나듯 자신들이 형제민족 즉 중국과 혈통 및 언어는 달라도 '호흡'을 같이 하기에 이들과 하나될 수 있으며 당과 주석을 향해 일치된 존재라고 인식한다. '상상의 붉은 피 끓는' 자신들의 주체적 욕구는 당 중앙이 위치한 북경이라는 공간을 통해 그리고 모주석에 의해 실현될 수 있다는 긍정의 세계로 환원된다. '수정같은 물방울'이 되어 품을 수 있는 공모된 주체로서의 이상실현은 조국이 아닌 중국 공산당 및 사회주의와의 결합을 통해 보존되고 실현 가능한 것이라고 여기게 된 것이다.

두어라, 우리는 전진만 아는 로동근위대!
동서에 굴뚝이 수풀로 일떠서고
남북에 오곡이 황금으로 물결친다.

기차여 – 조국이여, 날개를 펴라!
화부여 탄삽을, 기관수여 마력을,
발구름 도도히 영웅 서사시 읊으며
공산주의 찬란한 역전으로 달리는 우리.

가자 고동을 울려라 다음 정거장으로
영웅들의 이 땅에 새봄이 온다,
봄과 봄을 이어 고동을 울리며 울리며

나아가자 기차여, 나의 젊은 공화국!

- 「달려라 렬차여」(1957)

위의 작품 역시 당시 조선족이 취해야 했던 이데올로기의 선택 과정 및 이상적 삶에 대한 실현 의식을 보여준다. 조선인에서 중국 국민으로 바뀐 변화된 조건과 상황은 사회주의적 이데올로기에 대한 긍정으로 변모되며 새로운 조국과 사회건설에 이바지해야 한다는 자세와 앞날에 대한 믿음을 보여주고 있다.

이들에게 형성된 새로운 주체의식은 고난과 굴곡의 역사를 겪어야 했던 민족의 비극적 체험에 뿌리를 둔 것이라 할 수 있다. 역사적으로 불안한 위치에 놓인 삶을 반복해오던 조선족에게 이중국적과 토지소유권을 허용하고 민족자치제를 기본으로 하여 중국인과 동등한 권리를 부여해 주었던 공산당의 대 조선인 정책은 조선족에게 '중국국민의식'으로서의 통합된 정체성과 공모된 주체로서의 삶을 가능한 것으로 여기게 하였다.7) 민족해방운동과 계급 투쟁적 성격을 동시에 표출했던 중국 공산당의 전략적 의도는 당시 조선인들에게 상당한 호소력을 지니는 것이었다. 1930-40년대 조선족이 중국 공산당의 사회주의 건설과정에 적극적으로 동조하고 중국 내 해방전쟁과 한국전쟁에 적극적으로 참여하게 되는 것8)은 바로 억압된 주체로서의 삶을 실현하고자 했던 열

---

7) 권태환, 「사회적 환경과 정체성」, 『중국조선족 사회의 변화』, 서울대학교출판부, 2005, pp.123-128.

8) 3년간의 중국 내 해방 전쟁에 연변 5개 현에서 연인원 12만 1천여 명이 동원되고 3천여 명의 희생자가 났는데 그 중 90%가 조선이었다. 또한 한국전쟁에 참가한 연변지역 희생자가 6981명에 달했는데 그 중 조선인이 98%에 달했으며, 전쟁에 관련된 노무에 참가한 연변지역 출신은 10만 여 명에 달했다.(김태국, 「연변조선족 자치주의 성립과 조선족 사회의 변천」, 채영국 외, 『연변조선족 사회의 과거와 현재』, 고구려재단, 2006, p.167)

망이 표출된 행동이었다고 할 수 있다. 이후 조선족은 언어와 민족은 달라도 자신들의 이상적 삶을 희망할 수 있게 되었고 중국을 점차 주체적 삶의 공간으로 인식하며, 중국 국민으로서의 삶을 받아들이게 되었던 것이다. 조국 해방의 기쁨에서 당면한 삶의 현실로 관심 대상이 바뀌어가면서 중국 공산당의 사회주의 체제는 이제 이들이 적극적으로 참여하고 따라야 할 가장 중요한 현실로 인식되었다. 그리고 사회주의 국가건설을 통해 자신들이 이루고자 하는 이상적 주체로서의 삶이 가능한 것으로 보았다. 하지만 타자로서의 대상과 자신을 동일시하는 데서 시작된 어긋난 주체의식은 오인과 혼동의 구조를 통해 잘못된 동일시를 발생시킨다.

주체형성의 기본적인 요인으로 소외, 허구성, 그리고 오인의 구조를 제시하고 있는 라캉은 주체와 이미지의 합일이란 획득될 수 없는 것으로 '주체'란 이상적 이미지와 자신을 동일시하는 데서 비롯되는 '허상' 속에서 다가갈 수 있을 뿐이라고 지적한 바 있다.[9] 과거 식민지 체험의 역사 속에서 억압된 주체를 탈피하고 사회주의 국가건설 시기에 이상적 삶과 새로운 주체를 꿈꾸었던 조선족의 공모된 주체는 일치될 수 없는 주체와 타자의 어긋난 자기 동일시가 빚어낸 오인의 세계였을 뿐이다. 이러한 결과는 1957년 시작된 반우파 투쟁 과 문화혁명 때 행해진 소수민족에 대한 억압과 피해를 통해 확인할 수 있다. 문화혁명 당시 조선족 문인들은 민족주의자나 우파분자 또는 지방주의자로 낙인찍혀 처벌을 받았고 이로 인한 정신적·물적 피해와 상처는 어느 소수민족과도 비교할 수 없이 컸다.[10] 이후 사회주의 지배 체제에 의한 중국의 정치적

---

9) Jacques Lacon, 권택영 엮음, 『욕망이론』, 문예출판사, 2003, p.21.
10) 1957년 하반기부터 시작된 '반우파'투쟁 및 1966년부터 시작된 문예혁명은 사회주의 체제를 공고히 하기위해 진행된 정치운동으로 공산당의 지침에 따라 모든 문예정책이 수행되었다. 그 과정 속에서 소수민족인 조선족은 반사회주의적 우파

상황과 정책은 이상적 주체세우기의 과정에서 드러나는 공모된 주체로서의 모습을 내면화시키고, 현실 수용 및 적응을 위한 변모된 주체의 모습을 모색하게 하였다.

3. 위장된 주체로의 변형

정치적으로는 중국의 국민이 되었고 경제적으로 안정이 되었다 하더라도 조선족을 비롯한 소수민족은 여전히 중국 사회의 중심에서 멀리 떨어진 외곽에 위치하고 통제의 대상이 되어 왔다.[11] 중국 국민으로서 새로운 주체를 꿈꾸었던 조선족에게 문예혁명은 중국 국민으로서 향유할 수 있는 온전한 주체로서의 삶이 자신들에게 지속적으로 보장되지 못한다는 냉엄한 현실을 각인시켰다. 이는 조선족이 참여하고 실현하고자 했던 사회주의적 통합과 중국 지향이 자신들의 이상적 주체 지향과 결코 동일시 될 수 없음을 깨닫는 시기이기도 했다. 1966년부터 1976

로 내몰리며 창작 권리를 박탈당하고 농촌이나 북한 등으로 추방당하는 수모를 겪어야 했다.(정덕준 외, 『중국조선족 문학의 어제와 오늘』, 푸른사상, 2006, p.90)

11) 민족문제에 있어서 중국은 소련의 경험과 항일전쟁기에 소수민족을 접촉한 경험을 살려 소수민족의 자치를 허용하되 분리 독립은 허용하지 않는 중앙집권적 국민국가를 수립하고자 하였다. 그래서 중국인을 '통일적 다민족'으로 규정하였다. 1953년에 행해진 전국인구조사에서는 민족명으로 기입된 것이 400족 이상이었으나 스탈린의 민족 형성에 관한 기준 가운데 심리상태에 해당되는 민족의식을 가장 중시한 중앙의 식별작업의 결과 1982년에 55족이 공인되었다. 중국 전체 인구의 6%에 불과한 소수민족의 거주지가 중국 국토의 50-60%를 차지하며 대륙의 변방에 자리한다는 소수민족의 존재는 양적인 크기보다는 본질적으로 그들이 '중국'형성에서 중앙에 대한 주변에 위치된 상대자로서의 역할에 주목해야 할 것이다. 실제로 민족정책 40년사를 돌아보면 건국초기인 1957년까지는 大漢化主義가 비판되었지만 대약진기(1958-1959)나 문화대혁명기(1966-1976) 같은 격동기에는 소수민족이 억압당한 면이 강하다.(한국사연구회 편, 『근대 국민국가와 민족문제』, 지식산업사, 1995, p.87)

년까지 10년 동안 이루어진 '문화대혁명'은 신중국 건설이라는 사회주의 국가건설의 틀을 강화하며 강력한 정치적 통제를 보여준 시기이다. 1968년 문학예술의 기본 원칙이 발표되고, 문예 강령의 지시문이 제시되었다.[12] 조선족 문인들은 문화대혁명 이전의 발표작까지 문제 삼아 숙청되거나 처벌받아야 했으며 소수민족 우대정책은 지방민족주의와 종파주의, 주권주의로 매도되어 타파되어야 할 숙청의 대상이 되었다. 당의 이러한 강경정책에 따라 중국 내 소수민족은 '민족'에 관한 어떤 것도 드러내지 못하는 상황에서 그들 나름의 생존방식을 마련해야 했다. 이 시기에 창작된 다수의 작품들이 바로 '송가' 양식의 노래들이다.[13]

<blockquote>
아, 모택동사상 승리의 기치
행복의 교향악, 희망의 노래
오로지 인민의 행복을 위하여
자신의 일체를 바치신 그이를 찾아,
맑디맑은 시내물 물모래 굴리며
천리길 마다하고 바다로 흘러가듯
천안문 탑말기 금빛기와너머로
이 아침 온 나라의 축복이 날아갑니다.

인민과 함께 살아계시고
일월과 함께 영원할 업적
세대와 세대를 이어이어
인민은 가장 아름다운 노래를 엮어갑니다

─「영원한 탄생-모주석 탄생 58주년에 제하여」(1979)[14]
</blockquote>

---

12) 김시준, 『중국 당대문학사』, 소명출판, 2005, p.23.
13) 조성일, 『시론』, 한국문화사, 1966, p.24.
14) 중국문학사 및 조선족문학통사에서 문화대혁명은 1966년부터 1976년까지의 기간

특정 대상의 덕을 기리는 효과를 극대화하며 노래성을 활용한 송가 양식은 문화대혁명기에는 특정대상이나 정책, 권력자를 찬양하는 방편으로 활용되었다. 문화대혁명 기간에 두드러진 조선족의 송가 역시 이런 기능을 최대한 살리는 하나의 방편으로 선택된 것이라 하겠다. 당시 문혁의 피해로 1년 여 넘게 감금생활을 해야 했던 시인의 경우 이 때 창작된 작품은 극히 적은 편이다. 하지만 김성휘 시인 역시 당과 수령에 감사하고 찬양하며 중국정부에 충성을 다지는 과잉된 어조의 노래를 부르고 있다. 소수민족에 대한 억압과 탄압 정책 속에서 조선족에게 들려올 '행복의 교향악'과 '희망의 노래'는 현실에서 이미 존재하지 않는다. 문예강령으로 대변되는 강압적 정책과 규율은 온 나라를 축복이 아닌 재앙의 무덤으로 탈바꿈시켰으며 이들에게 '당'은 생각만 해도 두렵고 위축되는 대상임에 분명하다. 하지만 이러한 현실 상황은 거론조차 되지 못한 채 시인은 '부모를 여의곤 살 수 있어도' 당을 떠나서는 살 수 없다는 가장된 주체로서의 목소리를 드러내며 중국 정부에 대한 충성을 노래하고 있다.

문혁을 주도했던 4인 무리의 숙청이 끝나고 개혁 개방기를 맞아 개방 정책을 채택하면서 중국 정부는 '현대화', '기계화'를 추진하였다. 문예계 역시 '문예의 현대화'라는 기치 아래 새로운 시기를 맞이하게 되었다. 이 시기의 작품들은 송가에서 보이는 찬양투의 어조를 탈피하고 변

─────────────

으로 제시되고 있다. 하지만 문혁이 끝났다고 해서 당 중앙에 의한 강력한 정치적 통제가 그 즉시 해제되었던 것은 아니다. 전대의 이러한 분위기 및 상황은 1980년대 중반 개혁·개방기 이전까지 계속되었고 이에 따라 송가투의 작품 역시 지속적으로 창작되었다. 당시 김성휘를 포함한 조선족 문인들은 문혁 기간에 숙청대상이 되어 실제적인 작품창작을 하기 어려운 상황이었고 창작 활동이 이루어진 경우도 발표와 출판은 문혁 기간 이후에야 가능한 경우가 많았다. 이러한 연유로 송가투를 띠며 위장된 주체로서의 모습을 보여주는 위 작품 역시 이와 같은 맥락 속에서 창작된 작품임을 밝혀 둔다.

화된 조국에 대한 감격과 기대, 새롭게 조직된 당과 사회건설을 위한 다
짐과 의지를 노래하고 있다.

> 나의 심장은
> 시계소리를 들을 때마다
> 박동을 높이여라
>
> 조국의 미래를 부르면서.
> 살마마다에 고속도날개를 펼쳐주는
> 북경시간에 맞춘 시계소리
> 준엄한 20세기를 뛰여넘어
> 장엄한 2천년에로 부르는 전투령이여라.
> (생략)
> 시계소리, 그 음향속에서 오늘은 듣노라,
> 현대화공업의 전자계산기의 노래를
> 현대화농업의 기계군단의 발구름을
> 사회주의강국의 약동하는 숨결을.
>
> 조국의 부름에 몸과 마음 다 바쳐
> 세계의 전렬에로 내달리는
> 해가 가는 소리, 달이 가는 소리
> 오, 나의 애국의 시계소리여!

-「시계소리를 들을 때마다」(1980)

이 시기의 작품들은 송가에서 보이는 찬양투의 어조를 탈피하고 변
화된 조국에 대한 감격과 기대, 새롭게 조직된 당과 사회건설을 위한 다
짐과 의지를 노래하고 있다. 위의 작품 역시 중국 정부가 새로 추진한
현대화 및 기계화 정책으로 편리해진 인민의 삶을 과장해 제시하며 중
화인민공화국 새 시기의 전사로서 애국을 다짐하고 미래의 희망을 노

래하고 있다. 이 무렵 작품에는 '새 시기', '새 공화국', '새 전사' 등 개혁개방 이후 변화된 현실을 부각시키고자 하는 시어들이 자주 등장하는데 이는 문혁 이후 소수민족에게 관대해진 조치에 대해 당의 은덕을 칭송하고 충성을 표하고자 하는 가장된 주체의 모습을 보여주는 것이다.

개혁개방이 시작된 이후 80년대 중기 작품들에서는 "나는 고향의 한 그루 백양나무/살아서 숨쉬는 기념비여라/까치 우는 소리에 아침을 맞으며/무성한 잎새로 해와 볼을 비빈다"(「한 그루 백양나무」), "생각하면/아픔도 많았고/ 눈물도 많았구나/가슴에 맺히는 이야기는/강물에 흘려보내고/가마전에 철철 흐르는 수돗물을 두고/시령우에 높이 얹은 텔레비를 두고/영웅아들딸을 자랑하며/대학생 손자손녀를 자랑하며/밝아오는 새날을 노래하자꾸나"(「고향아 내 노래 듣느냐」) 등의 작품처럼 문혁기에 받은 상처와 시련을 행간에 드러내며 현재의 모습을 성찰하는 작품들이 창작되기도 하였다. 하지만 이 역시 '지금의 현재'는 종래의 과거와 다르며 '오늘 이 곳'은 당의 정책 수정에 의해 실현된 완벽한 세계라는 암묵적 전제를 기본으로 서술된 개인적 정감의 표현일 뿐이다.

결국 중국 정부가 새롭게 표방한 '창작의 자유'나 '사상 해방'도 중국적인 제한 속에서의 자유와 해방이었다. 과거의 그릇된 제도가 수정의 과정을 거쳐 변화되었다고 하지만 문예 창작방향을 '정책과 강령'으로 규율하고 통제하여 통치체제에 복속시키려고 하는 당의 의도와 방향은 일관된 정책 방향이라 볼 수 있다. 소수민족 탄압을 유발했던 차별정책 역시 평등정책으로 환원하였지만 소수민족에게 행해지는 권익이나 자유 보장은 여전히 미온적이었고 중국 정부의 중심주의와 그로 인한 폐해는 크게 줄지 않은 채였다. 따라서 이 시기 드러난 주체의 모습은 정치적·사회적 요인에 의해 방어와 적응의 기제로서 생성되는 위장된 주체라 할 수 있다. 중앙의 간섭을 덜 받으며 소수민족으로서 생존하고 자신들의 입지를 지속시켜 나가기 위해 조선족은 타자를 수용하고 이에 적응해야 하는 현실 지향적 모습을 드러낸다. 타자화된 대상의 힘과 권력의 양태에 따라 가변적이고 위장적인 모습을 드러내는 주체의 이러한 변모 양상은 조선족이 소수민족으로서 생존해나기기 위한 현실 대응방식으로 이들의 변화된 현실인식 태도를 보여주는 것이다. 즉 중심권력이 요구하는 문학을 표면에 내세우고 자신들이 중화인민공화국의 인민으로 중국 정부에 충성을 다함을 가시화하는 위장된 장치이자, 의도적 생존방식이라 할 수 있을 것이다.[15]

4. 불확정적 주체로서의 가능성

1966년부터 1976년까지의 10년 동안 지속되었던 문화대혁명은 주도자였던 '4인무리'의 청산과 함께 종식되었다. 과거 중국 공산당의 민족정책과 문예정책에 의해 탄압받았거나 추방되었던 시인들은 창작의 자유를 얻게 되었다. 1950년대부터 시 창작을 시작한 김성휘 시인이 왕성한 창작활동을 보여주는 시기도 이때부터이다. 시인은 1979년도부터

---

15) 스피박은 소수자 담론에서 억압받는 피식민 주체는 본래 해체될 만한 '주체'가 애초에 존재하지 않았던 비정체성(nonidentity)을 띠며 혹 그에 비견될 만한 것이 있었다 하더라도 그것은 이들이 처한 사회적 조건 즉 타자(즉 외부, 서구)에 의해 강요된 것이라고 보았다. 이는 용어를 달리하여 '주체적 본질주의의 은밀한 강요'라고도 한다. (John McLeod, 박종성 외 편역, 『탈식민주의 길잡이』, 한울아카데미, 2003, p.228) 이 때 제3세계의 하층계급들이 서구 제국주의적 주체에 맞설 수 있는 방법은 민족·국가주의적 전략을 활용하는 것이다. 이들에게 부과된 집단성은 '민족주의'의 이름으로 제국주의에 맞서는 근거가 되는 동시에 소수자 담론들의 연대의 근거가 되기도 한다. 이 경우 '민족'은 유용한 하나의 도구상자(tool box)가 될 수 있다.(김희진, 「탈식민주의의 집단성과 개별성」, 『원우론집』 30, 1999, pp.150-155) 김성휘 작품에 나타나는 위장된 주체의 모습은 중국이라는 사회주의 국가 안에서 자신들이 중화인민공화국의 인민임을 보여주고 확인시키기 위한 의도적 방법일 수 있다.

89년까지 10년간 수백 편의 서정시와 7편의 서정서사시 그리고 1편의 장편서사시를 창작하였다.

그의 작품들은 이전에 보여주었던 찬양조의 송가 양식과 과장된 시 의식을 탈피하고 서정적이고 내면화된 어조로 일상적 삶의 정서를 담아내고 있다. 후기 그의 작품에서 두드러지는 경향은 고향에 대한 그리움의 정서와 민족의식의 반영이다. 이는 개혁개방 이후 자유로워진 문단의 시 창작 흐름과 아울러 과거 정치적 격동기에 억눌려 있던 소수민족으로서의 민족적 정서와 근원에 대한 향수가 표출된 것이라 할 수 있다. 『들국화』(1982), 『금잔디』(1985), 『흰 옷 입은 사람아』(1987), 『고향 생각』(1989) 등에 실린 대부분 작품들은 어머니와 고향, 유년에 대한 그리움과 회한의 정서를 담아내고 있다.[16]

이는 시인의 초기 작품에서 나타나는 이상적 주체 실현을 위해 형성된 공모된 주체의 모습이나, 문화혁명기에 살아남기 위해 선택된 과장된 주체의 모습을 넘어서서 식민 주체에 대한 차이를 인식하고, 반성적 사유를 통해 얻어진 변화된 주체의 모습을 드러낸다.

> 나는 어머님 지어주신
> 흰 옷 입고 창가에 앉았다
> 밝은 햇빛 따사롭고
> 마음 한구석은 차겁다
> (생략)
> 차라리 우리 어머님 나에게
> 검은 옷 지어주셨다면

---

16) 김성휘 시인에 대해 언급할 때 흔히 향토시인, 고향시인, 망향시인이라고 언급되고 있는데 이는 시인이 창작 초기부터 민족적 정서를 바탕으로 한 창작활동에 연유한 바 크다.(최삼룡, 「김성휘의 후기 시 탐구」, 『격변기의 문학선택』, 흑룡강 조선민족출판사, 1999, p.196 참조)

나도 그늘 밑에 시름없이 딩굴며
도야지 개 신세로 살아가련만

아니 못한다
나는 죽어도 골백번 죽어도
어머님 베틀에 짜주신
흰옷은 벗지 못해
흰옷 입고 창가에 앉아
깊은 산 외진 하늘아래
형제를 그리며 슬피 묻노라
흰옷의 검은 때 언제면 벗으려

−「흰옷입은 사람아」(1987)

어머니가 지어 주신 '흰옷'은 바로 조선족의 민족적 뿌리가 무엇인지를 암묵적으로 드러낸다. 다른 옷을 선택할 수 없고 오직 흰 옷을 입고 살아갈 수밖에 없다는 조선족으로서 주체에 대한 자각은 자신들이 이미 '시름없이 딩굴며' 편안한 삶을 살 수 있는 존재가 아님을 밝힌다. 또한 '흰 옷'의 존재를 무화시키고 약화시키려는 대상인 '검은 때'가 언제 벗겨질지 모르기에 흰옷 입은 시인의 마음 한구석은 차갑고 슬프기만 하다. 유년기의 추억과 어머니, 고향과 고향사람들로부터 흰 옷 입은 우리 민족으로 확대되는 작품 속 소재들은 조선족 모두가 경험하고 인식해야 했던 공통의 체험과 기억의 산물이다. 어린 시절 추억과 상실한 고향에 대한 그리움은 이주민으로서 조선족만이 느낄 수 있는 애상적 공감을 불러일으키며 잊고 있었던 민족적 내면 정서를 일깨운다. 시인은 어머니로 암시되는 '모국'과 백의민족을 의미하는 '흰옷'이라는 고유한 문화적 상징을 통해 잃었던 혹은 잊고 있었던 조선족의 민족적 뿌리를 자각하게 하고 주지시키고 있다.

비소리/바람소리/발목에 감고// 쓸쓸히 누워있는/호젓한 한숨//보
리밭 둔덕 땅나무아래/허리쉼 쉬고 간 사연//해빛에 별빛에/녹쓸지
않은/하늘을 허비고 땅을 짜개고/떠나간 생명의 연소//벌거숭이 쑥대
밭 화전의 실연기/설원 몇 만리더냐 흰 꿈 검은 꿈 찍으며

— 「북향길」(1988)

짧은 시행이지만 위 작품에는 고향과 조국을 등지고 만주로 옮겨온
조선족 이주의 역사가 고스란히 담겨져 있다. 비가 오나 바람이 부나 정
착할 땅을 찾아 만주를 떠돌며 화전민으로 살아야했던 이주초기 조선
인들의 삶은 고난과 힘겨움의 연속이었다. 이들은 만주의 척박한 자연
환경과 지리적 조건으로 쉽게 정착하지 못한 채 유랑민으로 떠돌아야
했다. 힘겹게 정착한 곳에서는 일제와 중국관료, 토착지주들의 횡포에
시달리며 척박한 황무지를 개간하고 농토를 만들기위해 자신들의 온
힘을 기울여야만 했다. 조선족이 살고 있는 현재는 이처럼 지난 날 자신
들의 생명의 마지막까지를 연소시켜가며 생존을 위해 싸웠던 조상들이
있었기에 가능한 것이었다. 시인은 작품 속에서 과거 이들이 체험해야
했던 고난의 역사와 삶의 힘겨움 그리고 이에 맞선 불굴의 의지를 확인
시키고, 그것이 현재의 조선족을 이끌어 오는 근간이자 민족적 바탕임
을 상기시킨다. 시간이 경과하고 조선족이 처한 외부적 환경과 조건은
바뀌었지만 '화전의 실연기'속에서 자신들의 목숨과 맞바꾸며 꿈꾸었
던 '이상적 주체'로서의 삶은 아직도 미완의 과제로 남아있기 때문이다.
이처럼 김성휘의 후기 작품은 지배체제의 이념이나 강령을 벗어나 시
적 사유를 확대하고 개인의 내면적 정서를 비교적 자유롭게 표현 하면
서 민족정서와 주체적 근원을 확인하고 기억하게 한다.

현실을 소재로 한 작품 또한 이전과 다른 변화된 양상을 보여준다. 시

인은 중국의 정치적 상황과 정책 실현 과정에서 조선족이 겪어야 했던 모순된 상황을 지적하고 비판적 시선을 견지하며, 현실의 개혁과 변혁에 대한 주체적 시각을 표현한다. '봄이 그리워/봄에 부는 바람/고향이 그리워/고향에로 불어온 바람/바람은 생명이다/바람은 모순이다/바람은 운동이다 채찍이다 선언이다//바람이 분다/바람이 분다'(「바람이 분다」(1987)라는 이 작품은 문예대혁명을 부정하고 개혁 개방기의 변화와 혁명을 바라보는 시인의 현실인식을 담아내고 있다. 형태가 없는 바람은 무정형의 특징을 가지고 있지만 느낄 수 있고 변화시킬 수 있는 힘의 동력이자 원천이다. 그것은 억압되고 모순된 일체의 흐름을 바꿀 수 있음과 동시에 잠재울 수도 있는 방향성과 속도를 가지고 있다. 시인은 오늘날 중국 사회에 시도되고 있는 변화와 개혁의 흐름을 '바람'에 비유하며 혁명과 운동에 내재된 역동성과 그것의 진정한 의미를 간접적으로 드러내고 있다.

1957년의 반우파투쟁, 1966년에 시작된 문화대혁명 등 정치적 격동에 처할 때마다 변방민족으로서 어려움을 겪어야 했던 조선족은 당 중앙에 의해 지배되는 중국의 정치적 상황과 정책에 민감할 수밖에 없는 생존적 조건을 가져야만 했다. 하지만 지금은 중국 정부에 대해 두려움을 가지고 있는 한편 과거의 역사적 사건들에서 배운 생존을 위한 학습 경험을 통해 당의 방향과 정책을 유리하게 이용할 준비도 되어 있다고 할 수 있다. 문학의 특수성과 독자성을 배제하고 사회주의 이데올로기를 강요하며, 소수민족에 대한 차별과 억압으로 지배이데올로기를 강화하고자 했던 중국 정부의 정책이 이제는 조선족에게 수용사회에 대한 이해와 적응을 통해 비판적 주체로서의 모습을 가능하게 한 것이다. 김성휘의 작품에는 이처럼 사회적·후천적 요인에 의해 새롭게 생성되는 가변적 대상으로서의 주체 혹은 불확정적 주체로서의 모습이 나타난다. '주체'가 타자 혹은 외부세계와의 관계를 통해 드러나며 타자성과 차이성, 균열성, 이질성 등이 주체의 본질적 요소라고 할 때, 이들의 주체성은 중국이라는 중심 혹은 타자와의 상호 관계맺음 속에서 변화, 조정되고 새롭게 형성되는 것이라고 할 수 있다. 또 주체의 자기동일성이 주체외부에 존재하는 요소들의 이동과 변화에 따라 가변적 모습을 함의하는 것이라면, 시인의 후기 작품에 드러난 주체의 모습은 불완전성과 비종결성을 지닌 변형된 주체로서의 모습이라 말할 수 있을 것이다.

4. 맺음말

조선족의 정체성에 대한 논의는 이들이 우리와 민족적 뿌리를 같이하며 동일한 언어와 문화를 향유한다는 문화적 동질성의 측면에서 상당수 언급되어 왔다. 하지만 이들의 특성과 정체성에 대한 인식은 앞서 언급된 동질적 요소와 더불어 우리와 차이나는 비동질적 요소들에 대한 확인을 통해 더욱 분명해질 수 있다. 중화인민공화국 성립 이후부터 현재까지 중국 내 소수민족의 하나로 자신들의 존립을 지속시켜 오고 있는 이들의 의식 저변에는 분명 우리와 동질적 요소만으로 설명될 수 없는 모습이 내재되어 있을 것이기 때문이다. 이에 본고는 조선족을 이루는 민족적·문화적 동질요소 외에 정치적·사회적 결속 요인과 이에 따른 주체적 특성들이 무엇인지 밝혀 이들의 정체성과 공동체적 특질을 확인해 보고자 하였다.

조선족은 우리와 민족적 뿌리를 같이하며 동일한 문화적 전통을 공유하고 있다. 하지만 이것은 중국이라는 거대 타자의 국가적 결속 안에서 인정되고 향유될 수 있는 범주 내적 요소들이라 할 수 있다. 앞서 살펴본 것처럼 이민 집단인 조선족의 주체 인식 내면에는 민족적 집단성을 넘어선 중국적이고 사회주의적인 특성이 존재한다. 특히 조국을 벗어난 후 지금까지 끊임없는 변화와 구성의 과정에 놓여있는 이들에게 중국이라는 국가적 경계와 체제는 중심국가에 대한 소수민족으로서의 주체의식을 상대적이고 비결정적인 것으로 인식하게끔 작용하였다. 이에 따라 이들의 정체성은 변화된 타자인식 속에서 그리고 중국이라는 수용사회에 대한 상황적 인지에 따라서 새롭게 채워 넣어져야 하는 모색의 과정으로서의 정체성으로 형성되어 가고 있다고 할 것이다. 주체의식이 주체와 객체, 자아와 타자의 상호작용적 결과에 의해 발생하는 것이라고 할 때, 조선족 주체 형성 역시 권력화 된 집단 내에서 어떤 것이 자신들에게 더 중요한 의미를 갖는가에 대한 상황적 인지에 따라 가변적 속성을 띠며, 변화와 수정의 과정을 거듭하고 있기 때문이다. 따라서 이들의 '주체'란 차이에서 발생하는 변화된 타자인식 속에서 새롭게 채워 넣어져야 하는 '불확정적 존재'로서의 주체이자 '과정으로서의 새로운 주체'라 할 것이다.

참고문헌

고부웅, 『초민족시대의 민족정체성』, 문학과지성사, 1993.

권태환, 『중국조선족 사회의 변화』, 서울대학교출판부, 2005.

김성휘, 『고향생각』, 평민사, 1989.

김성휘, 『금잔디』, 북경민족출판사, 1985.

김성휘, 『김성휘 시선집』, 민족출판사, 2004.

김성휘, 『나리꽃 피였네』, 료녕인민출판사, 1979.

김성휘, 『들국화』, 료녕인민출판사, 1982.

김시준, 『중국당대문학사』, 소명출판, 2005.

김준오, 『시론』, 삼지원, 1982.

김춘선, 「광복 후 중국 동북지역 한인들의 정착과 국내귀환」, 『한국근현대사연구』
　　　　제28집, 한국근대사학회, 2004.

김태국, 『연변 조선족 사회의 과거와 현재』, 고구려재단, 2006.

김희진, 「탈식민주의의 집단성과 개별성」, 『원우론집』30, 1999.

윤효녕 외, 『주체개념의 비판』, 서울대출판부, 2003.

이정우, 『담론의 공간』, 민음사, 1994.

정덕준 외, 『조선족 문학의 어제와 오늘』, 푸른사상, 2006.

조성일, 『시론』, 한국문화사, 1966.

최삼룡, 『격변기의 문학선택』, 흑룡강 조선민족출판사, 1999.

한국사연구회 편, 『근대 국민국가와 민족문제』, 지식산업사, 1995.

Diane Macdonell, 『담론이란 무엇인가』, 임상훈 역, 한울, 1992.

Jacques Lacon, 『욕망이론』, 권택영 엮음, 문예출판사, 2003.

John McLeod, 『탈식민주의 길잡이』, 박종성 외 편역, 한울아카데미, 2003.

M. M Bakhtin, 『대화적 상상력』, 김욱동 역, 문학과지성사, 1988.

제3장
민족 역사의 재인식과 전망

중국 조선족 시의 개방 수용과 혼성성

정 수 자

목 차

1. 머리말

문화대혁명 이후 중국이 취한 개혁 개방은 사회의 근간을 변화시키는 혁명적인 정책이라고 할 수 있다. 개방이 중국 특유의 사회주의적 자본주의 체제로 자리를 굳히면서 지속적인 경제성장과 함께 민주화를 진전시키게 된 것이다. 중앙의 정책에 신속히 대응해온 조선족은 개방 정책에도 적극 대처함으로써 자신들의 입지를 보다 공고히 하고자 한 다. 개혁 개방 이후 기회를 활용해 사회·경제·문화적 발전을 이룩하는 일부 소수민족 외에 대다수 소수민족이 상대적으로 낙후상태를 면치 못하는 실정[1]임을 볼 때, 조선족의 이러한 대응 방식은 민족의 생존을 위한 필수 조건이라고 할 수 있을 것이다.

개방은 조선족의 생활 전반에 다양한 변화를 촉발하면서 시문학에도 큰 영향을 미치게 된다. 개방이 "민족문학전통의 비판적 계승과 외국의 문학성과들의 적극적 수용을 당대의 문학적 과제로 인식"[2]하는 계기를 제공한 것이다. 여기서 개방의 영향을 극명하게 보여주는 것은 "외국 문학성과의 적극적 수용"을 당대의 문학적 과제로까지 여기게 되었다는 점이다. 이는 외국 문화에 폐쇄적일 뿐만 아니라 서구 문화를 백안시하던 시절에는 상상조차 할 수 없는 인식의 전환이라고 할 수 있다. 또 한 목소리로 사회주의 노선을 추종했던 이전 시기에 비하면 문학 본연의 목적과 역할에 한층 가까워진 인식이라고 하겠다.

인식의 변화에 따라 조선족 시문학은 새로운 방향과 다양한 방법을 모색하게 된다. "민족주의, 개성의 재발견, 탈정치 탈현실 탈격정, 차분한 어조의 명상적이고 사색적인 내면 지향 철리시"[3] 등의 양상을 띠며 시의 다원화가 이루어지는 것이다. 이러한 시적 변화는 개혁 개방 초기 즉 '신시기 문학'의 다원화·개인화 경향에서 1980년대 말 '후신시기'에

---

1) 장세윤, 「중국의 조선족 현황과 전망 연구 동향-1990년대 이후를 중심으로」, 『중국의 민족·변강문제 연구동향』, 고구려연구재단 편, 고구려연구재단, 2005, p.108.
2) 김준오, 「중국 사회주의 문화정책과 조선족 시가전통의 변모 양상」, 『중국 조선족 문학의 전통과 변혁』, 김승찬 외, 부산대학교 출판부, 1997, p.123.
3) 김정훈·노철, 「중국조선족 시문학」, 『중국조선족문학의 어제와 오늘』, 정덕준 외, 푸른사상, 1997, p.114.

오면 실험성이 강한 시로 바뀌는 중국 당대문학사[4]와 비슷한 흐름 속에서 약간의 시차를 보여주는 전개이다. 이는 문화대혁명의 즉각적이고 기계적인 반영과는 다른 측면을 지니는데, 개방이 체제의 전환이라고 할 수 있는 큰 변화이기 때문일 것이다.

이러한 측면에 주목하여 본고는 1986년부터 1992년까지의 조선족 시에서 개방이 유발한 변모 양상을 살펴보고자 한다. 그 중에서도 집중적으로 살피는 것은 문혁에 대한 비판과 반성, 개인의 새로운 발견에 따른 전경화, 개방의 후유증이라고 할 수 있는 갈등의 표출 양상들이다. 개방에 따른 혼성성 또한 두드러지므로 이에 대해서도 짚어보고자 한다. 조선족 시문학의 이러한 특성에 주목하는 것은 거대 중앙인 중국의 정책 받아쓰기를 통해 도모하는 소수민족문학의 공존에 내포된 탈식민적 가능성 때문이다.

2. 개방의 수용과 시적 변모

중국 정부의 개방 정책과 그것의 발 빠른 수용은 조선족 시문학에도 다양한 변화를 이끌어내는 계기가 된다. 그 중에서도 가장 두드러진 변화는 이전의 금기사항들이 풀리면서 문학적 선택의 폭이 넓어졌다는 것이다. 특히 타도의 대상으로 삼던 자본주의 체제나 서구 문화에 문을 열면서 시작된 문화적 충격은 사회 전반이나 시에도 큰 영향을 미치는 것이었다. 따라서 사회주의 목적에 충실히 복무하던 조선족 시문학도 그 이념의 효용가치가 약화되는 것은 물론 다른 방향의 시를 모색하는 전환점에 서게 된다. 같은 목소리로 같은 방향을 노래하던 이전의 집단

---

4) 김시준, 『중국 당대문학사』, 소명출판, 2005, p.477.

적인 지향성에서 벗어나 보다 다양해진 개인의 목소리로 다양한 세계를 추구하게 된 것이다. 이는 시의 주제나 제재만 아니라 기법에 대한 다양성의 추구로 이어지며 시세계에도 큰 변모를 초래하게 된다.

1) 문혁에 대한 반성과 치유

개방 이후 조선족 시에서 먼저 주목할 변화는 문화대혁명을 적극적으로 찬양하던 이전의 시에 대한 비판과 반성이다. 문혁에 대한 송가들로 시집을 몇 권씩 엮어낼 정도로 전폭적인 지지를 강조한 전력을 과오라고 스스로 비판하면서 나름대로 변모의 발판을 만드는 것이다. 이런 흐름도 물론 중국 정부가 공식적으로 행한 문혁 당시의 과오 인정과 비판에 따른 받아쓰기에 속하는 것이라고 볼 수 있다. 그렇지만 자신들의 생존을 위해 더 열심히 외쳤던 태도와 그 반영인 송가를 다시 비판해야 하는 시편들은 조선족 문학의 또 다른 측면을 환기한다. 시의 행간에서 묻어나오는 자괴감이나 자조 속에서 소수민족이라 더 적극적으로 외쳤던 복창의 그늘을 엿볼 수 있기 때문이다.

> 1
> …그들은 나를 미쳤다고 하였다/그 럴 법도 했다 도리가 있었다/그 ≪미친 년대≫에 ≪미친개≫한테 물렸으니/아니 미쳤다면 도리여 이상하지
>
> 2
> 나는 알고있었다 재난속에서 겪는/나의 고통의 값을, 너의 눈물의 값을/가령 세상에 불행이 없다면/시인을 해 무엇하려?
>
> 3
> 그렇다, 그 세월 나는 고투했다/그래서 나는 늘 개와 동무했다/짖

지도 않고 무는 인간이
　　개보다 낫다고 믿지 않았기에
　　1986. 6. ≪××혁명≫ 20돐

- 조룡남, 「묵상」 전문5)

　　붉은 전파, 붉은 구호, 붉은 책자.../붉은 완장, 붉은 담장, 붉은 거리.../온통 홍색으로 물결치는 세상/온통 홍색폭풍으로 파몰아치는 세상//여기저기에서 치는 소리 패는 소리/간곳마다 부시는 소리 마스는 소리/병원이 박산나고 교실이 부서지고/상점이 가루되고 공원이 쑥밭되고...//오 하느님 맙시사, 하느님 맙시사!/할머니 밤낮으로 기도를 드려오시더니/그 독실한 기도의 령험이였습니까/아니면 하느님의 장난이였습니까/그땐 손자 또한 하루아침에/비판대에 오른 몸이 되였습니다.

- 남영전, 「가시더라도, 가시더라도……」 부분6)

　　「묵상」은 문화대혁명에 복무한 전력에 대한 자아비판이 주를 이루고 있다. 특히 "그 ≪미친 년대≫에 ≪미친개≫한테 물렸으니"라는 구절은 문혁에 대한 중국 정부의 인식을 그대로 반영한다. 그러나 "그렇다, 그 세월 나는 고투했다/그래서 나는 늘 개와 동무했다"는 자조는 그 와중에도 자신의 행동수칙 같은 것을 갖고 있었음을 보여준다. 화자는 비록 "미친 년대"를 "미쳤다"는 말을 들으며 왔지만, 그 시대의 문제를 인식하면서 내심 경계심도 갖고 있었던 것으로 보인다. "짖지도 않고 무는 인간이 개보다 낫다고 믿지 않았기에"라는 구절이 아무도 믿을 수 없는 상황 속의 고독과 고통을 극명하게 보여주기 때문이다. 그런데 "가령 불

---

5) 조룡남, 『그 언덕에 묻고 온 이름』, 연변인민출판사, 1989, p.108.
6) 남영전, 『푸른꿈』, 료녕민족출판사, 1988, pp.48-49.

행이 없다면/시인을 해 무엇하려?"라는 구절은 화자가 시인이기에 그
고통을 견뎌냈을 뿐만 아니라 기록이라는 문학의 역할에 대한 고뇌가
컸음을 환기한다.

「가시더라도, 가시더라도……」 역시 문화대혁명 당시의 상황을 돌
아보며 광기의 "붉은" 시절에 대해 강도 높은 비판을 가하고 있다. 여기
서 "붉은"은 '홍파'나 '홍위병'만 아니라 그들이 휩쓸고 간 뒤의 피비린
내와 끔찍했던 핏빛 기억을 일깨운다. "붉은 전파, 붉은 구호, 붉은 책
자.../붉은 완장, 붉은 담장, 붉은 거리.../온통 홍색으로 물결치는 세상/온
통 홍색폭풍으로 파몰아치는 세상"의 광란과 폭압을 가시적으로 재현
하는 것이다. 이는 만행의 고발과 더불어 가슴에 쌓인 분노와 억울함 등
을 표출함으로써 일종의 자기 정화를 꾀하는 것이라고 하겠다. 모든 사
람을 공범이자 피해자로 만든 광란의 시절을 드러내놓고 말하는 것으
로 자신만 아니라 모두가 같이 입은 상처를 치유하고 앞으로 나아가고
자 하는 것이라고 볼 수 있다.

> 그 누가 곱게 만든 꼭두각시냐/그 누가 쥐고 노는 꼭두각시냐/걷기
> 도 잘하누나 뛰뚝뒤뚝/뛰기도 잘하누나 깡충깡충//목놓아 울고퍼도
> 웃지 못하고/앙천대소 웃고퍼도 울지 못하고/줄에 매여 살아온 꼭두
> 각시/매여삶이 고질이 된 꼭두각시//혈관을 질주하던 피는 엉키고/사
> 색이 약동하던 대뇌는 굳어/시키는 일만 하고 살아온 그대/시키는 말
> 만 하고 늙어온 그대//오, 줄을 매여 살아가는 꼭두각시/줄을 떠나 살
> 수 없는 꼭두각시/어린이들 흥에 겨워 박수를 칠 때/멍든 가슴 부여
> 안고 나는 우노라!

— 정철, 「꼭두각시」 전문[7]

---

7) 정철, 『들장미』, 연변인민출판사, 1990, p.89.

「꼭두각시」도 문혁의 하수인이 되어 살아온 화자가 자신을 냉소적으로 희화하며 자아비판을 하는 작품이다. 화자가 회상하는 "꼭두각시" 시절은 "목놓아 울고퍼도 웃지 못하고/앙천대소 웃고퍼도 울지 못하"는 비참한 모습의 연속이다. 그러는 동안 화자는 "혈관을 질주하던 피는 엉키고/사색이 약동하던 대뇌는 굳어" 오직 "시키는 일만 하고" "시키는 말만 하고 늙어온" 것을 깨닫게 된다. 그렇지만 당시는 누구도 저항하지 못하고 시류를 좇을 수밖에 없었기에 그 전력의 고백과 자아비판은 비단 화자 개인만의 문제가 아닌 공적인 면을 지니기도 하는 것이다. 더욱이 화자가 반추하는 "꼭두각시" 이미지가 중앙이라는 "줄에 매여 살아온" 소수민족의 처지와 비애를 효과적으로 환기한다는 점에서 더 주목을 요하는 표현이 아닐 수 없다.

이렇듯 조선족 시문학은 문혁만이 살 길인 양 찬양하고 마오쩌둥을 칭송하던 시절과 전혀 다른 내용으로 새 시기의 변화에 적응해 간다. 그러나 이러한 시편들도 중앙을 여전히 추종하는 변두리의 한 복창이라는 특성을 내포한다는 것은 간과할 수 없는 사실이다. 문혁에 대한 비판과 반성 역시 중국 정부가 앞서 했기에 가능한 동조이자 시적 변모였던 것이다. 따라서 중국의 국가적 상처이자 개개인의 상처인 문혁에 대한 반성은 지나칠 정도로 적극적인 부응을 보였던 당시의 시에 내포된 소수민족문학의 이면을 겹으로 환기한다. 그때의 송가들이 문혁 광풍에서 살아남기 위한 수단이었듯, 그것의 뒤집기 역시 생존을 위한 선택이라는 점에서는 여전히 "꼭두각시"를 벗어나기 어려운 소수민족의 입장을 보여주기 때문이다.

개방은 중국이 강력하게 장막을 쳐두었던 과거의 금지구역에도 새로운 방식의 접근을 허용하고 변화를 촉발한다. 그런데 조선족 시문학은 당시의 '미친바람'에 마지못해 휩쓸린 정도가 아니라 앞장서서 과도한 충성의 노래를 바쳤던 기억을 갖고 있다. 이제 그 기억들을 아프게 비판할 수밖에 없는 상황에 처한 조선족은 문혁에 복무한 전력을 반성하고 비판하며 새로운 변화에 적응하고자 한다. 맹종과 복창에서 비롯된 상처를 드러내놓고 말함으로써 일종의 시적 치유를 도모하는 것이다. 이렇듯 과거의 행적이나 내면의 상처를 고백하고 반성하는 행위는 새로운 시로 나아가는 하나의 방편이기도 하다. 그렇지만 이러한 시편들조차 중앙 정책에의 적극 동참을 부각하는 인상이 짙은 것은 변방의 소수 민족이라는 조선족의 처지와 조건에서 연유하는 것이라 하겠다.

2) 개인의 재발견과 전경화

개방이 일으킨 또 하나의 변화는 개인에 대한 재발견과 그것의 전경화라고 할 수 있다. 집단을 중시하던 이전의 시에서는 취급조차 않던 개인과 내면성을 시의 전면으로 이끌어내는 계기를 개방이 촉발한 것이다. 이에 따라 개인적인 서정이나 감정, 욕망 등을 드러내는 시편이 부쩍 늘어나며 내면성을 파고드는 시가 느는 것을 볼 수 있다. 특히 눈에 띄는 것은 사랑이나 욕망, 그리움 같은 감정들을 이전보다 훨씬 자유롭게 표출한다는 것이다. 이것들은 문학의 영원하고 보편적인 주제이긴 하지만, 조선족 시가 문화대혁명 때 마오쩌둥이나 당을 향한 송가로 일관했기에 큰 변화에 속하는 것이다. 이렇듯 밖으로만 내닫던 시선들이 자신의 내부로 향하게 되자 "아, 님 없인 못살아/나는 못살아(정철, 「잔교」 부분)"처럼 직접적인 표현을 서슴지 않는 시도 나오고 있다. 개방의 수용이 당과 집단 위주의 세계관에서 점차 개인으로 시세계의 축을 옮기도록 촉발하는 것이다.

아름다움이란/감출수록 신비로운 것//기차게 고운/두눈만 남겨놓

고/검은 스카프로 얼굴을 가린/꿈에 본 아라비아 녀인//유방을/속살
을/남김없이 드러낸/로출의 유혹보다/반가이 안기고픈/사막의 오아
시스/아, 생각할사록 신비로운/검은 스카프//아름다움이란 감출수록
유혹적인 것

– 정철, 「검은 스카프」 전문8)

고독이 지친 베개머리//꿈마차에 실려 끝없이/질주하는 자유의 왕
자다/하늘에서 빨갛게 타다가/노랗게 익어가는 태양//영글린 해살을
꺾어서/깃을 다듬어 엮으니/우주를 선회하는 불씨//은하수강가에서
즐거이 멱감고/월궁계화주 달게 마셨다/항아아씨와 월궁을 노닐고/
오작교에 걸터앉아 금현 뜯는다//별무리 환락의 원무를 추고/선바위
감격의 눈물 훔치고/바다가 취해 통채로 쏟아질번/배가 기우뚱 꽁질
번했다

– 김파, 「술에 취한 시」 부분9)

위의 시 두 편은 제목과 봐도 이전의 시와 확연히 다른 것을 알 수 있
다. 「검은 스카프」는 이국의 여인을 그리워하는 화자를 통해 "아름다
움"에 대한 나름의 모색을 보여준다. 이는 투쟁의 열정과 노력이 가장
아름답다고 외치던 이전의 시와 전혀 다른 양상으로 아름다움 그 자체
에 대한 형상화를 도모한다는 점에서 주목되는 변화다. 특히 "유방을/
속살을"처럼 과감하고 노골적인 표현은 개인의 욕망을 망설임 없이 드
러내는 변화라고 할 수 있다. 이는 시의 제재가 다양해지면서 감정의 표
현 수위가 높아지고 개인의 내밀한 욕망도 자연스럽게 표출하는 등 다
양한 시적 모색을 그대로 보여준다.

---

8) 정철, 앞의 책, p.37.
9) 김파, 『흰 돛』, 흑룡강조선민족출판사, 1986, p.147.

「술에 취한 시」도 혁명을 최우선에 둘 때는 전혀 보이지 않던 제목이다. 사회주의 체제에서는 비판의 표적이 되었을 법한 분방한 제목이고 내용인 것이다. 이성을 잠재우고 감정을 깨우기 쉬운 술에 대한 시 그것도 "술에" "취한" "시"라는 점에서 보면, 엉뚱한 상상이나 걷잡을 수 없는 감정의 표출을 짐작할 만한 제목이기 때문이다. 그만큼 술 자체가 안 보이던 제재거니와 그로 인한 마음의 움직임을 솔직하게 드러내는 것도 이전과 다른 내면성의 모색과 표출이라 하겠다. 이렇듯 개방 이후의 시편들에서는 개인의 내적 욕망에 더 충실한 시적 변모가 지속적으로 나타나는 것을 확인할 수 있다.

한편 개인의 고뇌나 방황도 이전보다 강도 높게 나타나는 것을 볼 수 있다.

14
로빈손은 나를/어디로 데려가는가//나는 거리에서/제 이름을 찾느라고/ 신을 잃었고/잃은 친구를 찾느라고/길을 잃었다//잃어진 신은/어디서 나를 기다려 울고/잃어진 길은/어디서 날 불러 목쉬였느냐//빗물에 축축히 젖은 시장을 지나며/나는 사람들의 얼굴마저/바람처럼 모형없음을 느꼈다

15
저 멀리서/강물이 흘러온다//메마른 삶의 넓은 들에/애들의 환호와 발자국이/새시대의 길을 개척한다/강물을 지켜보던 어른들은/논두렁에 삽을 박는다/두레박에 물을 푼다

– 김정호, 「꿈의 발자취」 부분10)

---

10) 김정호, 『달빛의 언어』, 흑룡강조선민족출판사, 1990, pp.117-118.

위의 시에서 화자는 길 위에서의 방황을 계속 추적하며 자신의 생을 반추한다. 그 반추를 통해 앞으로 나아갈 길을 찾지만 화자는 전처럼 분명한 노선을 찾기가 어려운 상황에 처해 있다. 방향이 명백하게 드러나지 않는 세상을 그것도 급변하는 사회를 개인의 힘으로 온전히 헤쳐가야 하기 때문이다. 따라서 화자는 지금까지 삶을 지탱해온 방식과 너무 다른 변화 앞에 나아갈 길을 놓치고 헤매는 사람들을 대변한다. 사회 현상에서 삶에 이르기까지 모든 것을 당의 은혜로 주입하며 당에서 제시하는 노선만 따르게 했던 이념과 제도가 바뀌면서 개인이 처한 상황이 전면에 부각되는 것이다.

이렇듯 개방이 초래한 시적 변화 중의 하나는 개인의 새로운 발견과 그것의 전경화이다. "그리움이 없다면/세상이 얼마나 무서우랴 (중략) 그리움이 없다면/세상은 얼마나 적막하랴(정몽호, 「그리움」에서)"에서 확인할 수 있듯, 그동안 차단당했던 개인의 재발견과 감정의 자연스러운 표출이 두드러지는 것이다. 개인의 서정이나 사랑, 욕망 등에 대한 주목은 개방의 물결 앞에 고뇌하는 내면의 층위를 다양하게 이끌어내는 계기가 된다. 초보적이긴 하지만 의식의 흐름 같은 기법도 개인의 심층이나 무의식에 대한 접근을 심화하는 방법으로 쓰이는 것을 볼 수 있다. 그동안 집단 중심의 사회체제에서 억압당하고 소외당했던 개인을 새롭게 불러내어 발견하고 조명하는 것이다. 그리고 그것들을 시의 전면에 등장시키며 이전보다 한결 풍성한 내면성의 추구가 일어나는 것이다. 이렇듯 개방의 수용은 좀더 늘어난 표현의 자유로 개인의 재발견과 전경화를 이끌어내며 조선족 시문학의 다양성을 확보하는 계기가 된다.

3) 개방의 후유증과 갈등

개방은 자본주의의 도입과 함께 현대화의 추구로 경제 발전을 최우선에 두는 정책이었다. 따라서 지금까지 엄금해온 자본주의의 도입은 중국 사회의 지축을 흔드는 변화를 야기하게 된다. 조선족 사회에도 그로 인한 변화가 급격히 진행되면서 개인의 삶에도 다양한 문제들이 나타나고 있다. 특히 변화에 적응하지 못 하는 사람들은 이전과 너무 다른 상황 속에서 감당할 수 없는 갈등과 후유증에 시달리는 것을 볼 수 있다. 익숙한 공산주의 체제를 버리고 공적으로 치부하던 자본주의를 받아들이기도 어렵거니와 급격한 전환 과정에서 경제에 대한 학습을 제대로 할 수 없었던 것이다.

> 다래끼안에서/불쌍한 넋이 발버둥치다//현란한 유혹에 속지만 않았던들/속아서 덥석 물지만 않았던들/세상에 둘도 없는 목숨보다 귀중한/자유를 빼앗기진 않았을걸//장한 듯이/보란 듯이/한 입에 꼴깍 삼킨/구수함에 잃은 호흡/망친 한평생//오염 가신 복지라고/꼬리치며 찾아온/그때는 왜 몰랐던가/낚시군이 있을줄을 노리고 있을줄을//때늦은 뉘우침에/엉키는 탄식/샘영의 마지막 울부짖음마저/목에 걸려 뱉을수없는 삼킬수없는//오, 다래끼안에서/허황한 꿈이 굳어져가다

– 정철, 「물고기」 전문[11]

위 시의 화자는 "다래끼안에서/ 허황한 꿈이 굳어져가"는 물고기로 빗대어 자신의 신세를 자조하고 있다. 그것은 "현란한 유혹에 속"아 무엇인가를 "덥석 물"었기 때문에 자초한 위기로 그려진다. 그런데 여기서 주목을 더 끄는 것은 "오염 가신 복지라고/ 꼬리치며 찾아온" 것의 실

---

11) 정철, 앞의 책, pp.161-163.

체라고 하겠다. 그것이 자본주의의 한 암시라면, "때늦은 뉘우침"이나 "샘영의 마지막 울부짖음마저/ 목에 걸려 뱉을수없는 삼킬수없는" 절박한 상황을 통해 그 "유혹"이야말로 덫이었음을 환기하기 때문이다. 이는 급변하는 사회에 적응하지 못 하고 변화 속도를 따라잡지 못하는 입장에서는 개방이 이전보다 삶을 더 어렵게 만들고 있음을 극명하게 보여준다. 따라서 물릴 수도 없고 안 따를 수도 없는 상황에 간힌 물고기는 급변하는 현실에 적응 못하는 자신에 대한 우울한 풍자이자 비판이다. 이를 통해 시인은 개방으로 인해 일어나기 시작한 인간의 소외와 부조리한 사회상을 제시하고 있다.

> 아빠트, 아스팔트, 현대화/부지깽이없이 밥짓고/빨래방치없이 옷 씻고/은은한 록음기/번쩍이는 텔레비/명멸하는 오색네온등…/유혹의 자기마당인양 그대를 휩싸건만/아기자기 새살림 불처럼 일굴 대신/그대는 내 가슴에/품은 뜻 더 중히 여겼네

– 남영전, 「보랏빛수건」 부분[12]

> 무늬 고운 하얀 벽지/사방에서 나를 옥죄인다/무늬 고운 하얀 카텐에/가리워진 창마저 나를 외면한다//텅 빈 내 머릿속에도/오직 쿵쿵/죽지 않은 심장이 생명을 절구질하는/빈방//나는 홀로/ 빈방에 앉아 있다/문만 나서면/북적북적 끓는 바깥세상/잘살아보겠다고 아글타글 비지땀을 흘리는 세상/돈냥이나 있다고 흥청망청 마셔대는 세상/나와는 인연이 없다/맺기도 싫다//자꾸만 팽창하는/소외감…/무능감…//나는 홀로/빈방에 앉아있다/오직 똑딱똑딱/벽시계가 공허를 절구질하는

– 정철, 「빈 방」 부분[13]

---

12) 남영전, 앞의 책, p.75.
13) 정철, 앞의 책, p.185.

「보랏빛수건」은 중국이 개방과 함께 강력하게 추진했던 현대화에 대한 성찰을 담고 있다. 시에서 화자가 현대화의 한 지표로 제시하는 "아파트, 아스팔트, 현대화" 속에서 "번쩍이는 텔레비/명멸하는 오색네온등…"은 별로 긍정적인 의미를 지니지 않는다. 그렇지만 그것들은 마치 "유혹의 자기마당인양 그대를 휩싸"는 중이고 그 힘은 지금까지 자신의 삶을 유지해온 것보다 훨씬 강력하게 보인다. 그럼에도 불구하고 "그대는 내 가슴에/품은 뜻"을 "더 중히 여"긴다고 애써 위안하는 화자의 확인은 물질주의로 변하는 인심의 단면을 보여준다. 이를 의식하고 강조하는 화자의 행위 자체가 이미 그 지표들이 막강한 영향력을 확보했다는 반증이기 때문이다.

「빈 방」역시 자본주의에서 밀려나 세상을 비판적으로 바라보는 화자를 통해 개방에 따른 갈등을 그리고 있다. 화자는 "돈냥이나 있다고 흥청망청 마셔대는 세상"이 싫어 "나와는 인연이 없다/맺기도 싫다"는 극단적인 태도를 취하며 자신만의 세계 속으로 고립되어간다. 그러나 그 속에서 위안을 받기는커녕 "자꾸만 팽창하는/소외감…/무능감…"에서 빠져 나올 수가 없는 처지다. 이렇게 극도로 위축된 화자의 모습은 자본주의의 수레바퀴에 따라 굴러가는 세상의 대열에 못 끼는 낙오자의 모습을 환기한다. 변화에 맞춰 가지 못 하는 사람은 결국 "홀로/빈 방에 앉아있"을 수밖에 없는 신세가 되는 것이다. 소외와 무능을 곱씹는 화자가 "잘살아보겠다고 아글타글 비지땀을 흘리는 세상"의 일원으로 나아가기엔 사회 변화의 폭이 너무 크고 급격했던 것이다.

이렇듯 자본주의 체제의 도입 이후에는 개인의 생활 차를 드러내는 시가 종종 나타나고 있다. 공산주의의 평등 분배 이념과 전혀 다른 이윤 중심의 자본주의가 개인 사이의 빈부 차를 심화시키며 갈등을 야기하는 것이다. 이 체제에 적응하지 못 하고 변화상을 견디기 힘든 시의 화자들은 점점 심화되는 사람들 사이의 내적 갈등을 대변한다. 그리고 개방 정책에 따른 현대화 정책 역시 도시화로 이어지면서 이에 적응하기 어려운 사람들에게는 갈등을 만드는 요인으로 작용한다. 집단 위주 사회의 공동체 문화가 아니라 개인 중심의 생활로 바뀌면서 도시 속에 버려진 듯한 개인의 고독과 소외가 심각하게 대두되는 것이다. 또 갈수록 심해지는 물질주의를 그리는 시편들은 자본주의 체제에 내포되어 있는 다양한 병폐가 앞으로 양산될 수 있음을 암시한다. 이렇듯 변화의 속도를 따라가지 못 하는 입장에서 맞이한 개방은 더 많은 스트레스와 갈등의 요인이 됨을 보여주고 있다.

3. 개방에 따른 혼성성의 양상

개방은 그동안 중국 사회를 유지해온 체제의 전환이라는 의미를 지닌다. 물론 중화인민공화국 출범 이후 견지해온 사회주의 체제를 완전히 버린 것은 아니지만 점차적으로 도입한 자본주의가 중국 사회의 이념적 근간을 바꾸게 된 것이다. 현실적 필요에 따라 공산주의에 자본주의를, 사회주의에 민주주의를 섞는 방식은 중국식 사회주의적 자본주의라는 체제를 가동시킨다. 이는 일종의 순혈주의에서 혼혈주의로 전환하는 사회 전반의 변화이므로 문화의 섞임 또한 활발히 일어나게 된다.

이러한 변화가 조선족 사회에 영향을 미치면서 두드러지는 것 중의 하나가 혼성성이라고 할 수 있다. 그것이 호미 바바가 말하는 혼성성[14]

---

14) 바바가 말하는 혼성성(hybridity)은 식민지 권력, 그 변환의 힘과 고착성에 포함된 생산성의 기호로, 부인을 통한 지배의 과정을 전략적으로 역전시키기 위한 명칭이다. 또한 혼성성은 식민지 권력의 모방적이고 나르시즘적인 해체를 요구하고,

즉 부인을 통한 지배의 과정을 전략적으로 역전시키거나 동일화 과정
을 전복의 전략 속에 재연루시켜서 권력의 시선 위에 응시를 되돌리는
등의 개념과 일치한다고 할 수는 없다. 비록 조선족이 중국이라는 거대
중앙의 지배를 받는 소수민족이긴 하지만 바바의 탈식민이론에 그대로
적용되는 식민 지배 상태가 아닐 뿐만 아니라 그들 스스로도 모방이나
혼성성을 저항의 전략으로 삼는 게 아니기 때문이다. 그렇지만 물질적·
문화적 '차이'의 반작용에 의해 그 동일성의 지배가 '연기'되며 그 같은
분열의 틈새에 혼성성으로서 새로운 문화적 생성이 틈입한다는[15] 측면
에서 보면, 조선족 사회에 점증하는 혼성성의 영향을 다시 볼 수 있을
것이다. 개방이 야기하는 혼란과 분열의 틈에 생기는 변화도 일종의 혼
성성이라면, 그것이 조선족의 새로운 정체성 형성에 상당 부분 영향을
미친 것으로 생각되기 때문이다.

　그런데 이 무렵에도 중국은 개방이 초래할 문화적 충격에 대비하여
나름의 방책을 강구한 것으로 보인다. 서방 문화의 잠식에 대한 경계와
함께 소수민족 포용에 각별히 신경 쓰는 정책을 폈기 때문이다. 그것은
한족 중심의 대한족주의와 소수민족 중심의 지방 민족주의인 兩種主義
극복을 강조한 데서도 엿볼 수 있다.[16] 대한족주의에 기반을 둔 민족 차
별은 민족평등을 도모한 사회주의에서도 극복하지 못한 난제인데, 개
방 이후 대국의 위상이 흔들릴 것에 대비하여 양종주의 극복을 더욱 강
조하고 나선 것이다. 그렇지만 이러한 정책 역시 주변의 군소 국가와 민
족들을 합병하고 자신의 문화에 융합해온 중앙으로서의 대국 전통의

그 동일화과정을 전복의 전략 속에 재연루시켜서, 권력의 시선 위에 차별자의
응시를 되돌리는 것이라고 한다.(Homi K. Bhabha, 나병철 옮김, 『문화의 위치』,
소명출판, 2005, pp.225-226.)
15) 나병철, 『탈식민주의와 근대문학』, 문예출판사, 2004, p.129.
16) 조정남, 『현대중국의 민족정책』, 한국학술정보, 2006, p.113.

강화이자 중화사상의 확장이라고 할 수 있을 것이다. 이는 "개혁 및 개방 노선이 놀랄 만한 성공을 거두었음을 실증해주는 경제성장률(1978년~2004년까지 9%)을 바탕으로 한 강대국화를 진행 중"[17]이라는 최근의 연구에서도 확인되는 바, 중국의 뿌리 깊은 중화사상에 다름 아닌 것이다.

이러한 중국이라는 거대 중심의 틀 안에서 소수민족문학의 입지를 만들어온 조선족은 개방 후에도 자신들의 기조를 여전히 유지한다. 그러나 개방으로 가중되는 사회 전반의 혼성적인 변화에 적응하지 못하고 당혹스러워하는 모습도 점차 많이 드러나는 것을 볼 수 있다.

> 차마 눈을 뜨고 볼수 없다/차마 귀를 가지고 들을수 없다//술상우
> 에서/권력이 오고간다//
> 끝내 끝내/당성이 강간당한다.

— 정몽호, 「술상에서」 전문[18]

> 이런 생각 저런 생각/옹배기에 버무려넣고/장국을 끓인다/부글부
> 글 사색을 끓인다//공자왈 맹자왈도 부글부글/싸르트 프레이드도 부
> 글부글/청산도 부글부글/록수도 부글부글//그래도 생고추를/썰어넣
> 어야 제맛이지/군침이 넘어가는/구수한 냄새-//순결을 자랑하는/즐겨
> 드는 오가잡탕/장국을 끓인다/부글부글 넋을 끓인다

— 정철, 「장국」 전문[19]

「술상에서」의 화자는 개방 후의 급변하는 현실과 그 흐름에서 뒤처

---

17) 정재호, 「'강대국화'의 조건과 중국의 부상」, 『중국의 민족·변강문제 연구동향』, 고구려연구재단 편, 고구려연구재단, 2005, p.12.
18) 정몽호, 『두만강의 아들』, 흑룡강조선민족출판사, 1989, p.47.
19) 정철, 앞의 책, p.188.

진 채 혼란스러워하는 모습을 보여준다. 전에는 상상도 못할 일이 "술상우에서" 일어나는가 하면 "끝내 끝내/당성이 강간당"하는 현실이 되었지만, 그는 개탄밖에는 대응 방법이 딱히 없는 입장인 것이다. 따라서 그것을 "차마 눈을 뜨고 볼 수 없"는 화자는 새로운 변화에 적응하기 어려운 사람들의 심중을 대변하는 동시에 가중되고 있는 혼성화의 이면을 보여준다.

「장국」의 화자는 "공자왈 맹자왈", "사르트 프레이드도" 모두 부글부글 끓이는 상상을 거듭하고 있다. 동서고금의 혼성화를 통해 변하는 세상을 넘어가고자 나름의 방법을 찾는 것이다. 이는 정부에서 제시하는 노선만 따르던 시절과 달리 사회의 이념적 근간이 흔들리는 와중에 자신의 지향마저 잃게 된 사람들의 방황을 암시한다. 혼성화로 치닫는 사회 변화를 수용하기 위해 애쓰는 모습에서 개방 이전에는 안 보이던 사회 부적응의 어려움이 자주 드러나는 것이다.

이러한 혼란과 부적응에는 자본주의라는 체제 도입이 가장 큰 요인으로 작용하고 있다. 얼마 전까지만 해도 공공의 적이자 타도 대상이던 자본주의로의 체제 전환이 감당하기 어려운 사람들의 혼란을 유발하는 것이다.

> 수정주의로선 짓부시며/당의 기본로선을 목숨으로 수호해가는 우리/전투의 포성 드높이/계속혁명 진지에서 싸워가노라!/의연히 자본주의길로 나아가는 집권파 향해/천만발 ≪중형포탄≫ 들씌워가노라!
>
> — 리두송, 「영원히 울려가라, 전투의 포성!」 부분[20]

---

20) 허흥식 외, 『높은 봉에 오르노라』, 연변인민출판사, 1977, p.105.

아하, 그것이리라 그것이/가난을 밑천으로 삼고/돈이라면 자산계
급부터 생각하던/어제날의 그 습성 때문에//손바닥만한 스피카를 달
고도/오하하 할미꽃 피우던 우리 집/인제는 ≪흑백≫도 성차지 않아/
≪천연색≫을 찾는 욕심이다//기와집 짓고도 성차지 않아/현대화 2
층을 지으련다/설계도 그려들고/뛰여다니는 승백이다//그래서야 될
가 그래서야/두쌍의 밭을 부치면서도/돈을 쓰고 다니는 수달을 길러
서야/은붙이를 번쩍이는 잉어를 길러서야//그래서야 될가 그래서야/
오토바이를 타고 밭에 나가고/안락의자에 몸을 맡기고서/주산알을
튕겨서야

— 박철준, 「잠들 수 없는 밤에」 부분21)

위의 시들은 중국에서 자본주의가 어떻게 인식되고 수용되어 가는지
그 변화상을 가감 없이 보여준다. 「영원히 울려가라, 전투의 포성!」에서
"자본주의길로 나아가는 집권파 향해/천만발 ≪중형포탄≫ 들씌워가
노라!"는 민중의 직설적이고 살벌한 구호는 자본주의적 요소만 보여도
엄혹한 벌을 가하던 시절을 적나라하게 보여준다. 그런데 그렇게 철저
하게 매도했던 자본주의를 이제 수용해야 할 뿐만 아니라 자신들이 이
전에 내세웠던 주장과 신념을 완전히 뒤집어야 하는 사회가 된 것이다.
「잠들 수 없는 밤에」의 화자는 거대한 흐름을 수용할 수밖에 없는 시
대의 번민을 보여준다. 또한 이전의 사고방식에 젖어 있어 새로운 사회
변화에 적응하기 어려운 사람들의 입장을 대변한다. 그토록 매도하던
자본주의와 문명의 편의성을 탐하게 된 세상이 못마땅한 화자는 불편
한 심기를 드러내며 세태에 비판적인 태도를 취한다. "인제는 ≪흑백≫
도 성차지 않아/≪천연색≫을 찾는 욕심"이 늘더니 급기야는 "오토바
이를 타고 밭에 나가"는 데까지 이른 사태를 받아들이기 어려운 것이다.

---

21) 박철준, 『수양버들』, 흑룡강조선민족출판사, 1987, pp.10-11.

그러나 "안락의자에 몸을 맡기고서/ 주산알을 튕겨서야" 되느냐는 개탄
은 그만큼 돈의 힘을 믿는 세상이 되었다는 반증이라고 하겠다. 이렇듯
문명의 편의와 이익을 좇는 사람들의 생활상은 자본주의 체제의 수용
이 야기하는 개방 이후의 변화를 여실히 반영한다.

그렇지만 그동안 믿고 따른 이념이나 신념을 바꾼다는 게 힘든 노릇
임은 도처에서 나타난다. 그것이 어떤 개인에게는 삶의 좌표를 다시 조
정해야 하는 일이기 때문이다.

> 한흡의 꿀 빚기 위해 이 미물은/만송이 꽃속을 넘나들었고/적도를
> 한바퀴 에도는/놀라운 먼 로정 날았다//노상 지친 몸에 무거운 짐 업
> 고지고/힘겹게 기우뚱 날아돌아왔다/피나무꽃 피는 분망한 계절이
> 면/ 달밤에도 나가 ≪대회전≫은 벌렸다//얼마나 많은 전우들이 기진
> 맥진해/이 채밀의 길에 쓰러진채/다시는 영영 돌아오지 못했던가/≪
> 오, 눈물같이 흐르는 이 세상 꿀이여!≫//세상의 근로한자 모두 검박
> 하듯/꿀벌은 검박했다 마음 착했다/왕벌젖은 왕벌에게 효성 다해 공
> 양하고/희멀끔한 꿀물로 끼니를 에웠다//그는 너무 순결했다/너무 순
> 결한탓에 또 무지했다/그는 너무 천진했다/너무 천진한탓에 또 맹목
> 이였다//허나 세상은 험악했고/생활은 복잡했다/운명은 처처에 함정
> 을 팠으니/추구와 열정만으로 어찌 살랴?//수림우에 보름달이 대작처
> 럼 밝았다/귀 기울이면 어디선가/그 반가운 붕붕소리 들려올 것 같았
> 건만/사위는 잠잠 기척이 없었다//그는 죽었다 화밀 가득 짊어진채/
> 추구의 길 ≪다 못가고≫ 쓰러졌다/그가 없는 세상은 의연히 존재했
> 고/풀벌레들은 살아서 노래부르고 있다

> — 조룡남, 「꿀벌의 죽음」(1988. 7-11) 부분[22]

「꿀벌의 죽음」은 노동을 신성시했던 체제가 변함에 따라 급격히 변

---

22) 조룡남, 앞의 책, pp.194-195.

하는 세상을 비판적으로 그리고 있다. 시에서 "꿀벌"은 노동의 가치와 공산주의 이념을 믿고 따랐던 노동자 집단의 은유이다. 그들은 자본주의 체제의 도입에 따라 본래의 신념과 지향을 잃을 수밖에 없는 암담한 현실에 처해 있다. 오직 노동만으로도 기꺼이 "검박"하게 살며 "왕벌에게 효성 다해 공양하"던 꿀벌의 존재 가치가 이제는 비참한 상황에 놓인 것이다. 이러한 "꿀벌"의 모습은 사회주의 체제에 헌신했던 노동자 집단만 아니라 중화인민공화국의 한 변두리에서 중앙에 헌신했던 소수민족의 삶을 겹쳐 읽게 한다.

그런데 그들은 자신이 처해 있는 혼돈과 불안이 증폭되는 상황을 헤쳐가기엔 힘이 달려 보인다. 이전의 생활이 "무지"와 "천진"과 "맹목"이었음을 깨닫지만, 갈수록 "세상은 험악"하고 "생활은 복잡"하기 때문이다. "추구와 열정만으로 어찌 살랴?"는 화자의 탄식처럼, 노동자들은 이제 "화밀 가득 짊어진채/추구의 길 ≪다 못가고≫ 쓰러"진 존재에 불과한 것이다. 그런데도 "그가 없는 세상은 의연히 존재"할 분만 아니라 "풀벌레들은 살아서 노래부르"는 현실이 되었으니, 대다수 노동자들은 전망이 불투명할 수밖에 없다. 당을 충실히 따르기만 해도 기본적인 삶과 평등을 보장하던 사회가 변한 이상, 그 변화에 적응하지 못한 채 지향마저 잃은 것이다. 이러한 현실은 중앙을 충실히 따르는 것만으로도 생존을 보장받던 소수민족이 급변하는 시대 흐름에 대처하기 어려운 상황을 짐작케 한다.

개방의 영향에 따른 혼성적 측면은 시어에서도 확연히 드러나고 있다. 개방 전에는 보이지 않던 서양 철학자 이름이 시에 등장하는가 하면 영어식 표현도 부쩍 늘어나는 것이다. 문혁 때까지만 해도 소련식 표현이나 '쓰딸린, 레닌, 맑스, 뜨락또르' 같은 용어가 많았지만, 이 시기에 오면 '키스, 로맨스, 아빠트, 아스팔트' 등 영어의 영향에 따른 표현이 더 많이 등장하는 것을 볼 수 있다. 여기에는 물론 1989년 소련 해체의 영향도 있겠지만, 개방 후에 빈번해진 한국 방문이나 서구 문물 유입이 언어의 혼성화를 가속화한 것으로 보인다. 개방에 따라 이전의 경직된 사고나 영어에 대한 편견에서 벗어나고 현대화의 한 상징처럼 영어 표현들이 시에 많이 침투하면서 시어도 더 다양하게 뒤섞이는 것이다.

이렇듯 개방 정책의 수용 이후 조선족 시문학은 다양한 변화가 뒤섞이는 혼성성을 보여준다. 개방이 자본주의 체제 도입과 서방 문화 유입으로 이어지면서 문화 혼종을 촉발하고 변화를 급격히 진행시킨 것이다. 시대의 패러다임이 바뀌는 거대한 변화 앞에서 조선족은 이전과 마찬가지로 중앙에서 제시하는 정책을 적극적으로 수용하고 시문학에도 그것을 그대로 투영하고 있다. 개방의 수용과 반영으로 시의 주제나 제재 그리고 시어에 이르기까지 다양한 변화가 일어나고 시의 외연 확장으로 이어지는 것이다. 개방에 따른 혼성성이 가중되면서 시문학에도 일종의 지각 변동을 추동하는 것이다.

대부분의 시는 이러한 변화를 긍정적으로 반영하거나 표면에 드러난 현상을 그대로 전달하고 있다. 그러나 변화를 미처 따라잡지 못한 채 혼란스러워하는 이면의 또 다른 자아도 종종 드러나는 것을 볼 수 있다. 이는 그동안 삶의 지표였던 가치관이나 세계관의 혼돈을 야기하는 변화를 감당하기 힘든 사람이 늘어나는 데서 연유한다. 이 역시 중앙의 정책 변화에 따라 나타나는 것이긴 하지만, 주입된 그대로 복창하는 이전의 시와는 다른 측면을 지니는 게 개방 이후의 시편들이라고 하겠다. 이전보다 문화적 혼성성이 더 많아진 것은 당연한 변화고, 그로 인한 영향도 주어진 대로가 아니라 자신의 시각에서 바라본 것을 그리고 있다는 점에서 시적 진전을 이뤘다고 할 수 있을 것이다.

조선족 문학은 본래 조선적인 문화에 중국적 가치를 섞거나 덧입힌 것이라고 할 수 있다. 그렇게 보면 조선족 시문학이란 당초부터 혼성성을 지닐 수밖에 없는 여건을 갖고 있다. 그런 특성 위에 개방 이후 유입된 서구적 가치나 문화가 섞여 들게 되면서 혼성성이 더욱 두드러지게 되는 것이다. 그러나 문화의 본래적인 유동성·잡종성·복수성이라는 특성 즉 고정적이고 순수한 문화 따위란 실제로 존재할 수 없다[23]고 보면, 이러한 혼성성이야말로 문화를 키워가는 주요 동력이라고 할 수 있을 것이다. 그리고 그것이 사회 전반의 역동적인 에너지로 작용하면서 각 문화 속에 스며들어 새로운 문화를 창출하는 데 기여하게 된다. 따라서 중국 내의 조선족은 개방 이후 점증하는 혼성성을 바탕으로 더 유동적이고 잡종적인 문화를 창출하는 동시에 자신의 문화에 더 독특한 개성을 부여할 가능성이 높아졌다고 볼 수도 있을 것이다.

4. 맺음말

조선족의 개방 수용은 중국이 주입한 세계관을 근간으로 했던 시에도 큰 변화를 초래했다. 개방에 따른 문화 충격과 혼성성이 시의 주제와 제재 그리고 기법의 다양성과 함께 시세계의 변모를 추동한 것이다. 이를 압축하면, 먼저 문화대혁명에 대한 반성과 비판으로 시적 치유를 통한 변모라는 의미가 있다. 집단 위주의 가치관에서 벗어나 억압당했던 개인의 내면을 재발견하고 전경화한 것도 변모의 중요한 측면이다. 또 개방이 야기한 후유증과 갈등의 표면화도 주목되는 변화로 이에 따른 소외나 미래에 대한 불안 등의 묘사는 특히 이전과 다른 시적 깊이를 아우르고 있다. 이러한 변화를 추동한 개방은 조선족 사회의 근간을 흔드

---

23) 니시카와 나가오, 『국민이라는 괴물』, 윤대석 옮김, 소명출판, 2002, p.141.

는 한편 혼성성을 가중하여 시에 지속적인 지각변동을 일으킬 것으로 보인다.

조선족 시문학의 변모는 중국 정부의 정책에 발 빠르게 대처해온 그들의 생존 방식을 다시 한번 환기한다. 거대 중앙의 변두리에서도 자신의 입지와 정체성을 잃지 않는 조선족이 낙후상태를 면치 못하는 일부 소수민족보다 안정된 생활을 유지하는 것도 그것과 관련이 깊기 때문이다. 그런데 복창이 사라질 법한 개방 이후에도 중앙의 정책 받아쓰기가 많은 시편에서 여전히 나타나는 것을 볼 수 있다. 이는 중앙의 영향력에서 완전히 벗어날 수 없는 변두리 소수민족의 처지를 환기하는 동시에 그런 방식으로라도 나름의 독자성을 고수하는 그들의 문화적 저력을 돌아보게 한다. 이것이 그들의 생존 방식이라면 앞으로의 시세계도 중국 내 소수민족문학으로서의 공존이라는 틀 안에서만 변모가 가능할 것이다.

그런 와중에도 나름의 문화적 고유성을 지켜가는 조선족 시문학은 중요한 의미를 지닌다. 중화사상으로 전통을 다져온 대국 안의 소수민족문학으로서 자신의 색깔을 견지하는 것이야말로 세계화의 시대에 더 고민해야 할 문화적 정체성이자 독자성이기 때문이다. 그리고 이러한 측면에서 주목할 것은 거대 중앙에 흡수당하지 않고 변두리에서 자신의 언어와 문화를 지키는 조선족문학의 탈식민적 가능성이라고 하겠다. 급격한 문화 혼종이나 거대문화의 틈에서 소멸할 우려가 높은 소수민족문화의 공존과 독자성을 보여주기 때문이다.

참고문헌

고구려연구재단 편, 『중국의 민족·변강문제 연구동향』, 고구려연구재단, 2005.

고부응, 『초민족 시대의 민족 정체성-식민주의·탈식민이론·민족』, 문학과지성사, 2002.

김파, 『흰 돛』, 흑룡강조선민족출판사, 1986.

김승찬 외, 『중국 조선족 문학의 전통과 변혁』, 부산대학교 출판부, 1997.

김시준, 『중국 당대문학사』, 소명출판, 2005.

김정호, 『달빛의 언어』, 흑룡강조선민족출판사, 1990.

나병철, 『탈식민주의와 근대문학』, 문예출판사, 2004.

남영전, 『푸른꿈』, 료녕민족출판사, 1988.

박철준, 『수양버들』, 흑룡강조선민족출판사, 1987.

정철, 『들장미』, 연변인민출판사, 1990.

정덕준 외, 『중국조선족문학의 어제와 오늘』, 푸른사상, 1997.

정몽호, 『두만강의 아들』, 흑룡강조선민족출판사, 1989.

조룡남, 『그 언덕에 묻고 온 이름』, 연변인민출판사, 1989.

조성일·권철 외, 『중국 조선족 문학 통사』, 이회문화사, 1997.

조정남, 『현대중국의 민족정책』, 한국학술정보, 2006.

허홍식 외, 『높은 봉에 오르노라』, 연변인민출판사, 1977.

니시카와 나가오, 『국민이라는 괴물』, 윤대석 옮김, 소명출판, 2002.

모리스 마이스너, 『마오의 중국과 그 이후 2』, 김수영 역, 이산, 2004.

Bhabha, H. K., 『문화의 위치』, 나병철 옮김, 소명출판, 2005.

Chris, H., 『민족문제의 재등장』, 배일룡 옮김, 책갈피, 2001.

Cosmo, N. D., 『오랑캐의 탄생』, 이재정 옮김, 황금가지, 2005.

Childs, P.·Williams, P., 『탈식민주의 이론』, 김문환 옮김, 문예출판사, 2004.

남·북한과 중국 조선족의 한국 전쟁시 비교

－ 이데올로기적 대응 양상을 중심으로 －

윤 의 섭

목 차

1. 한국 전쟁에 대한 남 · 북한과 중국 조선족의 인식

1950년 6월 25일 발발한 한국 전쟁은 남한과 북한뿐만이 아니라 재외 동포에게도 치유할 수 없는 상처와 과제를 남긴 역사적 사건이다. 재외 동포 중에서 특히 중국 조선족은 지리적 인접성과 함께 중화인민공화국과 북한과의 관계에 의해 한국 전쟁과 가장 밀접한 관련성을 맺고 있다고 할 수 있다. 이는 한국 전쟁에 참전한 중국 조선족의 수가 7만 5천에서 8만여 명에 이른다는 점에서도 알 수 있다.[1] 그만큼 중국 조선족은 우리의 현대 역사에 깊이 개입하고 있으며 이러한 과정을 통해 현재에 이르고 있는 것이다. 그런데 우리는 통일 시대를 대비하고, 통일 문학에 대한 새로운 통합적·포괄적 관점이 요구되고 있는 상황에서 서로 극단적으로 상반된 이데올로기적 인식을 갖고 있었다고 여겨지는 한국 전쟁의 대립적 양상을 보다 객관적인 시각으로 조명할 필요가 있다.

이는 우리가 중국 조선족의 시를 통해 한국 전쟁에 대한 그들의 인식을 살펴보고 이를 남·북한을 포함한 한국 전쟁시[2]와 비교하고자 하는 이유이기도 하다. 우리는 이들 시에 나타난 이데올로기적 대응 양상의 차이를 부각시키기보다는 각각의 특징을 객관적으로 일별하고, 이를 통해 한국 전쟁이라는 역사적 사건에 대한 한민족의 인식을 보다 분명히 이해하는 데에 중점을 두어야 할 것이다. 한국 전쟁시에서 목도되는 역사적·정치적 대립 구도에 대한 이해는 남·북한과 재외 동포로 구성되는 한민족의 정체성 파악과 정신적 연대감 형성의 과정에서 반드시 필요한 것이다.

이러한 전제를 바탕으로 본고는 먼저 한국 전쟁에 대한 남·북한과 중국 조선족의 인식이 어떠한지를 살펴보고자 한다. 특히 중국 조선족의 경우 한국 전쟁시 외에도 여타 자료를 통해 한국 전쟁에 대한 그들의 생각을 알아볼 것이다. 특히 본고가 남한만이 아니라 북한의 한국 전쟁에 대한 인식도 함께 살펴보고자 하는 것은 중국 조선족의 그것이 남한과는 분명히 차이를 드러내지만 북한의 그것과도 어떤 면에서는 차이를

---

1) 염인호, 「해방 직후 延邊 조선인 사회의 변동과 6·25전쟁-군중 대회·운동 분석을 통하여」, 『한국근현대사연구』20집, 한국근현대사학회, 2002.3, p.293.

2) 본고에서 다루고자 하는 한국 전쟁시는 한국 전쟁을 소재로 하여 전쟁기간과 전쟁 직후인 1950년대 중반까지 쓰인 시를 대상으로 한다. 물론 이 시기 이후에도 한국 전쟁과 관련한 시가 창작되고 있으나 본고에서는 1950년대의 시가 전쟁에 대한 극단적 인식을 직접적이고도 첨예하게 보여주고 있다고 본다.

드러내고 있음을 밝히기 위함이다.

북한의 남침으로 시작된 한국 전쟁은 초기에는 남한과 북한의 대립이었으나 곧바로 미군과 중공의 참전으로 인해 유엔군과 공산군의 대립 구도로 바뀌었다. 따라서 전쟁 초기에는 내전이었으나 이후 국제전의 양상을 갖게 된다.3) 전쟁의 초기 성격은 북한의 입장에선 공산주의화 통일을 위한 국내 혁명전이었으며 남한의 입장에서는 조국과 민주공화주의를 지키기 위한 방어 전쟁이었다.4) 그리고 이후에는 민주주의와 공산주의의 국제적 대립으로 전환되어 결국 미국·유엔과 중국·소련의 대립으로까지 전쟁 주체가 확대되었다. 이러한 전쟁의 성격은 남한, 북한, 중국 조선족의 전쟁에 대한 인식의 차이를 형성한다.

'동족상잔'이라는 표현에서도 알 수 있듯이 남한의 경우는 대체로 모랄적 차원에서 한국 전쟁을 인식하고 있었다.5) 북한의 선제공격에 의한 피해자 의식과 책임 전가 의식이 바탕을 이루었고 북한과는 또 다른 당위성과 정당성을 갖고 있었다. 이는 전쟁시에서도 나타나는 양상이다. 전쟁 발발 즉시 '전국문화단체총연합회'가 조직한 '비상국민선전대'를 거쳐 다시 조직된 '문총구국대'의 문인들을 보면 알 수 있듯이 남한의 한국 전쟁시는 보수우익 문인들에 의해 씌어지고 있다.6) 이들의 시는

---

3) 오세영, 「6·25와 한국 전쟁시 연구」, 『한국문화』13집, 한국문화, 1992.12, p.240.
4) 북한의 공산주의에 맞선 당시 남한의 민주공화주의는 국가사회주의와 자본주의 시장경제체제를 동시에 지양한 균평균등주의의 성격을 갖고 있었다. 즉 민주공화주의는 민주주의와 공화주의의 결합으로 탄생된 정치적·헌법적 이념적 가치체계로서 시민의 자기지배, 즉 자치를 전제로 공동체에 평등하게 참여하고 권리를 향유하는 체제이다.(서희경·박명림, 「민주공화주의와 대한민국 헌법 이념의 형성」, 『정신문화연구』106호, 한국학중앙연구원, 2007.3, p.107) 이러한 이념적 체제는 한국 전쟁에 있어서 북한의 공산주의는 배격 대상이며 동시에 자치권을 지키는 조국수호 전쟁이라는 인식을 갖게 하는데 토대가 되었다고 볼 수 있다.
5) 홍용희, 「한국전쟁기, 남·북한의 시적 대응 비교 고찰」, 『인문학연구』2호, 경희대 인문학연구소, 1998.12, p.135.
6) '문총구국대'의 문인은 다음과 같다. 김송, 이한직, 박목월, 구상, 이정호, 박화목,

이데올로기적 우월함과 북한의 침략으로부터 자유와 평화를 수호해야 한다는 사명감과 정당성을 주장하는 경우가 많았다.[7] 이는 공산주의에 대한 강한 적개심과 민주주의의 승리를 확신하는 등의 전쟁에 대한 이데올로기적 인식을 보여준다.

북한 역시 20여명이 종군작가단을 구성하여 전투 현장의 생생한 체험을 바탕으로 작품을 창작하였다.[8] 이들은 전쟁시 창작에 있어서 공산당의 문예 정책을 반영하고 있다고 보인다. "우리의 작가, 예술가들은 인간정신의 기사로서 자기들의 작품에 우리 인민의 숭고한 애국심과 견결한 투지와 종국적 승리에 대한 확고한 신심을 뚜렷이 표현하여야 하며 자기들의 작품이 싸우는 우리 인민의 강력한 무기로 되게 하며 그들을 최후의 승리에로 고무하는 거대한 힘으로 되게 하여야 합니다."라는 김일성의 교시[9]에서도 알 수 있듯이 북한의 한국 전쟁시는 한국 전쟁을 인민을 위한 애국적 투쟁으로 인식하고 있다. 실제로 그들의 전쟁시를 유형별로 보면 '반제반미시', '소·중공군에 대한 헌사시', '인민군 찬양시'. '인민 영웅시', '김일성 우상화시' 등으로 정리할 수 있는데[10] 이 중 '반제반미시', '김일성 우상화시'는 김일성 중심의 공산주의 체제 옹호와 이를 위한 전쟁의 위대함을 드러내는 것으로 북한의 한국 전쟁에 대한 인식을 잘 드러내고 있다.

중국 조선족은 한국 전쟁에 대해 공산주의의 승리와 미국과 이승만

이숭녕, 이원섭 등.(임도한, 「韓國戰爭과 南北韓의 戰爭詩」, 임도한 외, 『한국전쟁과 세계문학』, 국학자료원, 2003, p.20)

7) 위의 책, p.60.

8) 1950년 6월 26일 조직된 북한 종군작가단의 명단은 다음과 같다. 김사량, 김조규, 한태천, 전재경, 오세영, 이동규, 김북원, 박웅걸 등.(위의 책, p.21)

9) 김일성, 「우리문학예술의 몇 가지 문제에 대하여」(1951.6.30. 작가, 예술가들과의 대화), 『김일성 저작선집 제1권』, 학우서방, 1967, p.289 참조.

10) 홍용희, 앞의 논문, p.148.

정권을 적으로 규정하는 등, 북한과 비슷한 인식을 하고 있다. 그러나 중국 조선족은 이미 중국에 정착하여 살고 있는 중국 내 소수민족이라는 입장이었으므로 '조국'을 위해 참전했지만 그것은 또 다른 현실적 조국인 '중국'의 정책을 따르는 것이기도 했다. 중국 조선족이 가장 밀집하여 살고 있던 연변 지역에서는 해방 후 '조선의용군'이 환영을 받으며 머물다 수많은 중국 조선족이 입대한 상태에서 한국 전쟁 직전 북한으로 들어가기도 했지만[11] 조선족의 조국인 '조선'이 제국주의 침략 혹은 위협을 받을 때 중국 경내 조선인이 조국에 돌아가 제국주의를 반대하고 조국을 보위할 책임이 있다[12]는 중국 공산당의 선언은 중국 공산당의 정책에 따라야 하는 중국 조선족의 상황을 잘 드러낸다. 중국 조선족이 북한의 요청과 북한을 원조하기 위해 참전을 하게 된 경위도 있다. 또한 중국 동북 지역에 자리 잡고 있는 조선족의 세력을 참전을 통해 와해시키고자 하는 의도도 있을 것이다. 그러나 더 중요하게 보아야 할 것은 당시 국민당과의 내전을 막 끝낸 중국 공산당이 처한 정치적 배경이다. 중국 공산당은 아직까지도 위협 요소로 남아 있는 국민당의 배후인 미국이 한국 전쟁에서도 역시 주 세력인 상황에서 체제에 위협을 느낄 수밖에 없었다. 때문에 중국 공산당은 미국을 견제할 필요가 있었다. 이러한 정치적 의도를 갖고 있었던 중국은 중국에 살고 있는 조선족의 조국을 지켜야 한다는 조국애를 십분 이용하면서 참전의 당위성과 명분을 부각시킨 것이다. 이 과정에서 중국 조선족은 남한의 정권과 미국이 '조국'의 독립을 방해하는 '원수'로 인식하게 된 것이다.[13]

---

11) 염인호, 「조선의용군」, 『역사비평』, 역사문제연구소, 1994.8.가을호, pp.206-707.
12) 김춘선, 「광복후 중국 동북지역 한인들의 정착과 국내귀환」, 『한국근현대사연구』 제28집, 한국근현대사학회, 2004.3, pp.198-212 참조.
13) 염인호, 「해방 직후 延邊 조선인 사회의 변동과 6·25전쟁-군중 대회·운동 분석을 통하여」, pp.315-317 참조.

그러나 이미 중국에 터를 잡고 살아가고 있는 중국 조선족에게 있어서 한국 전쟁에 대한 시각은 일관될 수만은 없었다. 한국 전쟁이 발발하자 연변의 조선인 사회에서는 조국 통일의 기대로 흥분이 고조되었다가 미국이 참전하자 불안감이 조성되었다고 한다. 즉, '恐美病'과 원자탄에 대한 두려움, 3차 대전의 발발 우려가 대두되고 군인 가족들의 동요가 심했다. 또한 전쟁에 별 관심이 없거나 전쟁에 대해 비판적인 견해를 드러내기도 했고 한국 전쟁의 상황을 냉소적, 방관적으로 바라보는 시각도 있었다.[14] 이는 '조국'에 대한 애국심도 중요하지만 현실적으로 중국 조선족은 중국이라는 터전에 이미 뿌리 깊게 정착하고 있기 때문에 한국 전쟁에 대해 심정적인 거리감을 갖고 있었기 때문일 것이다. 이러한 혼란스런 전쟁에 대한 인식은 그러나 전쟁시에 있어서는 '항미원조', 즉 미국에 대항하고 '조국'을 돕는다는 원군으로서의 의식과 공산주의의 승리에 대한 확고한 의지로 귀결되고 있는데 이는 중국 공산당의 정책에 부응하는 대체적인 인식 양상이라 할 수 있다.

2. 남·북한과 중국 조선족의 한국 전쟁시 양상

전쟁시는 대개 '전쟁참여시', '전쟁비판시', 또는 '선전 선동시', '전쟁 서정시', '전쟁 기록시' 등으로 구분할 수 있는데, 본고에서는 한국 전쟁시의 갈래별 특성에 나타나는 한국 전쟁에 대한 대체적인 이데올로기적 대응 양상을 알아보고자 한다.

먼저 남한의 시를 부분적으로 살펴보겠다.

---

14) 염인호, 「6.25戰爭과 延邊 朝鮮人 社會의 關聯性에 관한 一考察」, 『한국근현대사연구』28집, 한국근현대사학회, 2004.3, pp.325-330 참조.

너 원수, 祖國의 원수를 낱낱이/무찔러 없애기 爲하여 進擊하고 있
다//밤 사흘 낮 사흘 비를 맞으며 너와 더불어 가던 戰線!/어제밤 꿈에
보이더라던/너 어머니의 모습을 그리우며/산을 넘어 또 바위틈을 타
고 江을 건너서/北으로 北으로 進擊하는 이날에사/敵彈에 늬가 쓸어
지단 말이냐/銃彈 砲聲 속에 누워 있는 너도 들어라/進擊 또 進擊, 進擊
의 나팔 소리와 함께/北으로 北으로 밀어가는 憤怒한 戰友들의 喊聲을
너도 들어라/이 國土를 짓밟고 불지른 무리들의/섬멸의 날은 기어이
오고야 말 것이다

- 이윤수, 「戰友」 부분15)

위 시는 전쟁으로 죽은 '戰友'를 보며 화자가 '進擊'에의 결의를 다짐
하고 있다. 표면적으로는 '戰友'의 죽음을 기리는 애도시라고 할 수 있
지만,16) 실제로는 적에 대한 강한 적개심과 함께 '國土를 짓밟고 불지른
무리들'을 '섬멸'하고자 하는 의지를 담고 있는, 독전의 시이다. 화자는
'원수'로 표현되고 있는 북한을 '國土를 짓밟고 불지른 무리들'로 규정
하고 있으며 '섬멸'해야 할 대상으로 보고 있는 것이다. 즉 북한의 침략
으로 인한 전쟁에서의 '進擊'과 '섬멸' 의지는 정당하며, '祖國'을 지키
려는 명분을 분명히 드러내고 있는 것이다. 화자는 전우를 죽게 한 전쟁
을, 전우애, 동지애라고 할 수 있는 휴머니즘과 섬멸에 대한 당위성으로
대하고 있다.

내 사랑하는 아우들아/진실로 祖國을 구원하고 自由를 守護하는/
힘과 榮譽는 늬들에게만 있다고 믿어라/…(중략)…/하늘이 늬들에게
준 모든 것을 스스로 바쳐/오직 祖國의 榮光만을 念願하더구나//우리
는 안다 늬들의 勳功을 올바로 갚은 者는/祖國의 統一과 正義의 勝利만

---

15) 이윤수 편, 『戰線詩帖』제1집, 학우사, 1984, pp.47-48.
16) 오세영, 앞의 논문, pp.259-260.

이 능히 할 수 있다는 것을/아 그 밖의 아무런 상품으로도 갚을 수가 없다는 것을…//내 사랑하는 아우들아 이 나라 祖國의 喊聲들아/우리는 이긴다 일찌기 不義와 邪惡이 亡하지 않은 歷史를 본 적이 있느냐/늬들 뒤에는 血肉을 같이 나눈 우리들이 있고/理想을 함께 하는 萬邦의 깃발이 뭉치어 따르고 있다

— 조지훈, 「이기고 돌아오라—線土兵들에게-「 부분[17]

위 시는 한국 전쟁을 '우리는 이긴다'라는 승리의 당위성과 '理想을 함께 하는 萬邦'의 나라들이 싸우는 자유 진영의 정당한 전쟁으로 인식하고 있다. 이는 적과 싸우는 남한의 군인만이 '自由를 守護하는/힘과 榮譽'를 가질 수 있다는 표현에서도 드러난다. 이 같은 전쟁에 대한 명분은 구체적인 정치적 정황이 아니라 평화와 자유를 수호해야 한다는 식의 추상적인 성격을 지니고 있는데 이는 '조국해방전쟁'과 같은 구체적 정황을 내세운 북한의 작품과 구분되는 점이다.[18] 그러나 자유주의라는 이데올로기와 理想을 함께 하는 여러 나라가 원조하는 평화 수호 사상이 관념적이라고 할 수는 있으나 '正義의 勝利'와 '不義와 邪惡이 亡하지 않은 歷史를 본 적이 있느냐'라는 사필귀정에 대한 신념은 당시 종군 시인들에게는 전쟁에 대한 가장 의미 깊은 이데올로기적 대응 방식이라고 할 수 있을 것이다.

다음으로 북한의 한국 전쟁시에 나타난 한국 전쟁에 대한 이데올로기적 양상을 살펴보기로 한다.

딸라로 빚어진 월가의 네거리에/넥타이를 맨 식인종/실크햇트를 쓴 사람 버러지/자동차에 올라 앉은 인간 부스러기/성경을 든 도적놈

---

17) 이윤수 편, 앞의 책, pp.27-29.
18) 임도한, 앞의 책, p.30.

/온갖 잡색/력사의 저주스런 추물들이

– 백인준, 「얼굴을 붉히라 아메리카여」 부분[19]

위 시는 한국 전쟁을 남한의 친미 정권과 미국 제국주의와의 대결로 보고 있는 북한의 입장이 그대로 반영하고 있다. '반미', '반제국주의'라는 이데올로기에 의해 위 시는 폭력적인 표현과 비속어를 거침없이 드러내고 있으며 전쟁의 역사적·정치적 배경에 대해서도 노골적으로 의견을 표출하고 있다. 이는 공산당의 정책을 여과 없이 수용하고 있는 것으로 한국 전쟁에 대한 정당성와 당위성을 남한의 시와는 또 다른 입장에서 갖고 있음을 알 수 있다.

그리고 남조선 방방곡곡에/깨알로 흩어져/원쑤들에게 죽엄과 공포를 주는/인민 복수자들의 무수한 소조의 이름으로//경애하는 우리 수령에게/자랑스런 우리 인민 군대에게/친애하는 중국 전우들에게/그리운 우리 형제들에게//우리의 가슴에 불로 새겨져 타고 있는 三.八절의 뜨거운 인사를/조국에 바치는 우리들의/전투적 맹세를 전하라//품 속에는 비록/공민증을 지니지 아니했으나/조국의 태양과 별들이 머리우에 둥그런한 우리는 자랑스런 공화국의 공민

– 임화, 「기지로 돌아가거던」 부분[20]

남로당으로 활동하다 숙청작업으로 사형당한 임화의 위 시에서는 비록 '공민증'은 없지만 '자랑스런 공화국의 공민'으로 한국 전쟁에 임했다는 비장한 심정이 잘 드러나고 있다. 임화는 자신의 신념을 통해 한국 전쟁에 대한 정당성을 갖고 있었으며 전쟁에 참여한 '수령', '인민', '중

---

19) 홍용희, 앞의 논문, p.149에서 재인용.
20) 『로동신문』, 1952.2.7.(임도한, 앞의 책, p.58에서 재인용)

국 전우' 모두에게 그 신념을 호소하고 있다. 표면적으로는 여러 악조건 속에서도 '수령'의 뜻을 따르겠다고 말하고 있으나 이면에는 북한 당국의 정책에 대한 아쉬움이 깔려있다고 볼 수 있다.[21] 위 시는 한국 전쟁에 임하는 군인으로서 북한 공산주의에 대한 신봉과 조국해방이라는 이데올로기적 명분을 드러내고 있다고 할 수 있지만 시인으로서, 그리고 죽음과 항상 대면하고 있는 개인으로서, 전쟁 현실에 대한 비판적 정서와 비애를 함축하고 있다.

중국 조선족의 한국 전쟁시는 그렇게 많이 전해지고 있지 않다. 이는 '반우파 투쟁', 문화혁명 시기의 숙청작업 등에 의해 발표된 시가 유실되었기 때문일 것이다[22] 다른 한편으로는 미국 제국주의와 싸운다고는 하지만 전쟁에서는 더 많은 경우 남한 군인과 맞서는 상황이었으므로 같은 민족을 죽이는 한국 전쟁을 중국 조선족의 입장에서 대대적으로 詩化할 수만은 없었던 사정도 있었을 것으로 보인다. 즉, 같은 민족으로서의 남한 민중을 안타깝게 바라보는 시각도 보이고 있는 것이다. 중국 조선족의 전쟁시는 북한의 시에서 보이는 전쟁의 구체적인 묘사보다는 '항미원조'의 의식을 전면에 내세워 전쟁 참여의 정당성을 강조하거나 중국 공산당의 입장을 옹호하는 내용의 시들이 많다.

> 아이들아/너의 어버이들은/미국놈들의 폭탄에 등이 갈라졌지만/가슴은 너희들을 못 잊어 터졌단다.//…(중략)…//누가 너희들을/--수용소의 죄인으로 만들었느냐/놈들은 너희들이/천생 죄인으로 태여난줄 아는구

---

21) 위의 책, p.59.

22) '조국'으로서의 한국 전쟁에 애국적으로 참전한 중국 조선족의 역사는 뒷날 중국 정부의 입장에서는 그렇게 내세울만한 것이 아니었을 것이다. 오늘날의 대표적인 중국 역사서에서 '조선인민군'에 편입된 이들의 활동이 배제되어 있다는 점이 이를 증명한다.(염인호, 「해방 직후 延邊 조선인 사회의 변동과 6·25전쟁-군중 대회·운동 분석을 통하여」, p.293 참조)

나!//한강은 흘러서/바다에 드는데/너희들은 뭉치여/정의의 편에 서거라!

― 리욱, 「한강가의 고아들아-내개 솜옷 대신 이 노래를
보낸다」(1951) 부분[23]

양키의 미친 포성에/압록강이 노호할 때/마치를 놓고 총을 든 당신
들/호미를 놓고 총을 든 당신들/붓을 놓고 총을 든 당신들!//당신들은/
영웅의 나라 조선/정의의 싸움터에 뛰여나가/어머니를 잃은 아이와/
남편을 잃은 녀인을 위하여/조선의 용사와 더불어/원쑤를 쳐엎었습
니다.//…(중략)…//중국과 조선을/사이 좋게 흐르는/두만강과/압록강
은/두 나라의 태양아래서/천만년 흘러/친선의 송가를 드높이오니.//
이제 용감한 조선인민에게/--광명이 다시 오고/의로운 중국인민에게
/--영광이 거듭 있어

― 리욱, 「편지-중국인민지원군에게」(1952) 부분[24]

앞의 시에서 리욱은 미국 제국주의를 비판의 대상으로 삼아 전쟁 중
에 피해를 받는 남한 '고아'의 고통을 폭로하고 있다. 이러한 시각은 한
국 전쟁이 공산주의 대 미 제국주의의 대립이라는 인식에서 나온 것으
로 남한을 적으로 대하기보다는 오히려 체제에 희생당하고 있다고 봄
으로써 역사적·정치적 차원에서의 전쟁에 대한 이데올로기적 인식을
드러내고 있는 것이다. 인용시 <편지-중국인민지원군에게>에서도 이
러한 미국 제국주의에 대한 비판적 시각이 드러나고 있는데 중국 공산
당의 정책과 북한의 전쟁 명분을 그대로 따르고 있다. 또한 이데올로기
에서만이 아니라 중국의 문예 정책에도 부응하고 있음을 알 수 있는데,
문예는 정치에 종속되어야 한다는 문예방침에 의해 시가 씌어지고 있

---

23) 리욱, 『20세기 중국조선족문학사료전집-리욱 문학편』, 중국조선민족문화예술출
　　판사, 2002, pp.89-90.
24) 위의 책, pp.91-93.

는 것이다.25) 중국 조선족의 입장에서 '조선'의 전쟁에 참여한 것은 '조국'에 대한 애국적 발로가 우선적인 이유였다고 할 수 있다. 그러나 한편으로는 삶의 현실적 터전인 중국의 정책을 따르고, 중국을 항상 염두에 두지 않을 수 없는 상황도 있었던 것이다. 따라서 중국 조선족이 참전한 한국 전쟁의 승리는 '조선인민'에게도 영광이지만 '중국인민'에게도 영광이라는 생각을 드러내는 것이다. 때문에 '두 나라의 태양아래서' 살고 있는 중국 조선족의 정체성은 현실적 뿌리를 중국에 둔 채 마음은 심정적인 '조국'으로 향하는 괴리감을 지닐 수밖에 없는 것이다. 리욱은 '천만년' 동안 이어지는 중국과 '조선'의 '친선'을 강조함으로써 한국 전쟁을 위해 싸우는 중국 조선족의 입장과 명분을 대변하고 있다.

중국 조선족은 한국 전쟁에 대한 참전의 목표를 미국 제국주의에 대항하고 조국 '조선'을 돕는다는 의미의 '항미원조'에 두고 있다. 이 표현에서부터 한국 전쟁을 미국 제국주의와의 전쟁으로 규정하고 있는 것이다. 또한 이 표현은 중국 조선족이 한국 전쟁을 대함에 있어 제삼자의 입장이라는 점을 드러낸다. 여기서 우리는 중국 조선족의 전쟁시가 일견 북한의 전쟁시와 이데올로기적 노선이 같으면서도 차이가 있음을 알 수 있다. 즉, 북한의 전쟁시가 조국의 해방과 공산화라는 자신들의 목적을 이루기 위해 철저한 의도를 드러내고 있다면, 중국 조선족의 전쟁시는 어디까지나 중국에 뿌리를 두고 전쟁에 원군으로 참여하고 있다는 의식이 내재되어 있는 것이다. 그렇게 때문에 중국 조선족의 전쟁시는 북한의 전쟁에 대한 명분과는 또 다른 명분을 바탕으로 씌어지고 있다. 이는 한국 전쟁에 대한 중국 조선족의 인식이며, 이러한 인식은 북한의 그것과는 또 다른 목적을 배면에 갖고 있음을 의미한다. 말하자

---

25) 김준오, 「중국 사회주의 문화정책과 중국 조선족 시가전통의 변모양상」, 『한국문학논총』16집, 한국문학회, 1995, p.83 참조.

면 중국 조선족의 전쟁시는 공산주의 이데올로기화, 미국에 대한 대항, 전쟁에 대한 승리 등을 목적으로 하고 있으면서 동시에 중국 국적을 가진 원군의 입장을 드러내고 자신들의 고향인 '조국'의 위기에 대해 밖에서 안으로 돕고 있다는 상황을 드러내고 있는 것이다. 중국 조선족의 전쟁시는 한국 전쟁의 한 가운데서 중국 인민으로서 중국 공산당의 입장을 따르고 있음을 보여주고 있다.

> 땅을 휘몰아 울리는 불길/터져 풍기는 화약 냄새/화끈 몰려드는 열풍/조선의 땅우에 야수들의 발톱이/넌즛이 독스럽게 걸려 있다.//싸움은 눈앞에 있다//평화의 초소에 선/나는 항미원조의 전사/치떨리는 의분에/명령만 내리면/찾고야말 저 거리/쳐부수고야말 저 원쑤/서슬 푸른 날창에 서리가 친다
>
> ― 김창석, 「승리는 우리에게-어느 전사의 편지에서」(1951.6)[26] 부분

> 인민의 외침을 떠받들어/우리는 여기 나섰거니/이것은 五억의 뜻만은 아니다/평화를 사랑하는 온세계 인민의/불 같이 솟는 성원을 받아 이어/강철 우리의 이 초소에/피와 땀/왼통 바치고 나아간다//때문에 우리는 용감하고/때문에 우리는 싸움마다 이긴다/때문에 더 더 재빨리/갈기 갈기 놈들의 숨통을 찢어야 하고/한놈의 원쑤로/그 한놈에게로/복수의 죽엄 끼얹으련다/하여 조선 인민과 어깨를 겯고/조선의 민주 독립과 세계 평화를 위하여/가장 용감한 전사가 되리//항미원조 정의의 피는 끓어/전선에로 마음은 줄달음 치거니/어느 때건 어느 때건/원쑤를 쳐엎고서야 돌아오리라/로모의 자랑 다 바쳐/인민 공신으로--/인민 공신으로--

---

26) 연변문학예술계련합회 편, 『해란강』, 연변교육출판사, 1954, pp.55-56. 『해란강』은 한국 전쟁 직후에 나온 '종합시집'으로서 여러 시인의 시를 싣고 있다. 이후의 시기는 '반우파 투쟁기'와 '문화혁명기'이기 때문에 사상적 의심을 받을 만한 한국 전쟁에 대한 시는 발견되지 않는다.

– 김례삼, 「그 한놈에게도 죽엄을 주리라」(1951.12)[27] 부분

김창석의 인용시에서는 한국 전쟁에 참천한 '나는 항미원조의 전사' 라고 하여 그 참전의 명분을 분명히 밝히고 있다. 또한 전쟁에서의 분노 와 싸움의 이유는 '의분'에 있는 것으로 한국 전쟁 참전의 정당성을 드 러내고 있다. 이렇듯 중국 조선족은 그들이 참전한 전쟁에 있어서 '조 국'에 대한 애국심과 함께 미국 제국주의에 대한 정당한 인류 평화의 이 념을 그들의 사상적 기저로 삼고 있으면서 동시에 '조국'을 보위하러 왔 다는 사실을 의식적으로 드러내고 있다. 이는 김례삼의 인용시에서도 잘 드러난다. 한국 전쟁 참전은 '五억의 뜻만은 아니다/평화를 사랑하는 온세계 인민'의 '성원'에 의한 것이며 '조국'을 돕는 것은 '정의'라는 인 식은 그들의 한국 전쟁에 대한 인식을 분명히 드러낸다. 중국 조선족이 돌아갈 곳은 결국 중국이다. 그러므로 '원쑤를 쳐엎고서야 돌아'가면 중 국에서 '인민 공신'이 될 것을 바라고 있는 것이다. 중국 조선족은 비록 '조국'의 독립을 위해 미국 제국주의와 싸우고 있지만 중국의 정책을 따 르는 것 또한 중요하며, 자신들의 전쟁 참여 행위가 중국에 가서도 정당 하게 인정을 받을 것이라는 생각을 하고 있는 것이다.

한편 주선우 같은 경우는 '전쟁서정시'라고 할 만한 독창적인 시 세계 를 보여주고 있다. 주선우의 시집 『잊을 수 없는 여인들』[28]에 수록된 시 들은 앞서 인용한 시들과는 달리 전쟁에서의 참혹한 광경과 폭력적 어 휘가 등장하지 않는다. 주로 함께 전쟁에 참전한 '중국 조선족 간호원'

---

27) 위의 책, pp.91-92. 이 외에 『해란강』에 실린 한국 전쟁시는 다음과 같다. 리욱, 「위 대한 인류의 태양」, 리욱, 「'가장 사랑스런 사람'에게」, 주선우, 「봄 전투」, 임효 원, 「이 손에 총을 주소」, 주선우, 「미제국주의 자들은 모른다」, 주선우, 「무산령」, 주선우, 「궁전을 지을때도」.

28) 1957년 연변교육출판사 출간.

들과의 애틋한 사랑 얘기나 전투가 시작되기 전에 느끼는 개인적 감성
을 서정적으로 드러내고 있다. 한국 전쟁에 대한 감정적 대응과 서정적
사고방식 때문인지 주선우는 결국 '반우파 투쟁'기에 사상불순자로 낙
인찍혀 북한으로 건너가는 고난을 겪었다.

> 짙어가는 가을이/애닲었는지/귀뚜라미 쓰르르/낮에도 우는데,//처
> 녀는 들창에/기대여 서서/나를 바라 보았네/나도 그를 보았네.//입술
> 가에 웃음 띠고/눈'동자 젖었는데/하고 싶은 말도 않고/해야 할 말도
> 않네.//어쩌나 처녀에게/무슨 말 해야 하나/두루 두루 살펴도/줄 것이
> 없네,//시간은 닥쳐 오고/신들매도 맺었고/맨 끝에 뛰여나가/대렬에
> 서는데,//중대장이 뚜걱뚜걱/창●가에 다가서서/처녀의 손을 잡고/잠
> 간 말하더니,//대렬 앞에 돌아와/나를 보며 구령쳤네/중대 차렷--/--사
> 랑하는 우리 처녀들을 위하여/앞으로-갓!!

> — 주선우, 「중대의 약속」 전문29)

치열한 전쟁터에서 이루어진 애틋한 사랑의 감정을 직접적인 표출이
아니라 상황 묘사를 통해 전달하고 있는 위 시는 휴머니즘적인 요소를
드러내고 있다. 전쟁에 참전한 중국 조선족은 중국 공산당의 정책을 따
르는 입장에서 전쟁에서는 나약한 감정을 갖는다거나, 더구나 그것을
시로 표현해서는 안 되며 사상적으로 무장되어 있어야 하는 것이다. 물
론 위 시는 선정적인 독전의 어휘나 투쟁적인 묘사가 없더라도 충분히
전쟁 승리의 의지를 굳혀주는 시적 기능을 수행한다고 보인다. 그러나
한편으로는 전쟁 수행의 목적이 '항미원조'보다는 '사랑하는 처녀'를
위하는 것으로 표현되어 있고, 개인적 인간애를 표출하고 있어 중국 공
산당의 문예정책 요구를 그대로 수용하고 있다고 보기 힘든 것이다. 시

---

29) 앞의 책, pp.15-16. '●'는 확인이 안 되는 글자를 표시한 것임.

인의 이러한 한국 전쟁에 대한 인식은 전쟁을 집단 이데올로기의 대립 가운데에서도 개별 주체의 고난과 감정이 교차하는 장으로 바라보는 것이며 비록 전쟁이지만 사랑과 평화가 그 안에 있음을 보여주고 있다. 그렇다 하더라도 중국으로부터 멀리 떨어진 땅에 와서 서로 의지하고 있는 조선족의 외로운 처지를 그리고 있다는 점에 주목할 때, 위 시에 나타난 참전 의식 역시 앞서 논의한 중국 조선족 시와 본질적으로는 같은 입장에 서 있다고 할 수 있다.

3. 남·북한과 중국 조선족의 한국 전쟁시의 의미

앞에서 살펴보았듯이 한국 전쟁에 대한 남한과 북한의 이데올로기적 인식과 그 대응 방식은 서로 상반되는 양상을 보인다. 중국 조선족의 전쟁시 역시 북한의 이데올로기에 동조하면서 남한과 상반된 양상을 보이고 있다. 그러나 중국 조선족의 전쟁시가 북한의 전쟁시와 동일한 양상을 보인다고 할 수는 없다. 즉, '항미원조'라는 의식을 통해 알 수 있듯이 전쟁에 대한 북한의 인식이나 목적과는 또 다른 인식과 목적을 내포하고 있는 것이다. 이러한 이질성의 근본적 원인은 중국 조선족이 중국을 현실적 '조국'으로 삼고 있다는 데에 있다.[30] 그러나 전쟁시가 전쟁의 승리를 고무시키고, 나아가 체제의 확립과 안정을 도모하여 국토를 수호하는 목적을 이루고자 하는 목적시의 한 갈래라는 점에서, 남한·북한·중국 조선족의 한국 전쟁시는 동질적인 목적을 수행하고 있다.

---

30) 한국 전쟁시만이 아니라 중국 조선족의 시와 북한의 시는 이질성과 동질성을 동시에 보여주고 있다. "이런 이질성과 동질성은 궁극적으로 한국 문학과의 이질성과 동질성으로 수렴된다는 점에서 여간 의미심장하지가 않다."(김준오, 앞의 논문, p.81)

　　남한의 한국 전쟁시는 민주자유의 수호와 공산화에 맞선 우익의 입장을 대변하며, 북한의 한국 전쟁시는 미국 제국주의에 맞선 공산주의의 승리와 좌익의 입장을 대변하고 있다. 중국 조선족의 경우는 중국 공산당의 정책을 따르면서 '항미원조'라는 전쟁에 대한 정당성과 명분을 내세워 이데올로기적 대응 양상을 보이고 있다. 이러한 한국 전쟁에 대한 전쟁시의 이데올로기적 양상의 차이는 곧바로 우리의 현대 역사가 거쳐온 이념적 갈등을 첨예하게 드러내고 있는 것이다. 시는 생활의 기록이자 역사서에 기록되지 않은 일반 민중의 역사물일 수 있는 것이다. 이렇게 볼 때 한국 전쟁시는 비록 편향된 이데올로기로 점철되고 있다 하더라도 당대의 종군 작가나 일반 민중의 의식을 반영하고 있으며 전쟁에 대한 감정과 묘사를 통해 생생한 역사의 비극을 전달하고 있다.

　　특히 중국 조선족의 한국 전쟁시는 그 동안 재외 동포 문학에 대한 많은 연구가 진행되었음에도 불구하고 다루어지고 있지 않은 부분이다. 일제시대를 거쳐 국민당과 공산당의 내전 가운데에서 이중 국적을 지닌 채 피해와 고난을 받아왔던 중국 조선족은 한국 전쟁을 계기로 또 다른 시련을 겪게 된 것이다. 중국 조선족은 중국과 북한의 정치적 입장에 의해 수많은 전쟁을 치르고도 또 다시 한국 전쟁에 참전을 해야 했다. 아무리 애국적 발로와 조국에 대한 의리 때문이라 하더라도 이미 중국에 발붙이고 살고 있는 그들에게 있어서 한국 전쟁에서의 고난과 죽음은 가혹한 것일 수밖에 없는 것이다. 그들이 한국 전쟁시를 통해 보여준 의식은 구체적으로 남한의 국군을 적으로 대하고 있는 것이 아니라 미국 제국주의를 적으로 대함으로써 대의명분과 중국 공산주의에 대한 충성을 보여주고 있다. 중국 조선족이 선택할 수 있는 이데올로기는 이미 해방 직후부터 공산당의 점령지가 된 연변 등지의 중국에서 공산주의 외에는 다른 방도가 없었으며, '조국'인 한반도를 민족적 뿌리로 갖고 있었기에 참전 역시 선택의 여지가 없었을 것이다. 이러한 입장에서 중국 조선족은 한국 전쟁을 통해 그들의 처지를 드러내고 있으며, 이는 남·북한의 한국 전쟁시와 비교할 때 차이를 갖게 되는 배경이라고 할 수 있다. 여기서 우리는 중국 조선족의 민족적 정체성이 불분명하게 되는 또 하나의 요인을 확인할 수 있다. 그들은 한국 전쟁에 참여하고 있으면서도 중국의 입장을 대변하고 중국 인민의 입장을 갖고 있는 것이다.

우리는 남한과 북한의 한국 전쟁시에 나타난 역사적 인식의 구체적 실상을 파악함과 동시에 중국 조선족 등 재외 동포의 한국 전쟁에 대한 의식도 함께 파악할 필요가 있다. 현대는 국제적 교류가 확장되고, 공산주의가 사실상 자본주의와 결탁하는 추세이며, 중국 조선족 등의 재외 동포가 우리나라에 들어와 직업을 갖고 삶을 영위하고 있는 개방의 시대이다. 이러한 시점에 그들이 어떠한 경위를 거쳐 역사에 참여하고 있었으며, 무엇을 망각하고 무엇을 남기고 있는지를 명확히 파지할 때 보다 근본적인 통일 시대 문학의 통합적 장이 형성될 수 있으리라 본다. 본고는 남·북한을 포함한 중국 조선족의 전쟁시를 이데올로기적 대응 방식을 중심으로 살펴봄으로써 특히 중국 조선족이 갖고 있는 정체성의 한 단면을 직시하고자 했다.

참고문헌

김일성, 『김일성 저작선집 제1권』, 학우서방, 1967.

김준오, 「중국 사회주의 문화정책과 중국 조선족 시가전통의 변모양상」, 『한국문학논총』16집, 한국문학회, 1995.

김춘선, 「광복후 중국 동북지역 한인들의 정착과 국내귀환」, 『한국근현대사연구』제28집, 한국근현대사학회, 2004.3.

리욱, 『20세기 중국조선족문학사료전집 - 리욱 문학편』, 중국조선민족문화예술출판사, 2002.

연변문학예술계련합회 편, 『해란강』, 연변교육출판사, 1954.

염인호, 「6.25戰爭과 延邊 朝鮮人 社會의 關聯性에 관한 一考察」, 『한국근현대사연구』28집, 한국근현대사학회, 2004.3.

염인호, 「조선의용군」, 『역사비평』, 역사문제연구소, 1994.8.가을호.

염인호, 「해방 직후 延邊 조선인 사회의 변동과 6·25전쟁 - 군중 대회·운동 분석을 통하여」, 『한국근현대사연구』20집, 한국근현대사학회, 2002.3.

오세영, 「6·25와 한국 전쟁시 연구」, 『한국문화』13집, 한국문화, 1992.12.

이윤수 편, 『戰線詩帖』제1집, 학우사, 1984.

임도한 외, 『한국전쟁과 세계문학』, 국학자료원, 2003.

서희경·박명림, 「민주공화주의와 대한민국 헌법 이념의 형성」, 『정신문화연구』106호, 한국학중앙연구원, 2007.3.

신영덕, 「한국전쟁기 시인들의 종군활동 연구」, 『국어국문학』122호, 1998.12.

주선우, 『잊을 수 없는 여인들』, 연변교육출판사, 1957.

홍용희, 「한국전쟁기, 남·북한의 시적 대응 비교 고찰」, 『인문학연구』2호, 경희대인문학연구소, 1998.12.

중국 조선족 장편서사시에 나타난 역사적 체험의 특성

김 은 영

목 차

1. 머리말
2. 유이민적 삶과 이주 초기 만주지역 개척
3. 항일무장 투쟁 및 중국 공산당과의 연계
4. 민족적 정서 표출과 공동체적 삶의 희구
5. 맺음말

1. 머리말

본고는 중국 조선족 장편 서사시에 담긴 내용을 통해 작품에 드러난 역사적 체험의 문학적 수용 양상과 특성을 살펴보고자 한다. 1949년 중국 사회주의 국가 건설과 함께 중국 내 소수민족으로 자치주를 형성하게 된 조선족은 이주민족이라는 민족적·혈통적 차이를 내재하며 중국에 대한 하나의 조성 부분을 이룬다.[1] 때문에 중국 조선족 문학에 대한 고찰 역시 이들의 문학이 중국 사회주의 이데올로기와 당의 문예정책이 반영된 중국문학사의 부분2)으로서 자리한다는 사실과 동시에 우리 민족문학의 일부분이라는 독특한 존재방식을 전제로 해야만 한다. 특히 중화인민공화국 성립과 함께 '당대문학'3)에 와서 본격적 통제가 이루어지는 사회주의적 문화강령에 의한 예술의 정치화는 조선족 문학사 기술 방향을 규정지으며 문예 창작 전반에 영향을 미치고 있다.4)

서정시가 개인의 정감과 서정을 주로 표출하는 장르임에 비해 민족이나 국가 등의 공동체적 사상과 정서를 주로 다루고 있는 서사시는 과거의 사건으로부터 전해지는 집단성과 역사성을 특징으로 공동체의 위대한 가치를 전승시키는 양식적 특성을 갖는다.5) 여기에 덧붙여 조선족 시문학에서 사회주의 미학원리가 바탕이 된 서사시에 대한 언급은 '사회생활에서 벌어지는 사건과 그에 참가한 인물들의 행동 및 사상 감정

---

1) 권철, 「중국 조선족 문학 연구현황」, 『아시아문화』13, 1997, p.289.
2) 조성일·권철, 『중국조선족문학통사』, 연변인민출판사, 1990, p.7.
3) 중국 문학사에서 현대문학은 중화인민공화국 건국을 분기점으로 나뉘어 중화인민공화국 건국 이전을 '현대문학', 이후를 '당대문학'으로 구분한다. 심지어 대학의 중어중문학과 내에도 '현대문학전공', '당대문학전공'으로 분류되어 있는 학교가 적지 않다고 한다. 이렇게 구분하는 이유는 1949년 중화인민공화국 건국 이후의 문학에서부터 이전의 중국과는 전혀 다른 문학사조인 사회주의문학이 시작되었기 때문이다. 중국 내 소수민족으로 중국의 사회·역사적 발전단계에 영향 받으며 중국 문학사의 일부분을 구성하는 조선족 문학사도 이와 같은 맥락에서 1949년 이후의 문학을 '당대문학'으로 서술하고 있으며 당의 문화정책과 문예강령의 지침을 따르고 있다.(김시준, 『중국당대문학사』, 지식산업사, 1991, p.91과 조성일·권철, 위의 책, p.6 참조)
4) 문학 양식에 따른 일반적 시 분류는 내용적 특성에 따라 서정시, 서사시, 극시로 외형적 형식에 따라 정형시, 자유시, 산문시로 나누는데 비해 조선족 시가 분류는 표현하는 내용 성질에 따라 서사시와 서정시로, 표현 형식에 따라 자유시, 정형시, 산문시, 가사, 민가로 나뉜다. 이는 문학의 사회성을 강조하는 사회주의 문예창작원리가 반영된 것으로 조성일·권철, 『중국조선족문학사』와 조성일의 『시론』에는 표현하는 내용 서정에 따라 영웅가요, 사시, 시극, 서정서사시, 담시, 정론시, 풍자시, 벽시 등 다양한 갈래의 시 작품들이 등장한다.(조성일, 앞의 책, p.42 참조)
5) 오세영, 「서사시, 로망스 그리고 소설」, 『문학연구방법론』, 시와시학사, 1991, p.68.

을 전일적인 얽음새를 가지고 묘사하는 시문학의 한 형태'6)로서 인민대
중을 선동하고 혁명적 이상을 실현해 보이는 당위적 장르로서 규정된
다.7) 이것은 중국 공산당의 사회주의적 실천 원리에 따른 당의 문화정
책이 이들의 문학에 직·간접으로 영향을 미치며 조선족 문학 형성과 전
개에 중심적 이데올로기로 작용하고 있음을 확인시켜 준다. 하지만 조
선족 장편서사시에는 장르의 매체화 곧 문학의 정치적 도구화8)라는 측
면에서만 배려된 양식적 특성을 지니고 있는 것뿐만이 아니라 오랜 기
간 영속되어 온 민족이나 국가의 역사적 단계와 민족적 경험으로서의
삶이 반영된 집단전체의 소산물9)로서의 의미를 함께 지닌다.

　　과거의 경험이란 우리가 기억하는 것으로서 형식과 특성을 취하며,
기억이란 기록된 역사로서가 아닌 역사 자체의 '의미'로서 새롭게 창조
되는 것10)이라고 할 때 조선족 장편 서사시에 대한 고찰은 문학작품 속
에 나타난 역사의 현재화라는 측면에서 새로운 의미를 지닌다. 즉 1949
년 중국에 의해 조선족 자치와 국적을 인정받고 민족 언어를 공유하며
공동체적 삶을 이어오고 있는 이들에게 자신들이 체험한 역사적 경험
과 과거 기억에 대한 재현은 소수민족으로서 자신들의 민족성과 정체
성을 입증하고 공고히 하는 역사적 증거이자 문화적 기억물로서11) 자

---

6) 조성일, 『시론』, 한국문화사, 1996, p.47.
7) 김준오, 「조선문학, 한국문학, 북한문학의 동질성과 이질성」, 『한국문학논총』20,
　　한국문학회, 1997, p.139.
8) 김준오, 「중국 사회주의 문화정책과 조선족 시가전통의 변모 양상」, 『중국조선족
　　문학의 전통과 변혁』, 부산대학교출판부, 1997, p.98.
9) 하우저는 서사시란 개인적 창작자와 개인적 운명이라는 주제 대신 집단적 창작
　　자와 집단적 운명이라는 주제에서 출발하여 시작되는 것으로 정신적 연대감을
　　갖는 공동의 전통과 기법에 의해 결합된 장르라고 하였다.(A. Hauser, 『문학과 예
　　술의 사회사』1, 창작과비평사, 1999, pp.73-74 참조)
10) S. K. Langer, 『예술이란 무엇인가』, 이승훈 옮김, 고려원, p.237.
11) 기억이 문화적 창조물이라는 가정에서 출발하는 아스만은 한 사회 내에서 기억
　　이란 자연 발생적이기보다는 인공적으로 구축되는 것으로, '문화적 기억'이란 제

리한다. 따라서 이들의 작품에 담겨있는 역사적 체험에 대한 고찰[12]은 조선족 장편서사시가 갖는 특성과 작품의 의미를 확인할 수 있게 해줄 것이다. 아울러 일제 강점기에 만주를 중심으로 이루어졌던 우리 민족의 항일투쟁의 역사와 경험을 새롭게 인식시켜 줄 수 있을 것이라 생각된다.

2. 유이민적 삶과 이주 초기 만주지역 개척

중국 조선족은 19세기 후반 이후 한반도의 북부에서 압록강과 두만강을 건너 중국의 동북변강 지역[13]에 정착한 월경(越境)민족 혹은 과계(跨界)민족이다.[14] 중국의 55개 소수민족 중 유일한 유입민족으로 알려

도적으로 공고화되고 조직적으로 전승되는 기억이라고 하였다. 이때 '문화적 기억물'이란 구체적 체험이 '생생한 기억'으로 기능할 수 있도록 수많은 문학작품을 포함한 기록물, 연극, 영화, 미술, 기념비 등에서 기억을 표출하여 정기적인 반복과 역사적 재해석을 통하여 기억을 유지시키고 변화시키는 매체 혹은 수단을 의미한다.(Assman, 『기억의 공간』, 경북대학교출판부, 2003, p.449)

12) 조선족 문학사에서 주로 언급되고 있는 장편서사시는 김철, 『동틀 무렵』(1979)과 『새별전』(1980), 김성휘의 『장백산아, 이야기하라』(1979), 리욱, 『풍운기』(1982), 리상각, 『만무과원 설레인다』(1981)의 총 5편으로, 모두 1976년 문화대혁명이 끝나고 문학창작의 새로운 흐름이 시도되기 시작했던 개혁개방기에 창작된 작품들이다.(조성일·권철, 앞의 책, p.427 참조)

13) 압록강과 두만강을 건너 이주한 조선인 정착지역에 대한 구체적 지명은 연구자의 논의 내용에 따라 '동북 변강지역'(중국 동북지역), '만주지역', '간도지역', '연변지역' 등으로 약간씩 차이를 보이고 있다. 장세윤은 이 지역의 지명에 대하여 과거 이곳에 거주했거나 독립운동을 전개했던 당사자들은 만주라는 명칭을 더 많이 썼던데 비해 중국은 일제의 패망 이후 이곳이 중국의 영토로 편입되어 정착되었다는 정치적 인식에 따른 결과로 '만주'란 지명대신 '중국동북'이란 명칭을 더 많이 사용하고 있다고 하였다.(장세윤, 『중국동북지역민족운동과 한국현대사』, 명지사, 1995, p.15 참조) 본고는 이에 따라 1900년대 이후 일제의 식민지배에 따라 조선인의 본격적 이주가 행해진 이 지역의 명칭을 만주지역으로, 1949년 중화인민공화국 건국 이후 '연변조선족자치주' 성립 이후에는 연변지역으로 사용하고자 한다.

져 있는 조선족의 역사와 정착 시기에 대해서는 아직까지 이견이 존재한다.[15] 이는 조선족의 중국 천입 역사의 시작을 언제로 볼 것인가에 대한 중국 조선족 연구자들의 상반된 견해의 차이에서 비롯되는 것으로 아직까지 명확히 확정지을 수는 없다. 하지만 분명한 것은 현재에 이르기까지 중국 조선족 사회를 구성해 오고 있는 이들의 토대가 만주지역으로 이주해 온 조선인에 의해 형성된 것으로, 조선족 또한 그 뿌리가 우리와 같다는 동일한 민족적 동질감을 공유하고 있다는 사실이다. 현재 중국 조선족과 연관성을 갖는 집거지역을 중심으로 이들의 천입 과정과 정착 시기를 거론할 때 청조 정부가 봉금령을 폐제하고 이민실변 정책을 실시한 19세기 중엽부터를 본격적 이주시기로 볼 수 있다.[16] 실제로 19세기 중엽 조선 북부지역에 해마다 극심한 재해가 들어 살길이 막막해진 백성들이 대량으로 국경을 넘어 중국 동북지방으로 옮겨가기 시작하였으며[17] 일제의 조선 식민지화 이후 이 지역으로 조선인의 이

---

14) 조선족략사편찬조 편, 『조선족략사』, 백산서당, 1986, p.13.

15) 중국 조선족의 역사에 대해서는 土着民族說, 元末·明初說, 明末·清初說, 19세기 중엽설 등이 있으며 논자에 따라 약간의 차이를 드러낸다. 이에 대해서는 김태국, 「중국 조선족 역사 上限線 문제」, 『전주사학』6집, 전주대학교 역사문제연구소, 1988, pp.194-195.

16) 중국 지역에 조선인이 이주하기 시작한 시기를 1881년 청나라가 '봉금령(封禁令)'을 철폐하기 시작하면서부터 라고 보는 견해에는 조선족략사편찬조, 앞의 책, p.14, 한상복·권태환, 『중국 연변의 조선족 : 사회구조와 변화』, 서울대출판부, 1993, 이광규, 『재중한인 : 인류학적 접근』, 일조각, 1997. 등이 있다. 오늘날 조선족 형성과 직접적 연관성을 갖는 조선인의 대거 이주시기에 대해서는 이 때부터라고 보는 것이 일반적 견해로 본고도 이같은 견해를 바탕으로 이주 시기의 상한선을 설정하였다.

17) 조선인의 간도이주를 급격히 촉발시킨 계기는 서북 지방을 휩쓸었던 소위 기사년(己巳)년(1869년) 대재해였다. 1869~1871년간에 함경도와 평안도 지방을 비롯한 서북 지역에 사상 유례없는 대흉년이 들었다. 당시 조정은 제대로 된 구휼책도 강구하지 못하는 형편이었고 이 기간에 초근목피로 연명하던 서북지방의 주민들은 생존을 위한 방책으로 국금(國禁)을 무릅쓰고 도강 이주를 단행하지 않을 수 없었다고 한다.(조선족략사편찬조, 위의 책, p.20)

주가 더욱 증가하였다. 자료에 의하면 일제의 조선 점령기인 1910-1940
년 사이 만주의 조선족 인구는 이전에 비해 급격히 증가하여 1910년 20
만에 불과하던 조선족 수가 1940년 약 145만 명으로 일곱 배 늘어났으
며 간도지방의 조선족 인구도 15만 명에서 62만 명으로 네 배의 증가를
보였다. 현재 중국에 거주하는 조선족 가운데 일제 시대의 이주자가 만
주 전체로는 90% 이상, 연변지역의 경우에는 70% 이상이 될 것이라고
한다.[18]

    이 시기에 이주한 조선인들의 가장 직접적 원인은 생계를 위한 경제
적 이유가 대부분이었다. 특히 토지조사사업의 결과로 나타난 일본인
지주와 동양척식회사 등에 의해 전개된 조선농민에 대한 착취와 궁핍
화였다. 조선을 침략한 일제는 그 토지를 약탈하기 위하여 '토지조사'를
실시하였고 이를 통해 조선의 관전과 황무지를 강점하였다. 뿐만 아니
라 수많은 농민들의 사유지까지도 몰수하여 농민들의 생활터전을 강탈
하였다. 유일한 생계 수단인 토지를 빼앗긴 농민들은 일제의 소작농으
로 전락하거나 유랑민이 되어 살길을 찾아 떠돌아다닐 수밖에 없었고
이러한 일제의 토지 약탈과 농민에 대한 가혹한 수탈은 조선에서 대부
분의 농민들을 토지로부터 유리·이탈되도록 만들었다. 중국 조선족 장
편서사시는 이러한 시대적 배경을 바탕으로 일제에 의해 땅을 빼앗기
고 국경을 넘어 중국 만주지역으로 삶의 터전을 옮긴 이주 조선인[19]들

---

18) 최우길, 『중국조선족연구』, 선문대학교 출판부, 2005, p.91.
19) 중국 동북지역으로 이주하여 정착한 조선 농민들에 대해서는 '재중동포', '재중
    한인', '재만한인', '재만조선인', '이주 조선인' 등 약간씩의 차이를 지니며 혼용
    되고 있다. 때문에 본고에서는 1949년 중화인민공화국 건국에 따른 연변조선족
    자치주 성립 이전의 이들에 대한 명칭을 '재만조선인'으로 통칭하고 시기별 논
    의 전개에 따라 약간의 구분을 지어 언급하고자 한다. 이때 '재만조선인'이란 19
    세기 중엽 이후 조선에서 만주로 이주해 와 정착한 조선인을 의미하는 것으로
    '재만조선인 문학'이란 만주에 살고 있는 재만조선인 사회를 기반으로 그들의
    생활과 정서를 반영한 것이라는 김호웅의 견해에서도 그 의미 범주가 확인된

의 천입 과정과 개척사가 담겨져 있다.

> 잔밥들 거느리고/타발타발 찾아가는/다름아닌 저승길/눈물의 고
> 개-//(중략)//남의 집 헛간에/마감숨을 모두며/할아버지 남기신/한숨
> 의 유언,/-우리에게도 한떼기/제땅이 있었으면…/한더위 남의 땅에/
> 더위를 먹고/엄동설한 냉돌에서/골병이 들어/눈 못감고 돌아가신/우
> 리 아버지/피타는 한가슴/겨불내 뿜으며/-가난이 원쑤로다/땅없는
> 신세!/(중략)

> ― 김철, 『동틀 무렵』(1978)

> 슬프도다 그 사연/화전골과 그 래력-/먼-먼 옛날부터/우리의 조상
> 들/전생에 그 무슨/죄를 졌기로/천석벌 만석벌/다 버리고/두더지 땅
> 뚜지듯/산전만 파며/산으로 산으로만/쫓기며 살아야 한단 말인가/(중
> 략)

> ― 김철, 『새별전』(1980)

위 작품들에는 일제에 의해 집과 땅을 빼앗기고 땅을 찾아 국경을 넘
어 화전민과 유이민으로 지내야 했던 이주 조선인들의 생활 모습이 그
대로 담겨 있다. 굶주림과 착취를 벗어나고자 고향과 조국을 등지고 만
주로 옮겨 간 조선인들은 이주 초기 화전민으로 생계를 연명하고 경작
할 땅을 찾아 각지를 떠돌며 생존을 위협받아야 했다.[20] 경작할 수 있는

다.(김호웅, 『재만조선인 문학연구』, 국학자료원, 1998, p.6) 다음 '이주 조선인'이
란 한반도를 벗어나 중국동북지역에 새로 정착하게 된 이주 초기의 농민들을
지칭하는 것으로 논의 전개의 필요에 따라 이주민으로서의 모습이 부각된 명칭
이며 '조선족'은 1949년 중화인민공화국 건국과 연변조선족자치주 성립 이후의
재만조선인을 통칭하고자 한다.
20) 조태흠, 「조선족 구전민요에 나타난 삶의 모습과 의식」, 김승찬 외, 『중국조선족
문학의 전통과 변혁』, 부산대출판부, 1997, p.282.

땅을 찾아 정처 없는 이주의 길을 떠나야했던 이들에게 현실은 목숨을 담보로 한 저승길처럼 눈물 나고 힘겨운 것이었다. 위 작품들은 조상 대대로부터 농경공동체를 이루며 정착민으로 살아왔던 조선인들에게 땅이 갖는 의미와 이에 대한 갈망이 얼마나 절실한 것이었는지 느끼게 해준다. 이들에게 '땅'은 가난과 굶주림을 벗어나 정착된 생활을 보장 해줄 수 있는 삶의 수단임과 동시에 일제의 식민지 수탈에 의해 훼손된 삶을 회복시켜줄 수 있는 절대적 대상이다. 일제의 토지 약탈로 인해 만주로 건너간 농민들의 토지(혹은 농사와 땅)에 대한 애착과 집념은 후에 지주와 소작농과의 불평등한 관계를 벗어나고자 적극적인 저항을 펼치며 '감조감식투쟁'(리욱, 『풍운기』)과 1930년 5·30 민중 봉기 및 1931년 가을의 '추수투쟁', 이듬해 봄에 전개된 '춘황투쟁'(김성휘, 『장백산아 이야기하라』)과 같은 민중봉기와 항일투쟁으로 이어진다. 또 해방 후에는 토지 소유권을 인정하지 않는 국민당에 맞서 토지 소유를 인정해 주는 중국 공산당과 함께 인민해방군 전선에 참여하는 직접적 계기로 작용하기도 하였다.

한편 인구 면에서 다수를 차지하며 자신들의 집거지를 형성하고 힘겹게 정착한 이들의 개척 과정은 일본과는 물론 만주인들까지도 대립해야 하는 힘겨운 투쟁의 연속이었다. 초기 이주자들은 먼저 정착을 위해 험난한 자연 환경과 열악한 지리적 조건에 적응해야 했다. 영하 40도를 넘는 추운 겨울을 나며 척박한 땅을 개간하고 풍토병을 이겨 내야 했으며 만주족 지주의 횡포와 일제의 조직적 착취도 감당해 내야만 했다.

범두네 외가친척 김덕수/3년이나 장예를 걸머지여/금년 가을에 갚지 못하면/최지주집 머슴으로 잡혀간단다//막다른 골목에 이른자 덕수뿐이랴/이 마을 40여 호 빈농들/20여 호 고 고농들/그중 10여 호는

머슴살이 문서에 치부되였다//(중략)//해마다 풍년드는/옥트 송림평
이라/논과 밭에/오곡이 우거졌거니/손에 장알이 박히도록/가을을 다
하고 나면/마지막 손에 남은 것/그것은 낫 한가락뿐이다//늦가을 10월
도 초순이라/송림평 10리 벌 논과 밭/황금빛 오곡이 고개 숙였는데/올
해의 추수는 총칼로 무장한다//(중략)

- 리욱, 『풍운기』(1981)

위의 작품은 당시 이주 조선인들이 처한 착취와 수탈의 과정이 사실
적으로 그려져 있다. 어려운 환경과 싸우며 원시림과 황무지를 개간해
놓으면 이러한 땅에도 모두 주인이 있어, 지주들에게 땅을 빼앗기거나
소작료란 명목으로 착취당하여 농민들은 여전히 극빈한 생활을 할 수
밖에 없었다. 농사를 지어도 높은 소작료와 고리대금으로 해마다 이자
가 쌓여가고 제때에 갚지 못하면 머슴살이를 대신해야 했다. 그러다보
니 경작지의 풍년에 관계없이 농사지은 것은 지주나 일제에 빼앗기고
빈궁한 살림살이가 계속되었다. 특히 농지 개척을 위한 수전을 개발하
고 확대하는 과정에서 만주 지주 관료들의 약탈과 횡포는 더욱 심하여
이주 조선인들은 일본과 원주민인 만주인 모두에게 착취와 수탈의 대
상이었다. 진펄을 갈아번지고 물도랑을 빼고 강물을 끌어 들여 수전을
일구어 놓으면 지주와 일본세력들은 악랄한 방법으로 이들의 땅과 재
산 소유권을 박탈하고 변경 밖으로 쫓아냈다.[21] 때문에 많은 조선인들
은 자신의 피땀으로 개간한 땅을 빼앗긴 채 비참한 생활을 지탱해 나갔
다. 이같은 열악한 상황은 점차 중국인 지주와 일제와의 정치·경제적 대
립과 갈등에 따른 소작농의 대립격화라는 여러 가지 모순에 직면하게
되었고 1920년대 이후 무장투쟁의 양상으로 전개되었다.

---

21) 조성일·권철, 앞의 책, p.24.

조선족 장편 서사시에 나타나는 이주 초기 유이민으로서의 힘겨운 삶과 동북 변강 개척의 이야기는 오늘날 중국 조선족의 기원이 일제의 압제와 침략, 독립에 대한 열망 등에 의해 만주로 정착한 이주 조선인들에 의한 것임을 확인시켜 준다. 유이민으로 겪어야 했던 고달프고 비참한 삶은 이 시기 이주 조선인 모두가 경험해야 했던 공동의 체험으로서 오늘날 조선족 형성의 배경과 역사를 설명해 준다. 아울러 이주 초기 만주 지역의 지주들과 일본 세력에 대항하여 일궈낸 반제·반봉건 투쟁 및 만주 개척사는 이후 중국 공산당과 함께 항일 무장투쟁을 이끌어 내는 재만 조선인들의 강한 생명력과 민족적 역량으로 자리하여 자신들의 독자성과 정체성을 형성하고 다져 나가는 기반이 되었다.

3. 항일무장 투쟁 및 중국 공산당과의 연계

중국 조선족 장편서사시에 항일무장투쟁의 무대가 되는 만주지역은 고대부터 우리 민족의 활동무대였고 근대 이후 많은 조선인들이 이주하여 또 하나의 한민족 사회를 형성한 지역이다. 특히 북만주 간도지방은 청의 봉금령이 폐지된 후 조선인의 이주가 자유롭게 진행되면서 주로 이들에 의해 개발된 곳이다. 그러나 1909년 '간도협약'으로 이 지역이 중국 영토에 공식 편입된 뒤 중국인 이주자가 증가하고, 1910년 한일합방 이후 조선인 이주자들 또한 늘어나면서 기존의 정착민들은 점차 어려운 국면에 처하게 되었다. 대부분의 서사시에서 작품의 배경이 되는 1920-30년대 항일무장투쟁과 민족운동은 중국 군벌정권과 일제의 침략 및 지배정책에 대한 이중적 착취와 대립 관계 속에서 시작되었다. 1920년대 후반 간도지방의 조선인은 중국관헌의 압박과 횡포, 중국인

지주와의 대립, 그리고 일제의 수탈과 탄압에 대한 저항이라는 대결구
도에 직면해 있었다. 특히 1925년 마쓰이 협정(三矢協定)22) 이후 노골화
된 일제 및 중국 군벌정권의 탄압과 박해는 조선인들을 더욱 어렵게 하
였고 조선인 사회 내부에서의 계급분화에 따른 지주와 소작농의 갈등
도 악화되고 있었다. 서·북간도의 재만 조선인들은 일 년 내내 힘들여
농사를 지어도 중국인 지주에게 내야 하는 높은 소작료 때문에 다시 중
국인의 고리대금을 차용하지 않으면 안 되었고 한번 빚을 얻으면 고리
채의 악순환에서 벗어나지 못한 채 극도의 빈곤상태로 지내야 했다. 여
기에 일제의 무력 탄압과 이한제한(以韓制韓), 이화제한(以華制韓) 등의
지배정책은 경제적으로 동양척식회사 등을 이용한 토지약탈을 통해서,
그리고 문화·교육부분에서는 치외법권과 영사재판권을 적극 활용하여
조선인들을 이용하고 통제하였다.23) 김철의『동틀 무렵』1장에는 중국
인 땅달보 지주에게 진 빚을 갚지 못한 채 후처로 들어간 말순 모녀의
비극적 이야기가 들어있다. 빚진 돈을 갚지 못하고 어쩔 수 없이 땅을
빼앗긴 남편 덕상은 억울함을 관청에 호소하나 도리어 곤장 100대를 맞
고 죽다 살아나며, 지주의 학대를 견디지 못한 말순의 어머니는 결국 강
에 몸을 던져 자살하고 만다.

<blockquote>철마다 장예를 먹고 살아가는 신세/빚은 자꾸만 문서에 불어가고/</blockquote>

---

22) 마쓰이 협약이란 1925년 조선총독부 경무국장 미쓰야 미야마쓰(三矢宮松)와 중국
  둥산성(憧三省)지방 장쭤린(張作霖)이 체결한 조선인 인도 규정에 관한 협약이다.
  당쭤린은 만주에서 한국인 독립운동자를 체포하면 이를 반드시 일본영사관에 넘
  길 것, 일본은 독립운동자를 인계받는 동시에 그 대가로 상금을 지불할 것, 상금
  중의 일부는 반드시 체포한 관리에게 주도록 할 것 등을 내용으로 한다. 만주의
  관리들은 이후 독립군 적발에 혈안이 되었으며 그 결과 만주 독립군 기세는 약
  화되었으며 무고한 조선인인 농민들까지 많은 피해를 입게 되었다.(김영범, 「1920
  년대 중반 민족혁명운동의 한중연대와 의열단」, 『한국학보』21, 1995, p.229)
23) 장세윤, 앞의 책, p.51.

리자에 리자가 덧붙어 3년만 넘으면/지주집 한뉘 머슴군 되는구나//
지주집 대문에는 ≪적당상≫ 편액을 걸고도/밤낮 빼앗을 흉계만 꾸
며내면서/뉘 집에 어여쁜 딸만 있으면/그 집 빚은 허양 늘어간다//장
예에 장예가 덧붙고/리자에 리자가 덧붙으니/제 몸을 팔고 자식마저
팔아도/무시로 늘어가는 빚은 갚을 길이 없더라//고리대금업자 뚱뚱
보 최지주는/해마다 돌담안 창고가 늘어가고/게다가 한간이자 주구
인 최가놈은/해마다 사랑채에 애첩이 불어갔다//(중략)

– 리욱, 『풍운기』(1981)

이러한 내용은 리욱의 『풍운기』에서도 한인 최 지주가 인상된 소작
료를 갚지 못하는 덕수네에 으름장을 놓으며 딸 계월이를 애첩으로 앉
히고자 흉계를 꾸미는 내용에서도 드러난다. 당시 벼농사는 재만 조선
인 농민들의 주된 생업으로 비교적 많은 수익을 주었지만 간도지방은
산이 많고 기후가 한랭하여 콩과 옥수수, 조 등 잡곡의 경작비율이 압도
적으로 높은 곳이었다. 이 가운데 콩은 만주의 특산물로서 1920년대 이
후 수출이 급격히 늘어나고 경작면적이 확대되었다. 하지만 1929년 세
계대공황의 영향으로 쌀값 및 곡물의 가격이 크게 떨어지며 조선인농
가는 큰 타격을 받게 되었다. 이에 따라 지주와 소작인의 계급적 대립이
심화 확대되었고 공황의 파급으로 생활이 어려워진 조선인 농민들이
중국인 고리대자본이나 동양척식회사와 같은 상업 고리대자본을 통해
영농이나 생활자금을 빌려 쓰는 경우가 많아져 이들에 대한 예속이 더
욱 심화되었다. 거기에 곡물의 유통과정이 일본상업자본의 뒷받침을
받는 곡물상과 중간 상인들에 의해 장악됨으로써 농민들은 더 많은 피
해를 보아야만 했고 이러한 과정 속에서 조선인 농민들은 실질적 생존
권을 박탈당하며 빈농으로 극심한 빈곤에 시달리거나 소작인으로 전락
했다.[24] 이주 당시부터 반일감정이 강했던 조선인들은 그러한 경향이

더욱 높아질 수밖에 없었다. 지주 및 일본군에 대한 원한 및 증오의 감
정은 작품 속에서 '승냥이떼', '원쑤', '개놈'(『장백산아 이야기하라』),
'독사', '염왕-염라대왕'(『풍운기』), '불개미떼', '사무라이 놈들', '불여
우', '원쑤의 쌍판'(『동틀 무렵』) 등 노골적이고 직접적으로 표현되어 이
들의 감정을 대변한다. 결국 당시 이러한 사회·정치적 상황과 연건 속에
서 대다수의 재만조선인들은 계급적 평등과 반제(반일본)투쟁을 주요
구호로 내세우는 사회주의 사상에 점차 공감하게 되었고 중국인 및 지
주에 대한 투쟁과 일제에 항거하는 무장투쟁운동을 전개하게 되었다.
이 무렵부터 만주지역에서 전개된 조선인들의 대중봉기는 열악한 사
회·경제적 처지와 봉건적 군벌 및 지주계급의 압박과 수탈, 일제의 침략
이라는 여러 가지 동기가 융합되어 촉발된 것들이라 할 수 있다. 특히
1930년 간도 5·30 봉기와 추수투쟁 그 다음 해에 이은 춘황투쟁 등은 조
선공산당 만주총국과 중국공산당 만주성위원회의 영향력이 적절히 결
합하여 전개된 대중 봉기로 이후 만주 조선인 공산주의운동에 큰 전환
을 맞게 되었다.25) 그리하여 1930년대 봄부터 재만조선인은 조공당 만
주총국과 중공당 만주성위의 영향력 아래 각종 농민협회, 반제동맹, 반

---

24) 조선족략사편찬조, 앞의 책, p.75.

25) 5·30봉기는 1930년 29~31일에 걸쳐 연변지역에서 집중적으로 전개된 항일민중
투쟁의 하나로 현재 중국 연변학계에서는 이를 붉은 5월투쟁이라 하여 1930년
부터 계속된 대중투쟁의 한 범주로 개념화하고 있다.(조선족략사편찬조, 앞의책,
p.103) 주로 야간에 이루어졌으며 선전문 살포, 일본 영사관을 습격, 친일파단체
의 학교 및 동양척식주식회사 출장소 등에 대한 폭탄 투척, 지주와 고리대금업
자의 양식 몰수 및 소작증서 등을 불태워버린 사례가 있다. 추수투쟁은 1931년
가을 연변의 농촌지역에서 농민들이 소작료와 이자를 인하하기 위한 투쟁을 가
리키며, 춘황투쟁은 1932년 봄 연변지방의 조선인 농민들이 중심이 되어 일으킨
반제·반봉건 투쟁운동을 말한다. 이러한 일련의 민중봉기들은 중국공산당의 주
도하에 진행되었지만 각종 재난과 악화된 식량 사정이 겹쳐 재만조선인들이 중
심이 된 투쟁이었다. 이후 재만조선인들이 중공당에 적극적으로 가입하게 되었
으며 만주지역 조선인민족운동의 흐름이 민족주의 계열에서 사회주의 계열로
넘어가는 주요한 계기가 되었다.(장세윤, 앞의 책, pp.195-207 참조)

일청년회, 부녀회 등 혁명적 대중조직을 조직하고 지주, 고리대금업자, 봉천 군벌 및 경찰 등에 대한 투쟁을 벌이기 시작했다. 만주지역 조선인 무장투쟁세력의 투쟁 형태는 대규모 정규전 보다는 소규모 부대로 각지를 이동하며 적을 타격하는 유격전(비정규전) 방식을 주로 채택하여 유격대나 동북인민혁명군(동북항일연군)의 일원으로 투쟁을 벌였다.[26] 서사시 작품 중 김철의 『동틀무렵』에 나오는 주인공 덕삼이와 리욱의 『풍운기』에 등장하는 범두 그리고 김성휘의 『장백산아 이야기하라』의 청송이 모두 지주와 일제의 수탈에 맞설 것을 결심하고 항일무장투쟁에 몸담는 유격대원들로, 조선족 장편서사시의 주된 내용은 모두 이들의 치열한 저항과 투쟁의 삶을 바탕으로 하고 있다.

> 우리는 유격대 인민의 빨치산/붉은기 휘날리며 총칼들고 나간다/장백산하 크고 넓은 산과들/우리네 빨치산 활무대라네//일제놈들 쳐부수고/자유독립/찾으리라/만대자손 행복위해/판가리사움 나아간/(생략)

> — 리욱, 『풍운기』(1981)

> 머리우엔 인민의 신음소리/땅우엔 왜놈의 채찍자리/하늘과 땅사이엔 피어린 안개/우등불은 그 공간을 태우고 있다//신음하는 고향에 대하여/짓밟힌 조국에 대하여/승리의 래일에 대하여/전사들은 이야기하였다/(중략)/동무들/모의원께선 친히 양사령을 파견하시어/일본제국주의발톱아래서 사우는/우리 장백항일군을 령도하시게 하였//
> <<모위원이시여, 모위원이시여!/당신은 장백산과 천만리를 떨어져

---

26) 이는 재만조선인 사회나 중국 측 항일의용군 세력이 대규모 병력을 유지할 만한 여건을 갖추지 못한 점과 자체 내의 운동 역량이 미흡했던 점 때문으로 볼 수 있다. 그러나 이들은 철저히 대중을 바탕으로 한 투쟁방식을 고수하여 많은 성과를 올릴 수 있었고 적의 탄압이 가중되는 상황에서 비교적 오랜 기간 생존할 수 있는 이점으로 작용하기도 하였다.(조선족략사편찬조, 앞의 책, p.102)

계셔도/장백산에 항쟁의 우등불을 지펴주시고/우리의 마음을 덥혀
줍니다/우리를 승리에로 이끄십니다>>/(생략)

- 김성휘, 『장백산아 이야기하라』(1979)

위 작품들 속 이야기에는 만주 조선인들이 어떠한 상황과 처지 속에
서 항일무장투쟁에 참가하고 사회주의 세력과 연대하여 공동투쟁을 도
모하고자 했는지 밝혀 준다. 기본적 생존권조차 보장받지 못한 채 비참
한 생활을 해야 했던 이들이 착취 계급을 뒤엎고 인민의 해방을 찾아 만
대자손 행복을 누리고자 했던 바람은 언제가 반드시 복원되고 재구성
되어야 하는 절대적 이상이었다. 조선인들의 열악한 사회·경제적 처지
와 중국 군벌정권의 탄압 및 일제의 수탈 등에 부응하여 반제·반봉건운
동, 즉 민족해방운동과 계급투쟁적 성격을 동시에 표출했던 중공당의
전략적 의도는 당시 재만조선인들에게 상당한 호소력을 가지는 것이었
다. 이 때문에 조선인들은 큰 희생을 치르면서도 급박한 생존문제와 관
련하여 1931년 초까지 계속된 일련의 봉기에 대거 가담하고 유격대와
무장봉기에 참가하게 되었다. 이들은 당 조직은 물론 일제의 침략에 항
거하는 항일유격대와 동북인민혁명군(동북항일연군) 등 항일무장투쟁
에 대거 참가하여 많은 성과를 거두었다. 이 즈음부터 이 지역에서 직접
'조선독립'을 표방하는 민족운동은 거의 사라지게 되었는데 이중 삼중
의 각종 수탈과 압박, 그리고 경제 불황의 와중에서 재만조선인들은 막
연한 '조국의 독립과 해방'이라는 이상보다는 급박한 생존의 문제에 매
달릴 수밖에 없었기 때문이다. 특히 1931년 9·18 사변 이후로 재만 조선
인 농민과 사회주의자들은 한·중 양 민족의 연대에 의한 반제연합전선
이라는 공동투쟁을 실현하게 되었고, 조선인 사회주의 운동은 중국공
산당 만주성위원회 산하 무장조직으로 형성, 발전되었다. 만주지역에

서 조선인들이 중심이 된 일련의 봉기와 투쟁은 1940년대 초반까지 이 지역을 사회주의 계열에 의한 항일 무장투쟁 세력의 중심지역이 되게 함으로써 해방 후 중국공산당이 국민당을 물리치고 이곳을 장악할 수 있는 기초를 제공하였다. 연변조선족자치주의 성립 배경에는 이같은 일련의 상황과 그 과정에서 많은 조선인들이 참가하여 무시 못 할 공적을 쌓았던 동기가 크게 작용했다고 볼 수 있다. 이는 곧 항일무장투쟁 과정에서 중국공산당이 제기한 '민족자치의 원칙'과 실현이 항일투쟁과 중국 공산당 참여라는 재만조선인들의 혁명전통과 결합되면서 오늘날 조선족 자치주 성립의 기반을 제공한 커다란 의미를 지닌다. 이처럼 중국 조선족 장편서사시에는 이 시기 재만조선인들이 사회주의적 항일 무장투쟁에 참여하고 중국 내 조선족으로 변모되어 가기까지의 역사적 체험과 저항의 이야기가 사실적으로 재현되고 있다.

4. 민족적 정서 표출과 공동체적 삶의 희구

중국 조선족의 개념에는 우리 민족의 특징을 보이고 중국 국적을 취득하여 중국의 공민이 된 민족 성원으로서의 의미가 담겨있다. 주로 일제강점기 때 중국으로 유입된 조선인 이주민에서 시작된 조선족은 압록강과 두만강을 건너 만주지역을 개간하고 정착하였으며 반제·반봉건 투쟁에 앞장서 중국과 조선의 해방에 중요한 공헌을 하였다. 중국에 거주하는 한민족이라는 이들의 특수한 상황은 중국 관헌 및 봉건수탈세력과 함께 일제로 인한 이중의 통제와 탄압을 받으면서 항일투쟁과 사회주의 혁명투쟁에 앞장서게 하였다. 이 과정에서 중국공산당과 함께 사회주의 체제건설에 동참하게 되었던 재만조선인은 건국 과정에서의 공로를 인정받아 연변조선족자치주 설립의 기반을 다질 수 있었다. 따라서 조선족의 역사는 한민족이라는 혈통적 근간과 민족적 정체성을 바탕으로 하여 중국에 살고 있는 소수민족으로서의 역사라 할 수 있다. 앞서 언급된 바와 같이 민족 공동의 역사적 체험을 효과적으로 담아낼 수 있는 대표적 시가 양식이 서사시라고 할 때 조선족 장편서사시에는 유이민에서 시작된 이들의 삶이 조선족이라는 이름으로 새로운 국가체제에 편입되기까지의 이야기들이 상세히 담겨져 있다. 김성휘의 서사시 『장백산아 이야기하라』의 머리시에는 "장백산아 이야기하라!/ 눈물로 갈한 목 추기면서도/ 풀뿌리로 끼니를 에우면서도/ 그이들은 어찌하여 그처럼 호탕히 웃었더냐// 천리 눈보라를 뚫고 천년 안개 헤쳐/ 영웅들이 피흘리며 부른 노래를/ 자랑과 긍지에 찬 목청으로/ 노래하련다, 울며 또 웃으며// 내 노래 거칠지만/ 어머니조국에 바치는 정성이니/ 산아, 가슴헤쳐 메아리쳐라/ 전해다오 나의 노래를/ 사랑하는 독자앞에!" (김성휘, 『장백산아 이야기하라』)라며 자신이 쓴 장편서사시의 창작의도를 밝히고 있다. 조국을 잃고 생존의 기로에 서서 고향을 등져야 했던 재만조선인들의 고난과 힘겨운 삶은 조선족 장편서사시의 주된 내용을 이룬다. 오늘날 조선족의 현재는 과거 이들의 희생과 투쟁이 있었기에 가능한 것이기도 하다. 시인은 작품의 서두에서 이 점을 되새기며 자신이 '역사의 견증자'가 되어 지난날 '영웅들이 피 흘리며 부른 노래'를 '어머니 조국'(모국)에 전할 것을 천명하고 있다. 이것은 조선족 장편서사시가 사회주의적 창작 방법론에 입각한 당위적 장르로서만이 아닌 자신들의 내면에 자리한 민족적 특성과 정서, 공통체적 삶에 대한 염원을 담아낼 수 있는 문화적 기억물로서의 의미를 내포하는 것이다. 이는 작품에 드러난 이들의 항일의식을 통해서 확인된다.

　기박한　팔자/어지러운　세월/간을　서늘하고/가슴이　메어지는구나!//아, 어머니 사랑만으로는 살아갈 수 없는 세상, 모진 생활의 시련 거쳐야만/가슴에 품은 큰뜻 이루려니//한숨과 눈물로 엉켜진 세상/헌병, 경찰, 한간, 밀정과 맞설 때마다//이 세상 언제나 뒤집힐가/하냥 범두의 가슴에 붙는 불길!/(생략)

– 리욱, 『풍운기』(1981)

　　1920-30년대 용정 일대에서 벌어진 항일투쟁을 작가의 체험과 사실에 근거하여 창작한 리욱의 『풍운기』에서 범두는 학비를 마련하고자 밤마다 거리를 맴돌며 엿을 판다. 학생 신분으로 마땅한 돈벌이가 없어 엿을 팔러 다니는 범두는 '주렁진 백촉전등'에 기생들의 노랫가락이 흘러나오는 일본총사령관 앞을 지나다닐 때마다 가슴에 불붙는 일제에 대한 증오와 분노를 감추지 못한다. 삯일까지 해가며 일해도 가난을 벗어나지 못한 채 끼니를 걱정해야 하는 현실은 모두 일제의 수탈과 착취의 결과였다. 끝없는 빈궁과 고난, 한숨과 눈물은 항일의식을 싹트게 하고 투쟁의식을 고취시켰다. 리상각의 『만무과원 설레인다』에는 항일하다 왜놈에게 부모가 살해되고 고아로 남겨진 소년이 폭탄을 강낭떡으로 위장해 왜놈들을 처단하고자 항일유격대를 찾아가는 비장한 이야기가 실려 있다.

　　항일하다 부모는 왜놈에게 살해되고/정든 고향집은 잿더미로 되여/일가친척 하나 없는 고아라 말하자/로인은 소년을 와락 끌어 안았다//내 아들도 놈들에게 잡혀가/군도에 얻어맞아 죽었단다/땅을 치고 하늘을 원망해도 소용없는/망할놈의 세상은 언제 가면 끝나겠니?"/(중략)승냥이 울부짖고 눈보라 사나운데/가면 네가 어디로 간단 말이냐?/승냥이 울부짖어도 나는 가야해요/눈보라 사나와도 나는 가야해요//그러니 저는 곧 떠나야지요/중하고도 중한 임무 걸머졌어요/왜

놈들을 깡그리 몰아내는 날/우리 다시 만나서/즐겁게 살아요/(생략)

– 리상각, 『만무과원 설레인다』(1980)

일제에 나라를 빼앗기고 갖은 수탈과 압제에 못 이겨 이주의 길을 떠나 이국땅에서 삶을 살아가야만 하는 재만조선인들에게 일제는 이러한 모든 고난의 원천이자 시작이었다. 자신들이 경험한 삶은 이들로 인해 생겨난 것이고 그러한 희생의 결과이기 때문이다. 산 속 깊은 곳 유격대를 찾아가다 길을 잃고 쓰러진 소년을 구해준 노인은 이미 항일투쟁에서 아들을 잃은 가슴 아픈 상처를 가지고 있다. 죽은 자식을 떠올리며 함께 살자고 하지만 소년은 한사코 거절하며 폭탄을 들고 일본군을 무찌르러 길을 떠난다. 재만조선인에게 가해진 착취와 수탈 그리고 유격대 토벌작전으로 희생된 이름모를 항일열사들의 죽음에 이르기까지 일본에 대한 증오와 저항은 세대를 통해 이어지며 체험해야했던 비극적 역사의 대물림이었다. 항일에 대한 감정은[27] 일제의 침략이 노골화되자 단순한 원망이나 비판을 넘어서 자연스럽게 반일의식에 기반을 둔 항일투쟁으로 이어지게 되었고, 일제의 만행을 더 이상 피할 수 없는 이들의 생존방식은 투쟁하고 맞설 수밖에 없는 것이었다.

중국 조선족 장편서사시 작품 속에는 이처럼 사회주의 의식이 싹트기 이전부터 민족 전체에 파급되어 자리한 반일감정과 항일의식이 강하게 표출되고 있다. 일제의 침략에 저항하고 투쟁하면서 새로운 삶을 개척한 이들의 체험은 역사적 삶의 현장에서 재만조선인 모두가 겪어야했던 집단기억[28]으로 자리하여 작품 속에서 특정집단의 정체성을 구

---

27) 조태흠은 중국조선족에게는 항일에 대한 본능적 인식이 자리하며 이러한 모습은 생활 속에서 전승되는 구전민요에서 두드러지게 나타난다고 언급하였다.(조태흠, 앞의 책, p.299)

체화하고 공고히 하는 역할을 한다. 또한 서정과 서사의 유기적 통합을 이루는 서사시 양식을 통해 민족 전체의 공감을 확보하며 형상화 된 장편서사시는 조선족으로 하여금 자신들의 민족의식을 자각하고 실체화하는 현재적 의미를 수반한다.

흔히 조선족 민족 정체성의 핵심요소로 민족 언어와 집단 정착 방식을 지적한다.[29] 실제로 조선족의 민족적 정체성과 공동체 의식은 한반도와 동북지방 일대를 주 무대로 오랜 기간 동안 같은 언어와 문화, 혈통을 바탕으로 '동류의식'을 형성함으로써 가능했던 것이라 할 수 있다. 황무지를 개간하여 함께 농사를 짓고 부락을 이루어 촌락 공동체를 형성하고 살았던 재만조선인은 이주 초기부터 그 곳에 거주하던 한족이나 만주족과는 거주지역이나 생활세계를 달리하며 자신들만의 농촌공동체를 이루고 살았다. 이들의 촌락공동체는 바로 생산과 생활 공동체로서의 의미를 지님과 함께 정서적·혈통적 공동체로서의 의미까지도 함의하는 것이다. 이러한 양상은 1949년 중화인민공화국 건국 이후에도 연변조선족자치주가 인정됨에 따라 대부분의 재만조선인들은 조선족 마을에 모여 살면서 뚜렷한 민족적 정서와 문화를 공유할 수 있었다. 중국 내 소수민족으로서의 조선족이 중국 사회의 변천이라는 거대한 역사적 흐름 속에서 부침을 거듭하면서도 자신의 사회공동체를 형성, 유지해 올 수 있었던 이유에는 동북 3성(흑룡강성, 요녕성, 길림성)과 연

---

28) 기억의 사회성을 처음 지적한 알박스에 의하면 기억이란 한 주체가 자신의 과거를 자신의 현재와 관련짓는 정신적 행위 및 과정으로, 과거를 지나간 것으로 확정지으면서도 과거의 시간적 지위를 변화시키는 행위를 말한다.(김영범, 「알박스 Maurice Halbwachs의 기억사회학 연구」, 대구대학교 사회과학연구소, 『사회과학연구』6집3호, 1999, pp.557-594) 그에 따르면 기억은 '사회적 구성틀'을 통해서만 매개되며 오직 그 내부에서만 유효한 것으로 이를 기반으로 한 '집단기억'이란 이와 같은 방식으로 그 집단 구성원들에게 자신들을 여타의 집단과 구별지우는 특수한 정체성을 제공한다.(전진성, 『역사가 기억을 말하다』, 휴머니스트, 2006, p.49)

29) 최우길, 앞의 책, p.59.

변지역에 농촌공동체를 형성하여 민족적 동질성과 문화적 전통을 유지, 보존할 수 있었던 점에 기인하는 바 크다. 본토와 연결된 혈연적 유대관계와 동일한 문화적 전통 및 언어 사용은 작품 속에 직접적으로 반영되어 이들의 민족적 정서와 공동체적 삶의 모습을 그대로 담아내고 있다.

- 김성휘, 『장백산아 이야기하라』(1979)

조성일은 『시론』에서 서사시란 고유한 특징으로 운율화되고 서정성이 풍부한 시적언어로서, 작품 속 서정토로와 인물과의 대화는 서정적 묘사와 감동의 울림을 통해 현실생활의 모습을 사실적으로 드러내는 것이라 하였다.[30] 작품 속 윗부분은 일제의 수탈과 착취로 인해 오고가는 사람의 왕래조차 끊긴 채 '얼어죽은 시체마냥' 피폐화된 마을의 모습을 상징적으로 묘사하며 그리고 있다. 지주네 부잣집 개만 배불리 먹고 트름하는 이질적 풍경의 대비는 먹고 살 것이 없어 죽어가는 이들의 궁핍한 생활상과 함께 일제에 대한 한 맺힌 심정을 느끼게 해준다. 고국의 땅과 고향을 버리고 살길을 찾아 국경을 넘어 만주로 이주해 왔지만 이곳에서도 일제의 가혹한 수탈은 여전히 계속되었고 작품 속 아리랑 민요는 우리 민족의 이같은 실상을 전통적 운율과 민족 언어를 통해 효과

---

30) 조성일, 앞의 책, p.54.

적으로 드러내고 있다.

특히 혈육과 고향에 대한 향수는 전래의 풍속과 풍물, 음식과 놀이 등을 통해 내면화된 민족적 정서와 공동체의식을 드러내고 있다. 김철의 『새별전』에는 이러한 민족 특유의 풍속과 풍물, 다양한 음식과 옷차림 등이 많이 등장한다. 홍두깨가 새별이를 빼앗으러 오는 날 밤, 냉수 한 사발을 상 위에 떠 놓고 장수와 새별이를 혼인시키는 장면에서는 전래되어 온민족 고유의 떡이름과 상차림 음식 이름이 가득하다. "썰어괴인 편육붙이/ 달과 같이 두리둥실/ 구워놓은 닭알지짐/ 군침돌게 보골보골/ 지저놓은 전골지짐/ 대양푼엔 가리찜/ 소양푼엔 영계찜/ 양률둑밤에 건시곶감/ 두적포적은 육포적/ 큰 목기에 가려놓은 갈비짝도 푸짐한데" 등으로 열거되며, 또 "예로부터 항간엔/ 재미있는 풍속많아/ 정월이라 보름날엔/ 오곡밥을 지어먹고/ 첫사람깬 더위팔기/ 귀밝이술/ 나눠먹기/ 부럼 깨물기도 우습거니와/ 연띄우기 널뛰기도 좀 좋으랴// 오월단오 추천놀이/ 씨름판도 가관이라/ 온 동네 떨쳐나서/ 명절차비 서두누나"(김철의 『새별전』)에서 보이듯 전통의 민요조 가락에 민족 고유의 풍속과 풍물을 인용하며 민족적 정서와 공동체적 삶에 대한 이상적 모습을 노래하고 있다.

민족이란 제한되고 주권을 가진 정치공동체이자 떨어져있으면서도 서로 동일하다는 믿음에 의해 사회적 실재를 이루는 상상의 공동체[31]라면 중국이라는 새로운 국가 체제에 편입되었을지라도 동일한 혈통과 언어를 토대로 집단을 형성하고 있는 조선족 역시 민족적 공동체의 범주를 형성한다. 조선족 장편서사시에는 이처럼 반일적 정서가 반영된 항일의식이 내재되어 있으며 집단 공동체 생활을 통한 정서적·혈통적

---

31) Benedict Anderson, 『상상의 공동체』, 나남출판, 2002, p.25.

유대감이 바탕이 되어 민족적 정서와 문화적 동질감을 드러내고 있다.

5. 맺음말

19세기 이후 일제의 정치적 탄압에 의해 간도와 만주 등지로 이주와 유민의 역사를 거듭하며 정착해 온 조선족은 해방 후 중국공산당과 함께 국민당에 맞서 싸우며 사회주의 혁명 과정에 적극적으로 동참했던 공로를 인정받아 중국 내 소수민족의 하나로 편입되는 역사적 편입과 정을 밟게 되었다. 1949년 중화인민공화국이 세워지고 1952년 마침내 '연변조선족 자치주'가 승인되면서 조선족은 중국이라는 새로운 체제에 편입되게 되었다. 조선족은 이때부터 중국 내 소수민족이라는 한 조성 부분을 이루며 중국의 정치적 영향과 사회주의 문화정책을 따르게 되었다. 조선족 문학 역시 당의 정책과 지침이 반영된 문학 활동으로 전개 되었고 이같은 경향은 '중국 조선족 장편 서사시'의 양식 발생 및 창작동기의 배경으로 작용하였다.

본고에서는 조선족 장편서사시에 담긴 역사적 체험 양상과 특성을 대략 세 가지로 나누어 살펴보았다. 먼저 이주 초기 유이민적 삶과 만주지역 개척에 관한 이야기에는 19세기에 들어와 본격적으로 유입되기 시작한 이주 조선인들의 고달픈 삶과 고난의 역사가 담겨져 있다. 이는 연변 조선족들이 과거 어떠한 동기와 배경으로 이곳 만주지역에 이주해 왔는지를 우리 민족의 수난사와 개척사를 통해 구체적으로 보여줌으로써 이주민족인 조선족의 기원과 형성과정을 드러내 주고 있다.

다음 항일무장 투쟁 및 중국 공산당과의 연계 내용은 중국 조선족 장편서사시가 정치적 투쟁의 수단화 즉 사회주의 문학방식에 의한 당위적 장르로서 갖는 특성을 가장 극명하게 보여준다. 만주지역에 정착한 이주 한인들이 봉건관료와 일제라는 이중의 압박과 수탈 속에서 항일의식을 고취하고 반제·반봉건 타도를 외치며 항일투쟁에 참여하게 되는 과정이 1930-40년대 만주지역의 정세 변화 속에서 상세히 그려져 있다. 당성, 계급성, 인민성이 문예창작의 기본으로 전제되는 중국사회주의 문예정책에서 장편서사시에 담긴 집단적 의식과 영웅주의는 사회주의 이데올로기를 효과적으로 반영시킬 수 있으며 이러한 문학원칙이 가장 잘 부합되는 장르로서 의미를 지닌다. 아울러 이들의 항일투쟁은 민족 독립운동과 중국 내 소수민족의 혁명운동사라는 두 가지 성격을 동시에 띠는 것으로 민족주의 운동에서 발전하여 사회주의 공산당 운동으로 전환되는 과정을 드러내 보여준다.

끝으로 조선족 장편 서사시에는 민족적 정서 표출과 공동체적 삶에 대한 갈망이 담겨있다. 앞서 살펴본 바와 같이 장편서사시에는 사회주의적 혁명 완성과 이상실현이라는 당위적 장르로서의 주제의식만 있는 것이 아니라 민족적 정서를 바탕으로 한 공동체적 동질감과 민족의식이 내재되어 있음을 알 수 있다. 이는 과거의 역사적 체험이란 '있어야 할 세계' 이전에 '있었던 세계'를 형성하고 재현하는 '집단기억'의 산물로서 이들의 작품에는 사회주의적 이데올로기의 고무 찬양적 내용과 함께 민족의 고유한 정서와 의식이 반영되어 있는 것이다. 따라서 상이한 민족과 국가라는 전제 속에서 자신들의 독자성과 정체성을 지속해오고 있는 이들에게 조선족 장편서사시는 중국 내 소수민족이라는 자신들의 정치·사회적 특수한 상황과 생활상을 반영하는 역사의 증거물이자 문화적 기록물로서 의미를 지닌다.

참고문헌

권기숙, 『기억의 정치』, 문학과지성사, 2006.

권철, 「중국 조선족 문학 연구현황」, 『아시아문화』13, 1997.

김상철·장재혁, 『연변과 조선족』, 백산서당, 2003.

김성휘, 『장백산아 이야기하라』, 흑룡강인민출판사, 1979.

김승찬 외, 『중국조선족 문학의 전통과 변혁』, 부산대출판부, 1997.

김시준, 『중국당대문학사』, 지식산업사, 1991.

김영범, 「1920년대 중반 민족혁명운동의 한중연대와 의열단」, 『한국학보』21, 1995.

김영범, 「알박스 Maurice Halbwachs의 기억사회학 연구」, 대구대학교 사회과학연구소, 『사회과학연구』6집3호, 1999.

김준오, 「중국 사회주의 문화정책과 중국 조선족 시가전통의 변모 양상」, 『한국문학논총』16집, 한국문학회, 1995.

김철, 『동틀 무렵』, 료녕인민출판사, 1978.

김철, 『새별전』, 민족출판사, 1980.

김태국, 「중국 조선족 역사 上限線 문제」, 『전주사학』 6집, 전주대학교 역사문화연구소, 1998.

리상각, 『만무과원 설레인다』, 흑룡강인민출판사, 1980.

리욱, 『풍운기』, 료녕인민출판사, 1981.

오세영, 『문학연구방법론』, 시와시학사, 1991.

윤병석, 『해외동포의 원류』, 집문당, 1995.

이광규, 「해외교포와 한민족 공동체」, 『총서 1(민족통합과 민족통일)』, 한림대학교 민족통합연구소, 1999.

이규태, 「중국 조선족 사회의 형성과정」, 『在外韓人硏究』, 재외한인학회, 2001.

장세윤, 『중국 동북지역 민족운동과 한국현대사』, 명지사, 2005.

장효문, 「한국현대서사시에 나타난 역사적 배경 연구」, 『국어국문학』95, 국어국문학회, 1986.

전진성, 『역사가 기억을 말하다』, 휴머니스트, 2006.

조선족략사편찬조, 『조선족략사』, 백산서당, 1986.

조성일, 『시론』, 한국문화사, 1996.

조성일·권철, 『중국조선족문학통사』, 연변인민출판사, 1990.

최삼룡, 「"장백산아 이야기하라"의 서정 특색」, 『문학예술연구』5, 연변문학예술연구소,
　　　　1980.5.

최삼룡, 『격변기의 문학선택』, 흑룡강조선민족출판사, 1995.

최우길, 『중국조선족 연구』, 선문대학교 출판부, 2005.

한상복·권태환, 『중국 연변의 조선족 : 사회구조와 변화』, 서울대출판부, 1993.

Anderson, B., 윤형숙 역, 『상상의 공동체』, 나남출판, 2002.

Assmann, A., 『기억의 공간』, 경북대학교 출판부, 2005.

Bhabha, H. K., 『문화의 위치-탈식민주의 문화이론』, 소명출판, 2002.

Hauser, A., 『문학과 예술의 사회사』1, 창작과비평사, 1999.

Langer, S. K., 『예술이란 무엇인가』, 이승훈 옮김, 고려원, 1982.

해방기 『연변일보』 소재 재중 조선인 소설 연구

차 희 정

목 차

---

1. 머리말

본고는 해방[1] 후부터 중화인민공화국 건국 전 까지 중국에 거주하고

---

1) 본 논문에서의 '해방'과 '해방전쟁'의 의미를 밝힌다. '해방'은 일본의 패망으로 비로소 독립한 조선과 중국 대륙에서 살고 있는 전 조선인의 해방을 말한다. 이는 중국인들이 생각하는 '해방'의 개념과는 다른 것이다. 중국인들에게 해방은 1949년 10월 중화인민공화국을 건국한 일이다. 따라서 뒤이은 '해방기'는 일본 패

있었던 조선인[2] 소설의 특성을 살펴보고 그것이 갖는 문학사적 의의를 찾는 것을 목적으로 한다. 해방기라 일컫는 이 시기의 소설 연구를 통해서 당시 중국에 거주한 조선인들의 삶에 대한 인식의 양상을 살펴볼 수 있을 것이다. 또한 이전 시기의 망명문학, 이민문학[3]과 중화인민공화국 건설 후 당대문학[4] 시기와의 연계 역할로서 갖는 사적 의의와 함께 본격적 조선족 문학의 방향까지도 짐작할 수 있는 기회를 얻을 수 있을 것이라고 기대한다.

재중 조선인들에게 해방의 의미는 그들의 거주 이유 때문에 두 가지의 의미를 가지고 있다. 하나는 우리 민족이 일본으로부터 해방된 것이며 또 하나는 일본 패전 후에 중국에서 있었던 3년간의 해방전쟁[5]이 끝

망 후 중화인민공화국 건설 전을 지칭하는 기간이고 '해방전쟁'은 중국인들이 말하는 중화인민공화국 건설 전 약 3년 동안 있었던 국민당과 중국공산당과의 전쟁을 의미한다.

2) '재중 조선인'은 본고의 연구 기간인 해방기에 중국에 거주한 조선인을 말한다. 이것은 중화인민공화국 건설 이후 중국인들이 소수민족 정책으로 조선인을 명명한 '조선족'과 구분하기 위함이다.

3) 오양호는 한국 현대문학의 공백기, 암흑기라 불리는 일제강점기 유이민 문학을 주제적 측면에서 망명문학과 이민문학으로 구분하였다. 나라사랑, 망국의 울분 등 민족의식이 주류를 이룬 문학을 망명문학으로, 이주민들의 생활을 소재로 하고 그들의 고통과 애환을 이야기한 작품은 이민문학으로 구분하였다.(오양호, 『일제강점기 만주조선인문학연구』, 문예출판사, 1996, pp.32-40) 본고는 일제강점기 만주 유이민 문학으로 명명되는 해방 전 작품들에 대해 주제적 측면에서의 개별적 특성을 부여한다는 점에서 또, 해방기 작품의 특성을 살펴보려는 본고의 연구 목적에서 위와 같은 구분에 동의한다.

4) 중국 조선족문학사는 중화인민공화국 건설 후의 문학을 당대문학으로 명명한다. 중국 내 소수민족으로, 중국국적을 갖게 된 조선족에게 이 시기 그들의 문학사는 중국의 문학사 구분과 일치한다. 해방 후 국가건설 전까지의 작품을 연구 대상으로 하는 본고는 시기를 구분하는 것으로써 그들의 문학사적 용어를 사용한다.

5) 1945년에서 중화인민공화국 건국 전 까지 공산당군과 국민당군이 싸운 것을 중국에서는 해방전쟁이라 한다. 재중 조선인들이 후에 연변에 자치주를 얻을 수 있었던 것은 중국 공산당과 연합한 항일전과 해방전쟁의 공로로 가능한 것이었다.(이광규, 「해외교포와 한민족 공동체」, 『총서1(민족통합과 민족통일)』, 한림대학교 민족통합연구소, 1999, pp.157-160 참고)

나고 1949년 10월 중화인민공화국 건립이 그것이다. 중화인민공화국 건설 후에는 재중 조선인들이 자치구를 이뤄서 중국 56개 민족 중 하나로 살아가게 되는데 그들의 창작활동과 그 작품도 '조선족 문학'이라는 중국에서의 정식 명칭을 갖게 된다. 해방기 소설 연구는 이러한 역사적 흐름 속에서 재중 조선인 문학의 특성과 발전을 거시적 관점에서 살펴볼 수 있다는 데에 그 의의가 있을 것이다.

연구의 대상이 된 『연변일보』[6]는 공산당 중앙기관지로서 사회주의 정책을 홍보하고 사상을 전파해서 조선인의 의식을 전환시키려는 목적을 가지고 발간되었다. 이러한 신문의 목적은 해방 후 『한민일보』를 시작으로 해서 채 1년도 되지 않는 기간 동안 발간된 몇 개 신문들에서도 공통적으로 확인된다. 그리고 그 목적은 『연변일보』로 이어진다. 이러한 사실은 1948년 발간 이후 현재까지 이어오는 『연변일보』에 정통성을 부여한다.

공산당 입으로서의 역할을 담당했던 『연변일보』의 성격과 목적을 이해하면 신문의 문예란 역시 그러한 정책 선전과 무관할 수는 없었을 것이란 판단이 가능하다. 연구의 대상이 된 작품들은 소설이라는 양식에

---

6) 1948년 4월 1일 중국 연길에서 창간. 1945년 8월 15일 이후 중국대륙 최초의 한글신문은 1945년 9월 18일 연길에서 창간된 『한민일보(韓民日報)』이다. 그러나 같은 해 11월 4일 폐간되고 11월 5일부터 연변인민민주대동맹(延邊人民民主大同盟)(광복직후 조선민족항일혁명자를 핵심으로 결성된 군중단체)기관지로 『연변민보(延邊民報)』가 발간되었다. 1946년 5월 4일 『연변민보』는 다시 『길동일보(吉東日報)』로 개제 발간되다가 같은 해 8월말에 중공길림성위(中共吉林省委)기관지인 한문(漢文) 『인민일보』와 합병, 한글판이 되었다.
1947년 3월 1일에는 『인민일보』가 『길림일보』로 개제됨에 따라 『길림일보』한글판으로 되었으며, 1948년 4월 1일 『연변일보』란 제호로 창간.『연변일보』는 1년 후 1949년 4월 1일부터 남만지구의 『단결일보(團結日報)』, 북만지구의 『민주일보(民主日報)』와 통폐합하여 『동북조선인민보(東北朝鮮人民報)』로 제호를 고치고 전동북지구의 조선민족을 대상으로 발간하다가 1955년 1월 1일부터 다시 『연변일보』로 개제되어 지금에 이른다.(오태호, 「연변일보의 반세기」, 『연변일보』영인본, 한림대학교출판부, 1998 참고)

비춰 그 형식과 내용의 성취가 크게 미흡했지만 뚜렷한 목적의식을 내포하고 있다. 그러나 본고의 대상이 된 6편[7]의 소설이 실린『연변일보』와『동북조선인민보』는 중국 사회와 제도의 큰 흐름 속에서 신문의 성격과 목적에 맞는 창작물을 싣고 있지만 조선인 집거지의 사회 문화적 환경이 신문의 성장 발전의 근간이 되고 원동력이 되었음도 간과할 수 없을 것이다.

신문에 게재된 작품은 대화와 소통의 한 양식이 되고 사회적 인식 구조의 한 요소가 된다. 즉 신문은 발행 대상으로 하는 지역과 나라의 모든 사건과 의견을 지면에 나열하고 독자는 단편적이나마 실린 기사와 특집란, 문예란 등을 통해서 공동체적 사회와 국가의 모습을 상상하게 되는 것이다.『연변일보』와『동국조선인민보』소재 소설들은 사회적 문제를 사고하는 언어적 이념소들이 담론을 구성한다. 따라서 사회와 역사의 현실을 담은 이러한 소설사회학적 창작물을 연구하는 것은 작품의 배경이 된 사회의 시대 의식을 찾고 역사의 과정을 이해할 수 있는 기회가 될 것이다.

---

7) 1945년 해방 이후 1949년 10월 중화인민공화국 건설 전 까지『연변일보』와『동북조선인민보』에 실린 작품은 모두 6편이다. 해방 후 최초의 작품으로 확인되는 1945년 안락동「불우한 여성」은『인민신보』에 실린 이야기인데 다른 작품들이 발표되었던『만주일보』,『연변문화』,『교육통신』등의 신문과 잡지 정보는 국내에서 확인할 수 없었다.
홍민,「경쟁」,『연변일보』, 1948.5.1과 1948.5.5.
서헌,「거꾸러진배나무」,『연변일보』, 1948.5.8.
리홍규,「첫졸업장탄한호산」,『동북조선인민보』,1949.7.5.
______,「三소조의한령감」,『동북조선인민보』, 1949.8.6.
윤성진,「단조공」,『동북조선인민보』, 1949.5.25.
김승원,「견습공」,『동북조선인민보』, 1949,8,12,13,14.(이하 작품제목만 기록)
같은 시기 같은 신문에 연재된 다른 연재소설은 아래와 같다.
고뢰,『녀자프락또르운전수』,『동북조선인민보』, 144, 149, 150, 153호 연재
소화,「영예」,『연변일보』, 1948.6.15, 17, 19, 22. (5회 연재)
조수리,「꼬마경리」,『동북조선인민보』, 1949.4.14, 20. (2회 연재)

문학을 연구하는 데에 있어서 그 시작은 작품에 대한 해석과 분석일 것이다. 본고가 중국에 거주하는 조선인들의 해방기 소설 속에 나타난 현실 인식의 양상을 살펴보고 그것으로 작품의 특성과 사적 의의를 찾아내려는 것은 현실을 담고 있는 소설의 본질을 통해서 가능한 일이다.

본고의 대상 작품은 우리가 조선족 문학사[8]에서 볼 수 없었던 작품들도 포함돼 있다. 연구의 첫걸음은 대상 작품의 주제 분석을 통해서 해방기 작품의 특성을 살펴보는 것이다. 우리 문학사에서 많은 담론들이 공존했던 해방기의 문학공간처럼 식민 통치를 받았던 공통의 체험을 가지고 있는 해방기 재중 조선인의 소설도 나름의 특성을 드러낼 것이다. 그리고 그 특성은 재중 조선인 소설과 조선족 소설의 전체 문학사에서 특별한 사적 의의를 가지게 될것이다. 또한 해방기 재중 조선인 소설 연구는 중화인민공화국 건설 이후 본격적 조선족 문학의 시작과 그 발전의 방향을 가늠하는 단초가 될 것으로 기대한다.

2. 사회주의 선택과 창작의 배경

일제는 1905년 을사보호조약 이후 간도에 이주한 조선인을 보호한다는 명목으로 경찰서를 세운다. 이렇게 시작된 중국 만주지역에 대한 지배 야심은 1927년 일본 동경에서 열린 동방회의(東方會議), 만주 대련에서의 대련회의(大連會議)를 거쳐 채택된 만몽각서(滿蒙覺書)[9]를 통해

---

8) 본고에서는 중국 조선족 문학의 통사적 연구물로 조성일·권철, 『중국 조선족 문학통사』, 이회, 1997, 리광일, 『중국조선족소설연구』, 경인문화사, 숭실대학교인문과학연구소, 『중국 조선족 문학논저 작품목록』, 숭실대학교 출판부, 1992를 참고하였다.
9) 중국이 일본에게 5개 철도부설권과 만몽지역에서의 토지조사, 자유로운 농공상 활동, 일본인 장교의 군사훈련과 일본 경찰이 만몽지역에서 집권행사를 할 수 있다는 내용이다.

서 구체화된다. 1931년 만주사변을 거쳐 1932년 만주국(滿洲國)설립으로 만주지역에서의 확실한 지배 권력을 갖게 된 일제는 극심한 빈곤[10]으로부터 야기된 조선 농민운동의 심각성을 외부로 돌리겠다는 목적으로 만주지역에 조선인을 이주시켰다.

중국 역시 청 태조의 성지로 보존하기 위해서 1878년에 산동성 사람들과 한족 여자에게도 가족 이동을 통한 만주 정착과 개발을 장려하였다.[11] 그리고 1883년에는 봉금령(封禁令)을 해제하는 것으로 만주로의 이주 정책을 적극적으로 펼쳐나갔다. 이러한 한족의 이주는 1911년 신해혁명 및 1912년 중화민국의 성립, 1921년의 공산당 창당과 국민당 정부의 세력 확장과 더불어 계속되었다.

일제와 중국 두 나라의 이주 정책과 통치 속에서 이주 조선인들은 이중의 고통을 받을 수밖에 없었다. 일본 제국주의는 학교설립을 보조하는 것으로 갖가지 세금을 징수하면서 폭압과 간섭을 일삼았고 중국은 일본을 견제하려는 의도에서 만주 조선인들에게 중국인으로의 입적을 강요하며 갈등을 빚었다. 이러한 정치, 사회적 환경 속에서 재중 조선인들은 생존을 위해서 무산계급의 사회주의 혁명과 그 사상을 받아들이고 선택한 것으로 보인다.

재중 조선인들에게 사회주의가 전파되기 시작한 것은 1920년 초였다.[12] 러시아 사회주의 혁명에 참가했던 조선인 공산주의자들 단체의

---

10) 1913-1932년 사이의 조선에서 자작농 및 소작농의 비율을 비교해보면 자작농이 1913년에 22.8%에서 1932년에는15.7%로 감소한 반면 소작농은 1915년 36%에서 1932년 51.1%으로 증가했다.(신용하, 『한국근대사회사연구』, 일지사, 1989, pp.322-324)

11) 박영석, 『한민족 독립운동사 연구』, 일조각, 1982, pp.66-67.

12) 이동휘, 박진순 등 초창기 공산주의자들과 단체들은 맑스-레닌주의의 서적과 간행물을 번역, 출판하여 연변 및 만주 각 조선족 거주지구에 전파했다. 『공산당선언』, 『러시아공산당정강』, 『무산계급의 전진방향』등이 그것이다.(조선족략사편찬조, 『조선족약사』, 백산서당, 1989, pp.82-86)

번역, 출판 활동으로 시작된 사회주의 활동은 중국 내 조선인 거주지역에서 반일 무장 조직을 만들고 교육기관을 만들어 사회주의 사상과 반일 사상을 전파하는 것이었다. 공산주의자들은 창설된 동양학원, 노동학원 등에 선전부와 특별부를 설치하고 맑스-레닌주의와 사회주의 혁명사상을 대대적으로 선전하면서 적극적인 군중사업을 통해서 청년들을 양성하였다.[13] 재중 조선인들에게 사회주의는 무산계급의 새 세상을 담보로 한 현재적 실천을 가능하도록 했던 것이다.

1928년 7월에는 중국공산당 제6차 전국대표자대회에서 민족문제에 관한 결의가 채택되고 각 민족에게 자결권을 승인한다. 또 1929년 11월 모스크바에서 개최된 국제공산당대표자대회에서는 '일국일당(一國一黨)'의 원칙이 채택되어 재만 한인 공산당은 중국공산당에 편입 된다. 이것으로 백여 명의 당원이 2천명으로 증가하고 12개 불과하던 조직은 55개의 조직을 갖게 되었다.[14]

중국공산당과 연합하여 항일전을 치렀던 조선인들은 해방 후에는 국민당과 맞서 해방전쟁을 하게 된다. 재중 조선인들은 무산계급의 해방을 목적으로 한 이 전쟁에서 중국공산당과 힘을 합쳐 국민당과 맞선다.[15] 재중 조선인이 중국공산당과 완전하게 손을 잡은 가장 큰 이유는

---

13) 1926년 5월부터 각지의 맑스-레닌주의단체들은 청년단체, 부녀회, 학생회, 노동조합, 농민조합과 소년회 등 군중조직을 가일층 정돈, 확대함으로써 맑스-레닌주의사상이 조선족 거주지구에서 더욱 광범위하게, 깊이 있게 전파되게 하였다. 반석, 이통 일대에서는 1927년 8월에 '재만농민동맹'을 결성하였는데 회원이 5000여명에 달했고 신문 『농민보』를 간행하여 일제를 반대하고 봉건을 반대하며 "토지국유화를 실현하며 토지는 밭갈이하는 자에게", "국제노동전선간의 전투적 통일을 쟁취하기 위하여 싸우자"고 외쳤다.(괴뢰만주국 군사고문부, 「만주공산비적에 대한 연구」, 제1집, p.336을 위의 책 pp.85-86에서 재인용)
14) 김동화, 『중국 조선족 독립운동사』, 느티나무, 1991, p.8.
15) 1946년 6월 장개석이 같은 해 1월에 중공군과 체결한 국공정전합의를 파기하고 중공군을 공격하며 시작된 전쟁에서 장개석군대는 6개월 이내에 중공군을 섬멸할 수 있을거라고 생각했지만1947년 7월 황하 도하작전에 성공하면서 전세가 역전되

토지개혁 때문이었다. 한족에게만 토지를 허락하는 국민당과는 달리 공산당은 재중 조선인에게도 토지 소유를 허락했다. 공산당은 전쟁을 치르는 중에도 점령한 지역에 대해서 바로 토지개혁[16]을 실시해서 가난한 농민들에게 토지를 분배해 주었다. 그리고 각 지역의 인민정부에서는 조선인 가운데 가난한 농민들에게 구제 양곡을 내주고 종자와 가축을 나눠주었으며 농민과 정부기관에서 일하는 사람들과 교원, 학생들을 동원하여 함께 황무지를 개간하고 농사짓게 하였다.[17] 중국 공산당의 이와 같은 토지 정책은 새 시기 국가건설을 위해서 재중 조선인들의 적극적 협조를 얻기 위한 전략이었고 재중 조선인들에게는 새 세상에서 생존하기 위한 선택이었다.

『연변일보』는 해방전쟁 시기 『인민일보』에서 개칭된 『길림일보』의 한글판을 토대로하여 창간되고 그 해에 해방전쟁·토지개혁·생산건설과 호조합작·정권건설 등을 중점적으로 보도한다.[18] 이와 같은 『연변일

없다. 결국 1948년 1월 중공군의 맹공격으로 국민당군대는 패하고 말았다.

16) 연변토지개혁은 1946년 7월부터 1948년 4월까지 세 개 단계를 거쳐 이루어졌다. 내용을 대략 정리한다.
1단계(1946.7-1947):악질 지주 재산 몰수 후 징벌, 토지 분배, 야학개설, 토지개혁의 의의 알림, 당 정책 선전
2단계(1947.7-1947.10):봉건세력 타도, 빈농의 통치적 지위 확립 호소, 계급적 각성, 학습을 통한 인식 향상
3단계(1947, 11-1948, 4):재심사, 대오 정돈, 토지 평균분배(지주에게도 농민들과 같은 크기의 토지 분배) 1947, 10, 10. 중공중앙에서 「중국토지법대강」 반포, 토지개혁에 결부시켜 당조직 검토

17) 조선족략사편찬조, 앞의 책, pp.214-221.

18) 다음은 공원이 쓴 『연변일보』 창간헌사이다. "우리는 고도의 열정으로써 한글판 『연변일보』의 창간을 환영하며 축하한다! … 중략 … 14년 동안 항일투쟁 중에 있어서 또는 8·15이후 반미반장자위전쟁중에 있어서 종시 일관적으로 중국 각 민족과 단결 일치하여 견결히 분투하였고 량년 이래 중국공산당이 방침 밑에서 토지개혁운동과 민족평등, 단결정책을 실행하여 중조봉건세력을 타도하고 토지를 나누었으며 경제, 정치, 문화, 사회 각 방면으로 평등을 얻었는바 금후로 자위전쟁의 최후승리를 쟁취하며 생산발전운동과 연변해방구 신민주주의적 건설 중에 있어서 의심 없이 계속적으로 중대한 작용을 표현할 것이다. 우리는 『연변

보』의 보도는 창간호에서도 밝힌 바 『연변일보』가 추구하는 신문의 세 가지 성격인 민족성, 지방성, 군중성에 기초하여 이루어진다. "조한(朝漢) 각 족 인민형제의 민족단결을 강화시키어 혁명투쟁의 최후승리 쟁취"를 확신한다는 목소리는 재중 조선인들이 신문의 목적에 부합되는 삶의 자세를 견지했음을 확인해 준다. 그들은 한족과 소수 민족을 형제로 생각하고 영토와 정치적 공동체로서 화합하여 잘 살아보겠다는 주체적 태도를 견지하고 생활한 것이다.[19] 재중 조선인들은 중국 공산당과 함께 한 항일전쟁과 반제반봉건 투쟁의 역사를 한족과 평등한 자리에서 기억하고 그것을 바탕으로 새로운 세상의 건설을 기대하고 있었던 것이다.

　재중 조선인들의 창작 활동도 이와 같은 공산당의 정책적 기조에 적극 협조하는 것이었고 작품의 내용 역시 그러했다. 『연변일보』 동북국 선전부는 1948년 5월 12일자 신문 「二년간의 문예공작검토」라는 기사에서 "소자산계급적 사상과 감정을 버리고 현실을 잘 반영하고 현실에 따라갈 수 있는 문예작품을 반드시 당의 정책수준에까지 높여야 하며 정책과 결합시켜야 한다"고 지적한다.[20] 이와 같은 중국 공산당의 문예

<hr>

일보』의 창간은 단정코 더욱 훌륭하게 더욱 많이 우리를 도와 각 방면의 공작을 추동 또는 개진시키며 당과 광대한 조선인민군중의 각오정도를 제고시키며 조한(朝漢) 각 족 인민형제의 민족단결을 강화시키어 혁명투쟁의 최후승리를 쟁취하리라고 확신한다."(공원,「연변일보 창간헌사」, 1991, p.181을 김정길, 「중국 조선족 신문의 민족문화 전승에 관한 연구-연변일보 문화기사를 중심으로」, 계명대박사논문, 2005.12, p.35에서 재인용)

19)『연변일보』가 말하는 민족성은 조선인의 우월성을 드러내는 것이 아니다. 기사의 내용과 형식이 조선인의 사상과 정서에 맞아야 하지만 중국에서의 주체민족은 한족임을 인정하고 연변에 살고 있는 다른 소수민족과의 단합을 중시하는 것이다. 지방성과 군중성 역시 중국 전체의 변화와 연관하여 그 속에서 본질을 파악해야 한다는 것이 기본 방침이다.

20) 동북국선전부는 3월 초 문예공작자회의에서 2년 동안의 당의 문예공작을 검토하였다. 참석자는 문학, 음악, 극, 미술, 영화 등의 '문예공작자' 150여명이었다. 회의에서는 비평과 자아비평의 정신으로 2년 내의 문예작품 표현과 사상문제와

지침은 중화인민공화국 수립 후에도 계속 강조[21]된다.

3. 현실적 인물을 통한 적극적 현실동화

『연변일보』217호(1948.11.2)「국제주의와민족주의를논함」이라는 칼럼에서 유소기는 "무산계급 국제주의의 민족관은 국제간, 국내에 있어서의 일체 민족(대소강약을물론하고)의 완전평등과 자유련합 및 자유분립"을 주장한다.[22] 유소기의 주장은 무산계급 국제주의의 민족관 및 그 형성이 계급의 기초이며 세계 민족문제를 처리하는 무산계급의 국제주의 기본원칙이거나 또는 기본강령이라는 것이다. 이와 같은 중국 공산주의 계급의식은 당시 재중 조선인 소설에 적극 반영되어 대부분 무산계급이 승리하는 삶과 그 삶을 위해 노력하는 모습들이 담긴 작품이 발표된다.

연구 대상 작품 중 3편은 현실적이고 실제적인 사상과 행동의 변화를 겪는 인물을 통해서 독자들에게 사회주의적 삶의 성취를 위한 노력들을 권고하는 주제를 담고 있다. 이때 등장인물들은 지극히 평범한 민중인데 순수한 선구자적 사고와 삶의 자세를 견지함으로써 독자들을 이끌 모델이 된다. 「거꾸러진배나무」, 「견습공」, 「단조공」 이야기에서는

문예공작의 조직문제를 검토하였다.(『연변일보』제41호, 1948.5.12)

21) 1950년 1월 15일 최채, 현남극, 김동구, 리홍규, 임효원 등이 발기하여 연길에서 '연변문예연구회'를 결성하고 문학, 연극, 음악, 무용, 미술 등 5개 분과를 설치하였다. 이 '연변문예연구회'는 연변에 있어 모주석의 새 문예방향에 의거한 문예공작자, 인민의 문예를 연구하고 창작하는 참다운 인민의 문예공작자, 문예로써 인민을 위하여 복무함을 목적으로 하는 문예공작자가 되자는 규약을 통해 그 존재의미를 분명히 하고 있다.(조성일·권철 주편, 『중국조선족문학사』, 연변인민출판사, 1990.7, p.280)

22) 유소기, 「국제주의와민족주의를논함」, 『연변일보』217호, 1948.11.2.

공통적으로 인민들에게 모델링의 역할을 해 줄 주인공이 등장한다. 현재를 성실하게 살아가는 그들의 모습은 지금의 모습만으로도 충분히 자부심을 느낄 수 있지만 더 발전된 미래를 계획하고 있어서 인민들에 대한 계몽의 역할을 하고 있다.

> 그러나 넘어진나무를 보니 가지는 다른나무보다 못하지않게 자랐으나 대가 퍽 약하다 내가 너무 이상하게 생각하는모양을 보고 전동무는 싱글싱글 웃기만하다가 다시일어나 일을시작한다. 나는 다시 넘어진 나무를 유심히 들여다보았다 문득 요즈음 신문지상에 일부의 교원가운데 정치학습이 미약하다고 씌여있는것을 본기억이나서 이 거꾸러진 배나무와 연계시켜나의 지난학습생활을 도리켜보았다. …중략… 이와같은 사람들은 이 거꾸러진 배나무와 같지 않을까 이 배나무 역시 아름다운 열매는 많이 열리었건만 가장 생명이되는 뿌리와 대가 굳건하지 못하기때문에 더 자라나지못하고 중도에 거꾸러지지않았는가! …중략… 먼저현실을 알아야한다. 기초가 튼튼해야한다[23]

「거꾸러진배나무」는 열매를 많이 맺었으나 줄기가 약해서 부러지고만 배나무를 통해서 주인공에게 자기성찰의 기회를 제공하고 있다. 주인공은 배나무를 보면서 뿌리가 튼튼해야함을 강조하고 자신과 같은 교원들이 겉치레에 치중하고 교원으로서의 진정성을 버리는 일을 지탄한다. 교원들에 대한 지적은 자신을 돌아보는 일이 되고 곧장 "현실을 알아야한다", "기초가 튼튼해야한다"는 주장으로 연결되고 있다. 보이는 결과에만 만족하지 않는 현실 인식의 건강한 인물 지향을 드러내는 것이다.

이때 작품 속에 등장하는 배나무는 겉으로 드러나는 작품의 주제인

---

23) 서헌, 「거꾸러진배나무」

정치학습과 계속적인 자기발전의 실천을 강조하는 기제로서의 역할을 하고 있을 뿐만 아니라 지금까지 중국에 살면서 어렵게 결실을 맺은 조선인을 의미하는 것으로까지 해석이 가능하다. 가지가 휘도록 열매를 맺은 배나무는 이주 민족으로서 받았던 설움과 식민지인으로 받았던 억압의 고통 속에서 살아남으려 분투했던 재중 조선인들이다. 그들이 많은 환란을 겪으면서 맺은 열매는 그 가치가 훌륭하지만 이제 새로운 국가 건설을 앞두고는 그 뿌리를 돌볼 때인 것이다. 주인공이 배나무가 땅 속 깊숙이 뿌리박고 튼튼한 가지를 뻗어가야 더 큰 열매를 맺을 수 있다고 생각하여 "기초가 튼튼해야 한다"고 격앙된 속엣말을 외치고 있는 이유를 바로 여기에서 찾을 수 있다. 그리고 이것은 중국에서 소수민족으로 살아갈 조선인은 중국 땅에 내린 생존의 뿌리를 공고히 하자는 작가의 의식이기도하다. 이제껏 열매 맺은 삶을 치하하면서도 나무의 뿌리가 그 근본인 것처럼 앞으로의 튼튼한 삶을 위해서 재중 조선인은 자신이 뿌리내린, 뿌리 내릴 곳을 잘 알고 그 뿌리를 살피자는 계몽과 선동의 의지인 것이다.

이와 같은 작품 속 반성과 각성의 의지는 재중 조선인에 대한 중국 공산당의 정책으로 인한 영향도 크다. 중국 공산당은 1948년 말 부터 1949년 초 까지 '각 민족은 일률적으로 평등하다'는 원칙에 따라 조선족 대표를 선거하고 각급 인민정부 사업에 참가시켰다. 조선족 인민들의 참정권을 담보하고 당의 민족정책에 근거하여 적극적으로 재중 조선인들이 경제, 문화교육 사업을 발전시킬 수 있도록[24] 한 것이다.

온종일 기계와 싸우다가 집으로 돌아갈때면 명석이는 의례 휴계
실에 들렀다 명석에게는 보는것 기억하는것 어느것이나 자신의 교

---

24) 조선족략사편찬조, 앞의 책, p.221.

양을 높이는데 도움이되지 않는것은 하나도 없었다 이럴때마다 명석이는 기뻤다 정말 자기가 공장에 잘왔다고 마음속으로 느꼈다. 명석이는 다시한번 사진을 쳐다보았다. 입을 짝다문 억센 표정가운데서도 입술에떠도는 웃음을 보았고 초롱같은 눈동자가 맑은리지(理智)와 강철같은 의지에 반작임을 보았다 명석이는 모범로동자들이 부러워졌다 「그들은 진정으로 우리나라를 위해 근로인의 선무에서 헌신하고 있거니……」이렇게 속으로 생각할적마다 모범로동자들의 본을 받아 일하겠다고 결심하였다.[25]

　　「에이기자식두 곱대끼같다」하고 박동무는 망치자루를 픽던져버리고는 널찍한 손으로 얼굴의 땀을 씻는다. 「자네하곤 일을말아야지 사람이 견디겠나 순 대추알이라니까 하하하……」그럴때면 병칠은 실쭉웃으면서 「생산돌격주간 일개월단축이야」하고는 망치자루를 다시쥐어박동무의 손에 쥐어준다.[26]

　　위의 두 이야기는 각자의 일에 최선을 다하는 주인공의 노력이 독자로 하여금 자부심을 느낄 수 있도록 하는『동북조선인민보』의 연작 소설「견습공」과 그보다 앞서 같은 신문에 실린「단조공」이다. 공장에서 기계를 만지는「견습공」의 주인공 '명석'은 견습공으로서 성실하고 적극적인 배움의 자세를 갖고 있다. 일을 마치고서 꼭 들러 바라보는 '모범노동자 사진'은 그에게 삶의 지표이다. 자신의 역할에 최선을 다하겠다는 '주인의식'은 명석의 현재와 미래를 분명하게 보여준다. 이때 작품에 형상화된 인물과 공간은 작가의 적극적 현실 대응 전략으로 읽힌다. 독자는 주인공 명석이 기능공이 되기 위해서 새벽부터 출근해서 공부하고, 배운 기능을 훈련하는 모습을 보고 가까운 미래에는 공장 생산의

---

25) 김승원, 「견습공」(『동북조선인민보』 1949년 8월에 3회에 걸쳐 연재된 이야기는 마지막 연재(1949.8.14)에서 "노동자 잡지三에서전재" 했다고 밝히고 있다)
26) 윤성진, 「단조공」("문화전선에서 전재"했다고 밝히고 있다)

가장 중요한 역할을 맡게 될 인물로 성장할 것이란 확신을 갖게 될 것이다.

최고의 기능공이 되기 위해서 흘리는 명석의 땀은 미래의 안정적 산업일꾼으로의 성장을 약속하고 있는 것으로 중국에 거주하는 조선인들의 미래 모습이기도 하다. 재중 조선인들이 이야기 속 주인공 명석처럼 현재는 중심인물이 아니지만 곧 한족 중심의 중국사회에서 더 이상 주변부에 머물지 않을 것이란 의미를 주제에서 심층적으로 드러내고 있는 것이다.

「단조공」의 주인공 '병칠'도 해방 전에는 일본인들에게 일본말도 모른다고 뺨 맞고, '웃소매에 코를 닦고 더운 물까지 끓여 바쳐가며' 일을 했던 설움 받은 약한 인물이었다. 그러나 해방이 된 새 세상에서는 '조국건설'의 희망을 안고 경쟁하듯 일에 열심이다. 이야기의 처음에서 "북조선의 민주력량이 점점 늘어가듯이 병칠의 기능도 점점 늘어간다"는 서술은 작품의 주제와 의도를 선명하게 드러내는 것으로 「단조공」역시 앞의 두 작품과 함께 사회주의 문학에 충실한 독자 계몽과 선동의 목적을 갖는 이야기임을 보여주고 있다.

세 이야기의 주인공들은 자신의 역할과 개발에 최선을 다하며 보람과 기쁨으로 살고 있고 미래에 도전적이다. 이것은 삶에 대한 주체적 의식을 가지고 있어야 가능한 일이다. 등장하는 인물들의 구체적인 삶의 방향성 제시는 자존과 자부심의 외적 발현이고 문학을 통한 대중 인식 계몽을 목적한 작가의 숨은 의도이기도 하다.

세 이야기 「거꾸러진배나무」, 「견습공」, 「단조공」에서 형상화 된 주인공들은 재중 조선인이란 민족적 차원에서의 이해가 가능하다. 민족과 국가의 영역에서 그들의 삶은 주변부에 위치해 있었으나 작품 안에서는 재중 조선인으로서의 자존감을 고취시키며 스스로의 주체성을 획득해 가고 있기 때문이다. 사회주의 문학의 특성을 생각할 때에 이러한 집단적 정체성은 자아 정체성의 객관적 측면을 가리키는 것으로 심리·사회적 정체성이라 할 수 있으며, 개인과 관계가 있는 집단에 대한 소속감 내지 일체감을 의미하는 동시에 하나의 집단에 공통된 동류의식으로 발전하고 작용할 수 있다.

4. 새 인물 창조를 통한 확고한 '자리' 찾기

해방 이후의 재중 조선인의 문학에 대해서는 자세한 언급이 필요하다. 왜냐하면 중국공산당과 국민당 사이의 해방전쟁은 중국 만주지역 조선인이 중국 땅에서 생존하기 위한 역사적인 고난의 시기였고 중국공산당의 평등정책과 토지개혁 정책은 1953년에 조선인의 자치구를 이룰 수 있는 시작[27]이 되었기 때문이다.

1945년 조국이 해방된 후에도 고향으로 돌아가지 않은 재중 조선인들은 중국 만주지역에 개간한 자신의 '땅'에서 새 삶을 살겠다는 결정을 내린 사람들이다. 본고는 앞에서 중국정부가 시대 정황에 따라 소수민

---

27) 1946-1949년의 해방전쟁시기 중국공산당은 민족평등정책을 집행하여 조선족을 비롯한 소수민족의 환영과 지지를 받았다.(유병호, 「中國朝鮮族이 民族意識을 보존할 수 있는 원인 및 現在問題」, 『민족발전연구』제3집, 중앙대학교 해외민족연구소, 1999, pp.191-199) 유병호는 이 시기 인민정부는 조선족에서 참정, 의정권리를 충분히 부여하고 경제상으로 한족 인민과 동등한 기초위에서 토지개혁을 진행하였다고 주장한다. 그러나 이것은 만주지역에서 소수였던 중국 공산당이 자신들의 기반을 만들기 위해 조선인들을 상대로 한 탄력적 전략으로 해석이 가능하다. 오히려 재중 조선인들이 중국 공산당의 국토 통일을 위한 조선인 정책에 적절하게 대응했다고 보아야 할 것이다.
중국 공산당의 조선인 정책에 관한 연구는 이진영, 「중국 공산당의 조선족 정책의 기원에 대하여(1927-1949)」, 『재외한인연구』vol9, 재외한인학회, 2000, 李振翎, 「조선인에서 조선족으로: 중국 공산당의 연변(延邊)지역 장악과 정체성 변화(1945-1949)」, 『中硏究』95호, 2002, pp.89-120를 참고하기 바란다.

족에게 귀화를 장려하는 정책을 추진했던 사실을 확인하였다. 그래서 중국 지방정부가 조선인에 대한 귀화 장려 정책을 펼친 것은 1931년의 만주사변과 뒤이은 일본의 만주국 성립을 생각했을 때 결코 조선인을 위한 정책이 아니었음을 알 수 있었다. 귀화정책은 일본의 중국침략에 조선인이 이용되지 않도록 하기 위한 방편이었기 때문이다.[28] 따라서 조선인에 대한 공산당 정부의 토지분배도 항일 민족주의 정책 강화를 표명하는 것으로 이해할 수 있다. 그러나 이러한 중국의 목적이 있었다 해도 조선인들의 선택에는 자신이 일궈놓은 '땅', 즉 삶의 터전을 떠날 수 없다는 생각이 크게 작용했을 것이다.

재중 조선인들은 사회주의 국가건설에 적극 동참하여 생존을 위한 터전을 보장 받고 그것을 지켜가기 위해서 현재보다 발전된 스스로를 만들고 싶었다. 이러한 욕구는 중심 권력에 적극 협조함으로써 보장 받을 수 있는 것들을 획득하려는 현재적 실천으로 드러난다. 재중 조선인들은 주변부 소수민족이지만 자신을 바로 세우고 삶의 영역을 확장해 가고자 했던 것이다. 발간 초기의 『연변일보』에는 농사 권장, 생산량 증가, 호조제에 대한 홍보 기사와 함께 농촌과 호조제를 배경으로 해서 창작된 문학작품들이 실려 있다.[29] 작품의 주인공들은 역동적인 변화를

---

28) 중국의 국적법과 조선인에 대한 귀화정책에 대한 연구논문으로는 권영준, 「近代 中國의 國籍法과 朝鮮人 歸化政策」, 『한일민족문제연구』, 한일민족문제연구회, 2002, pp.37-70를 참고

29) "일반유민무산자군중을 쟁취하는 주요한판법은 그들을 생산에되돌아오게하고 토지와공작을 분배하여주되 땅을나누어주는것은 반드시 향촌에거주하는동시에 자기로서경작할수있는자라야한다."
「연변일보」제68호, 1948.6.8. 『1933년두개문건에관한결정(下)』에서는 계급을 분류하여 그 범주를 밝히고 있다. 조선족 사회는 대부분 조선에서 농사를 짓던 농민들이었으며 중국에 이주한 후에도 농업에 종사하였다. 작가들 역시 농민 가정의 출신들이 대부분이었기에 농촌에 대한 애착이 컸다. 그들은 항일전쟁과 중국공산당의 장기간의 무장투쟁에서 형성된 이원대립의 사유방식과 의식을 가지고 있었고 이것은 땅을 지키거나 농촌을 개혁하려는 등의 의식과 배경으로 등장하

겪으며 새시기 국가 건설의 역군으로 형상화된다.

리홍규의 「첫졸업장탄한호산」, 「三소조의한령감」과 홍민의 「경쟁」
은 등장인물들의 의식과 태도의 변화를 형상화 한 작품이다. 과거 무지
하고 자주적이지 못했던 인물들은 당의 정책에 협조적이면서 긍정적
사고와 적극적 태도를 가진 인물로 변모한다. 새 세상에 맞는 인간형의
모습으로 다시 태어나는 것이다.

이야기에 등장하는 인물들은 글자도 모를 정도로 무지하거나 자기의
이익만을 챙기기에 급급한 사람들이다. 그러나 주인공 모두는 국가건
설 시기의 새로운 정책을 이해하고 그것에 맞춰 살겠다는 자각과 이미
새 세상이 요구하는 인간형의 인물들과의 관계 속에서 변화되면서 자
신의 삶에 주체성을 획득하게 된다.

> 「몰라가지고야 어떻게 일을 하겠는가?」 이때 그가 국문은 「ㄱ」한
> 자는 「一」 산수는 「1」로부터 배우기시작한것은 참론이다. 그는 눈먼
> 장님을 면하려고 애를 빠빠뤘다 그날배운것은 그날 꼭 써보며 따로
> 외이고야 마는것이었다 …… 중략 …… 로동은 로동대로하고 또 학
> 습! 그는 자칫하면곤난에 항복할번 하였으나 끝내그것을 극복하고
> 계속할것을 마음먹었다 「남보다 배로 노력한다면안될것이 있나!」[30]

「첫졸업장탄한호산」의 주인공 '한호산'은 노동과 학습의 고됨을 이
겨내고 좋은 성적으로 졸업하게 되는 인물이다. 글자를 알고 셈을 할 수
있게 된 주인공은 질적으로 향상된 삶의 기쁨을 느낀다. 주인공을 통해
서 배움의 필요성을 역설하고 있는 이야기는 획득한 능력의 정도를
'『동국인민신보』'를 다 읽을 수 있는 것으로 표현하고 있다. 글자를 몰

게 된다.
30) 리홍규, 「첫졸업장탄한호산」.

라서 'ㄱ'부터 배운 그가 신문을 읽을 수 있고 한자도 삼백여 개 안다는 것은 중요한 의미를 지니는데 중국에 사는 조선인이 한글과 한자를 모두 쓸 수 있는 '능력'을 갖추었기 때문에 비로소 주체적인 '일'을 할 수 있다는 것이다. 능력은 자신이 하는 일에 가치를 부여할 수 있는 이유를 얻게 되는 근거이고 또 더 좋은 일을 할 수 있는 기회이다. 현실에 적극적으로 대처하고 반응하는 그는 한글을 쓰는 조선인으로, 중국의 말과 글을 쓰는 소수민족으로서 스스로의 자리를 확보하고 있는 것이다. 이것은 주체적 삶을 살려는 노력의 첫걸음으로 중국 내 조선인으로서의 고유성(peculiarity)을 획득해가는 과정이라고 할 수 있다.

주인공 '한호산'이 잠자리에 누워서도 배 위에다 배운 글자를 써보고 셈을 공부하는 모습이나 많은 노동 시간과 노동량 때문에 힘들면서도 "남보다 배로 노력하면 안 될 것이 없다"고 생각하는 그의 의지와 믿음은 근면하며 배움을 중시하는 조선인31)의 모습을 그대로 담고 있다. 조선인들에게 배움은 본디부터 삶의 최고 목표였기 때문에 낯설고 척박한 땅에서 토지를 개간하고 농사를 지으며 삶의 터전을 마련하는 상황에서도 가장 중요하고도 절실한 일이었다.

그러나 주인공 '한호산'이 무식한 노동자로서 겪은 곤란과 소극적 삶의 자세 등의 구체성은 보이지 않는다. 이것은 새로운 세상에 대한 간절한 욕구로 인해 작품의 전형성 창조32)가 실패했기 때문인 것으로 보이

---

31) 중국으로 이주한 조선인들은 서당을 세워 자녀를 교육했고 1906년에는 '서전서숙'의 뒤를 이어 민족사립학교들이 만주지역에 우후죽순처럼 생겨났으며 1920년대에 이르러서는 중등교육기관도 설립되었다.1916년에는 만주지역에 238개소의 사립학교가 설립되었다.(중국 조선족 교육에 관해서는 박금해, 「중국조선족교육, 그 방향은」, 『ok times:over seas korean times』통권제127호, 해외교포문제연구소, 2004.6, pp.39-45참고)
32) "전형성을 창조하는데 예술가는 어떤 구체적인 인간들의 운명 속에 그들이 속해 있는 국가와 계급을 잘 표출하는 역사적 상황의 가장 중요한 특징을 구현시켜야한다"(B.키랄리활비저, 김태경 역, 『루카치미학비평』, 한밭출판사, 1984, p.95)

는데 연구 시기 대상 작품 전체에서 발견 되는 점이다.

> 저녁에 돌아갈때 보면 소조에서는 여덟이 붐어하는데하루에 후다
> 닥하더니 한드럼을 다 해치우지않았는가! 자기방만한드럼을…뿐만
> 아니라 보아서 먼저메야될것부터 메는것이아닌가!! 령감은 속이 황
> 황하였다 이틀 사흘 일을 하였지만 도무지성취가(흥이)나지 않았다
> 가까이서 일하는 소조동무들보기가 부끄러워서 우두머니 엎디어 한
> 번도 바라다 보지못하는것이었으나 거기서 일하는 광경은 눈앞에보
> 는듯하였다 ……중략…… 점심시간이면 녀성들은 나무그늘밑에서
> 어제배운 산술을「아래다 답을 써야지 二四는 八이면..」「알문 참 재
> 미있습구마」하면서 복습하며 또「농업생산을 제고하여 전중국을
> 해방하자」는 소?자도 읽는다 밤이면모여서 기공을하며 ?월 계획을
> 세우고 녀성들은 학습 검토비판 혹은오다...시간을타서 부업생산 작
> 은일도 서로방조다른조와경쟁...」[33]

「경쟁」과「三소조의한령감」주인공들은 앞의「첫졸업장탄한호산」
주인공과는 다른 성격의 인물들로서 자신의 이익만을 좇는다. 노동을
하면서는 협동을 모르고 평상시 정직하지 못하다. 교만하여 잔꾀를 쓰
고 다른 이들을 함부로 무시하기까지 한다. 이러한 구시대의 문제 많은
인물들은 새로운 국가 건설의 시기에 적합한 인물로 개조된다.

주인공의 변화는 재중 조선인을 사회주의 국가건설의 동력으로 이용
하려 한 중국공산당의 정책과 관련하여 이해된다. 해방전쟁 시기 국민
당군은 재중 조선인의 토지를 인정하지 않았을 뿐만 아니라 군량을 수
매한다는 명목으로 요녕과 길림 지역에 사는 대부분 극빈한 빈농 재중
조선인들의 쌀을 약탈해갔다. 또 조선인 학교를 강점하여 학생과 교원
들을 쫓아내고 학교비품을 갈취하였고 "불량한 사상의 침투를 예방한

---

33) 홍민, 「경쟁」

다”는 명목으로 한글 서적의 출판을 단속하고 교과서와 서적들을 심사
했다. 결사와 집회를 가지지 못하게 했으며 문예활동과 운동회도 단속
하였다.[34] 이러한 국민당군의 횡포는 재중 조선인들이 중국 공산당군
의 정책과 지시에 더욱 적극적으로 호응하게 되는 또 하나의 원인이 되
었다. 공산당 정부의 정책에 발맞춰 재중 조선인은 호조제를 조직하여
생산의 어려움을 극복하려 했고 사회주의 학습에의 열정도 커졌다.

「三소조의한령감」은 밭을 메는 일을 소조와 함께 하면 자신이 손해
일 것 같아 혼자서 제 밭을 매다가 고생만 하고 후회하는 이야기이다.
협력하여 일하는 것이 손해라 믿었던 이야기 속 주인공 '한령감'은 결국
에는 활발하고도 다양한 호조 활동을 보면서 새 시기 농사 방법의 장점
을 깨닫고 배우려 한다.

「경쟁」역시 자신의 이익만을 생각한 주인공 '치수'가 '박영식'이란
인물을 통해서 거듭나는 모습을 보여주는 내용으로 인물의 재탄생이라
는 면에서 앞의 두 이야기와 같다. 정직하지 못하고 책임감 없으며 경쟁
의 순수한 의미마저 왜곡시킨 스스로를 반성하고 새롭게 거듭나는 주
인공 '치수'는 함께 일하는 사람들을 배려하고 자신이 맡은 일은 성실하
게 마치는 '영식'을 두려워하지 않을 수 없다. 지금까지 맡겨진 일만을
수동적으로 해오던 '치수'의 피동적 태도는 중국군대의 승리 소식을 듣
고 강성해진 군대를 보면서 변화하게 된다. 군대를 지원하기 위해 "돌격
생산"하려는 치수의 다짐은 주변인으로 밀려났던 우리 조선인들이 자
신들이 선택한 새 세상에서 적극적이며 성실한 '재중 조선인'으로 살아
가려는 모습이다. 과거를 반성하는 속에서 주체성은 회복될 수 있기 때
문이다.

---

34) 조선족략사편찬조, 앞의 책, pp.211-212.

5. 재중 조선인의 삶의 지향점과 방향 제시 - 의의

중국인들의 영토적 민족개념의 이해[35]는 일본 제국주의 세력에도 중국 사람들로 하여금 한족의 문화와 전통을 유지하고 지킬 수 있게 했으며 조선인들을 비롯한 이민족 지배에 대한 한족의 자기 정당성을 확보하는 결정적 역할을 하였다. 이런 민족개념은 다른 민족에 대한 통제와 회유를 통해서 중화사상을 만들어가는 바탕이 되었다. 해방기 재중 조선인은 중국공산당의 이와 같은 민족정책과 국가 정책 속에서 오직 자신들의 생존을 위해 공산당의 노선과 정책을 선택하게 되었고 그들의 문학 활동 역시 그러했다.

재중 조선인의 문학은 한반도에서 중국으로 유입된 조선 민족[36]으로서의 '조선인'이라는 종족 정체성과 함께 중국 국민으로서의 공동체 의식을 함께 담고 있다. 따라서 중화인민공화국 건설 후 중국 조선족[37] 문학은 중국문학이면서도 한국문학에, 즉 조선어문화권에 속한다고[38] 봐

---

35) 중국의 역사는 중화인민공화국 국경 내에 살고 있는 모든 민족의 역사를 총칭한다. 중국민족이란 현재 중국 국경 내에 살고 있는 중화민족-한족 및 소수민족-뿐만 아니라 그들의 고대민족도 당연히 중국민족의 범주 속에 포함하는 것이다. 즉 한족을 비롯한 중국 내 55개 소수민족의 문화와 역사까지를 아울러 중국의 역사로 명명하는 것이다.

36) 조선족 이주 역사에 대한 분명한 경계는 아직 분분한 것 같다. 그러나 대체로 청조 봉금령(封禁令) 철폐이후 즉 18세기 이후 중국으로 건너온 사람들과 1930년대 만주 통치를 목적으로 한 일제의 이주정책에 의해 이주한 사람들 중 해방 후에도 돌아가지 않은 120만 명의 절반가량 조선인들을 지칭한다.

37) 윤윤진은 1949년 전의 문학은 '중국 조선인 문학'이라고 지칭해야 하며 그 후의 문학은 '조선족 문학'이라고 해야 한다는 견해를 밝혔다. 그리고 조선인 문학은 조선민족 문학의 갈래에서 연구해야 하며 그 후의 문학은 중국 소수민족 문학의 갈래에서 고찰해야 한다고 주장한다. 본고는 이와 같은 재중 조선인 문학과 조선족 문학의 구분에 동의한다.(윤윤진, 「중국조선인문학연구에 나서는 몇가지 문제」,『문학과 예술』, 1993,11월-12월호, p.39)

38) 임범송, 박남훈 「대담, 중국 조선족문학의 오늘과 내일」,『오늘의 문예비평』, 1996. 가을, p.292.

야 할 것이다. 우리에게 조선족 문학은 언어, 혈연 외에 중국 국적자라는 현재적 사실[39] 까지 고려하여 그 성격[40]과 특성을 이해할 것을 요구하기 때문이다.

해방기 『연변일보』 소재 소설은 문학의 사회적, 효용적 가치를 중요하게 생각하는 사회주의 문학 창작관[41]을 통해서 창작된 작품들로 사회주의 문학 창작관의 목적과 방법을 실현하고 있다. 작품의 주제는 공산주의 국가건설의 원대한 희망과 준비를 위해서 모든 구성원들의 사상과 생활 태도의 반성을 강조하는 내용으로 작품 속 인물에 중점을 두고 사건을 전개한다. 새 세상에 맞도록 거듭남의 변화를 겪는 인물이나

---

39) 2002년 '재외동포법' 개정을 위해 현지조사를 하려던 우리나라 국회의원들에 대한 비자발급을 거부한 중국의 조치는 재외동포법 수혜대상에 중국동포를 포함하면 안된다는 강한 메시지가 담겨 있다. 『동아일보』, 2002.1.9자 신문은 한중 양국간의 관심사로 부상한 '재외동포법'은 재외동포로 인정받아 국내에 거주하는 장소를 신고하면 2년 동안 재입국 허가 없이 자유롭게 출·입국할 수 있는 것은 물론 부동산 취득과 보유가 가능하도록 규정하고 있는 것의 법적용 대상을 정부수립 이전 이주자로 전면 확대하는 방안의 경우 중국, 러시아 등이 주권침해를 이유로 반발하는 점을 감안해 중국, 러시아 동포 등의 권리를 일부 확대하는 '조건부 확대안'을 검토중인 것으로 알려지고 있다는 내용을 실었다.

40) 조선족문학의 성격을 정의할 때 가장 일반적인 특징으로 생각할 수 있는 것이 우리말(조선어)을 사용하고 있다는 것이다. 조성일은 중국 조선족의 우리말 사용과 중국 국적자라는 것을 들어 조선족과 그들의 문학을 '이중성', '이중성을 가진 백의동포문학' 이라고 명명한다. 지금까지는 조선족과 그들의 문학적 성격을 말할 때 '이중성'이라는 표현이 일반적으로 받아들여지고 있는 듯 하다. 조선족 성격과 문학적 특성에 대한 의견은 임범송·박남훈 대담, 「중국조선족 문학의 어제와 오늘」, 『오늘의 문예비평』, 1996. 가을, p.294와 조성일, 「중국조선족 당대문학개관」, 『조선족문학예술연구』, 연변문학예술연구소편, 연변인민출판사, 1989, 「중국조선족문학의 현황과 전망」, 『문학과예술』84호, 연변문학예술연구소, 1994.4 등이 있다.

41) 『연변일보』226호, 1948.11.13자에 「신춘문예 심사를 마치고」란 제목의 투고작품 심사란에는 1949년 새 해를 맞이하여 연변일보 탄생 이래 처음으로 신춘문예현상모집을 하였다고 밝히고 투고된 작품들 중 많은 작품이 조선인 문화가 새 사회에 맞지 않는다는 점을 지적하면서 우리 조선민족의 과거 비참한 생활을 여실히 말하여 주고 신민주주의의 새로운 민족문화건설에 힘써야한다고 주장한다. 여기서 새로운 민족문화건설이란 사회주의국가건설을 위한 목적적 내용의 작품을 말한다.

긍정적이며 현실적인 인물들이 등장하는 작품 속에는 재중 조선인들에게 민족적 협동과 단결의 의지를 강화하라는 심층의 목소리가 담겨 있다. 중국에 사는 '조선인'으로서 생존을 위해 자신의 정체성을 분명히 하고 입지를 확고히 하는 주체적이고 능동적인 태도의 견지를 요구하고 있는 것이다.

건전하고 긍정적 인물을 등장시켜서 계몽의 목적을 실현한 작품 「단조공」, 「견습공」과 「거꾸러진배나무」는 당시 중국에 거주하는 조선인들의 현실적 지위와 처지를 그대로 반영하며 미래에 대한 주인공들의 긍정적이며 건설적인 의지를 보여주고 있다.

「견습공」의 주인공 '명석'은 지금은 견습공이지만 매일 아침마다 일찍 공장에 나와서 주변을 정리하고 어제 배운 기술을 연습한다. 그는 쉬는 시간에도 휴게실에 걸린 모범노동자의 사진을 바라보며 자신의 미래를 그려본다. 부지런하고 적극적인 태도를 가지고 있으며 아직은 견습공인 현실을 긍정적으로 받아들이는 그의 모습은 이민족, 소수민족으로서 중국 내에서 중심일 수 없지만 생존의 기반을 마련하고 가꿔가겠다는 조선인들의 의식을 대변한다. 또한 건강한 미래지향의 희망을 보여주면서 독자에게 의식의 전환과 각성을 요구하고 있다. 이것은 재중 조선인이 현실을 그대로 인정하면서 동시에 미래에는 중국의 당당한 구성원으로서 현재 보다는 좀 더 구체적이며 영향력 있는 역할을 해나가리라는 다짐을 확인하고, 촉구하는 것으로 이해 할 수 있다.

「거꾸러진배나무」 화자는 "열매는 많이 맺었으나 곧게 자라지 못하고 휘어지고 만 배나무"처럼 과거 항일 전쟁과 봉건 지주와의 항쟁에서 조선인이 세운 업적은 크지만 지금은 "뿌리가 튼튼해야, 기초가 튼튼해야한다"고 당부한다. 작가는 주인공인 화자를 통해서 이제는 재중 조선인들 모두가 중국공산당 정부와의 관계와 앞으로의 중국 역사의 흐름 속에서 자신들의 뿌리를 튼튼히 해야 한다는 분명한 의식을 다시 한번 확인하고 환기하는 것이다.

작품에서 확인되는 재중 조선인의 민족 주체성 확립의 의지는 타민족을 배척하고 자민족 중심주의를 기획하거나 그를 위해서 무조건적으로 타자를 배격하고 축출해야 한다는 것은 아니다. 상호 공존의 세계관으로써 상호 대등한 입장에서 공존하자는 것이다. 그래서 민족 주체성 확립의 의지를 담은 해방기 재중 조선인 소설의 공리주의적 현상[42]은 반일·반봉건의 저항과 국가건설 시기 자신들 삶의 영역을 확보하려는 재중 조선인들의 현실적인 판단까지도 포함하여 이해된다.

과거와 결별하고 새로운 인물로 다시 태어나는 인물이 등장하는 「첫 졸업장탄한호산」, 「三소조한령감」, 「경쟁」의 주인공은 무지와 간략한 꾀 때문에 발전하는 자신을 만날 수 없었고 스스로의 삶에서 주인이 될 수 없었던 인물이었다. 「첫졸업장탄한호산」의 주인공은 글을 깨우치고 셈을 하면서 지금껏 보지 못했던 새로운 세상을 만날 수 있게 되었고 사회와 제도에 능동적으로 반응하고 참여하는 기회도 얻을 수 있었다. 「三소조한령감」의 주인공 '한령감'은 자기 밭만 우선 매겠다는 생각으로 협동과 공동 학습의 도움도 받지 못하고 후회했다. 「경쟁」의 주인공 '치수'도 제법 능숙한 자신의 기능을 믿고 개인적인 이익만을 좇다가 동지를 배려하고 자신의 업무가 국가 사회 발전에 이바지하는 공적 의의가 있음을 굳게 믿는 '영식'을 통해서 부끄러움을 느끼고 반성하게 된

---

42) 소련 예술의 특징을 공리주의로 본 A.하우저는 예술에 있어서의 공리주의에 대해 "모든 가능한 수단을 공산주의 건설을 위해 동원하며 부르조아 문화의 심미주의를 근절할 필요에 기인한 것"이라서 심미주의가 사회혁명에 위협이 됨을 의식하여 공산주의 문화정책 입안자들이 지난 예술의 가치를 인정할 수 없었고 그결과 그들의 예술관이 시대에 뒤떨어지게 된 것이라고 주장한다.(A.하우저, 백낙청·염무웅 역, 『문학과 예술의 사회사(현대편)』, 창작과비평사, 1985, p.259)

다. 이렇게 변화하는 주인공들은 중국 공산당과 더불어 중국 땅에서 살아가기를 결심한 재중 조선인들에게는 닮아야 할 '모델'이 되고 있는 것이다.

제국주의 억압에 저항하고 반봉건의 기치를 드높인 재중 조선인들은 주체적 판단과 실천으로 해방을 맞았고 중국의 소수민족으로 편입되는 역사적 흐름을 만들었다. 그러나 어쩔 수 없이 한족 중심인 사회에서 주변부로서의 조선인이 중국에서 살아가기 위해서는 정부 정책에 적극 찬동하는 태도가 필요했을 것이고 그 필요 요구는 적극적으로 수용되었을 것이다. 그래서 재중 조선인 문학은 민족적 특성과 함께 이주 이후의 새로운 상황 속에서 스스로 만들어낸 '중국 내 조선인'의 문학적 특성이 드러난다. 이러한 해방기 작품의 특성은 중화인민공화국 건설 후 조선족 문학의 지향과 창작의 방향까지도 구체화하여 보여주고 있다 하겠다.

6. 맺음말

본고는 해방기 『연변일보』소재 재중 조선인 소설을 대상으로 그 주제적 측면에서의 특성을 살펴보았다. 작품에서는 재중 조선인들이 사회주의국가 건설을 위해서 공산당 정부 정책에 적극 찬성, 참여하는 모습을 볼 수 있었다. 즉 새 시기, 새 국가 건설의 희망을 피력하면서 정책을 홍보하고 참여를 독려하는 모습을 확인할 수 있었던 것이다. 그리고 표층으로 드러난 이와 같은 작품의 주제가 그 심층에는 중국에 거주하는 조선인으로서 주체적 삶의 태도를 견지하여 중국 내 조선인으로서의 입지를 공고히 하자는 의도를 담고 있음도 확인 할 수 있었다.

재중 조선인들은 우리와 한민족으로서의 종족적 근원과 일본제국주의에 침탈 받은 역사적인 공통의 경험을 가지고 있다. 그들은 일본에 대한 저항과 자신의 생존을 위해서 사회주의를 선택했고 그것으로 삶의 지향점을 찾게 되었다. 이것은 제국주의로 인한 혼란과 봉건주의에 저항하는 속에서 새로운 문화적 정체성과 민족적 주체성을 수립하기 위한 움직임으로 해석할 수 있다.

연구의 대상이 되었던 작품들에서는 그들이 '재중 조선인(의, 으로서의)'으로 주체성을 분명히 하려는 의도가 보인다. 현실 긍정적이고 주체적인 이상적 인간형이 형상화 되었는가하면 부정적이며 무지하고 소극적인 인물들은 새 세상이 요구하는 인간형으로 변화되었다. 이것은 재중 조선인들이 자신이 살아갈 나라의 체재와 의식에 적극적으로 또, 자의적으로 동화되려는 의도로써 주체적 인간으로 중국에서 '자리매김'하겠다는 다짐이다.

이러한 해방기 재중 조선인 소설의 특성은 1949년 중화인민공화국 건설 이후 본격적인 조선족 소설을 이해하는 단초가 될 것이다. 또한 조선족 소설의 지향과 전개 방향의 길잡이 역할과 함께 민족문학이란 거대담론의 형성과 그 이해를 위한 조력자로서의 몫을 하고 있다는 데 그 의의가 있다.

참고문헌

고구려연구재단, 『중국의 민족·변강 문제』, 고구려연구재단, 2005.

권영민, 『한국민족 문학론 연구』, 민음사, 1988.

권영준, 「근대 중국의 국적법과 조선인 귀화정책」, 『한일역사문제연구』vol5, 2003, 한일역사문제연구회, pp.37-71.

김동화, 『중국 조선족 독립운동사』, 느티나무, 1991.

김상철·장재혁, 『연변과 조선족-역사와 현황』, 백산서당, 2003.

김승원, 「견습공」, 『동북조선인민보』, 1949.8,12,13,14.

김윤식, 『한국현대문학사론』, 한샘, 1988.

김정길, 「중국 조선족 신문의 민족문화 전승에 관한 연구-연변일보 문화기사를 중심으로」, 계명대 박사학위 논문, 2005.12.

김종회, 「중국 조선족 문학의 어제와 오늘-한민족 문화권의 새로운 영역」, 『국어국문학 130』,국어국문학회, 2003.

김태국, 「중국 조선족 역사 上限線 문제」, 『전주사학』제6집, 전주대학교역사문화연구소, 1998.

김호웅, 『재만조선인문학연구』, 국학자료원, 1998.

리홍규, 「三소조의한령감」, 『동북조선인민보』, 1949,8,6.

리홍규, 「첫졸업장탄한호산」, 『동북조선인민보』,1949,7,5.

박금해, 「중국조선족교육, 그 방향은-조선족교육의 민족성을 중심으로」, 『ok timesoverseas Koreans times』통권제127호, 해외교포문제연구소, 2004.6.

박이도 외, 『전환기 한국문학의 과제와 전망』, 시와 시학사, 1998.

박지향, 『제국주의-신화와 전설』, 서울대출판부, 2000.

벨라 키랄리활비 저, 김태경 역, 『루카치미학비평』, 한밭출판사, 1984.

서헌, 「거꾸러진배나무」, 『연변일보』, 1948.5.8.

아놀드 하우저, 백낙청·염무웅 역, 『문학과 예술의 사회사』, 창작과비평사, 1985.

에네스트 겔너, 이재석 역, 『민족과 민족주의』, 예하, 1988.

오양호, 「1940년대 在滿朝鮮族文學 硏究의 문제점」, 『한국문학논총』30, 한국문학회, 2002.6.

유병호, 「中國朝鮮族이 民族意識을 보존할 수 있는 원인 및 現存問題」, 『민족발
　　　전연구』3, 중앙대학교 해외민족연구소, 1999.

윤성진, 「단조공」, 문화전선에서전제, 『동북조선인민보』, 1949.5.25.

윤윤진, 「중국조선인문학연구에 나서는 몇 가지 문제」, 『문학과 예술』, 1993.11월
　　　-12월호.

이광규, 「해외교포와 한민족 공동체」, 『민족통합과 민족통일』, 한림대학교민족통합
　　　연구소, 1999.

이광규, 『격동기의 중국 조선족』, 백산서당, 2002.

이광규, 『재중한인-인류학적접근』, 일조각, 1994.

이광일, 『해방 후 조선족 소설문학 연구』, 경인문화사, 2004.

이석구, 「식민주의 역사와 탈식민주의 담론」, 『외국문학』, 열음사, 1997.

이진영, 「중국 공산당의 조선족 정책의 기원에 대하여(1927-1949)」, 재외한인학회,
　　　『재외한인연구』vol9, 2000.

이현정, 「조선족의 종족 정체성 형성 과정에 관한 연구」, 『비교문학연구』제7집.

임범송, 박남훈 「대담, 중국 조선족문학의 오늘과 내일」, 『오늘의 문예비평』, 1996,
　　　가을.

임헌영, 「세계화 속의 동포문학」, 『한국문학평론』제7권통권제26호, 2003, 가을·겨울.

조남철, 「이주 문학 연구-중국내 조선인 문학을 중심으로」, 『논문집』38집, 한국방송
　　　통신대학교, 2004.8.

조선족략사편찬조, 『조선족약사』, 백산서당, 1989.

조성일, 권철, 『중국 조선족 문학통사』, 이회, 1997.

조정남, 『현대중국의 민족정책』, 한국학술정보(주), 2006..

존 킹 페어뱅크, 중국사연구회 역, 『신중국사』, 까치, 1995.

페터 지마, 서영상·김창주 역, 『소설과 이데올로기- 현대 소설의 사회사』, 문예출판
　　　사, 1996.

한림대학교, 『연변일보』영인본 1948년-1949년, 한림대학교출판부, 1998.

홍민, 「경쟁」, 『연변일보』, 1948.5.1과 1948.5.5.

홍석표, 「중국 新時期의 문학적 패러다임의 변화 연구」, 『中國文學』35輯, 중국문
　　　학회, 2000.

황유복, 「중국 조선민족이민사의 연구」, 『조선학』, 민족출판사, 1993.

중국 조선족 '반성소설' 연구

최 은 수

목 차

1. 서론

중국 조선족은 19세기 후반부터 압록강과 두만강을 건너 중국 동북 지역으로 이주해 간 개척민들을 그 유래로, 일제의 강제 이주정책 등 정치·경제적 이유로 유입·정착하여 살고 있는 중국 내 소수민족이다. 그들은 중국 사회에서 한민족(韓民族)의 전통과 언어를 유지하면서 살아가고 있으며 그들의 문학은 중국문학이면서 동시에 조선족 문학이라는 특성[1]을 가지고 있다. 중국의 소수민족으로 살아가는 조선족들의 삶을 그리는 소설의 경우 중국 공산당의 사회주의 문화정책에서 벗어날 수 없었고 또한 중국정부의 소수민족 정책의 영향을 받아왔다. 중국 국민이며 소수민족이라는 특수한 상황 아래 창작된 중국 조선족 소설은 이런 특수성 때문에 중국의 소설과는 변별되는 독자성을 확보하고 있다.

문화대혁명이 끝나고 개혁개방 정책이 실시된 1980년대는 중국 조선족 소설에서 새로운 역사시기[2]로 불릴 만큼 이전의 소설들과는 다른 새로운 양상을 보여주는 대전환의 시기였다. 이 시기 중국조선족 문단에서는 문화대혁명기에 당했던 고통과 회한을 소재로 한 소설들이 등장, '상처·반성소설'이라 불리며 유행하게 된다.

중국의 문화정책은 중국 조선족 작가들의 소설 창작 방법에 영향을 미쳤으며 중국 조선족 소설은 당대 중국 소설의 영향을 받아왔다. 때문에 1980년대 초에 유행했던 중국 조선족 반성소설은 1970년대 후반에 중국 문단에서 유행했던 '상흔(傷痕)·반사(反思) 소설'과 그 등장 배경과 성격이 유사하다. 그러나 조선족 반성소설은 중국의 '상흔·반사소설'과 등장배경이나 성격은 비슷하지만 그 속에 담고 있는 주제나 주제의 표현방식에는 차이가 있다.[3]

---

1) 중국 조선족은 중국의 문화정책이라는 잣대와 소수민족 정책이라는 잣대가 동시에 영향을 미치고 있다는 것을 전제로 이해해야 한다. (김종하,「중국 사회주의 문화정책이 조선족 소설창작 방법에 미친 영향」, 『한국문학론총』제20호, 1997, p.98)
2) 1980년대는 중국의 개혁개방 이후 문예계의 사상해방과 창작의 자유가 보장되면서 새로운 작품들이 등장하게 되는 시기로 중국에서는 신시기 문학, 조선족에게는 새로운 역사시기라고 불린다.(조성일,「새로운 력사시기의 조선족 문학」, 『중국조선어문』, 길림성민족사무위원회, 1986, p.76참고)

중국으로 이주한 이후 조선족으로서의 민족적 특성을 유지하며 살아온 중국 조선족 문학에 대한 연구는 재외한국문학 차원에서 필요하고도 중요한 과정이다.[4] 이것은 중국적 혹은 조선족의 시각에서가 아니라 우리의 관점에서 객관적으로 살펴야 할 부분으로 재외한국문학 차원에서 평가하고 점검해야 한다는 것을 의미한다. 중국 조선족 소설 가운데 특히 문화대혁명이라는 격변기를 겪은 후 창작된 중국 조선족의 반성소설은 '중국의 조선족'으로서 그들의 특성을 잘 드러내는 부분이라 할 수 있다.

본고에서는 중국 조선족 문학이 중국 문학의 일부이면서 동시에 한민족 문학의 일부라는 특성 때문에 나타나고 있는 차이와 특성을 1980년대 초에 창작된 중국 조선족 반성소설을 통해 살펴보도록 하겠다.[5] 먼저 중국 조선족 반성소설의 등장배경과 반성소설의 개념에 대하여 논의해 보겠다. 아울러 중국 조선족 반성소설의 내용을 분석하여 소설에서 드러나는 주제적 특성을 찾아보겠다. 이러한 주제적 특성을 바탕으로 비슷한 시기에 창작된 중국의 상흔·반사소설과 비교하여 조선족 반성소설의 의미와 그 한계를 밝혀 보겠다.

---

3) 이 부분에 대해서는 5장 '반성의 깊이와 한계'에서 상술하도록 하겠다.

4) 김형규, 「중국 조선족 소설 연구의 현황과 현재적 의의」, 『현대소설연구』29, 한국 현대소설학회, 2006, p.299.

5) 중국 조선족 소설사에서 1980년대는 이전의 소설과는 다른 양상으로 전개된다. 문화대혁명이 끝나고 중국의 문예정책의 영향 아래 과거 문화대혁명기의 오류를 비판하는 반성문학이 유행하게 되는데, 1970년대 말부터 시작된 이 반성문학은 1980년대 초에 가장 성행하다가 1985년 중반부터는 주제와 표현 면에서 신사실주의, 의식의 흐름기법 등 다양화를 추구하게 되면서 쇠퇴하게 된다. 따라서 본고는 1980년부터 1985년 사이에 발표된 중국조선족 단편소설 가운데 반성소설의 특징이 드러나는 작품을 연구의 대상으로 삼았다. 중국 조선족 반성소설 가운데 김학철의 「밀고제도」(1987년)와 정세봉의 「'볼쉐위크'의 이미지」(1998) 등은 1980년대 초에 유행하였던 반성소설의 흐름을 잇는 작품이나 발표 시기 상 연구의 대상에서는 제외되었다.

2. '반성소설'의 등장배경

'반성소설'은 중국의 문화대혁명이 종결되고 개혁개방이 시작되는 1979년부터 창작되기 시작하여 1980년대 초에 중국 조선족 문단에서 유행하면서 하나의 경향을 이루게 된 소설들을 말한다. 반성소설의 내용은 문화대혁명기의 비극에 대한 고발과 그로 인한 상처를 드러내는 것이며 대부분 단편소설로 창작되었다. 중국 조선족 문학사에서는 정세봉의 「하고싶은 말」(1980), 박천수의 「원혼이 된 나」(1979) 등을 반성소설의 시작으로 보고 있다.

반성소설은 그 등장 배경이 '문화대혁명이 가져온 상처에 대한 고발과 치유'라는 점에서 단순히 과거 역사에 대한 반성을 주제로 하는 소설들과는 반성의 목적이 명확히 구분된다. 또한 문화대혁명 이후 발표된 작품 가운데 과거 마오쩌둥 시대 특히 문화대혁명기에 당했던 고통과 회한을 소재로 한 작품들이라는 내용상의 특성을 가지고 있다. 반성소설은 과거청산이라는 시대의 요청 속에 문화대혁명기와 그 이전 사회주의 전반에 대한 역사의식과 비판 의식의 심화되어 나타나고 있는 소설이며 문화대혁명을 비롯한 중국의 사회주의 사회에 왜 이러한 비극이 출현하게 되었는가에 대한 반성의 의미를 담고 있는 소설이다. 반성소설에 대하여 중국 조선족 문학사에서는 상처소설은 고발과 폭로를 목적으로 하는 소설로, 반성소설은 역사에 대한 성찰과 반성의 사유가 중심이 되는 소설로 인식되고 있다.[6]

---

6) 오상순은 '문화대혁명이 빚어낸 사회 비극, 정치 비극, 인생 비극과 육체·정신적 상처를 고발한 문학'으로 보고 있으며(오상순, 『개혁개방과 중국 소설문학』, 월인 출판사, 2001, p.117) 정덕준은 '상처문학의 심화라 할 수 있는 문학사조로 문학대혁명기의 재난을 폭로하고 비극적 역사가 남긴 상처를 고발하여 문화대혁명의 본질에 본격적인 문제를 제기하는 문학'으로 본다.(정덕준, 「개혁개방 시기 재중 조선족 소설 연구」, 『한국언어문학』51, 한국어어문학회, 2003, p.661) 이광일은 '문화

1980년대 초 반성소설의 주제는 그 반성과 고발의 대상에 따라 크게 몇 가지로 나눌 수 있다. 첫째, 문화대혁명기에 개인이 받았던 정신적·육체적 상처에 대한 고발이다. 류원무의 「아내」, 윤림호의 「두만령감」, 남주길의 「삶의 거울」과 「접동골 녀인」, 리철룡의 「죄인」, 김관웅의 「청명날」 등이 이에 속한다. 둘째, 문화대혁명 과정에서 드러난 좌 편향 혹은 관료주의의 횡포와 피해에 대한 비판이 담긴 소설로는 리원길의 「한 당원의 자살」과 「백성의 마음」, 윤림호의 「기념비에 깃든 일사」와 「길섶의 들국화」 등이 있다. 셋째, 대약진운동·인민공사의 영향 등으로 낙후된 생산력에 의한 갖가지 현실적 모순을 다룬 소설로는 류원무의 「아, 꿀샘」, 「벙어리 령감」, 「비단이불」 등이 있다. 넷째, 계급투쟁으로 인한 가정의 비극과 파탄은 정세봉의 「하고 싶은 말」, 김민성의 「문수의 답안」, 리원길의 「두루미 며느리」, 고신일의 「묻어버린 과거」 등에서 나타나고 있다.

이처럼 반성소설은 문화대혁명의 비극에 대한 고발과 반성을 드러내는 소설이다. '상처소설'과 '반성소설'의 구분은 중국의 '상흔소설'과 '반사소설'처럼 용어 사용의 혼용이 있으며 그 구별의 기준도 명확하지가 않다. 중국 조선족 문학사에는 문화대혁명기 당시의 고통과 비극만을 고발하는 것을 상처소설이며 이런 한계를 극복하고 그 비극의 원인을 문화대혁명 이전까지 거슬러 올라가 그러한 상처를 가져올 수밖에 없었던 현상의 본질을 탐구하는 소설을 반성소설이라고 말하고 있다. 그런데 넓은 의미에서 볼 때 과거에 대한 고발과 폭로는 반성을 위한 시

대혁명이라는 역사의 소용돌이 속에서 인간의 고통과 비극을 보여주고 그 원인을 찾아 반성한 소설'이라고 하였으며(이광일, 『해방후 조선족 소설문학 연구』, 경인문화사, 2003, pp.159-161), 『중국 조선족 문학통사』에서는 '문화대혁명이란 사회적 비극이 생기게 된 원인을 사색하면서 역사에 대하여 반성하는 소설작품'이라고 밝히고 있다.(조성일·권철, 『중국조선족 문학통사』, 이회출판사, 1997, p.439)

작이며 한 부분이라 할 수 있다. 왜냐하면 고발과 폭로이후 진정한 반성과 성찰이 이루어지기 때문이다. 이러한 의미에서 볼 때 넓은 범주에서 상처소설 역시 반성소설이라 할 수 있다. 역사적 상처를 드러내 놓는다는 것은 곧 지난 역사의 반성이며, 지난 역사에 대한 반성의 동기는 대부분이 이 상처의 발견으로부터 시작하고 있기 때문이다. 그런 면에서 볼 때 상처소설은 반성소설에 포함되는 것으로 볼 수 있다.

반성소설의 등장배경은 중국의 문예정책과 깊은 관련을 맺고 있다. 중국 공산당은 사회주의 문화정책을 통해 인민을 통제하고 소수민족인 중국 조선족을 통제하기 때문이다. 중국에 있어 문학은 그 정책의 반영이거나 산물이다.[7] 때문에 중국 조선족의 문학을 살필 때에는 중국의 문예정책과 연계하여 살필 수밖에 없다.

중국 문학사에서 문화대혁명기는 대부분의 예술가들이 '반동적 인물'로 숙청되고 문예계가 초토화된 암흑기라고 할 수 있다. 문화대혁명기에 강청 등 '4인 무리'는 '문예계의 검은 선' 비판을 이유로 대부분의 작가들을 반동·반사회주의, 반혁명분자로 비판·숙청하였으며, 이전에 발표된 작품들은 모두 독초로 폐기하였고 문예 잡지는 대부분이 정간되었다.[8]

1977년 9월 『인민일보』 편집부가 개최한 좌담회에서 강청 등 '4인 무리'의 문예이론을 거부하는 '문예흑선독재론 비판운동'을 시작으로 1978년 5월, 북경 중국문학예술계연합회 제3기 전국위원회 3차 확대회의에서 문화대혁명의 극좌적 문예정책과 이론을 폐기, 각급 문예협회

---

7) "문학예술은 모두 일정한 계급을 대표하고 문학은 정치에 속한다."는 모택동의 '연안문예강화'는 중국의 문예정책의 경전적 위치를 차지하게 되는데 문학은 정치에 복속한다는 것은 공산당 문예정책의 기본이다.(이윤양, 「중국의 문예정책」, 『중소연구』제6권, 1982, p.195)
8) 오상순, 『개혁개방과 중국 조선족소설문학』, 월인출판사, 2001, p.98.

의 활동 재개와 『문예보』의 복간을 선언하였다.9) 문화대혁명의 종결 이후 중국 공산당 당 중앙은 제4차 전국 문학예술 공작자 대표대회에서 '문예의 정치 종속·도구화를 더 이상 제기하지 않을 것을 천명하며10), 지금까지 문인들에게 주어진 부당한 조치를 전면적으로 재평가하고 다수의 작가와 비평가들을 복귀시켜 사상해방과 창작의 자율화 분위기를 조성하였다.

문화대혁명이 종결된 후 정치적 혼란과 압박 속에서 사상해방을 맞이한 사람들은 기존의 사상과 체계에 대해 회의를 느끼게 된다. 이 시기 중국문학에서 등장한 것이 '상흔(傷痕)·반사(反思)문학'이다. 중국 소설사에서는 문화대혁명이 종결된 직후에 발표된 유심무의 「담임선생」(1977)과 노신화의 「상흔」(1978)을 상흔문학의 시작으로 보고 있다.11) 상흔문학은 문화대혁명 기간 동안 중국인들이 겪어야 했던 정신적·육체적 상처들을 고발·폭로하는 내용이 중심을 이루고 있다. 이후 등장한 반사문학(反思文學)은 상흔문학 보다 한 차원 더 발전된 형태의 것으로서, 문화대혁명기의 사회질서 파괴와 개인의 고통을 묘사하는데 그치는 상흔소설의 한계를 극복하려는 시대적 분위기 속에서 새롭게 등장한 문학으로 역사에 대한 성찰을 시도한 소설이다.12)

---

9) 김시준, 『중국당대문학사조사연구』, 서울대학교출판부, 2000, p.255.
10) 1979년 10월 등소평의 축사 중에서 "당은 문예공작의 지도에 대해 명령을 하지 않을 것이고 문학예술이 임시적으로나 구체적으로나 직접적으로나 정치임무에 종속하라고 요구하지 않을 것이다."(김시준, 앞의 책, p.255)
11) 치우란, 중국어문학회 옮김, 『중국당대문학사』, 고려원, 1994, p.364.
12) '상흔문학'이란 용어는 노신화의 소설 「상흔」에서 유래하였으며 이후 문화대혁명기의 비극을 폭로하는 내용을 지닌 작품들이 대대적으로 창작되자 이를 '상흔문학'이라고 부르게 되었다. 1979년 이후 상흔문학의 열기가 쇠퇴하면서 문화대혁명기의 상흔을 단순히 고발하는 것에서 벗어나 문화대혁명 이전의 공산사회에 대한 회의와 비판 등 역사적 사실과 현실의 문제를 반사(反思)한 작품들이 등장하는데 이러한 작품들을 '반사문학'이라 한다. 반사문학은 신사실주의 문학 혹은 개혁문학이라고 불리기도 하는데 1979년부터 1983년 사이에 대량으로 창작되었

이러한 중국의 문예정책의 변화, 중국 문예계의 반사문학의 영향 등으로 1980년대에 중국 조선족 문단에서는 반성소설이 등장한다.[13] 1980년대 초 중국의 개혁개방 정책으로 인한 사상해방은 조선족 반성소설 등장의 토대가 되었는데 이 시기 중국의 문예정책은 지난 문화대혁명기의 과오를 청산하고 새로운 시기에 맞는 소설을 창작할 것을 요구한다.[14] 문화대혁명은 중국에서 중국 국민으로 살아가는 조선족들에게 있어서 크나큰 상처였다. 문화대혁명을 겪은 후 조선족 작가들은 그들이 중국 국민으로서 또 조선족으로서 겪어야만 했던 육체적·정신적 상처에 대한 증언과 그 치유에 대한 책임을 갖게 되었다. 이러한 시대적, 사상적 분위기 속에서 1980년대 초 중국 조선족 문단에는 문화대혁명기의 상처를 고발하고 폭로하는 소설들이 줄지어 등장하게 되면서 하나의 흐름을 이루게 된다. 중국 조선족 문단에서 상처소설이라 불리며 등장한 이 소설들은 문화대혁명으로 받았던 고난과 비극적인 삶의 고통을 그리고 있다. 이후 단순히 문화대혁명기의 고통과 상처에 대한 묘사에만 머물러 있는 상처소설의 한계를 극복하기 위하여 등장한 것이 반성소설이다. 상처소설에서 반성소설로 이어지면서 단순히 문화대

다.(임춘성, 『소설로 보는 현대 중국』, 종로서적출판주식회사, 1995, p.204 참고)

13) 이광일, 『해방 후 조선족 소설 문학 연구』, 경인문화사, 2003, p.149.
  조성일·권철, 『중국조선족 문학통사』, 이회문화사, 1997, p.437.

14) 중국조선족의 문예정책과 관련, '소수민족문학창작의 번영을 위하여 주요하게는 반드시 사상을 해방하고 림표, '4인 무리'의 극좌로선의 류독을 진일보로 숙청하여야 한다.'라고 밝히고 있다. (진황매, 「소수민족 문학창작에 관한 몇 가지 문제」, 『문학예술연구』10호, 1980.10) 또한 '사회주의는 10년간 '4인 무리'의 큰 재난을 받았으며 림표와의 투쟁, '4인 무리'와의 투쟁을 쓰며 관료주의를 반대하는 것을 씀에 있어서 중요한 것은 사회주의를 어떻게 건설할 것인지에 대한 문제'라고 밝히고 있다.(문학예술연구편집부, 「주양동지의 연설」, 『문학예술연구』4호, 1980.4) 조선족 문예 평론의 최근 동태에서도 『광명일보』에 실린 유심무의 말을 인용하며 '암흑면의 폭로는 광명에로 지향할 긍정적 효과에 힘써야 한다'는 것을 주장한다.(문학예술연구편집부, 「작품의 사회적 효과를 고려해야 한다」, 『문학예술연구』2호, 1980.2)

혁명뿐만 아니라 대약진, 반우파 투쟁 등 그 이전 시기까지 거슬러 올라가 시대적 오류를 반성하고 역사에 대한 성찰과 자아의 정체성을 찾고자 하는 것으로 소재와 범위가 확장된다.

3. 회상을 통한 자기 고백

중국의 역사에서 문화대혁명은 조선족들에게 크나큰 상처를 남겨주었다. 1966년 5월부터 10년간 지속된 문화대혁명 기간에 수많은 조선족 간부와 지식인 그리고 일반인들이 변절자, 특무, 반혁명자, 불순분자로 지목받아 비판을 당하고 고문을 받았으며 농촌과 공장으로 보내져 노동을 통한 사상 개조를 당했다. 중국 조선족 반성소설은 문화대혁명기에 그들이 겪었던 고통과 상처를 드러내는데 집중하고 있다. 그들은 과거의 상처를 드러내기 위한 한 방법으로 과거를 회상하며 고백하는 방법을 쓴다. 반성소설에는 자신이 잘못을 저질렀던 과거의 그 장소를 찾아가면서 회상의 형식을 통해 지난날의 과오를 떠올리는 내용이 많다. 특히 이러한 소설들은 대부분 1인칭 서술자가 자신이 문화대혁명기에 과오를 저질렀던 문제의 현장으로 찾아가는 내용으로 시작된다.

류원무의 「비단이불」(1982)은 공산당 간부인 '나'에 의해 서술되는 과묵하고 무뚝뚝한 농민 송 노인에 대한 이야기이다. 당에 대한 뜨거운 충성심과 굳은 신조를 가지고 있는 송 노인은 '항미원조'로 아들을 잃고 그 때 받은 '열사금'으로 비단 이불을 만들어 고향에 내려온 간부들을 접대한다. 대약진 시기에 농민들은 기아에 빠지게 되는데 '4월 모' 사건 등에서 백성의 생활에는 관심이 없고 오직 실적만을 생각하는 당 간부의 정책에 대해 실망하고 비단이불을 꺼내주지 않는다. 정년퇴직한 한

현당위 간부인 '나'는 이 비단이불을 매개로 송 노인과 나 사이에 있었던 일을 서술하고 있다. 이 소설에서 '나'는 백성을 위해 일을 하였지만 당에서 시키는 실적위주의 정책으로 인해 농민들에게 피해를 준 간부로 양심의 가책을 느끼는 인물이다.

이 소설은 '나'와 송 노인과의 네 번의 만남을 이야기하고 있는데 문화대혁명기에 송 노인과 '나'가 당한 고통 보다는 그 고통을 대하는 두 사람의 태도에 초점을 둘 수 있다. '4월 모' 사건이후 당의 잘못된 지시에 맞서 올곧게 비판하는 송 노인과 '이러지도 저러지도 못할 몸'이 되어 '왜 신흥평에 왔던가'를 후회하며 '흰 기'에 몰릴까봐 잘못을 이야기하지 못한 간부인 '나'의 모습을 대조적으로 보여주며 과거의 일을 반성하고 있다.

> 나는 이러지도 저러지도 못할 몸이 되고 말았다. 머리를 젓기만 하는 날에는 <신생사물>을 반대한다는 어마어마한 감투가 날아들것이였다. 나는 왜 부질없이 신흥평에 왔던가싶었다.[15]

'나'는 백성의 마음을 알아야 한다는 송 노인의 호통과 비단이불을 대접받지 못하는 냉대에 부끄러움을 느끼고 '4월 모' 사건을 시정하려다 산간벽지로 쫓겨 가게 된다. 그런 '나'는 정년퇴직을 한 후 무료함과 쓸쓸함을 달래기 위해 송 노인을 찾는다. '나'는 송 노인을 찾아가는 동안 과거 문화대혁명기의 일을 회상하고 간부였던 '나'의 태도에 대한 잘못을 고백을 하게 된다.

류원무의 「아, 꿀샘」은 당 간부인 '나'가 꿋꿋하고 성실하게 자신의 본분을 다한 '덕범형님'을 추억하는 이야기이다. 까막눈이었던 순수한

---

15) 류원무, 「비단이불」, 『아, 꿀샘』, 연변인민출판사, 1986, p.16.

농민 덕범형님은 '자본주의로 이끌어간다'는 비난에도 묵묵히 양봉사업을 하여 궁핍한 샘골마을을 넉넉한 꿀골로 만들어 놓는다.

실적과는 상관없이 '흰 기'에 뽑혀 저수지 공사장에서 일하는 모습이나 양봉사업이 자본주의로 몰려 비난받는 모습이 서술되고 있는『아, 꿀샘』도 '나'의 회상을 통한 고백이 나타난다. 친형제처럼 덕범형님과 가까이 지내던 '나'는 덕범형님의 벌꿀 사업을 이해하지 못하고 '혁명의 이익에 배치'되는 일을 한다며 비난하고 그로인한 다툼으로 멀어지게 된다. 문화대혁명이 끝나 샘골이 꿀골이 되었다는 신문기사를 보고 다시 고향을 찾았을 때 '나'는 정치적 억압에 굴하지 않고 벌꿀사업을 이끌어온 덕범형님에게 부끄러움과 심한 자책을 느끼게 되는데, '나는 보통당원인 덕범형님 보다 못하였다'는 고백을 하게 된다. '나'의 이러한 고백은 과거 덕범형님과의 일을 회상하면서 덕범형님을 찾아가면서 진술된다.

남주길의 「접동골 녀인」은 과거 접동골에서 인간적 선행을 베풀어 주었던 선숙아주머니에 대한 이야기가 '나'에 의하여 서술된다. 문화대혁명기에 '나'에 의해 핍박을 받았던 선숙아주머니 가족이 이후 반란파에 의해 쫓겨 도망쳐온 '나'를 숨겨주고 병구완까지 해준 이야기가 접동골을 찾아가는 나에 의해 서술되고 있다.

---

16) 류원무, 「아, 꿀샘」, 『아, 꿀샘』, 연변인민출판사, 1986, p.139.

> 잠은 어디로 갔는지 머리는 점점 맑아졌다. 장밤을 눈을 붙일수 없
> 었다. <과거를 회억하는 밤>을 먹던 날 덜미를 잡히워 일어나 투쟁
> 당하던 선숙아주머니의 모습이 눈앞에서 떠나지 않았다. 차마 이 따
> 뜻한 구들에 누워있을수 없었다.[17]

'나'는 사회주의 교양운동의 공작대원으로 접동골로 내려가 역사반
혁명 가족이었던 선숙아주머니의 가족을 핍박하고 계급투쟁을 잘했다
는 이유로 승진하게 된다. 그런 '나'가 쫓기는 신세가 되었을 때 성심껏
돌봐주고 감싸준 선숙아주머니의 행동을 통해 인간적인 감동을 받게
되고 과거 내가 저질렀던 잘못을 고백하게 되는 것이다. 이 소설 역시
문화대혁명 후 다시 접동골을 찾아가는 도중 지난 일을 회상하게 되고
과거 자신이 저질렀던 잘못을 고백하게 된다. 이처럼 반성소설은 1인칭
서술자가 자기 자신의 과거를 회상하는 소설들이 많다. 반성소설에서
상처에 대한 고백은 문화대혁명기에 내가 타인에게 준 상처에 대한 고
백이기도 하고 내가 당했던 상처에 대한 고백이기도 하다.

반성소설에 등장하는 회상은 문화대혁명기에 '나'가 저질렀던 착오
와 잘못에 대한 고백을 이끌어내기 위한 장치이다. 자신의 잘못을 고백
하고 인정을 해야 자신들이 서 있는 자리를 알 수 있고 이후 나아갈 길
을 찾을 수 있기 때문이다. 고백의 사전적 의미는 감추어진 것, 즉 은폐
된 것을 드러내는 데에 있으며 이는 자기 성찰을 위한 것이라고도 할 수
있다. 고백은 한 개인이 존재할 필요가 있고 자신의 존재를 확인시켜 줄
수 있는 공동체를 대표하는 청자에게 자신의 본성을 설명하기 위한 의
도적이고 자의식적인 시도[18]이기 때문이다. 따라서 고백하는 자는 언
제나 공동체를 향해 고백하고 공동체 속에서 자신을 깨달으려 한다. 고

---

17) 남주길, 「접동골 녀인」, 『접동골 녀인』, 연변인민출판사, 1982, p.54.
18) 우정권, 『한국 근대 고백소설의 형성과 서사양식』, 소명출판, 2004, p.27.

백을 하는 사람은 독자가 자신의 고백에 대한 반응을 보이고 어떤 역할을 하여 주기를 기대하기 때문에 고백은 자기 자신에게 하는 고백이 아니라 다른 사람들과 의사를 소통하기를 바라는 발화라고 할 수 있다. 즉 중국이라는 공동체 속에서 의사소통을 바라는 발화라고 할 수 있다.

중국 조선족 반성소설에서 나타나는 회상을 통한 고백은 고백된 과거의 자신과 고백하는 현재의 자신을 분리하고자 하는 욕망의 표현이기도 하다.[19] 현재 자신의 마음속에 숨기고 있는 것을 털어 놓는 것이 아니라 과거의 일을 털어놓아 과거와의 단절을 꾀하기 위해 고백한다. 다시 말해 숨겨진 자신의 과거를 고백함으로써 그 과거와 단절된 현재의 자신을 인정받기 위해 고백하는 것이다. 따라서 반성소설에서 보이는 회상을 통한 자기 고백은 문화대혁명기의 과오를 스스로 반성하여 중국이라는 공동체 속에 속한 현재의 자신을 인정받기 위한 것이라 할 수 있다.

4. 성찰을 통한 정체성의 확인

1) 중국 국민으로서의 위치와 동일성 획득

문화대혁명 때문에 겪어야만 했던 육체적·정신적 상처를 고발하고 고백을 통해 과거와 단절된 현재를 확인한 중국 조선족 반성소설은 새로운 시대로 나아가기 위한 방향을 제시해야 하는 과제를 안게 된다. 반성소설은 단순히 문화대혁명의 비극성만 토로하고 고발하는 것을 뛰어넘어 문화대혁명이라는 비극이 생기게 된 원인을 생각하게 되는데, 단

---

19) 가라타니 고진, 「고백이라는 제도」, 『일본근대문학의 기원』, 민음사, 2003, p.104.

순히 시대의 고발이 아닌 문화대혁명이 일어나게 된 원인이 되는 대약
진, 반우파 투쟁 등 과거 중국 공산주의 사회의 정치적 모순과 역사를
되짚어 반성하고 성찰하는 것에 집중하게 된다. 이를 통해 지난 반성의
시각의 확대와 더불어 중국에서 중국 국민으로, 조선족으로 살아가는
자신들의 정체성을 깨닫게 된다.

리원길의 「한 당원의 자살」은 '반우파'투쟁으로 희생된 한 당원의 비
극적인 죽음을 이야기하고 있다. 당비로 신발 한 켤레 산 것이 문제가
되어 자살까지 하게 된 한 당원의 죽음을 통해 극좌사조에 희생된 개인
의 비극적인 운명을 보여준다. 정희봉은 친구이자 고지식하고 성실한
당원이었던 김호천이 자살했다는 소식을 듣고 수리공사장으로 올라가
동료들과 같이 호천의 시체를 처리하는데 이 과정에서 정희봉은 김호
천의 자살 원인에 대하여 추리한다. 김호천은 당을 믿고 당의 말이라면
무엇이든지 따르는 열성당원이었다. 그는 당이 시키는 일이라면 아무
리 힘든 일이라도 마다하지 않았고 끼니를 굶어도 당비만은 꼭 내는 성
실한 사람이었다. 그런데 대약진 시기에 무리한 저수지 공사와 부패한
당 간부 때문에 고통을 당하게 되고 한 겨울에 신발 한 켤레 살 수 없을
만큼 궁핍한 지경에 이르게 되자, 당비로 신 한 켤레를 사게 된다. 이 때
문에 부패한 관리 진국재에게 추궁과 협박·멸시를 받게 되고 결국 자살
을 하게 된다.

이 소설의 맨 마지막 부분에 김호천의 자살[20]은 한 개인의 자살로 끝

---

20) 김호천의 죽음은 객관적인 극좌 사조와 그의 노예적 심리의 결합에서 빚어낸 희
   생이라고 보기도 한다. 현룡순은 '주인공 김호천은 충성스런 공산당원이었지만
   독립적 의식, 민주적 사상의 결핍은 그의 순종성, 의존성을 조장시켜 진국재의
   부정과 비리를 적발하지 못하고 결국 자살의 길을 택하게 되었다.'고 평가하고
   있다. (현룡순, 「중국조선족 소설문학개관」, 『조선족문학연구』, 흑룡강 조선민족
   출판사, 1989, p.129)

났지만 진국재 같은 당원은 당 전체를 흔들 수 있는 일이라고 말한다.

결국 문화대혁명의 비극은 진국재처럼 좌경적 사상을 가진 부패한
관리, 권력으로 인민들의 머리 위에 군림하려한 당 관리들의 문제라는
것이다. 대약진 시기는 인민공사가 생활의 단위가 되어 집단생활을 하
던 시기였고 그 속에서 조선족들은 힘겨운 노동과 궁핍한 생활에 시달
려야 했다. 이 소설은 김호천이 자살할 수밖에 없었던 비극적 상황은 개
인의 운명보다는 지난 역사의 잘못에서부터 시작된다는 인식을 보여준
다.

리원길의 「백성의 마음」은 60년대 초 농촌을 배경으로 하고 있다.
1958년 대약진 시기와 1960년 대 기근으로 궁핍하고 기아에 허덕이는
농민들의 모습을 보여주는 이 소설은 백성들의 양식까지 모두 나라에
바치고 식량난에 빠진 마을 주민들이 종자곡식을 나눠주며 벌어지는
갈등에 대해 이야기하고 있다.

오매에도 잊지 않던 당원이 된 다음은 우에서 지시하는 대로 하는
것이 당원의 의무인줄로만 알았다. 우에서 지시하는 일은 백성을 잘
되게 하는 일이다. 이런 일에 발 벗고 나서는 것이 당원으로서 내가
할 일이다. 나는 글을 못배웠고 말도 잘 못한다. 시키는대로 일하는
것이 나의 직분이다! <중략>
목에선 무엇이 그득히 차오르더니 종수는 마침내 쌀자루에 얼굴
을 파묻고 엉엉 울기 시작하였다. 이런 고마운 사람들을 위해 이때까

---

21) 리원길, 「한당원의 자살」, 『피모라이의 병졸들』, 민족출판사, 1995, p.288.

지 내가 무슨 짓을 해 놓았누!22)

　　농촌 당원 종수는 좌경적 사상에 빠진 대표적인 인물로써 당에 대한 무조건적이고 절대적인 충성심을 보이며, 당원이 된 다음에도 상급의 지시대로 하는 것이 당원의 의무라고 생각한다. 그러나 1960년대 대 기근으로 민심이 흉흉해지고 식량난에 빠지자 무조건 당을 위해 헌신한 자신의 모습에 회의를 느끼게 된다. 종수의 회의는 그 동안 무조건 믿고 따르던 상급의 지시에 대한 반성이었다. 종수는 과거 당의 지시에 따라 벌였던 대약진 때의 일이나 저수지 공사 등을 반성하며 현재의 자신을 깨닫게 된다. 이 소설에서 석구령감의 생각은 인민들의 기본적인 당에 대한 믿음을 보여주는 것이며 종수의 깨달음은 지난 날 잘못된 역사에 대한 시각을 확대시키는 역할을 한다.

　　문화대혁명기 뿐만 아니라 그 이전까지 확대된 역사에 대한 반성과 성찰을 드러내는 작품들은 시아버지의 잘못를 적발하여 조리돌림을 당하게 만드는 며느리의 이야기인 리원길의 「두루미 며느리」23)나 지주출신 아내의 무덤을 지킨 지 수 십 년 만에 특무혐의의 벗고 사연을 밝히게 되는 「두만령감」24), 장군의 귀향으로 벌어지게 되는 소동을 그린 「기념비에 깃든 일사」25) 등이 있다. 또한 반우파 투쟁에서 약혼자의 아버지를 고발한 자신을 위해 힘을 다해 수술하다가 죽어간 교수 앞에서 부끄러움을 느끼는 당원의 이야기를 쓴 남주길의 「삶의 거울」26)이나 특무로 몰려 감옥에 가게 된 아버지 때문에 고통을 겪게 되는 가족의 이

---

22) 리원길, 「백성의 마음」, 『백성의 마음』, 연변인민출판사, 1984, p.98.
23) 리원길, 「두루미며느리」, 『백성의 마음』, 연변인민출판사, 1984.
24) 윤림호, 「두만령감」, 『투사의 슬픔』, 흑룡강민족출판사, 1985.
25) 윤림호, 「기념비에 깃든 일사」, 『고요한 라고하』, 흑룡강민족출판사, 1985.
26) 남주길, 「삶의 거울」, 『접동골 녀인』, 연변인민출판사, 1983.

야기를 쓴 고신일의 「묻어버린 과거」[27] 등도 문화대혁명 기간 동안 당했던 고통과 함께 그 고통의 근원을 문화대혁명뿐만 아니라 그 이전까지 확대하여 성찰해보며 지나간 역사를 통해 현재의 자신을 반성하고 있다.

이처럼 반성소설은 문화대혁명의 비극의 원인을 지난 역사에서 찾아 사회 전반에 걸쳐 존재하는 비리와 오류를 밝히고 청산하고자 한다. 문화대혁명의 가혹한 역사가 가지고 온 폐해를 지적하면서 아울러 왜 그런 비극을 갖게 되었는가라는 반성과 성찰을 통해 현재의 위치를 깨닫고 미래에 대한 방향을 제시하는 것이다. 또한 그 자리에서 자신들의 위치를 깨닫기 위한 시도이기도 하다. 이것은 반성의 차원이 문화대혁명기의 상처와 폭로에 국한되지 않고, 중국의 조선족이 중국국민으로서 겪었던 역사적 상처에 대한 문제로 확대되는 것을 의미한다. 이로써 중국이라는 국가에 속해 살면서 중국국민으로 살아가고 있는 조선족의 위치를 확인하게 된 것이다. 중국에서 중국국민으로 살아가고 있다는 조선족들의 정체성 확인은 현재를 살아가는 조선족들의 위치와 연결된다.

2) 소수민족으로서의 위치와 은폐된 고통

문화대혁명이 끝나고 사상해방이 되자 반성소설은 문화대혁명기에 당했던 고통을 폭로하고 반성하게 되는데 특히 몇몇 작품들에서는 중국 내의 조선족이기 때문에 당해야 했던 고통이 드러나 보이기도 한다. 이러한 소설들은 주로 민족적 특색을 드러냈다는 이유로 고난을 받아야 했던 내용을 다루고 있다.

---

27) 고신일, 「묻어버린 과거」, 『성녀』, 연변인민출판사, 1983.

중국은 '하나의 중국'이라는 국가의 통일을 위해 모든 국민의 협력을 필요로 했고 통일 이후에는 우파를 숙청하는 대 개혁을 단행한다. 반우파 투쟁과 지방 민족주의 투쟁에서 중국은 조선족들에게 중국을 제외한 '모국'이나 '고국'이란 표현을 쓰지 못하도록 하였다. 이런 현상은 문화대혁명기 초에는 더욱 심하였는데 일체의 민족적 특색이 나타나는 표현을 사용하지 못하게 하였다. 반성소설 가운데 몇 몇의 소설에서는 조선족들이 이러한 민족 문제로 인하여 희생되었다는 내용이 나온다.

류원무의 「길」에서 '나'는 항일전쟁년대의 투쟁에 대한 소설을 쓰는데 문화대혁명기에 이 소설이 지방민족주의를 주장하는 '대독초'로 몰리게 된다.

> 그런데 지방민족주의를 반대하는 태풍이 불어치자 「령혼」은 이른바 민족을 선양하며 30년대초의 반민생단투쟁을 번안하는 '대독초'가 되고 말았다. 게다가 나를 놀라게 한 것은 이제껏 어떻게 세상을 뜨셨는지 모르고 있은 나의 아버지가 바로 '민생단'으로 생명처단을 당했다는 것이였다. 그야말로 청천벽력이였다. 나의 소설은 목적 있게 의식적으로 당을 반대하고 '독립운동'을 선양한 대독초로 되고 말았다. '우파분자', '민족주의분자'라는 어마어마한 감투가 오대산처럼 나를 짓눌렀다.[28]

아버지가 민생단이었다는 것이 밝혀지면서 내가 쓴 소설은 '대독초'로 비판을 당하고 '나'는 '민족주의 분자', '우파분자'로 몰려 사랑하는 연인과 헤어져 노동개조를 받으러 떠나야 했다.

김관웅의 「신념」에서도 반민생단투쟁 때 항일투쟁을 하던 유격대들이 일본의 앞잡이로 몰려 사형을 당했다는 내용이 등장한다. 이 소설에

---

28) 류원무, 「길」, 『아, 꿀샘』, 연변인민출판사, 1986, p.62.

서 김파는 고위급간부였는데 문화대혁명기에 '우파분자의 보호산'으로
비판을 받고 돼지를 키우는 막사에서 혹독한 '노동개조'를 받는 비참한
생활을 하게 된다. 이 소설은 과거 민생단 사건과 반민생단 사건에 연루
되어 고통을 당하면서도 당원으로서 자신의 신념을 지키는 김파의 이
야기이다.

> 민생단이나 민생단 혐의분자로 몰리운 사람들은 거의다 유격대의
> 골간들이였고 왜놈들과 용감하게 싸우던 동지들이였다. 교수대앞에
> 서도, 비발치는 총탄앞에서도 죽음을 겁내지 않던 투사들이 왜놈의
> 주구로 되였단 말인가? [29]

리철룡의 「죄인」은 자신의 안위와 출세를 위해 연인인 리명신을 버
렸던 박철준이 그 자신도 문화대혁명기에 자본주의 노선을 주장하는
'주자파'로 몰려 학대를 당하다가 풀려나 옛 사진을 보면서 참회하는 내
용이다. 리철룡의 「죄인」은 문화대혁명기에 자신의 당원으로서의 출세
와 '공산당원처럼 처신하기' 위해 장래를 약속했던 사랑하는 여인인 명
신과 결별한다. 그런데 이 소설에서 철준의 애인이었던 명신이 핍박을
받았던 이유는 그녀가 도라지 타령 같은 우리의 민족음악을 지키고 살
려야 한다고 주장했기 때문이었다.

> "동무 처지로서는 리명신이와 계선을 가르는 것이 좋겠소. 리명신
> 이가 민족음악문제를 들고 나왔는데 민족문제의 실질이 계급문제라
> 는걸 동무도 알지 않소. 두 계급사이에는 사랑이라는게 근본적으로
> 존재할 수 없소."[30]

---

29) 김관웅, 「신념」, 『소설가의 안해』, 요녕민족출판사, 1980, p.85.
30) 리철룡, 「죄인」, 『불타는 백사장』, 연변인민출판사, 1981, p.349.

중국의 조선족들이 조선족의 민속음악을 부르거나 연주하기만 해도 지방 민족주의로 몰려 박해와 수난을 당했던 것을 보여주고 있다. 이것은 '민족문제의 본질은 계급투쟁의 문제'[31] 라는 중국의 방침이 소수민족 지방 민족주의를 핍박하고 그와 관련된 중국 조선족을 특무로 몰아갔기 때문이다.

김관웅의 「청명날」은 문화대혁명 때 조선족 폭란을 일으킨 특무로 몰려 고통을 받은 한 조선족 가족의 해체와 비극을 말하고 있다. 특무사건으로 만삭인 아내와 헤어져 15년의 형을 치르고 나와 죽은 아내에 대한 그리움을 안고 소식을 알 수 없는 딸을 찾아다니던 김억철이 청명날 우연히 아내의 무덤에 갔다가 중국인 여인이 돌보는 자신의 딸을 찾게 된다는 이야기이다. 중국인 여인 왕수매는 만삭의 몸으로 갈 곳이 없는 억철의 아내 순실이 사람들에게 도움을 청할 때 반혁명 분자의 아내라는 이유로 아무도 도와주지 않는 모습에 실망한다.

> 전 그래서 우리나라 오성붉은기의 긴붉은 바탕에는 수많은 조선족 렬사들의 선혈도 물들어있다고 생각해요. 하여 전 당초부터 연변의 조선족들이 나라를 배반하는 <폭란>을 일으키려 했다는 것을 도무지 믿지 않았어요. 전 재 친엄마의 말을 통해 재 아버지도 항일렬사의 자식이라는 것을 알게 됐어요. 다 같은 렬사의 자식으로서 전 어쩐지 재 아버지한테 동정이 가더군요.[32]

중국인 왕수매는 순실이 낳은 아이를 자신의 친자식처럼 키운다. 억철이 만삭의 아내와 헤어져 감옥에 가야 했던 것은 문화대혁명기에 조선족 폭란에 가담했다는 누명을 썼기 때문이다.

---

31) 중국공산당문헌연구실, 『정통중국현대사』, 사계절, 1990, p.587.
32) 김관웅, 「청명날」, 『소설가의 안해』, 민족출판사, 1985, p.51.

문화대혁명이 특히 배척한 것은 민족주의였다. 중국 조선족들은 더 이상 조선인도 한인도 아닌 중화민족의 일원이어야 했다. 문화대혁명기에는 이러한 정책에 반대하거나 민족적 특색을 나타내는 작품은 '독초'로 규정하였다. 또한 민족정책은 동화정책으로 바뀌게 되어 연변조선족 지도자들은 지방민족주의자라는 낙인이 찍혀 숙청을 당했다. 또한 대약진 운동의 일환으로 진행된 민족정풍운동은 '자본주의 우파'와 '지방민족주의자'들을 비판하고 숙청하였다.[33] 중국 조선족 반성소설은 문화대혁명기에 중국 속의 소수민족인 조선족이기 때문에 겪어야 했던 이러한 고통을 드러내고 있다. 반성소설 가운데 문화대혁명기에 소수민족의 고통을 묘사하고 있는 이러한 작품들은 중국의 소수민족으로 살아가고 있는 조선족이라는 정체성을 자각하는 것이라 할 수 있다. 그러나 이러한 주제가 작품 속에 직접적이고 전면적으로 드러나 있지는 않다. '내가 쓴 소설'이나 '그녀가 부른 민요' 등 이야기의 속의 소재를 통해 간접적으로 드러내고 있다.

5. 반성의 깊이와 한계

중국 조선족 소설은 주제의식이나 창작 기법 등 많은 면에서 중국 문학의 영향을 받지 않을 수 없었고 중국 문학의 주조에서 자유로울 수 없었다. 하지만 중국 조선족 소설은 중국 문학과는 변별되는 독자성을 가지고 있으며 반성소설 역시 중국의 상흔·반사소설과 그 등장배경과 성격은 같지만 주제와 그 주제의 표현 면에서는 다른 양상을 보여준다.

중국의 상흔·반사소설은 문화대혁명기의 정치적 오류에 대하여 직접

---

33) 최우길, 앞의 책, p.103.

적으로 고발하는 작품들이 대부분이다. 때문에 문화대혁명의 희생물이었던 지식인과 젊은 세대의 비극과 운명에 적극적인 관심을 보인다. 중국의 상흔·반사소설은 4인방의 죄악을 폭로하고 문화대혁명의 폐해 및 결과를 직접적으로 비판·규탄한다. 중국의 대표적인 상흔소설인 유심무의 「담임선생」은 한 중학교 교사인 장준석의 눈에 비친 문화대혁명 후 학생들의 모습을 그리고 있다. 그는 4인방이 실시한 문화주의와 우민정책의 죄행들을 폭로하면서 극좌주의의 도구로 전락해가는 사혜민이라는 여학생을 통해 극렬 좌경사조에 희생당한 학생들의 모습을 신랄하게 비판하고 있다.

> 사혜민의 의식 속에는 서점에서 판매하지 않거나 도서관 밖에서 빌린 책은 모두 반동서요 음서라는 인식이 박혀 있었다. 그러나 그녀를 탓할 수만은 없었다. 사혜민이 책을 만난 것은 4인방의 문화독재가 극성이던 때였다. 가엾은 사혜민은 그들이 새롭게 발간했던 책들을 맹목적으로 믿고 있었으며, 4인방이 언론계를 지배하던 수년 동안 오직 정규간행물들만 읽으면서 그들에 열렬히 동조하는 글들을 써서 청소년들을 암암리에 해쳐왔던 것이다![34]

이 소설에서 류심무는 문화대혁명 기간 동안 혁명이라는 논리와 구호에 의해 우민화되어 가는 청소년들의 모습을 예리하게 파헤치며 4인방의 극좌주의를 강도 높게 비판하고 있다.

정의의 「단풍」은 문화대혁명기에 홍위병과 조반파간의 무력투쟁 모습을 보여주고 있다.

> 저 멀리서 낮게 포성이 들려왔다. 시내로 진격해 오는 정강산파의

---

34) 유심무, 「담임선생」, 『고련』, 백산서당, 1987, p.120.

포성이었다. 캠퍼스엔 집합을 알리는 호각소리가 요란하게 울리고, 이제 막 주인이 바뀐 스피커에서는 어록의 노래가 울려 퍼졌다.
　　용감하게 싸우리라
　　희생을 두려워 말고
　　지칠 줄 모르고 끝까지 싸우리라
　　격렬한 사수가 개시되었다.[35]

　「단풍」에서는 연인과 적이 되면서까지 자신의 신념을 지키겠다는 좌파끼리의 목숨을 건 싸움을 그리고 있다. 문화대혁명기는 교사와 학생, 노동자와 학생이 서로 적이 되어 싸워야 했던 시기였다. 중국의 상흔·반사소설은 그 광분의 시대의 한 장면을 실감나게 보여주고 있다. 어머니와의 관계를 끊으면서까지 홍위병의 대열에 뛰어든 여학생의 모습을 그린 「상흔」, 문화대혁명이 끝난 후에도 '지식인 혐오' 사상에서 벗어나지 못해 정신적 열등감과 비참한 삶을 살아야 했던 지식인의 모습을 그린 「재취기」 등에서도 문화대혁명기에 겪었던 가족의 해체와 지식인이 당해야 했던 고통과 사회상을 적극적으로 폭로하고 있다. 이처럼 중국의 상흔·반사소설은 중국 인민이 겪어야만 했던 암흑의 시대를 고발하고 문화대혁명의 가혹한 역사가 가지고 온 폐해를 지적하면서 직접적이며 격렬하게 비판하고 있는 것이다.
　그러나 중국 조선족 반성소설은 중국의 상흔·반사소설에 비해 보다 심각한 사회문제나 시대에 대한 적극적인 비판은 제시하지는 못하고 있다. 앞장에서 살펴본 바와 같이 중국 조선족 반성소설은 사회모순에 대한 직접적인 고발보다는 회상을 통한 고백이나 자기반성 등의 소극적인 모습으로 나타난다. 사회의 부조리를 파헤치고 문화대혁명의 비극을 정면으로 지적하고 있는 중국의 상흔·반사소설과는 달리 부패한

---

35) 정의, 「단풍」, 앞의 책, p.35.

개인의 수난에 초점을 두고 있는 것이다. 극좌노선에 대한 격렬한 저항과 시대가 만든 상처에 대한 인식, 그 현장에서 겪는 치열한 갈등 보다는 가족사적 상처에 집중하거나 개인의 수난사를 그리는데 그치고 있는 것이다. 특히 반우파 투쟁과 문화대혁명기에 민족문제로 고통을 당한 당 간부와 지식인들의 모습을 그린 소설은 거의 없다.

이처럼 1980년대 중국의 개혁개방 정책과 중국문단의 정치·문예적 요청36)에 의해 등장한 중국 조선족의 반성소설은 문화대혁명기에 중국 조선족이 겪었던 고통과 비극을 보여주고 있지만 그 반성의 수위에는 한계를 보여준다. 즉, 문화대혁명의 정치현실 문제나 민족적 고난의 모습에 대해서 까지는 적나라하게 파헤치지 못하고 있다. 또한 문화대혁명의 현장감이나 그 내면에 있는 정치·문화적인 심리를 심층적으로 표현하는 것에는 미흡한 실정이다.37)

비슷한 시기, 비슷한 등장 배경을 갖고 있는 중국의 상흔·반사소설과 중국 조선족의 반성소설이 이러한 차이점을 보이고 있는 것은 현재 중국에서 중국의 국민으로 살고 있는 그들의 위치 때문이며 또한 중국의 소수민족 정책의 영향 때문이다. 문화대혁명기 민족을 위한 시책과 행동은 중국의 대한족주의에 역행하는 반역적 행위로 몰리는 것이었다. 문화대혁명기에 조선족 지도자인 주덕해가 반역의 우두머리로 몰려 박해를 받았고 조선족 지식인들은 민족주의자로 비판받고 고난을 당했다.38) 문화대혁명이 끝나고 1980년대가 되면서 문화대혁명에 희생된

---

36) 소수민족문학창작의 번영을 위하여 주요하게는 반드시 사상을 해방하고 림표, '4인 무리'의 극좌로선의 류독을 진일보로 숙청하여야 한다.(진황매, 「소수민족 문학창작에 관한 몇가지 문제」, 『문학예술연구』, 1980.10)

37) 이 부분에 대하여 리광일은 '중국 조선족 반성소설은 문화대혁명에 대한 적극적인 비판과 더 나아가서 이러한 현상이 일어나게 된 정치·문화적인 원인을 파헤치지 못하고 '피해자의 시각에서 한풀이를 하는데 그치고 마는 아쉬움'이 있다.'고 밝히고 있다.(리광일, 앞의 책, p.160)

주덕해를 복권시키고 문화대혁명시기 대한족주의로 인한 상처를 치유하려는 노력이 있었다. 이러한 시대적 요구에 의해 중국 조선족 작가들도 문화대혁명기에 민족주의에 대한 탄압을 고발하는 움직임이 일기 시작하였다.[39] 그러나 중국 조선족 반성소설에는 이러한 민족 지도자의 문제나 소수민족의 고통을 직접적으로 형상화한 작품은 보이지 않는다. 또한 중국의 반사소설처럼 결렬하고 대담한 역사에 대한 고발과 적극적인 폭로에까지는 나아가지 못하는 것을 알 수 있다. 문화대혁명이 끝나고 사상해방 등으로 반성소설이 등장하게 되지만 중국의 국민으로 살아가는 중국조선족의 위치와 중국의 소수민족 탄압의 영향 아래 있던 조선족 작가들은 민족과 정치에 대한 본질적인 문제들은 적극적으로 드러내지 못했던 것이다.[40]

문화대혁명기는 사상적 통합을 다지는 시기였고 중국의 역사상 유례를 볼 수 없는 대변혁의 시기였으며 중국 조선족에게는 대 시련기였다. 이러한 시련 속에서 중국 조선족은 감당하기 어려운 시련을 감수하고 소수민족으로 살아남을 생존 전략을 구축해야 했다. 조선족이 살아남은 생존 전략이란 중앙의 지시에 철저히 순응하는 것이었다. 중국 조선

---

38) 이 시기 중국 조선족이 당한 고통에 대하여 중국 조선족은 '4인무리'의 악당이 강청의 직접 파견을 받고 연변으로 와서 대한족주의를 실시하면서 조선족의 훌륭한 노간부와 문예계 인사들을 '나라를 배반하고 수정주의에 투항한 분자', '주자파'등의 기괴하고 무시무시한 감투를 들씌워서 비인간적인 혹형을 가했던 것이다.' 등으로 밝히고 있다.(임효원, 「소수민족문학의 새봄」, 『문학예술연구』9호, 1980, p.3 참고)

39) 중국 조선족 작가들은 '1957년 이래 지방민족주의에 대한 투쟁의 확대와 림표, 강청반혁명 집단의 봉건문화전제주의로 인해서 우리 조선족 문학은 혹심한 피해를 입었고 그 여독과 영향은 지금도 철저히 숙청되지 못하고 있다.'고 말하며 민족적 특성을 구현한 작품을 창작하자고 주장하고 있다.(허휘훈, 「민족적 특성 연구에서 제기되는 몇 가지 문제」, 『문학예술연구』, 1980.11 참고)

40) 극좌노선에 대한 문학적 저항은 이후 김학철의 중편소설 「밀고제도」(1987)에서 본격적으로 드러나게 되는데 반성소설의 역사적 깊이와 사회비판성 및 미학적 완성도를 보여주는 작품으로 평가되고 있다.

족들은 모범적인 소수민족이 되기 위해 정치운동에 항상 앞장을 서서 중국의 문예정책과 소수민족 정책에 적응하였으며 이것을 합리화하였다. 문화대혁명이 끝나고 과거의 잘못을 고발하는 반성문학이 유행하게 되었을 때에도 자기 고백과 성찰 등으로 자신들의 오류를 비판하였으나 이것은 중국의 중화사상에 입각한 '동화정책' 등으로 문화대혁명기 등 정치적 격변기에 소수민족으로서 당해야 했던 박해와 수난을 적극적으로 표현하지 못하고 소극적인 반성과 성찰에 머물게 되었던 것이다.

6. 결론

지금까지 1980년대 초 중국 조선족 반성소설을 검토하고 그 특성을 살펴보았다. 중국 조선족 소설 가운데 문화대혁명이라는 격변기를 겪은 후 창작된 중국의 조선족 반성소설은 '중국의 조선족'이라는 그들의 특성을 잘 드러내는 소설이라 할 수 있다.

중국 조선족 소설은 중국 속의 소수민족인 조선족이라는 특수성 때문에 중국 문예정책의 영향을 받았으며 중국의 소설과는 다른 특성을 가지고 있다. 반성소설은 문화대혁명의 시대적 오류와 그로 인한 상처와 고통을 폭로·고발하고, 역사에 대한 반성과 중국속의 조선족이라는 자아의 정체성을 찾는 소설이다. 문화대혁명의 종결과 개혁개방 정책으로 사상이 해방되자 중국 조선족 작가들은 문화대혁명기에 받아야 했던 고통과 비극을 소설을 통해 드러내게 된다.

중국 조선족 반성소설은 과거를 회상하는 형식이 많은데 과거 회상을 통해 자신의 문화대혁명기에 저지른 잘못을 고백하는 내용이다. 이러한 고백은 자기 성찰을 위한 것이며 공동체 속에서 자신을 깨닫는 방식으로 과거와의 단절과 현재의 모습을 인정받으려는 의도하고 할 수 있다. 또한 반성소설은 단순한 시대의 고발과 폭로가 아닌 역사에 대한 성찰의 내용이 담겨있는데 이를 통해 중국 속에서 살아가는 조선족의 정체성을 드러내 보인다. 또한 문화대혁명기에 민족 문제로 고통 받는 조선족들의 모습이 그려진 작품들도 있는데 이러한 문제는 작품 속에 전면적이고 직접적으로 드러나지 않고 간접적으로 드러나고 있다.

중국 조선족 소설은 주제의식이나 창작 기법 등 많은 면에서 중국 문학의 영향을 받지 않을 수 없었고 중국 문학의 주조에서 자유로울 수 없었다. 하지만 중국 조선족 반성소설은 중국의 반성소설과 등장배경은 같지만 주제나 주제의 표현 면에서는 차이가 있다. 중국의 반사소설과 중국 조선족 반성소설은 모두 문화대혁명기의 오류를 고발하고 극복하기 위하여 쓴 소설이다. 중국의 반사소설은 문화대혁명기 계급간의 투쟁이나 사회모순에 대하여 적극적으로 그리고 있는데 비해 조선족 소설은 과거에 대한 회상과 자기 고백 등의 소극적이고 주변적인 모습을 보여준다. 또한 민족문제로 고통을 받은 조선족 지도자와 지식인의 모습을 그린 소설은 보이지 않는다. 이것은 중국 조선족이 중국의 동화정책 소수민족 정책의 영향에 의한 것이며 중국 속에서 살아가는 조선족의 위치 때문이다.

가라타니 고진, 『일본근대문학의 기원』, 민음사, 2003.

고신일, 『성녀』, 연변인민출판사, 1983.

김관웅, 『소설가의 안해』, 요녕민족출판사, 1980.

김시준, 『중국당대문학사조사연구』, 서울대학교출판부, 2000.

김중하, 「중국 사회주의 문화정책이 조선족 소설창작 방법에 미친 영향」, 『한국문학론총』제20호, 1997.

김형규,「중국 조선족 소설 연구의 현황과 현재적 의의」,『현대소설연구』29, 한국현대소설학회, 2006.

남주길, 『접동골 녀인』, 연변인민출판사, 1982.

로언주, 『모자 쓴 혁명가』, 정신세계사, 1989.

류원무, 『아, 꿀샘』, 연변인민출판사, 1986.

리원길, 『백성의 마음』, 연변인민출판사, 1984.

리원길, 『피모라이 병졸들』, 민족출판사, 1995.

리철룡, 『불타는 백사장』, 연변인민출판사, 1981.

문학예술연구편집부,「작품의 사회적 효과를 고려해야한다」,『문학예술연구』2, 1980.2.

문학예술연구편집부,「주양동지의 연설」,『문학예술연구』4, 1980.4.

백화 외 지음, 『고련』, 백산서당, 1987.

오상순, 『개혁개방과 중국 조선족 소설문학』, 월인출판사, 2001.

우정권, 『한국 근대 고백소설의 형성과 서사양식』, 소명출판, 2004.

윤림호, 『고요한 라고하』, 흑룡강조선민족출판사, 1985.

윤림호, 『투사의 슬픔』, 흑룡강조선민족출판사, 1985.

이광일, 『해방 후 조선족 소설문학 연구』, 경인문화사, 2003.

이윤양, 「중국의 문예정책」,『중소연구』제6권, 1982.

임춘성, 『소설로 보는 현대 중국』, 종로서적출판주식회사, 1995.

임효원, 「소수민족문학의 새봄」,『문학예술연구』9, 1980.9.

정덕준, 「개혁개방 시기 재중 조선족 소설 연구」,『한국언어문학』51, 한국어어문학회, 2003.

정세봉, 『하고싶던 말』, 민족출판사, 1985.

조성일, 권철, 『중국조선족 문학통사』, 이회문화사, 1997.

조성일, 「새로운 력사시기의 조선족 문학」, 『중국조선어문』, 길림성민족사무위원회,
　　　　1986.

중국공산당문헌연구실, 『정통중국현대사』, 사계절, 1990.

진황매, 「소수민족 문학창작에 관한 몇 가지 문제」, 『문학예술연구』10, 1980.10.

최우길, 『중국조선족 연구』, 선문대학교 출판부, 2005.

치우란·중국어문학회 옮김, 『중국당대문학사』, 고려원, 1994.

허휘훈, 「민족적 특성 연구에서 제기되는 몇 가지 문제」, 『문학예술연구』11, 1980. 11.

현룡순, 『조선족문학연구』, 흑룡강 조선민족 출판사. 1989.

■ 아주대학교 중국조선족 문학 연구팀

송현호(아주대학교 인문학부 교수)

최병우(강릉대학교 국어국문학과 교수)

정수자(아주대학교 강사)

한명환(순천향대학교 강사)

윤의섭(아주대학교 연구교수)

김형규(아주대학교 인문과학연구소 전임연구원)

김은영(아주대학교 강사)

최은수(아주대학교 강사)

차희정(아주대학교 강사)

박지혜(아주대학교 강사)

조명숙(아주대학교 강사)

중국 조선족 문학의 탈식민주의 연구 Ⅱ

지은이 송현호 외
인쇄일 초판1쇄 2009년 2월 15일
발행일 초판1쇄 2009년 2월 15일
발행처 국학자료원
　　　서울시 강동구 성내동 447-11 현영빌딩 2층
　　　Tel 442-4623,4,6
　　　www.kookhak.co.kr
　　　kookhak2001@hanmail.net
발행인 정구형
편 집 박지연, 한미애
디자인 김숙희, 노재영, 강정수
물 류 박종일, 이은미

ISBN 978-89-6137-426-2 *93080
가 격 29,000원